1페이지
세계사
365

일러두기

1. 맞춤법과 외래어 표기는 국립국어원의 용례를 따랐다. 다만 국내에서 이미 굳어진 인명과 지명, 용어의 경우에는 익숙한 표기를 썼다.
2. 중국어 표기는 국립국어원의 용례를 따랐으나, 신해혁명(1911)을 기준으로 그 이전은 한자음 표기, 그 이후는 중국어 발음 표기를 원칙으로 했다.

세상의 모든 지식이 내 것이 되는

1페이지 세계사 365

◊ THE STORY OF WORLD HISTORY ◊

심용환 지음

빅피시
BIG FISH

월요일부터 일요일까지 매일 1페이지씩, 365개의 교양 지식을 읽으며 인문학의 세계를 확장해보세요.

🏯	**MON**	**동양사**	동양의 기원부터 현대까지 중요한 역사적 사건
🦁	**TUE**	**인물**	세계사에 큰 영향을 미치거나 인상적 삶을 산 인물
🐉	**WED**	**서양사**	서양의 기원부터 현대까지 중요한 역사적 사건
🏛	**THU**	**예술사**	선사 시대부터 인류가 남긴 예술적 성취
🗺	**FRI**	**문명사**	인류가 꽃피운 문명의 눈부신 서사
⛵	**SAT**	**빅히스토리**	빅뱅부터 미래까지 거의 모든 것들의 역사
🏮	**SUN**	**도시사·기술사**	인류 발전에 혁신적 영향을 준 도시·기술 변화

☑
read

☐ **DAY 001.** 춘추 전국 시대

☐ **DAY 002.** 쑨원

☐ **DAY 003.** 르네상스

☐ **DAY 004.** 베토벤

☐ **DAY 005.** 길가메시 서사시

☐ **DAY 006.** 전신, 전화, 전기

☐ **DAY 007.** 베네치아

☐ **DAY 008.** 에도 막부

☐ **DAY 009.** 잔 다르크

☐ **DAY 010.** 미국 독립 혁명

☐ **DAY 011.** 인상주의

☐ **DAY 012.** 오시리스와 이시스

☐ **DAY 013.** 기업

☐ **DAY 014.** 세계 대전

☐ **DAY 015.** 중국의 왕조

☐ **DAY 016.** 한문제와 무제

☐ **DAY 017.** 청교도 혁명

☐ **DAY 018.** 고딕 양식

☐ **DAY 019.** 동굴 벽화

☐ **DAY 020.** 불

☐ **DAY 021.** 카리브해

☐ **DAY 022.** 태국과 아세안

☐ **DAY 023.** 공자

☐ **DAY 024.** 산업 혁명

☐ **DAY 025.** 베르사유 궁전

☐ **DAY 026.** 아프리카의 역사

☐ **DAY 027.** 노동자

☐ **DAY 028.** 알람브라 궁전

☐ **DAY 029.** 한고조 유방

☐ **DAY 030.** 붓다

☐ **DAY 031.** 아테네

☐ **DAY 032.** 레오나르도 다 빈치

☐ **DAY 033.** 카스트 제도와 자이나교

☐ **DAY 034.** 신대륙의 발견

4

만약 당신이 오늘을 이해하고 싶다면 어제를 살펴보라.

—

펄 벅
Pearl Buck

001

춘추 전국 시대

기원전 770년, 견융의 침략을 받은 주나라가 수도 호경을 버리고 낙읍으로 천도한다. 수도를 서쪽에서 동쪽으로 옮겨 갔기 때문에 '동주 시대'라고도 한다. 이때부터 진시황이 천하를 통일할 때까지 주 왕실의 권위가 추락하고, 지역별로 제후들이 할거하며 자웅을 겨뤘기 때문에 '춘추 전국 시대'라고 부른다.

춘추 시대에는 주나라 왕실을 보호한다는 명분으로 제후국(諸侯國)이 패자(霸者, 제후국 간의 경쟁에서 주도권을 확보한 제후)의 자리에 올랐고, 전국 시대에는 제후국 간의 정복 전쟁이 노골적으로 이뤄졌다. 기원전 656년에 제나라 환공이 초나라를 토벌한 후 최초의 패자가 됐고, 기원전 632년에는 진나라 문공이, 기원전 597년에는 초나라 장왕이 패자가 되는 등 시기에 따라 여러 나라가 주도권을 행사했기 때문에 춘추 5패, 전국 7웅이라는 말도 생겼다.

외견상으로는 혼란기였지만, 중국 역사에서 어떤 시대보다 역동적인 시기였다. 각국은 경쟁에서 승리하기 위해 앞다투어 부국강병책을 추진했다. 제나라 환공은 관중을 재상으로 등용해 패자에 오를 수 있었고, 한나라는 신불해를 등용해 중앙 집권제를 강화했다. 상앙은 변방에 있던 진나라를 강력한 국가로 성장시켰고, 초나라 오기는 귀족의 특권을 빼앗고 관료 중심의 행정 체계를 마련했다. 위나라의 이회는 농업 생산력 향상에 만전을 기했고, 이를 위한 법과 제도를 정비했다.

군현제와 관료제도 이때 만들어진다. 전국을 군과 현으로 나누고 제후의 명령을 받드는 관료가 파견돼 강력한 행정력을 발휘하는 시스템이다. 또 이 시기에는 부국강병을 위해 각종 인재를 등용하려 했다. 유가, 묵가, 법가 등 제자백가의 등장이 이를 배경으로 한다. 청동 화폐가 등장하고 상업이 발전했으며, 철제 농기구, 철제 무기를 통해 생산력과 군사력이 동시에 발전했다.

제후국 경쟁은 병법에도 변화를 일으켰다. 기존의 전차병에서 보병, 기병으로 전문화됐으며 전투 방식도 고도화됐다. 외교술도 발달했는데, 합종연횡책이 유명하다. 뛰어난 외교관이던 소진은 연·조·위·한·제·초 여섯 나라가 연합해야 한다는 합종책을 제안했고, 6국 연합을 이끌며 진나라의 발호를 막았다. 하지만 장의가 진나라 편이 돼 6국 연합을 무너뜨렸다. 나라 간의 이해관계를 파고들어 분열을 유도한 것이다.

002

쑨원

쑨원(1866~1925)은 중국의 혁명가로, 신해혁명을 성공시켜 중화민국을 건국했다. 이후 레닌의 지원 속에 제1차 국공 합작을 주도했고, 북벌 준비 중에 사망했다.

중국 남부 광둥성에서 태어났고, 14세 때는 가족과 하와이에서 서구 문물을 경험했다. 1894년 청일 전쟁에서의 충격적인 패배가 새로운 개혁 운동을 촉발했다. 캉유웨이, 량치차오 등은 일본의 메이지 유신 모델을 받아들여 입헌 군주제로의 변혁을 주창했고, 비슷한 시점 쑨원은 흥중회를 조직해 만주족을 몰아내고 한족 중심의 민족 국가를 세우자는 혁명 운동을 주도한다.

쑨원은 청나라의 억압과 입헌파와의 경쟁 가운데 '삼민주의'라는 독특한 사상을 정립해 민족, 민권, 민생을 강조했다. 그는 미국과 크리스트교 중심의 서구 문명에 영향받으면서도, 자본주의의 모순을 극복하려는 의지를 피력했다. 톨스토이, 헨리 조지 등 토지 모순 해소를 통한 자본주의 개혁 사상에 영향받았기 때문이다.

쑨원의 혁명 기도는 수차례 실패를 거듭한다. 영국, 일본, 미국 등 해외를 전전했지만 혁명 의지를 포기하지 않고 1905년 중국혁명동맹회를 결성했다. 혁명파의 사상은 중국 민중들 사이에서 크게 공감받았고, 결국 1911년 우창 봉기를 시작으로 신해혁명이 발발해 청나라가 무너진다. 그는 임시 대총통이 돼 여전히 화북 지역에 웅거하는 청나라 세력을 회유하기 위해 군사 지도자 위안스카이와 담판을 벌였고, 위안스카이에게 총통직을 양보하는 대가로 중화민국 건국에 성공한다. 청나라가 역사 속으로 사라진 것이다.

하지만 위안스카이는 혁명을 배반한다. 당시 저명한 혁명파 정치인 쑹자오런을 암살하고, 군대를 동원해 혁명파를 제거한 것이다. 이후 위안스카이는 스스로 황제가 되려다 죽었고, 그의 군권을 나눠 가진 여러 군벌 세력이 중국을 사분오열로 나눠 가지며 극도의 혼란기가 온다.

쑨원은 호법 운동(중화민국의 헌법을 수호하자는 운동)을 벌이며 광저우 지역에 근거를 마련한다. 1917년 러시아 혁명으로 소련을 세운 레닌이 아시아 민족 해방 운동을 지지한다고 선언한다. 쑨원은 이에 호응해 자신이 이끌던 국민당과 갓 출범한 공산당의 합작을 추진하며 소련으로부터 자금과 물자 지원을 확보한다. 하지만 1925년 간암이 악화돼 죽었다. 그는 "혁명은 아직 끝나지 않았다"라는 유언을 남겼는데, 이후 국민당과 공산당은 북벌에 나선다.

003

르네상스

브루넬레스코의 돔

14세기 이탈리아에서 시작된 문화 예술 운동으로, 15세기 북유럽으로 전파됐다. 종교 개혁과 더불어 유럽의 근대화에 중요한 초석을 놓았다.

이탈리아 르네상스는 '인문주의', '창조적인 예술', '그리스 로마적인 것에 대한 예찬'이라는 특징을 지닌다. 중세 말 단테의 등장과 그가 쓴 《신곡》은 르네상스를 예비했다고 평가받는다.

페트라르카, 보카치오, 마키아벨리 등이 인문주의를 주도했다. 페트라르카는 그리스 로마 문헌에 열광하고, 고전 문학에 나타난 수사법을 배워야 한다고 주장했다. 그는 자신의 연인 라우라를 위해 수많은 소네트를 남겼는데, 이는 아름다운 서정시의 모본이 됐다. 《데카메론》으로 유명한 보카치오는 흑사병이 위협하는 사회의 허위와 모순으로 가득 찬 귀족 성직자의 삶을 직설적으로 풍자했다. 마키아벨리는 정치를 종교와 윤리에서 분리하자고 주장하며 군주는 모략과 술수에 능해야 한다고 역설했다. 그가 쓴 《군주론》은 오늘날까지 각양으로 해석되고 정치학, 경영학 등에서 널리 활용되고 있다. 레오나르도 다빈치, 미켈란젤로, 라파엘로 등 미술사에 획을 그은 천재적인 예술가들이 등장한 것도 이때다.

피렌체의 산타 마리아 델 피오레 대성당도 이때 만들어지는데, 건축가 필리포 브루넬레스코는 얼개 없는 돔을 세우겠다고 주장했다. 엄청난 반발과 우려에 직면했지만 '브루넬레스코의 돔'이라 불리는 팔각 돔을 완성한다. 그리스 로마식 건축 양식에서 힌트를 얻어 고전 건축 기법을 창의적으로 재현하는 개가를 올렸다.

문헌 연구에서도 큰 진보가 이뤄졌다. 중세에는 성 히에로니무스가 번역한 《불가타》 성경, 즉 라틴어 성경만을 정통으로 고집했다. 하지만 오역이 많고 원문과 차이를 보이는 등 여러 한계가 있었다. 르네상스 시기 수많은 그리스 로마 문헌이 수집됐고, 이를 통해 히브리-헬라어 성경이 만들어진다.

로렌초 발라가 〈콘스탄티누스 기증장〉이 위작임을 폭로한 것도 이때다. 로마 황제 콘스탄티누스가 교황권을 인정했다는 권위 있는 문서가 위조되었다고 판명 나면서, 로마 가톨릭의 역사적 권위가 근본적으로 손상되기 시작했다.

004

베토벤

고전주의 시대 음악가. 천재 피아니스트로 세상에 알려졌고, 9개의 교향곡을 통해 고전주의 음악을 완성했으며, 이후 음악사의 향방에 큰 영향을 줬다. 〈엘리제를 위해〉, 〈월광〉 같은 수많은 피아노 명곡을 남겼고, 교향곡 9번 〈합창〉은 여전히 세계적으로 사랑받고 있다.

　모차르트 이전까지 음악가의 지위는 귀족 궁정에서 일하는 요리사 수준이었다고 한다. 귀족의 후원을 받지만 귀족이 원하는 음악을 작곡해야 했고, 귀족의 취향에 전적으로 종속됐다. 모차르트는 이 틀을 깨려고 한 최초의 프리랜서 음악가였다. 오직 실력만으로 콘서트를 하고, 스폰서를 구하려 했다. 베토벤(1770~1827)은 모차르트보다 상황이 좋았다. 프랑스 혁명이 일어나면서 신분제가 흔들렸고, 귀족들은 비로소 음악가를 존중하고 존경하기 시작했다.

　그의 교향곡 중 3번 〈영웅〉, 5번 〈운명〉이 유명하다. 두 작품은 모두 프랑스 혁명과 관련이 깊다. 그는 열렬한 공화주의자였으며, 인류가 신분제를 극복하고 새로운 단계로 나아가야 한다고 봤다. 그리고 혁명의 복판에 등장한 나폴레옹이 프랑스뿐 아니라 유럽 전체를 바꿀 것이라 믿었다. 하지만 나폴레옹은 혁명을 배반하고 스스로 황제가 됐다. 이러한 혁명적 분위기와 혁명을 배반한 나폴레옹의 모습을 보며, 작품의 이름을 〈영웅〉으로 바꾸었다고 한다. 이후에도 그는 끊임없이 인류애를 주제로 작곡했다.

　청교도적인 엄숙성으로 사랑의 고결함을 지키고자 했으나, 까다롭고 예민한 성격 때문에 평생을 혼자 살았다. 첫사랑이자 피아노 소나타 27번 〈월광〉을 헌정한 줄리에타 귀차르디는 갈렌베르크 백작과 결혼했고, 평생 사랑하고 약혼까지한 테레제 폰 브룬스비크와도 파경해 멀리서 연모하는 사이로 남았다.

　귀족이나 부르주아의 후원으로 생계를 유지해야 했지만 혁명에 대한 열린 태도 때문에 경제적인 어려움을 겪기도 했고, 그가 살던 빈에서는 로시니 같은 새로운 음악가의 인기가 높아져 퇴물 취급을 받기도 했다. 더구나 20대 중반부터 귀가 안 들리기 시작했고, 말년에는 음악적 경향이 크게 변하는데 당시에는 외면받았다. 하지만 스트라빈스키를 비롯한 현대 음악가들에게 큰 영감을 줬다. 귀가 완전히 멀어 오직 내면의 소리에 의지해 만들어진 작품들이 20세기 음악과 크게 공명했기 때문이다.

005

길가메시 서사시

우트나피시팀이 길가메시에게 말했다. "길가메시 그대에게 신들의 비밀을 밝혀주리라. 위대한 신들은 홍수를 내리도록 결정했다. (…) 모든 산 자를 배에 태워라. (…) 나는 배에 모든 것을 실었다. 모든 생물을 배에 실었다. (…) 이레째 되는 날 나는 비둘기 한 마리를 날려 보냈다. 비둘기는 멀리 날아갔으나 앉을 곳을 찾지 못한 채 돌아왔다.

– 《길가메시 서사시》

이 이야기는 기원전 7세기 니네베의 아슈르바니팔 왕궁 서고에서 출토된 토판에 기록된 것으로, 성경의 '노아의 홍수' 이야기와 유사하다. 니네베는 당시 근동 지역의 지배 국가였던 아시리아의 수도로, 국왕 아슈르바니팔은 왕궁에 대규모 도서관을 짓고 학문을 후원했다. 따라서 근동의 여러 지식이 보존될 수 있었는데, 19세기 중반 역사가 조지 스미스가 관련 점토를 연구하면서 길가메시에 관한 자료가 세상에 알려졌다. 영국이 이 지역을 침략했고, 대규모 토판을 자국으로 가져갔기에 가능한 성과였다.

길가메시는 실존 인물로 우루크의 왕이었는데, 사후 신화적 인물이 돼 메소포타미아 문명의 신화와 전설이 덧입혀졌다. 서사시는 상당히 흥미롭다. 그는 전쟁에서 큰 승리를 거두고 존경받는 제왕이었다. 길가메시는 신들을 무시했고 신들은 그를 심판하기 위해 엔키두라는 영웅을 보낸다. 하지만 길가메시와 엔키두는 대결 가운데 우정이 싹터 가까운 친구가 된다. 길가메시가 엔키두의 도움을 받아 숲의 괴물 홈바바를 무찌르고 더욱 강성해진 데다 엔키두가 하늘의 황소까지 죽이자 신들은 엔키두를 죽인다. 이후 길가메시는 불멸의 비법을 찾아 헤매다 우트나피시팀을 만나 대홍수를 비롯한 옛날이야기를 듣는다.

《길가메시 서사시》 발굴 당시 논란이 많았다. 성경 내용을 베꼈거나 영향받았다는 주장도 있었지만, 고고학적으로 《길가메시 서사시》가 먼저 만들어졌기 때문에 이런 주장은 설득력을 잃었다.

길가메시는 불로초를 구했지만, 한눈을 파는 사이에 잃는다. 길가메시는 삶의 무상함을 노래하고 현세적인 삶을 예찬하는데, 이 또한 성경의 《전도서》의 "해 아래 새것이 없다", "헛되고 헛되고 모든 것이 헛되도다" 식의 세계관과 상통한다.

006 전신, 전화, 전기

19세기 후반부터 20세기 초반 미국은 물리적인 기술 시스템 도입으로 엄청난 사회 혁명을 경험한다. 전신, 철도, 석유, 전화, 전기 등 신기술이 정교한 기술 시스템과 결합했기 때문이다.

모스는 길고 짧은 전류 펄스를 방출하는 송신기를 개발하고, 커뮤니케이션이 가능한 모스 부호도 창안했다. 전신의 도입은 엄청난 변화를 일으켰다. 남북 전쟁은 물론 새롭게 형성된 미국 금융 시장의 운영 시스템, 철도 운영 시간 조정과 신호 전송 등 광범위한 분야에 활용됐고, 교통 시스템의 효율성과 속도를 근본적으로 바꿨다. 1866년에는 대서양을 횡단하는 전신선이 깔리면서 국가 간 통신과 외교 협상은 물론 국제 무역 성장에도 큰 영향을 미쳤다.

1876년 벨이 개발한 전화는 이러한 경향을 확대, 강화한다. 벨의 전화 사업은 영리하게 구성됐다. 벨이 만든 전화 회사에서 제품 생산과 시스템 구축을 담당하고 지역 회사에서 전화 교환기를 운영하는 방식으로, 전화 서비스는 물론 통신 가격도 통제했다. 첫해에 3,000대의 전화기가 임대됐고, 4년 후에는 6만 대, 1893년에는 26만 대로 늘어났다. 16년 만에 1만 명당 1대에서 250명당 1대꼴로 보급됐고, 병원, 약국, 술집, 공장, 회사, 법률 사무소 등 주요 기관에 전화기가 설치됐다.

전신과 전화가 속한 전기 분야에서는 발명가와 사업가들의 치열한 경쟁이 벌어졌다. 지속적이고 강한 전류를 만들기 위한 발명가들의 투혼 가운데 에디슨이 승리를 거두는데, 곧장 사업권을 두고 싸움이 벌어진다. 웨스팅하우스 같은 대규모 전력 보급 회사부터 각종 소규모 전기 제품 회사들이 우후죽순으로 생겨났기 때문이다. 1880년 에디슨의 전기 조명 회사는 사무실이 밀집한 맨해튼 일대에 전력을 보급하는 발전소를 만들었는데, 1920년까지 미국 전역에 4,000개의 발전소가 들어섰다. 전기 모터는 산업체에서 다양하게 활용됐는데, 테슬라가 교류 모터를 개발하면서 활용도가 더 커졌으며 전기 출력량도 종전보다 강화됐다. 나이아가라 폭포에는 장거리 송전을 위한 대규모 발전소가 최초로 만들어졌다.

전력 보급은 전기 제품 등장에 든든한 기초가 됐고 선풍기, 전기다리미, 진공청소기 등이 가정에 보급되기 시작했다. 전기는 가스나 석유 조명을 밀어냈고, 영화 산업, 순도 높은 광물 채취, 운송 수단 등 각양의 분야에서 강력한 에너지원으로 여전히 위력을 발휘하고 있다.

007

베네치아

11세기를 전후로 이탈리아반도에서는 여러 도시 국가가 번성한다. 가장 대표적인 나라는 베네치아 공화국으로, 이들은 비잔틴 제국과 이슬람 세력, 십자군 전쟁의 각축 가운데 성장했으며 지중해 무역에서 중요한 역할을 했다. 이탈리아의 도시 국가들은 '코무네(Comune)'를 기반으로 성장했다. 코무네는 상인 조합으로, 이들은 자치권을 확보한 후 독자적인 사법 제도, 행정 제도, 군사 제도를 만들며 도시 국가를 운영했다.

베네치아 공화국의 초기 라이벌은 제노바 공화국이었다. 제노바 공화국은 이탈리아 북부 리구리아해를 기반으로 성장했다. '콤파냐(Compagna)'라는 해운업자들의 이익 단체가 콘술이라는 대표를 선출하여 운영한 상업 도시 국가였다. 피사 공화국과의 싸움에서 승리해 티레니아해를 비롯한 이탈리아 서부의 바다를 지배하면서 14세기까지 베네치아와 경쟁했다.

베네치아는 이탈리아 동부 아드리아해의 제해권을 장악하면서 지중해 동부에서 영향력을 행사했다. 십자군 원정 이전에도 동방 무역에서 중요한 역할을 하던 베네치아는 십자군을 이용해 동부 지중해의 막강한 세력인 비잔틴 제국의 근간을 흔들기 시작한다. 특히 제4차 십자군 원정(1202~1204) 당시에는 십자군을 콘스탄티노플로 인도해 비잔틴 제국을 혼란에 빠뜨린다. 결국 이를 통해 베네치아는 비잔틴 제국 상인과의 경쟁에서 승리하며 더욱 강성하게 성장한다. 16세기까지 베네치아는 수많은 도시 국가와의 경쟁에서 지속적으로 승리했고, 신성 로마 제국, 프랑스 등 유럽의 군주 국가와 견줄 만큼의 힘을 갖는다.

이후 이슬람 왕조 오스만 제국이 1453년 비잔틴 제국을 멸망시키며 지중해 세계의 새로운 강자로 등장한다. 베네치아와 오스만 제국의 싸움은 그리스반도 남부의 코린토스, 아나톨리아반도 아래 키프로스섬과 로도스섬을 두고 벌어진다. 오스만 제국의 도전에 위협을 느낀 교황과 베네치아, 스페인 등은 연합 함대를 구축해 지중해에서 대규모 해전을 벌인다. 레판토 해전이 벌어진 것이다. 결국 연합 함대가 오스만 제국의 함대 170척을 격침해 승리를 거둔다. 오스만 제국의 서진을 막아낸 것이다.

008

에도 막부

도쿠가와 이에야스가 세운 막부. 에도 막부는 오늘날 도쿄 일대에 들어섰고, '막번 체제'로 운영됐다. 쇼군이 이끄는 막부가 있고, 쇼군에게 충성을 맹세한 무사 영주인 다이묘들이 각지에 '번'이라는 영토를 분할 통치한 것이다. 에도 막부는 이전의 그 어떤 막부보다 강력한 통치 체제를 구축했다. 전 국토의 핵심 지역은 물론 전체의 4분의 1에 달하는 지역을 직접 관할했다. 다이묘는 크게 도자마(外樣) 다이묘, 후다이(譜代) 다이묘로 나뉘는데, 기준은 충성도였다. 세키가하라 전투 이전부터 도쿠가와 이에야스에게 충성한 가문은 도자마 다이묘, 이후에 충성을 맹세한 가문을 후다이 다이묘라 불렀고, 당연히 도자마 다이묘들에게 요충지와 기름진 땅을 나눠 줬다.

가톨릭 신앙은 철저하게 박해했고, 쇄국 정책을 펼치면서 조선 통신사, 극소수의 네덜란드인들과만 관계를 맺었다. 나가사키 근처에 조그마한 인공 섬 데지마를 만들어 네덜란드인들과의 교류를 유지했는데, 이를 통해 난학이라는 학문이 발전했다. 스기타 겐파쿠는 네덜란드인들과의 교류를 통해 동양 최초의 해부학서인 《해체신서》를 발간했다.

에도 막부는 조카마치(영주의 성을 중심으로 형성된 도시)를 중심으로 발전하는데, 각 지역마다 행정 중심지에 다이묘가 사는 성이, 성안에는 무사가, 성 근처에는 상인이, 성 바깥에는 농민이 살아가는 분업 구조가 만들어졌다. 소비와 유통과 생산이 분화, 발전한 것이다.

에도 막부는 산킨코타이 제도를 통해 다이묘를 통제했다. 일종의 인질 제도로, 다이묘와 아들들을 해마다 돌아가면서 에도에 머물게 했다. 적게는 수십, 많게는 수백의 인원이 이들을 수행했는데, 해마다 엄청난 인원이 전국에서 에도로, 에도에서 전국으로 이동했다. 조카마치와 산킨코타이 제도는 에도 막부의 유통 경제를 활성화시키고, 상업 발전에 큰 영향을 미쳤다.

에도 막부에서는 '조닌'이라 불리는 상인 계급이 크게 성장하는데, 상업 경제 발전 덕분이다. 한편 막부가 수립될 당시 나눠 받은 토지 외에 별다른 수입원이 없던 무사 계급은 시간이 흐를수록 곤궁한 처지에 내몰린다.

009

잔 다르크

> 그대 잔은 13세 때부터 계시를 경험했으며, 천사의 현현 그리고 성 카타리나와 성 마르가리타의 현현을 경험했다고 말했다. 그대는 종종 그대의 육안으로 그들을 목격했으며 그들이 그대에게 말을 걸었노라고 말했다. 먼저 파리 대학의 성직자들은 그대가 말한 계시와 현현의 양상을 고찰했다. (…) 그들은 앞에서 언급한 모든 일이 허언이자 거짓말이고 미혹케 하는 악성적인 일이며 그러한 계시는 사악한 악령에서 비롯된 미신이라고 선포했다.
>
> (…) 그대는 이렇게 말했다. 하나님의 명으로 남자 옷을 입었으며 짧은 가운과 몸에 꼭 맞는 상의와 끈으로 조인 신발을 착용했으며 귀가 드러나게 머리를 짧게 자르는 등 그대가 여자임을 드러낼 만한 아무런 표시도 하지 않았다고 말이다. (…) 성직자들은 그대가 하나님을 모독했으며 성사를 능멸할 것이라고 말한다. 그대는 거룩한 율법과 성경과 교회법을 위반했다. 그대의 신앙은 오류다. 그대의 자랑은 헛된 것이다. 그대는 우상 숭배의 혐의가 있으며 여성에게 적합한 옷을 입으려 하지 않고 이교도와 사라센인(십자군 시대에 유럽인이 이슬람교도를 부르던 말)의 관습을 따르고자 함으로써 자신을 정죄한 것이다.

1431년 신학의 요람이던 파리 대학의 잔 다르크(1412~1431)에 관한 공식 견해다. 100년 전쟁이 한창이던 1429년, 잔 다르크의 등장은 위기에 처한 프랑스를 구하는 데 중요한 역할을 했다. 그녀는 샤를 7세의 왕위 계승이 정당하며, 영국을 프랑스에서 몰아내야 한다는 천사의 계시를 받았다. 프랑스는 그녀에게 군대를 제공했고, 잔 다르크는 중요한 군사적 성취를 거둔다.

하지만 귀족이 아닌 농민, 남성이 아닌 여성 지도자의 등장을 중세 프랑스가 받아들일 리 없었다. 전세가 회복되자 곧장 그녀는 마녀이자 이단으로 고발됐고, 위와 같은 신학적 견해를 근거로 화형당하고 말았다.

010

미국 독립 혁명

미국 독립 혁명(1776)은 민주주의 역사상 가장 중요한 사건이다. 근대적 형태의 민주 공화국이 만들어진 계기였기 때문이다. 시작은 본국과 식민지의 갈등이었다. 영국은 7년 전쟁을 비롯해 대륙의 열강들과 오랜 싸움을 해 왔고, 이를 만회하기 위해 식민지 과세 정책을 강화했다. 식민지라고 불렸지만, 북아메리카 동부의 13개 주는 이주민이 개척한 독립적인 공간이었다. 결국 보스턴 차 사건을 계기로 본국과 식민지는 충돌한다. 13개 주의 대표들은 대륙 회의를 개최했고, 독립 선언서를 발표하면서 영국을 상대로 독립 전쟁에 들어간다. 프랑스, 스페인, 네덜란드 등이 미국을 지원했고, 요크타운 전투에서 승리를 거두며 미국은 독립 국가가 된다.

초기 미국 13개 주는 느슨한 연방 체제를 지향했다. 각기 다른 이유로 형성된 식민지였고, 미국이라는 일체감보다는 '버지니아인', '뉴욕인' 등의 지역성이 더 강했다. 따라서 국가 발전 방향을 두고 갈등이 대단했다. 해밀턴 같은 이들은 대통령과 중앙 정부의 권한을 강화하는 강력한 연방주의를 주장했고, 제퍼슨 등은 반연방파로 각 주의 독립성을 강조했다. 갈등은 심각했지만, 적절한 정치적 타협을 통해 합의에 이른다. 중앙 정부의 권한을 강화하되 각 주의 독립성을 존중하는 절묘한 이익 조정에 성공한 것이다.

미국은 체계적인 민주주의 시스템을 만들었다. 2,000~3,000명 단위의 기초 조직을 '타운'이라 불렀는데, 타운에는 평의회가 존재했고 이곳에서 타운의 주요 안건을 심사하고 결정했다. 여러 타운의 상위에는 카운티가 있는데, 카운티에서부터는 사법 심사가 이뤄졌다. 타운을 중심으로 시민들이 평등한 위치에서 동등하게 자신들의 사회를 이끌어가는 직접 민주주의가 실시된 것이다. 각 평의회에는 행정관이라 불리는 대표들이 있었는데, 의회의 결의 사항을 준수했고 의회를 해산할 권리를 가지지 못했다. 연방 공화국 전체의 수장은 대통령이었지만 의회의 권한이 막강했고, 동시에 상하원을 둬 상원과 하원이 서로 견제하는 구조로 권력의 독점을 방지하고자 했다.

근대 최초의 민주 공화국 미국은 이후 여러 난제를 극복하며 발전을 거듭한다. 남북 전쟁이 일어나는 등 격심한 충돌도 겪었지만 링컨이 이를 해결했고, 서부를 개척하면서 대서양과 태평양을 동시에 보유한 국가가 되었다.

011

인상주의

모네, 〈양산을 든 여인〉

그들의 성과를 정의하는 한마디 말로 그들의 특징을 나타내고 싶으면 '인상주의자'라는 새로운 용어를 만들어야 할 것이다. 그들은 풍경 자체가 아니라 풍경이 낳은 감각을 묘사한다는 점에서 인상주의자다.

- 평론가 즐앙투안 카스타나리

마네, 모네, 드가, 르누아르 등 오늘날까지 대중적인 인기를 누리는 인상주의 화풍의 등장은 당시에는 논란거리였다. 당시에는 거친 붓놀림이나 물감의 흔적은 그림의 기초 작업에서나 드러났고, 최종적으로는 치밀하고 매끄럽게 붓질의 흔적을 없애는 것이 보편적이었다.

여러 인상주의 화가와 친밀한 교분을 나눈 문학가 에밀 졸라는 인상주의를 "예술가의 기질을 통해 본 자연의 한 귀퉁이"라고 표현했다. 사물 자체의 묘사에서 벗어나 사물에 대한 예술가의 주관적 인식, 인간의 시각과 감상에 대한 반응이 미술의 주제로 떠오른 것이다.

사실 인상주의는 19세기 사회 문화와 관련이 깊다. 산업 혁명과 도시의 번영이 낭만적이고 감각적으로 표현됐고, 당시 유행하던 자포니즘(Japonism, 일본 문화에 대한 유럽인들의 열광적인 탐닉 현상)에 큰 영향을 받았다. 부르주아의 일상이 소재가 됐고, 은밀한 인간의 욕망이 좀 더 노골적으로 표현됐다. 반면 점증하는 사회 모순, 노동자의 어려운 형편 등에 대한 관심이 부재했다.

여러 작가가 독특한 성취를 일궈냈다. 마네가 도시 일상에 천착했다면, 모네는 농촌과 자연에 집중했고, 드가는 과감하게 정물의 일부를 그림에서 잘라냈다. 르누아르는 여성에 대한 극단적 찬미와 혐오가 공존하는 화가였다.

012

오시리스와 이시스

삶과 죽음, 죽음 너머 영원의 문제는 고대인들에게 심각한 고민거리였다. 메소포타미아인들이 삶의 유한함을 자각하고 현세적인 삶을 예찬했다면, 이집트인들은 죽음 너머의 세계 혹은 죽음을 극복하는 인간상에 대한 종교적 가치를 발전시켰다. 이집트의 종교는 다신교이고, 파라오 역시 신성한 존재인 데다 각양의 신화가 있다. 하지만 그중 핵심은 오시리스와 이시스 신화다.

오시리스와 이시스는 남매이자 부부였다. 오시리스는 지상에 내려와서 권력을 장악하고 왕이 된다. 하지만 그의 동생 세트가 오시리스를 질투해 결국 그를 죽인 후 관에 보관한다. 이에 격분한 이시스는 여러 어려움을 뚫고 오시리스의 시신을 되찾는다. 하지만 세트가 오시리스의 시신을 빼앗아 이번에는 시신을 잘게 토막 낸 후 이집트 곳곳에 뿌린다. 하지만 이시스는 포기하지 않았다. 아누비스라는 신의 도움을 받아 토막 난 시신을 조각조각 모았고, 결국 오시리스는 되살아난다. 오시리스와 이시스가 낳은 아이가 바로 호루스다. 호루스는 어머니 이시스의 도움을 받아 결국 세트를 물리치고 권력을 장악한다.

오시리스와 이시스 신화에는 다양한 상징이 담겨 있다. 문명이 발달한 곳에 권력이 등장했고 혈육의 논리를 뛰어넘는 권력 투쟁이 있었다는 것, 왕실에는 신성함을 유지하기 위한 방법으로 근친혼이 횡행했다는 것, 여성의 영향력이 강했다는 것 등이다.

무엇보다 중요한 것은 오시리스가 되살아났다는 점이다. 오시리스의 죽음과 부활은 생명의 순환을 의미한다. 모든 생명은 새로운 생명을 잉태하는 동시에 다른 생명의 먹이가 된다. 오시리스의 시신이 이집트 전역에 뿌려졌다는 것은 비나 퇴비 같은 것으로 유추할 수 있다. 오시리스는 농업의 신이었기 때문이다.

오시리스는 죽음의 신이기도 하다. 죽음은 삶의 연장선이다. 죽은 후 진정한 사후 세계로 가기 위해서는 또 다른 여행을 해야 한다. 죽은 자를 '카'라고 불렀는데, 카는 '두아트'라는 지하 세계를 돌아다녀야 했다. 악마는 카를 방해하고, 카는 자신의 운명을 결정할 재판소를 찾아 헤맨다. 죽음 이후의 세계도 삶의 세계만큼 고단하다. 재판소에 도달하면 오시리스를 비롯한 42명의 재판관이 있다. 이때 아누비스라는 신이 저울에 죽은 자의 심장과 여신 마트의 깃털을 놓는데, 심장과 깃털의 무게가 똑같으면 그는 영생을 누린다.

013

기업

기업은 이윤 획득만을 목적으로 만들어진 조직이다. 상업과 무역의 발달로 자연스럽게 만들어지기도 했지만 신대륙의 발견, 제국주의의 성장, 자본주의의 일반화 등 좀 더 거대한 역사 변화와 긴밀한 관계를 맺으며 성장했다.

근대 형태의 기업이 만들어진 계기는 17세기 네덜란드의 식민 활동과 관련이 깊다. 이들은 포르투갈인들이 개척한 동방 항로를 하나씩 빼앗으며 성장했다. 네덜란드인들은 수탁 회사, 유한 회사, 주식 회사, 선물 거래, 증권 거래소 같은 중요한 경영 기법을 발명한다. 수탁 회사는 정부의 지원을 받으며 사업권을 확보하는 방식의 회사로, 동인도회사가 시초다. 또 네덜란드인들은 주주를 모으고 주식을 팔면서 자본을 확보하고, 모험적인 시장 개척을 감행하며 근대적 기업은 물론 금융 기법까지 만들어냈다. 한편으로 새로운 기업 운영 방식도 모색했다. 해외 무역에서 발생하는 전쟁, 질병, 직원의 부정부패 등을 극복하기 위해 기업 위계를 확고히 했고, 합리적이며 후한 월급을 지급했다. 무엇보다 술, 도박, 방탕한 생활을 배격하고 근면한 생활을 강조했다. 동시에 영업 실적 분석, 평가서 제출 등 사업 실적을 꼼꼼히 분석하는 기법도 만들었다.

기업의 두 번째 도약은 19세기 후반 미국에서 일어난다. 카네기, 테일러, 포드, 록펠러 등이 새로운 경영 기법을 도입해 엄청난 혁신을 일궜기 때문이다. 카네기는 작업 과정을 표준 공정에 맞게 규격화했고, 규모의 경제의 가치를 파악했다. 생산량이 늘어날수록 생산 단가가 절감되고 따라서 이윤이 확대되기 때문에, 체계적인 기업 운영과 생산량 확대를 통한 매출 증대를 기업의 목표로 인식한 것이다. 이러한 경향을 좀 더 체계화시킨 인물이 테일러와 포드다. 이들은 노동 과정의 모든 부분을 규격화했고, 업무 성취도에 따라 임금을 다르게 지급하면서 노동자의 이윤 성취 욕구를 극대화했다.

포드는 대량 생산과 대량 판매를 동시에 이루겠다는 발상으로 좀 더 다양한 생산 공정을 확보하려 했다. 쉽게 말해 자동차를 생산하기 위해 철강 생산, 석유 생산, 섬유 생산 영역까지 진출한 것이다. 일종의 집합 생산 방식을 통한 이윤의 극대화로, 록펠러는 기업 합병이라는 과정을 통해 좀 더 쉽고 거대한 자본 확장을 가능케 했다. 지주 회사 제도 등을 통해 기업의 인수 합병과 그로 인한 규모의 경제를 달성한 것이다.

014

세계 대전

1914~1918년, 1939~1945년에 벌어진 서양 열강 간의 대규모 전쟁.

제1차 세계 대전 당시에는 빌헬름 2세가 이끄는 독일 제국을 중심으로, 오스트리아·헝가리 제국, 오스만 제국이 동맹을 이뤄 영국, 프랑스, 러시아, 미국 등과 격전을 벌였다. 전쟁 도중 혁명이 일어난 러시아는 공산주의 국가 소련이 됐다. 독일, 오스트리아, 오스만 제국 등의 동맹국이 영국, 프랑스, 미국 등의 연합국에 패배했다. 독일에 의해 큰 피해를 입은 프랑스는 가혹한 보복을 다짐했고, 독일은 배상금을 비롯한 전후 처리로 인해 곤경에 처한다. 제1차 세계 대전에서의 승리 이후 미국은 세계 제국으로 부상한다.

제1차 세계 대전 이후 유럽에서는 극우 사상인 파시즘이 선풍적인 인기를 끈다. 연합국 편에 섰음에도 특별한 혜택을 누리지 못하며 사회·경제적으로 어려움을 겪던 이탈리아는 무솔리니가 이끄는 파시즘 국가가 됐고, 독일에서도 반유대주의 등을 주장하는 히틀러의 나치즘이 권력을 장악한다. 한편 일본도 군국주의의 길을 걷게 된다. 1929년 경제 대공황은 이러한 현실을 더욱 악화했다. 세계적인 경제 위기를 극복하고자 영국과 프랑스는 자신들의 광대한 식민지에서 보호 무역을 실시했고, 그로 인해 독일 등의 경제 사정은 더욱 악화됐다. 결국 독일, 이탈리아, 일본이 동맹을 이뤄 추축국이 돼 두 번째 세계 대전이 일어난다. 제1차 세계 대전의 경험에 의존하면서 참호전에 매달린 프랑스는 기갑 부대를 중심으로 전격전을 벌인 독일군에게 쉽사리 패배하면서 점령당한다. 샤를 드골은 5만여 병력을 이끌고 런던에 망명 정부를 세웠고, 프랑스 현지에서는 레지스탕스의 저항 운동이 시작된다. 폴란드를 비롯한 나치의 점령지도 프랑스와 비슷한 과정을 반복했다.

프랑스를 점령하고 영국을 고립무원 상태에 빠뜨린 독일은 소련을 침공한다. 스탈린그라드 전투, 레닌그라드 전투 등 격전을 벌였는데, 결국 소련의 붉은 군대가 독일군을 물리치며 전세가 뒤바뀐다. 미국은 영국군 등과 북아프리카를 거쳐 이탈리아를 굴복시킨 후, 노르망디 상륙 작전을 펼친다. 미국과 영국은 전쟁 승리보다 식민지 유지에 더욱 신경 써 군이 독일과의 정면 대결을 미루면서 전쟁을 끌었다. 제2차 세계 대전에서 나치 독일을 상대로 가장 치열하게 싸움을 벌이며 승리를 이룬 나라는 소련이라 할 수 있다. 전쟁의 결과 영국, 프랑스 등 전통적인 제국주의 국가는 몰락한다.

015

중국의 왕조

선사 시대와 황허 문명을 거쳐 중국에는 고대 왕조가 들어선다. 하나라, 상나라, 주나라가 그것이다. 특히 주나라의 등장을 통해 중국은 독자적인 역사상을 갖춰가기 시작한다. 주나라는 봉건제 국가로, 천명사상과 덕치주의 같은 관념이 등장했다. 왕이 제후들에게 영토를 나눠 줬고, 하늘의 뜻에 따라 백성들을 선하게 통치해야 한다는 생각이 발전한 것이다. 주나라 후기를 통상 춘추 전국 시대라고 부른다.

춘추 전국 시대라는 혼란기를 통일한 인물이 진시황이다. 진시황은 화폐, 도량형(길이, 부피, 무게 따위의 단위를 재는 법), 문자를 통일했으며, 전국을 군현제로 다스렸다. 진나라는 오래가지 못했고, 결국 유방이 세운 한나라가 400여 년간 번성하며 중화 문명의 전통을 만들었다. 유학 사상이 국교로 채택되고, 실크 로드의 발견, 종이의 발명 같은 중요한 업적이 이뤄졌다.

한나라 말기 중국은 위·촉·오 삼국으로 분리된다. 이후 북방에서 흉노, 선비 등 5개의 부족이 밀고 내려오면서 화북 지방은 혼란에 빠진다. 결국 화북 일대는 선비족이 세운 북위에 의해 통일되고, 남쪽으로 내려온 기존의 한족들 역시 왕조를 이어갔다. 이때를 위진 남북조 시대라고 한다. 350년이 넘는 긴 시간 동안 분열됐던 중국은 수나라에 의해 잠시 통일된 이후 당나라가 뒤를 잇는다.

당나라는 한나라와 더불어 중화 문명 역사에서 가장 중요한 나라다. 통일 제국은 다시 한번 번성했고, 수도 장안(오늘날 시안)은 인구 100만이 넘는 세계적인 도시로 발전했다. 당나라의 율령 제도, 유교-불교 문화, 한자 문화는 한반도, 일본, 베트남 등 주변 지역에 지대한 영향을 줬다. 동아시아 문화권이 만들어진 것이다.

당나라 멸망 이후 송나라가 등장한다. 수도 개봉(오늘날 카이펑)을 비롯한 수만 개의 도시와 시장이 번성했고, 세계 최초의 지폐가 발행됐으며, 인쇄술, 나침반, 화약 등이 발명됐다. 하지만 거란이 세운 요나라, 여진이 세운 금나라 등에 밀렸고 몽골에 의해 멸망한다.

몽골인들은 중국에 원나라를 세웠으나 100여 년 만에 한족의 반란으로 쫓겨난다. 한족 지도자 주원장이 세운 명나라는 한나라, 당나라, 송나라를 잇는 전형적인 중국 왕조였다. 하지만 만주족이 흥기해 청나라를 세우고 명나라를 점령하면서 300여 년간 번성했다. 청나라는 한족의 전통을 존중했고, 몽골부터 티베트 일대까지 주변 유목 민족들의 세계를 중화 문명에 통합했다.

016

한문제와 무제

문제와 무제는 한나라 역사에서 가장 인상적인 통치를 펼친 국왕들이다. 문제는 22년간의 치세 동안 농업 장려를 위해 노력했고, 국가 운영에서 불필요한 사치품 낭비를 막았으며, 빈민을 구제하고자 노력했고, 가혹한 형벌도 폐지했다. 문제 시기에는 가의와 조조라는 탁월한 관료들이 활동했는데, 이들은 사회 모순과 농민의 어려움을 깊이 인식하며 이에 대한 해결을 도모했다.

> 현재의 법률에서는 상인을 천한 자라고 하지만 상인은 이미 부귀를 누리고 있
> 으며, 농민을 존중하고 있지만 농민은 이미 가난해져버렸다.
>
> – 조조, 《한서》〈식화지〉

조조는 가난한 농민을 위해 납속 수작 제도, 즉 납입한 곡물의 양에 따라 작위를 주는 제도를 대안으로 제시했다. 상인을 비롯한 부자들이 작위를 얻고자 농민들에게 곡물을 구매하면 농민들의 경제 사정이 윤택해지고 국가 재정 역시 풍족해질 수 있었다. 또 그렇게 마련된 양식으로 흉노족의 침략에 대비해 군량미를 비축할 수 있다는 주장으로, 정책은 매우 성공적이었다. 풍년이 연이었기 때문에 한문제 즉위 13년(기원전 167)에는 아예 세금을 징수하지 않기도 했다.

무제는 호전적인 황제였다. 이전에는 북방의 흉노족과 화친 관계를 유지했으나 무제는 위청, 곽거병 등을 보내 흉노를 토벌하고자 한다. 이미 3년 전에 숙부 위청을 따라나서 큰 군공을 세운 곽거병은 20세였던 기원전 121년 표기장군에 임명돼 흉노족 토벌에 나선다. 그가 절란왕과 노호왕을 죽이고 얻은 수급만 1만 8,000여 급이었다. 연이은 전투에서는 수급 3만을 얻는 등 대승해, 흉노의 혼야왕과 수만의 흉노족이 투항했다. 무제는 고조선을 점령하고 한사군을 세웠고, 남방으로 진출해 베트남 일대를 정벌하고 안남 도호부를 세웠다.

무제는 염철전매제(소금과 철로 얻은 수익을 국가가 독점하는 것)와 균수평준법(국가가 경제 질서에 개입하고 상인 세력의 발호를 억누르는 정책)을 집요하게 추진했다. 이런 조치는 농민보다는 중앙 집권을 위한 것이었다.

017

청교도 혁명

영국 내란기(1638~1651)에 일어난 최초의 시민 혁명. 청교도 혁명 때부터 명예 혁명 때까지 영국의 절대 군주와 의회, 청교도 세력 간에 치열한 정치 공방이 벌어진다.

헨리 8세, 엘리자베스 1세를 거치면서 영국의 왕권이 강화됐고, 제임스 1세, 찰스 1세는 이를 이어가고자 했다. 한편에서는 종교 개혁의 여파로 국교회, 청교도, 가톨릭의 갈등이 심했다.

국왕과 의회의 갈등은 제임스 1세와 에드워드 쿡의 보통법 논쟁에서 의미심장한 발전을 이룬다. 에드워드 쿡은 "왕은 판결을 보류할 권한이 없고, 의회의 특권은 고대에 기원을 뒀으며, 법 아래 왕이 있고 법정은 왕권에서 분리돼 있다"라고 주장한다. 법과 법정, 판결은 국왕이 간섭할 수 없는 독자성을 지녔다는 의미다. 법 앞에서의 평등, 사법부의 독립 같은 개념이 구체화된 것이다.

찰스 1세 때는 의회가 권리 청원을 관철하는데 "의회가 조세의 권리를 독점하고 자유인은 이유 없이 구속될 수 없다" 등의 내용을 담고 있다. 입법부가 예산을 심의, 확정하고, 행정부는 이를 집행한다는 삼권 분립의 기초가 다져진 순간이다. 또 개인의 정신적, 신체적 자유에 대한 보장이 명문화됐다. 기본권이 발전하는 데 중요한 단초가 된 것이다.

결국 찰스 1세 때 왕당파와 의회파 간에 내전이 벌어졌고 청교도 중심의 의회가 전쟁에서 승리를 거둔 후 찰스 1세를 처형하고 공화정을 수립한다. 이때부터 청교도들 간에 논쟁이 시작된다. 종교 관용의 문제를 둔 갈등으로, 장로파는 가톨릭에 대한 비관용, 독립파나 수평파는 관용을 주장했다.

당시 청교도 지도자 중 한 명이던 존 릴번은 '자유인으로 태어난 존'이라는 별명을 가지고 있었다. 그의 주장이 매우 독특하고 급진적이었기 때문이다. 이런 내용이다. 현재의 의회를 해산하고 인구에 상응하는 형태로 선거구를 조정한다. 따라서 군주정과 상원은 없어져야 한다. 입법부도 변경할 수 없는 기본법을 만들고 종교적 자유를 확립한다. 법 앞에서 평등해야 하며 2년마다 의회를 선출해야 하는데, 모든 권력은 의회가 장악하고 동시에 모든 인민에게 투표권을 줘야 한다. 존 릴번의 구상은 현대 민주주의의 핵심 원리를 모두 담고 있다.

018

고딕 양식

독일 퀼른 대성당

중세 유럽의 대표적인 건축 양식. 13세기 중세 전성기에 유행했고, 파리의 노트르담 대성당, 샤르트르 대성당, 독일의 퀼른 대성당이 대표적이다. 크리스트교의 핵심은 설교자가 주도하는 예배다. 따라서 많은 신자가 함께 모여서 사제를 바라보며 설교를 듣는 공간이 필수였다.

중세 시대로 들어오면 넓은 예배당을 가진 성당 건축이 유행한다. 문제는 로마 제국이 무너진 후 고전 그리스 로마의 건축술이 유실됐다는 것이다. 따라서 초기에는 큰 돌을 쌓아 올려 거대한 성전을 짓는 양식이 유행한다. 이를 바실리카 양식이라고 하는데, 창문이 없고 빛이 들지 않는 등 문제가 많았다. 그럼에도 돌을 다루는 기술은 나날이 발전했고, 로마네스크 양식을 거친 후 고딕 양식에서 절정을 이룬다.

기둥을 적절히 활용해 무게 중심을 조절했고, 좀 더 얇고 높아졌다. 천장에 부담을 주는 석재를 제거하고, 아치와 궁륭(활이나 무지개같이 한가운데가 높고 길게 굽은 천장이나 지붕)을 적절히 활용하며 넓은 공간을 만들 수 있었다. 고딕 양식의 건축학적인 비법은 부벽(扶壁)에 있었다. 건물 외부에서 기둥과 천장을 받쳐주는 새로운 방식이 고안된 것이다. 이 과정을 통해 중세의 성당은 지극히 크고 화려해진다. 무엇보다 두꺼운 벽이 사라지면서 벽에는 아름다운 스테인드글라스가 만들어졌다. 화려한 색감으로 온갖 성화가 그려진 아름답고 높고 큰 창을 통해 비로소 중세의 예배당에 빛이 들어오게 된 것이다.

고딕 양식의 발전 뒤에는 중세 스콜라 철학을 비롯한 학문적 열정이 있었다. 합리적이고 이성적인 사유, 체계적이고 수학적인 사고방식이 보편화되면서 건축적 성과에 도움을 준 것이다. 건물 외관을 꾸미는 화려한 조각과 성상도 극도로 발전하는데, 유럽 특유의 장식 문화가 만개했다.

019

동굴 벽화

프랑스 라스코 동굴에는 1만 7,000년 전 구석기 시대의 벽화가 남아 있는데, 종교적 소망, 풍요와 번영에 대한 기원을 담고 있다. 또한 동굴 자체가 신성 공간이었을 것이다. 라스코 동굴의 '황소의 방'이라 불리는 곳에는 뿔 달린 황소, 거대한 황소, 붉은 사슴 등이 생동감 있게 묘사돼 있다. 석회 동굴이기에 벽면은 회색 혹은 흰색이었고, 구석기 시대 사람들이 기름 램프를 들고 와서 당시 구현 가능한 여러 기법으로 생동감 있게 그림을 그렸다. 개중에는 입으로 안료를 뿌리는 방식, 즉 스프레이 기법으로 그려진 말도 있다. '엑시알 갤러리'라 불리는 곳에는 검정소와 야생마 등이 묘사돼 있는데, 동굴 표면이 울퉁불퉁해 역동성이 더해졌다. 큰뿔사슴이라는 멸종된 동물도 그려져 있다. '샤프트'라는 곳에는 황소에 받혀 내장이 쏟아진 사람이 묘사돼 있는데, 이를 어떻게 해석할지를 두고 의견이 분분하다. 사슴 떼를 그릴 때 뿔 묘사가 섬세하고, 검은 암소를 묘사한 장면에서는 격자무늬가 발견되기도 했다. 들소의 뒷다리가 겹쳐져 그려졌거나 동물 형상에 맞게 색감이나 터치 기법을 달리 썼다는 점에서 예술적 수준이 탁월하다.

구석기 시대 벽화 예술은 라스코 동굴 외에 여러 곳에서 살펴볼 수 있다. 스페인 알타미라 동굴 벽화는 1만 4,000년 전에 그려진 것으로 추정되는데, 붉은빛의 들소 그림이 인상적이다. 2만 2,000년 전에 그려진 프랑스 페슈 메를 동굴의 벽화에는 점박이 말 두 마리가, 3만 2,000년 전 벽화가 남겨진 프랑스 쇼베 동굴에는 곰이 그려져 있다. 쇼베 동굴에는 곰의 머리뼈가 동굴 중앙의 제단으로 추정되는 바위에 올려져 있는데 이 또한 궁금증을 자아낸다. 벽면 한편에 수십 개의 손바닥 자국이 찍혀 있기도 하다.

일부 학자들은 벽화를 호모 사피엔스의 승리를 상징한 것으로 본다. 호모 사피엔스가 네안데르탈인에 비해 언어 사용 능력과 예술적 감각이 앞섰기 때문이다.

020

불

> 불은 자연적 존재라기보다 사회적 존재에 더 가깝다. (…) 김이 모락모락 나는 웨이퍼가 내 입속에서 부서질 때, 나는 불을 먹었다. 그 황금빛을, 그 냄새와 심지어 그 탁탁거리는 소리를 먹었다. 그리고 그것은 항상 그러한, 일종의 사치스러운 쾌락을 띤 경험이었다. (…) 불은 인간성을 입증한다. 불은 비스킷을 익힐 뿐만 아니라 바삭하고 노릇하게 만들어준다. 불은 인간의 축제 분위기에 물질적 형태를 부여한다. 시대를 아무리 멀리 거슬러 올라가도 음식의 미각적 가치는 언제나 그 영양적 가치를 압도하며, 인간은 고통이 아닌 기쁨 속에서 기운을 찾는다.
>
> – 철학자 가스통 바슐라르

불은 인류사에 지대한 영향을 미쳤다. 지구상 어떤 생명체도 불을 제대로 다루지 못한 반면에 인류는 매우 이른 시점에 불을 다뤘고, 현재까지도 불에 의존해 문명을 일구고 있다. 불을 다룸으로 인해 얻을 수 있는 유익은 말할 수 없이 많다.

불로 음식을 조리해 먹는 문화도 그중 하나다. 인류가 불을 다루면서 다른 생명체와 다른 식습관을 갖게 됐으니 말이다. 고기 근육에는 섬유질이 많지만 익는 과정에서 섬유의 단백질 덕분에 콜라겐이 젤라틴으로 바뀌고, 아민 성분과 당 성분이 결합해 육즙이 만들어진다. 열을 통해 녹말이 분해돼 당을 방출하는데, 같은 시간 녹말의 덱스트린이 갈색으로 바뀌면서 먹음직스러워진다. 불에 의존한 조리 방법을 통해 영양소가 발산되고, 요리 문화가 형성되는 것이다. 심지어 독성이 강해 날것으로는 먹을 수 없는 음식의 독성이 열기 때문에 사라지기도 한다. 아마존 일대에서 여러 음식에 주로 쓰이는 카사바에는 청산이 많이 들어 있지만 빻고, 갈고, 물에 담근 후 불로 조리하는 과정에 독성이 사라진다. 돼지고기에는 기생충이 많아 선모충증에 걸릴 위험이 있지만, 이 또한 높은 온도에서 사멸된다.

불의 온도를 높이는 기술은 문명 발전에 가장 중요하다. 철제 농기구를 제작하거나 수십 층에 이르는 철조 건축물 제작 등 인류사의 가장 중요한 부분이 결국 불과 관련된 기술들이기 때문이다.

021

카리브해

쿠바를 중심으로 미국, 멕시코, 남아메리카에 둘러싸인 아메리카의 거대한 내해. 주변에는 쿠바, 도미니카, 아이티, 자메이카 같은 섬나라와 과테말라, 온두라스, 니카라과, 코스타리카 같은 중앙아메리카 국가가 있다.

이곳은 콜럼버스가 최초로 발견했고, 오랜 기간 스페인의 지배를 받았다. 사탕수수 재배에 적합한 환경이었기 때문에 관련 농업이 크게 번성했다. 16세기부터는 멕시코와 페루에서 광산 개발이 활기를 띠었고, 그 덕분에 카리브해의 섬들은 스페인 해군과 상업 선박의 운송 기지나 군사 시설 역할을 했다. 당연히 이 지역에서는 해적의 활동이 활발했다. 프랜시스 드레이크, 존 호킨스, 헨리 모건 등 영국의 유명한 해적들이 이곳에서 스페인의 부를 탐냈다.

17세기에는 영국과 프랑스, 네덜란드의 국력이 급상승했기 때문에 스페인은 카리브해의 많은 영토를 내주고 만다. 1630년경부터 네덜란드는 베네수엘라부터 브라질 북동부 일대까지 영향력을 행사했고, 1655년 자메이카는 영국이, 1659년 아이티는 프랑스가 점령했다. 무엇보다 영국의 도전이 거셌다. 19세기 세계 최대의 제국주의 국가 영국은 라틴아메리카의 독립을 지원하면서, 영국 중심의 세계 경제에 이들 지역을 통합하고자 했다. 19세기 후반부터는 미국이 이를 계승해 카리브해를 미국의 호수로 만들고자 했다.

1950년대 쿠바 혁명이 일어났고, 1960년대 초반 소련 서기장 흐루쇼프는 쿠바에 핵미사일을 설치하고 핵전쟁 직전까지 간다. 이를 '쿠바 위기'라고 한다. 최근에는 마약 거래와 불법 이민이 이 지역을 통해 이뤄지고 있다.

022

태국과 아세안

인도차이나반도 내륙에 위치하는 태국은 현대사에서 주변 국가와 다른 행보를 보였다. 베트남을 중심으로 라오스, 캄보디아가 중국의 지원을 받고 공산 국가가 됐다면, 태국은 미국의 지원을 받았기 때문이다.

태국은 제국주의 시대에도 식민 지배를 받지 않았다. 인도와 미얀마, 말레이시아를 장악한 영국과 베트남, 라오스, 캄보디아를 점령한 프랑스 사이에 위치했기 때문에 완충 지대 역할을 하면서 독립을 유지했다.

태국 현대사에는 쁠랙 피분송크람과 사릿 타나랏이라는 두 인물이 큰 영향력을 미쳤다. 피분송크람은 1932년 입헌 혁명을 주도했고, 1947년 군사 쿠데타를 통해 권력을 장악했다. 또 미국, 영국을 끌어들였고, 태국에 살던 화교들을 적극적으로 탄압했다. 1957년에는 타나랏이 군사 쿠데타에 성공하는데, 그 역시 공산주의와의 대결을 천명하고 좌익 단체를 탄압했다. 국가경제개발청(NEDB), 투자위원회(BOI)를 만들어 적극적인 산업 발전을 도모했고, 베트남 전쟁과 맞물려 경제 성장에 성공했다.

    1967년 8월 8일 태국 방콕에서 말레이시아, 싱가포르, 인도네시아, 필리핀의 외무 장관이 모였다. 동남아시아 국가 연합(ASEAN)이 결성된 것이다. 초창기 아세안은 반공 국가 연합 정도였다. 베트남 전쟁을 비롯해 점증하는 공산주의의 발흥을 막으며, 미국, 영국 등 자유세계와의 동맹을 통해 경제적 번영을 추구한 것이다. 1975년 베트남 전쟁에서 미국의 패배는 아세안에 큰 충격이었다. 필리핀의 독재자 마르코스 대통령은 직접 중국에 방문해 국교를 수립했고, 아세안의 모든 국가가 뒤를 이었다. 이 시기 태국은 자국에 주둔하던 2만 6,000명의 미군 철군을 요구해 관철시킨다. 필리핀 역시 미국인에게만 주던 경제적 특권을 폐지했다.

    1980년대 들어 태국을 비롯한 아세안 국가들은 일본과 긴밀한 관계를 맺는다. 일본은 엔고 현상, 후발 산업 국가와의 수출 경쟁으로 인해 아세안으로 관심을 돌린다. 낮은 임금과 공업화의 부재가 매력적이었기 때문이다. 일본의 대대적인 투자는 태국, 말레이시아, 인도네시아의 산업 부흥에 밑거름이 됐다. 냉전 붕괴 이후 대부분의 동남아시아 국가가 아세안에 참여했고, 아세안 경제 공동체(AEC)로 발전했다.

023

공자

묵묵히 기억하며 배움에 있어 싫어하지 않고 다른 사람을 가르침에 게을리하지 아니하니 그 밖에 또 무엇이 나에게 있단 말이오!

덕(德)이 닦아지지 않는 것과 학문이 익혀지지 않는 것과 의를 들어도 능히 옮기지 못하는 것과 선하지 않음을 능히 고치지 못하는 것이 바로 나의 근심이니라.

- 《논어》

《논어》는 공자(기원전 551~기원전 479)의 가르침을 담은 책으로, 성리학자들은 이를 사서의 한 권으로 분류해 중요하게 여겼다. 공자는 춘추 시대 말기의 인물로, 동아시아의 전통 사상과 문화에 지대한 영향을 끼쳤다.

공자는 전통주의자, 보수주의자, 인문주의자로, 무너진 주나라의 예법을 회복하는 것이야말로 춘추 전국 시대의 혼란을 극복하는 길이라고 여겼고, 새로운 생각을 창작해 주장하는 것보다는 선현의 가르침과 경험을 이해하고 보존할 것을 강조했다. 공자의 사상은 정치적이며 사회적이다. 이는 공자뿐 아니라 춘추 전국 시대 제자백가에서 공통적인데 그들은 정치·사회 활동에 적극적이었으며, 당대의 사회 혼란을 극복하기 위한 방안을 모색했기 때문이다.

공자의 정치사상을 '정명(正名)'이라 일컫는다. 특히 "군군신신부부자자(君君臣臣父父子子)"라는 말이 유명한데, '군주는 군주답게 신하는 신하답게 아버지는 아버지답게 아들은 아들답게'라는 뜻이다. 즉, 자신에게 맡겨진 직분에 걸맞은 삶을 사는 것이 바른 사회의 기본이라는 말이다. 그는 법으로 사람을 다스리는 것을 비판했다. 법 조항을 만들수록 사람들은 법을 피하기 위해 간교해진다고 보고 '덕치', 즉 사람의 도덕성을 증진하고 공동체의 윤리로 통제해야 한다고 생각했다.

그는 인(仁)과 예(禮)를 중요시했다. 인은 내면의 윤리이고, 예는 그것이 드러나는 예절과 같은 생활 방식을 의미하는데, 공자는 인과 예가 조화롭게 구현돼야 한다고 보았다. 또 그는 '친친(親親, 가까운 사람을 더욱 사랑하는 인간의 본성)'에 주목했고 따라서 도덕의 으뜸을 '효(孝)'로 봤다. 공동체의 예법, 가족 윤리 등을 중요하게 여겼지만, 막상 《논어》를 읽어보면 공자는 의외로 자유분방하며 학문하기를 즐기고, 제자 양성에 열정적인 인간적인 면모를 보인다.

024

산업 혁명

18세기 영국에서 일어난 산업 혁명은 인류의 생활 방식을 바꿨다. 획기적인 기술과 기계의 등장, 이를 통한 대량 생산, 대량 생산을 통한 광범위한 시장 형성, 시장 형성을 통한 자본주의의 발전 등 연쇄적이고 급진적인 변화가 이어졌다.

산업 혁명에서 가장 중요한 기술적 변화는 방적기, 증기 기관, 철도의 등장이다. 방적기는 실을 뽑는 기계다. 1733년 존 케이가 '나는 북(flying shuttle)'을 발명해 직조 실을 잣는 작업을 개선했다. 1767년 제임스 하그리브스는 한 번에 16가닥의 실을 생산하는 제니 방적기를 발명한다. 얼마 후 리처드 아크라이트가 수력 방적기를 발명했고, 새뮤얼 크럼프턴이 뮬 방적기를 만들었다. 제니 방적기는 전통 물레질의 6~24배, 뮬 방적기는 200~300배를 생산할 수 있었다.

증기 기관의 등장은 인간이나 길들인 동물의 힘을 뛰어넘는 에너지의 등장을 의미한다. 좀 더 질 좋은 철의 생산을 위해 석탄이 사용되기 시작했고, 이때부터 석탄 사용량이 급속도로 늘어난다. 따라서 탄광 개발이 활발해지는데, 더 깊은 곳에서 효율적으로 석탄을 재굴하기 위한 방안이 고민됐다. 이런 수요에 발맞춰 1769년 제임스 와트는 효율적인 증기 기관, 즉 수증기를 열에너지로 바꾸는 혁신적인 열기관 발명에 성공한다.

한편 혁신적인 수송 체계에 대한 고민도 깊어졌다. 광산에서 캔 석탄을 옮기는 문제, 공장에서 만들어진 면직물을 해외에 파는 문제, 새로운 시장과 식민지를 효과적으로 관리하기 위한 방편 등 교통 혁명의 필요성이 나날이 커졌다. 조지 스티븐슨은 증기 기관차를 발명해, 시속 24km로 영국의 스톡턴에서 달링턴까지의 철도 육상 운송에 성공한다. 증기 기관을 활용해 기차를 만들고 철도를 통해 혁신적인 교통 변화가 일어나 기계, 에너지, 교통으로 이어지는 엄청난 기술 혁신이 동시다발적으로 벌어진 것이다.

이러한 혁신적 변화로 영국은 성공적인 산업 국가가 된다. 1760년에 25만 파운드이던 면직물 수출액은 40년이 지나서는 500만 파운드를 초과했고, 19세기 초반 50만 톤이던 철 수출은 반세기만에 100만 톤을 넘는다.

025

베르사유 궁전

태양왕 루이 14세가 1664년부터 1715년에 걸쳐 완성한 바로크 양식의 건물. 베르사유 궁전 하면 통상 바로크 양식의 화려한 실내 장식을 떠올리는 경우가 많다. 하지만 베르사유 궁전은 궁전뿐 아니라 광대한 정원과 궁궐 내외의 공간을 함께 설계했다는 점에서 의의가 크다. 심지어 베르사유 일대의 건물에는 고도 제한이 있었다. 베르사유 궁전의 바닥 높이 이상으로 건물을 지을 수 없었기 때문에 중앙에는 거대한 궁전이 있고, 주변에는 궁전을 우러르는 마을이 어우러졌다. 절대 군주의 이상 도시가 만들어진 것이다.

흥미로운 점은 모자나 검같이 기본적인 격식만 갖추면 누구나 이곳을 왕래할 수 있었다는 것이다. 높은 담을 쌓고 관료와 환관 같은 왕실의 인사들만 드나드는 동아시아의 궁궐과는 차이를 보인다. 베르사유 궁전은 곧장 유명 관광지로 정평이 났고, 이를 구경하고자 전 유럽의 수많은 사람이 몰려들어 호텔업이 번성했으며, 성 앞에서는 검과 모자를 대여하는 가게가 수익을 올렸다. 체스를 하고, 당구를 치며, 일과에 따라 새로운 옷을 입고 정원에서 은밀한 만남을 즐기는 프랑스 귀족 문화가 범유럽적인 유행이 될 정도였다. 베르사유 궁전의 왕실 예배당 천장화가 특히 유명한데, 루이 14세는 아폴론이나 헤라클레스로 그렸다. 어머니는 헤라 여신으로, 아내는 아테나로, 아끼던 신하 마자랭은 아틀라스로 묘사하는 등 그리스 신화를 통해 절대 왕권을 화려하게 표현했다.

루이 14세의 어린 시절은 불우했다. 루이 13세는 온갖 트집을 잡아 사정없이 매질하는 냉혹한 아버지였고, 어머니 안 도트리슈가 20년 동안 임신하지 못했기 때문에 루이 14세는 혈통을 의심받기도 했다. 프롱드의 난(1648~1653년에 걸쳐 일어난 프랑스 내란)이 일어나 전국을 유랑해야 했고, 이 시기에는 궁궐의 하녀조차 무시할 정도로 어려움을 겪었다.

국왕이 된 그는 정부의 모든 일을 꼼꼼히 챙겼고, 온갖 태양 문양으로 자신의 권력을 과시했으며, 아부하는 귀족들을 냉소적으로 대했고, 여성과 음식을 열정적으로 탐했다.

지나친 과식으로 소화 불량, 편두통, 장염에 시달렸고, 임질에 걸려 평생을 고생했으며, 류머티즘, 종양, 부비강염, 당뇨병 등 온갖 병이 그를 괴롭혔으나 77세까지 장수했다. 하지만 아들이 51세에 천연두에 걸려 먼저 죽고, 손자인 부르고뉴 공작, 증손자인 루이 드 프랑스를 모두 잃는 등 말년 가정사가 불행했다.

026

아프리카의 역사

오늘날 '아프리카'라는 지리적 개념으로 그들의 역사를 설명하는 것은 불가능하다. 지리적으로 아프리카가 하나의 개념으로 통합된 것은 유럽인의 식민 지배 때문이고, 이 또한 그리 오래된 일이 아니다. 아프리카의 지리적 특성도 고려해야 한다. 북반구에서 남반구까지 거대한 규모로 이어지며 사하라 사막, 적도 지대, 열대 우림 등 각양의 자연환경이 존재했기 때문에 단일한 역사는 물론 거대한 제국, 고도의 문명 발전 같은 것이 지속적으로 일어나기 어려운 구조였다. 고대 이집트나 북아프리카를 제외하고 대부분 지역에서는 수만 개의 부족 사회가 주를 이뤘다는 것도 고려해야 한다.

고대 이집트인들은 누비아(오늘날 수단 북동부로, 고대 아프리카 북동부에 있던 지역)에 대한 기록을 남겼다. 그들은 원정대를 누비아에 파견해 노예, 소, 동물 가죽, 목재 등 그들이 필요한 것을 빼앗았다. 하지만 기원전 1000년경 누비아인들은 쿠시 왕조를 세웠고, 나아가 기원전 730년에는 이집트를 정복했다. 기원전 690~664년까지 이집트를 다스린 파라오 타하르카는 이집트를 다스린 흑인 파라오였다.

오늘날 에티오피아 일대에는 악숨 왕국이 들어선다. 기원전 4세기부터 기원후

9세기까지 매우 오랜 기간 존속된 왕조로, 기원과 활동상에 대해서는 논란이 많다. 현재 북서부 아프리카에는 이슬람교도가 주를 이루는 데 반해 에티오피아에는 여전히 크리스트교인이 많다. 이는 악숨 왕국 때문이다. 350년 에자나 왕이 크리스트교를 국교로 선포했고, 비잔틴 제국과 유대 관계를 형성하기도 했다. 구약 성서에는 이 일대를 다스린 시바의 여왕이 유다 왕국을 방문해 솔로몬 왕과 만났다는 기록이 있고, 신약 성서에는 에티오피아 왕국의 내시에게 예수의 제자 빌립이 크리스트교를 전하는 내용이 나올 정도로 독특한 유대 관계를 형성한 것이다.

서아프리카에는 600년경부터 왕국이 형성되는데, 9세기부터 13세기 사이에는 가나 왕국, 다시 13~14세기까지는 말리 왕국, 15~17세기에는 송가이 왕국이 번성했다. 말리 왕조는 이슬람 왕조로, 국왕 만사 무사가 유명하다. 그는 노예 1만 2,000명과 아내 800명을 거느리고 메카를 순례했는데, 엄청난 황금을 뿌리고 다녀서 전 세계 금값이 떨어졌다는 일화도 전해진다. 서아프리카에서 황금이 많이 나왔고, 이슬람 상인들이 낙타를 이용해 사하라 사막을 가로질러 서아프리카와 교류하는 대상 무역이 번성하면서 나타난 현상이다.

027

노동자

산업 혁명의 결과로 노동자가 대거 등장한다. 도시와 공장의 발전에 따라 노동자의 수가 농민을 압도하는 지경에 이르렀다. 산업 혁명은 일자리와 임금을 제공했지만, 과거 농민들이 토지 경작을 통해 누린 안정감과는 비교할 수 없는 불안 가운데 생존을 도모하게 했다. 농민들이 뜻하지 않은 자연재해와 지배층의 착취 가운데서 어려움을 겪었다면, 노동자들은 자본주의의 복잡한 메커니즘, 자본가의 철저한 이윤 추구 태도, 정치가들의 무능과 무책임 가운데서 허덕였다.

노동자의 생활 공간은 도시였다. 19세기 중반에 런던은 230만 명, 파리는 130만 명의 대도시가 됐고, 유럽의 여러 도시는 런던과 파리를 따랐다. 도시 계획이라는 개념은 존재하지 않았고 도시는 무질서하게 변화했다. 상하수도가 정비되지 않았고, 포장도로도 찾아보기 힘들었고, 적절한 수준의 거처를 구하기도 어려웠다. 도시 문제는 노동자들의 삶에 치명적인 악영향을 미쳤다. 잦은 화재에 노출되거나 비위생적인 환경에 의해 각종 질병에 고통받았고, 거주 공간은 비참한 수준이었다. 파리의 노동자들은 1년에 두 번 이상 목욕하지 못했고, 런던에서는 25만 개의 가정용 정화조가 처리되지 못했으며, 맨체스터에는 화장실 없는 주택이 전체의 3분의 2를 넘었다고 한다. 석탄으로 인한 스모그 문제부터 콜레라, 장티푸스, 결핵 같은 각종 전염병이 반복적으로 창궐했다. 실업으로 인한 경제적 고통 외에도 10대 초반에 노동자가 돼 하루 15시간 이상 노동하고 그로 인해 노동자의 자녀들이 방치되는 등 노동자의 삶을 옥죄는 문제는 한두 가지가 아니었다.

여성 노동자도 많았는데 이들은 공장보다 집이나 사설 작업장에서 일했고, 그만큼 낮은 임금과 모진 노동 규율에 시달렸다. 미혼 여성은 하녀로 일하는 경우가 많았는데, 이들은 성폭력에 노출되기 일쑤였다. 성매매 문제도 심각했다. 지방에서 갓 올라온 젊은 여성이나 재취업에 실패한 여성 수만 명은 남성 노동자가 몰린 도시에서 성매매로 생존을 도모했다.

일련의 상황은 사회 문제 해결을 위해 각종 개혁안을 모색하는 것으로 집중됐다. 상하수도가 정비된 새로운 도시 설계, 노동자와 도시 빈민들의 처우 개선을 위한 사회 복지 시스템 마련, 노동 시간을 통제하는 공장법 등이 다방면으로 모색됐다. 노동 운동과 사회주의의 등장 역시 이러한 변화의 결과다.

028

알람브라 궁전

스페인 그라나다에 있는 궁전. 9세기 군사 요새로 시작해 13세기 궁전으로 발전했는데, 이슬람 건축과 예술의 백미로 평가받는다.

이베리아반도는 서로마 제국의 멸망 이후 반달족, 서고트족, 비잔틴 제국의 침략을 받는 등 혼란을 겪다가 711년 이슬람에 점령당한다. 이슬람은 이곳에 근동 지역의 관개 시설을 도입했는데, 그 덕분에 농업이 크게 번창했으며 국제 무역 또한 번성했다. 세비야, 코르도바 같은 도시들도 크게 성장했다. 오랜 기간 이슬람의 지배를 받았기 때문에 이 지역에서는 이슬람 문화의 영향이 컸다. 특히 시 문학의 경우, 아랍어의 운문 형식을 받아들였다. 곳곳에 모스크를 비롯한 이슬람 종교 시설이 들어섰는데, 코르도바의 모스크가 유명하다.

하지만 이베리아반도에서 크리스트교의 영향력은 사라지지 않았다. 북부 피레네산맥에는 여전히 크리스트교 왕국이 있었고, 성 베네딕토 수도원, 산티아고 데 콤포스텔라 순례길 등 강력한 종교적 실천이 이어졌다.

11세기 교황 그레고리우스 7세는 레콩키스타(국토 회복 운동)를 종교적 의무라고 주장하면서 이베리아반도의 크리스트교화를 주장했다. 11세기 들어 이슬람 세계가 혼돈에 빠진 가운데 카스티야, 아라곤 등을 중심으로 크리스트교 왕국의 공격이 본격화된다. 이들은 이베리아반도의 중심부인 톨레도를 점령한다. 이슬람의 반격도 거셌다. 무라비트 왕조, 무와히드 왕조가 12세기까지 반격했으며 세비야, 코르도바를 비롯해 주요 지역을 재정복했다.

하지만 13세기 카스티야를 중심으로 코르도바와 세비야가 다시 한번 크리스트교 왕국의 수중에 들어갔고, 아라곤이 발렌시아, 무르시아 등 해안 지역을 점령한다. 이 시기 이베리아반도의 서부 지역은 포르투갈인의 수중에 들어간다. 결국 이슬람의 최후 거점은 알람브라 궁전이 있던 그라나다뿐이었다. 1492년 카스티야와 아라곤이 그라나다를 정복했고, 이후 두 나라는 혼인 동맹을 통해 스페인이라는 국가로 거듭난다. 이슬람 세력이 이베리아반도에서 축출된 것이다.

029

한고조 유방

진나라가 무너진 후, 초나라의 패왕 항우와의 대결에서 승리하고 한나라를 세운 건국 영웅.

진나라의 몰락은 그에게 뜻하지 않은 기회를 줬다. 진승과 오광이 반란을 일으키고 장초국을 세우는 등 각지에서 반란 세력이 흥기한 것이다. 소하, 조참 등 당시 패현의 관리들이 이에 호응했는데, 유방도 패현 일대 2,000~3,000의 사람을 모아 지도자가 됐다. 소하와 조참은 유방의 핵심 참모로, 한나라 건국에 가장 중요한 역할을 했다. 훗날 유방의 목숨을 구하며 항우와의 경쟁에서 결정적 역할을 한 책사 장량 역시 이즈음에 유방과 합류했다.

반란군 중 가장 강력한 세력을 형성한 인물은 항량이었다. 그는 초나라의 부흥을 꿈꾸며 일족이던 회왕을 옹립한다. 그는 장초국을 멸망시켰으며, 과거 초나라 일대를 기반으로 전국 시대 송나라, 위나라 일대까지 파죽지세로 진출했다. 하지만 항량은 장함이 이끄는 진나라 군대에 전사한다. 항량 밑에서 뛰어난 역량을 발휘한 인물이 항우였기 때문에, 결국 항우가 새로운 지도자로 등장한다. 유방이 이끄는 군대도 항량 휘하에 있었다.

항우는 천하장사에 탁월한 장군이었다. 하지만 성급하고 거친 성격, 새로운 나라를 건국하려는 의지와 실력 부족 등 한계가 뚜렷한 인물이었다. 진나라 수도 함양에 가장 먼저 군대를 끌고 들어간 인물은 유방이었다. 그는 팽성에서 낙양(오늘날 뤄양)까지 약 400km를 8개월간 진격하면서 일대를 평정했다. 수많은 장수가 약탈에 정신없을 때, 소하가 홀로 진나라의 행정 문서와 각종 도서를 모았다. 그의 주도면밀함은 한나라가 건국된 후 승상이 돼 국가를 운영할 때 더욱 빛났다.

뒤늦게 함양에 도착한 항우의 군대는 유방에 대한 경계심을 높였다. 항우의 참모 범증은 유방 군대를 공격하자고 간언했지만 장량이 유방을 설득해 항복을 선언하고 항우에 대한 충성심을 공개적으로 천명해 위기를 넘겼다. 하지만 이를 믿지 않던 범증은 홍문의 연회에서 검무를 추며 다시 한번 유방을 죽이려 했다. 간신히 막아낸 후 유방은 연회에서 도망쳐 군대를 이끌고 파촉 일대로 들어간다. 파촉 지역에서 세력을 기른 유방은 한신 등 명장과 함께 항우를 무너뜨리고 황제가 됐다. 한신은 수개월 만에 화북 지대를 평정하는 등 엄청난 군공을 세웠으나 결국 한나라가 세워진 후 유방에 의해 제거된다.

030

붓다

불교의 창시자. 본명은 고타마 싯다르타(기원전 약 563~기원전 약 483)로, 부처, 석가모니 등 다양하게 불린다. 인도 북부 히말라야 기슭 샤키야족이 세운 작은 나라의 왕자로 태어났다. 어머니 마야 부인은 붓다를 낳은 지 일주일 만에 세상을 떠났지만, 자애로운 아버지와 가정 안에서 유복한 어린 시절을 보냈다. 16세에 결혼했고, 자녀도 얻었다. 하지만 그는 생로병사의 문제에 직면하여 크게 고뇌한다. 인간사가 궁금해 시종과 몰래 세상에 나와 처음으로 만난 이는 늙은이였고 병든 자, 시체, 새가 벌레를 잡아먹는 모습 등을 마주하며 출가를 결심한다.

당시는 엄격한 카스트 제도와 화려한 예식을 강조하던 브라만교와 이에 반대하며 참된 자아를 찾고자 고행하던 우파니샤드 등이 큰 영향력을 행사했다. 붓다는 집으로 돌아갈 수 없는 곳까지 멀리 떠난 후 고행에 전력했고, 깨달음을 얻기 전에 이미 여러 제자가 그를 따랐다. 하지만 그는 고행에서 답을 찾지 못했고 6년간의 노력 끝에 결국 고행을 포기했다. 이때 그를 따르던 제자들이 비난하며 떠났지만, 그는 보리수 아래에서 그윽한 깨달음의 경지에 도달한다. 이후 그는 극단적인 고행과 욕망 사이에서 새로운 진리를 설파하며 수많은 제자를 양성하고 불교를 발전시켜 나갔다.

그의 사상의 요체는 통상 '연기(緣起)'와 '자비'로 설명한다. 연기란 '말미암아 일어나다'라는 뜻으로, '인연(因緣)'과 같은 말이다. 여기에서 인(因)은 '직접 원인'이고, 연(緣)은 '간접 원인'을 의미하는데, 결국 모든 존재는 상호 의존적인 관계 속에 있다는 말이다. 모든 존재가 상호 의존하기에 '고통(괴로움)'도 인연으로 말미암을 수밖에 없다.

> 이것이 있으면 그것이 있고, 이것이 생기기 때문에 그것이 생긴다.
> 이것이 없으면 그것이 없고, 이것이 멸하기 때문에 그것이 멸한다.

연기설의 요체를 담은 《중아함경》의 유명한 구절이다. 모든 존재의 상호 인연 관계를 고려한다면 결국 인간의 길은 하나밖에 없다. 자타불이(自他不二), 즉 나와 남은 둘이 아니다. 붓다는 자비의 삶을 강조했다. 그는 80여 세까지 불법을 전했고 아시아 문명사에 큰 영향을 미쳤다.

031

아테네

그리스 도시 국가 아테네는 직접 민주주의라는 극히 예외적인 정치 실험을 한 곳으로, 귀족정에서 출발했다.

기원전 7세기에 들어서면서 아테네 사회는 온갖 사회 혼란에 직면한다. 인구의 상당수가 채무 노예가 될 정도로 경제적으로 불안했고, 중장 보병의 등장에 따라 평민들의 정치적 요구도 거셌다. 더구나 귀족 킬론이 반란에 실패한 후 정치적인 갈등이 극에 이른다. 이런 위기를 해소하기 위해 기원전 594년 솔론이 단독으로 아르콘에 임명된다. 그는 돈을 갚지 못하면 노예가 되는 관행을 금지했으며, 외국에 팔려 간 채무 노예의 귀환을 위해 자금도 마련한다. 참정권을 확대했고, 아레오파고스의 결정에 항소할 수 있으며, 시민이 배심원으로 참여하도록 사법 제도를 개혁했다. 경제적으로 성공한 이들에게 권력과 투표권을 나눠 주려 했기 때문에 이를 금권정(金權政, 부유한 자가 지배하는 정치 체제)이라고 한다. 하지만 솔론의 개혁은 상당 부분 성과가 있었음에도 실패한다. 귀족 계급은 위협을 느꼈고, 평민 계급은 부족하다고 생각했기 때문이다.

솔론의 개혁이 실패한 후, 아테네에는 페이시스트라토스의 참주정이 들어선다. 그는 귀족 세력을 억압하는 가운데 대규모 공공사업을 통해 평민에게 일자리와 채무 탕감의 기회를 제공했다. 또 솔론이 추진하던 개혁의 상당수를 실현하며 큰 인기를 누렸다. 하지만 그가 죽은 후 참주정은 파탄에 이르렀고, 사회는 다시 혼란에 빠진다.

이때 등장한 인물이 클레이스테네스다. 귀족이던 그는 아테네를 진정한 민주주의 정치 체제로 만들었다. 아테네 민회의 권한을 강화하고, 선거구를 10개로 재조정하여 귀족들의 지역적 기반을 무너뜨렸다. 또 오스트라키스모스(도편추방제)를 도입해 해마다 아테네 민주주의를 위협하는 야심가들을 추방했다.

페리클레스 치세가 되면서 아테네 민주주의는 절정에 달한다. 이전까지 민회는 여러 사안에 대해 찬반 투표 정도의 역할만 했다. 페리클레스는 민회에 법안을 발의·수정할 수 있는 권한을 부여했다. 그는 무엇보다 가난한 민중 계급인 테데스에게 정치권력을 개방했다. 민회에 출석하면 일당을 줬고, 공직을 담당하면 급여도 줬다. 이를 통해 가난한 민중도 정치 일선에서 활동할 기회를 얻었다. 물론 여성, 노예, 외국인에게는 이런 권한이 주어지지 않았다.

032

레오나르도 다 빈치

〈모나리자〉

레오나르도 다 빈치(1452~1519)는 이탈리아의 미술가로, 르네상스 시대를 대표하며 동시에 서양 미술사에 가장 저명한 인물로 인정받고 있다. 그는 당시 피렌체의 저명한 화가이자 조각가인 안드레아 델 베로키오의 공방에서 훈련받았다. 그가 남긴 수천 장의 자료를 보면 그가 얼마나 열정적으로 다양한 분야에서 치열하게 사유하고 미술적 열정을 발휘했는지 짐작할 수 있다. 그중 인체에 대한 관심은 특히 유명하다. 30구 이상의 시신을 직접 해부했고, 여성의 몸속 태아에도 관심을 가졌다. 파도와 조류의 법칙, 나무가 커가는 원리 등을 탐구했고, 곤충과 새에도 관심이 많았으며, 직접 비행기를 고안하기도 했다. 색깔에 미치는 대기와 자연의 영향, 음정의 조화 현상 등 각양의 것들을 연구했고, 이는 그의 예술 세계에 큰 영향을 미쳤다.

많은 작품을 남겼고 그중에서 예수와 열두 제자의 마지막 식사 장면을 그린 〈최후의 만찬〉, 피렌체의 한 여성을 그린 〈모나리자〉가 유명하다. 〈모나리자〉의 경우, 스푸마토 기법을 잘 사용해서 눈가와 입술 가장자리를 미묘하게 묘사했고, 적당하게 그려진 그림자가 표정의 모호함을 살렸다. 호사가들은 〈모나리자〉의 표정을 두고 여전히 논쟁을 벌이곤 한다.

〈모나리자〉는 보는 이의 시선 각도에 따라 인물의 모습이 다채롭게 느껴진다. 배경에는 아름다운 풍경이 그려져 있고, 옷 주름이 상당히 사실적이다.

033 카스트 제도와 자이나교

인도의 계급 제도로, 원래는 '바르나 제도'였으나 서양인들에 의해 '카스트 제도'로 불리며 오늘날에 이른다. 기원전 1500년경 아리아인들이 인더스강 유역의 펀자브 지역을 점령했고, 다시 500년이 흐르면서 갠지스강에까지 이른다. 북부 인도에 새로운 지배 계급이 생긴 것으로, 이들은 브라만교를 받들었다. 브라만교는 우주와 자연에서 벌어지는 신적인 현상을 찬미하는 종교로, 사제 그룹을 '브라만'이라 했다. 아리아인의 침략, 브라만교의 확대 등을 통해 인도에는 카스트라는 독특한 신분 제도가 만들어진다.

신분은 사제 계급인 브라만, 귀족 계급인 크샤트리아, 평민 계급인 바이샤, 노예 계급인 수드라로 나뉜다. 그 밖에도 불가촉천민이 존재하는데, 불가촉천민은 문자 그대로 '손댈 수조차 없는 천박한 사람들'이라는 의미다. 현대 인도에는 불가촉천민으로 분류된 인구가 1억 명이 넘는다. 극도로 천시되는 계층이기 때문에 낮에 돌아다닐 수 없고, 따라서 일자리를 구하지 못해 야밤에 쓰레기통을 전전하면서 생계를 유지하는 등 카스트 제도로 인한 문제가 끊임없이 발생하고 있다.

브라만교의 영향력이 지속되는 가운데 기원전 8세기에서 6세기 사이, 여러 사상과 종파가 등장한다. 정교한 찬미 의식을 발전시킨 브라만교의 지나친 형식화를 비판하며 등장한 아트만, 참된 자아를 강조한 우파니샤드 철학이 그것이다. 우파니샤드는 우주와의 일치를 추구하기 위해 고행을 강조했다.

자이나교는 마하비라 바르다마나가 창시했는데, 우파니샤드 철학의 영향을 받아 극단적인 고행을 강조하는 분파로 유명하다. 살생을 엄격히 금지하기 때문에 빗자루를 들고 다니면서 내딛는 길을 쓸기도 한다. 무의식중에 벌레를 밟아 죽일 수 있기 때문이다. 또 일체의 무소유를 강조했기 때문에 완벽하게 나체로 생활하는 수도승도 많다. 식사는 신도들의 자발적 공양에 의지하기 때문에 굶는 경우가 허다하고, 한겨울에도 대나무 돗자리를 덮고 잔다. 이러한 극단적 고행과 브라만교를 비판하며 등장한 종파가 불교다.

불교는 소승 불교와 대승 불교로 분화되는데, 기원전 4세기에 등장한 마우리아 왕조에서는 소승 불교가, 기원 전후에 등장한 쿠샨 왕조에서는 대승 불교가 국가의 후원 아래 크게 성장한다.

034 신대륙의 발견

대항해 시대 신대륙의 발견은 유럽 역사를 뒤바꿨다. 스페인의 이사벨 1세 여왕은 콜럼버스를 후원해 선발 주자인 포르투갈을 따라잡으려 했다. 대서양을 가로지르면 포르투갈보다 먼저 인도에 도착할 것이라고 잘못 생각한 콜럼버스는 카리브 해안에 도달했다. 이후 바스코 누녜스 데 발보아가 파나마 일대에서 태평양을 발견했다. 신대륙을 아메리카라고 부르게 된 이유는, 아메리고 베스푸치가 이곳이 신대륙임을 확증했기 때문이다. 페르디난드 마젤란은 대서양을 횡단해 남아메리카 최남단을 돌아 태평양을 가로지른 후, 동남아시아에서 유럽까지 포르투갈 선단과 정반대로 항해했다. 지구가 둥글다는 것이 실증된 순간이다. 다섯 척의 배 중한 척에 탄 265명 중 18명만이 귀환했고, 마젤란 역시 필리핀에서 죽었다.

코르테스, 피사로 같은 모험적 정복자들이 아즈텍, 잉카 등 현지 제국을 무너뜨렸고, 이후 신대륙은 광산 개발의 무대가 된다. 스페인인들이 퍼뜨린 천연두는 물론 과도한 노동 폭력과 학대 등으로 원주민 인구가 극적으로 줄었다. 최초의 금광이 발견된 히스파니올라의 인구는 1492년 100만 명에서 1538년 500명이 됐다. 노동력 보충을 위해 스페인은 아프리카로부터 흑인 노예를 사들인다. 유럽, 아메리카, 아프리카로 이어지는 삼각 무역이 본격화된 것이다.

신대륙 발견은 유럽 역사에 전무후무한 영향력을 행사했다. 엄청난 양의 은은 유럽의 은 부족을 해결하는 것을 넘어 강력한 인플레이션 효과를 일으켰다. 전 유럽의 물가와 곡물가를 상승시켰고, 임금 폭락을 비롯한 여러 혼란을 발생시켰다. 이를 가격 혁명이라고 한다.

이후 신대륙에서는 광산 개발뿐 아니라 플랜테이션 농업이 발전한다. 광대한 대지에 값싼 노예를 동원해 사탕수수, 커피 등 단일 작물을 심으면서, 새로운 이윤을 창출한 것이다. 무역의 중요성이 강조됐고 농업이 아닌 상업 가치가 부각되는데 이를 상업 혁명이라 한다.

035 성 바실리 대성당

모스크바 붉은 광장에 있는 대성당. 러시아의 대표적인 건축물로 유명하다.

성 바실리 대성당은 이반 4세 때 몽골인의 나라 카잔한국(汗國)을 멸망시킨 후, 승리의 영광을 성모 마리아에게 바치는 의미로 1561년에 완성한 건축물이다. 건물의 모양이 독특하다. 하나의 하단부에 9개의 예배당이 만들어졌는데, 예배당은 모두 중앙 첨탑을 중심으로 배열돼 있다. 또 상단부 둥근 돔의 색감과 외관도 이색적이다.

성 바실리 대성당은 러시아 왕국의 절정기 때 만들어진 건축물이다. 키예프 공국, 모스크바 공국 등 수백 년간 발전을 거듭하면서 러시아는 독자적인 목공 기술, 비잔틴 제국의 석조 건축물 양식, 그 밖에 중세 유럽의 건축 양식을 수용하며 종합적이면서도 독보적인 건축술을 발전시켰다.

앞선 이반 3세 때는 이탈리아 베네치아에 특사를 보내 건축가들을 초청해 크렘린 궁전의 개축에 역량을 집중하기도 했다. 이 시기 우스펜스키 성당, 블라고베셴스크 성당, 아르한겔스크 성당 등 중요한 건축물이 만들어진다. 르네상스 양식, 이슬람 양식 등을 받아들이면서도 독특한 러시아풍을 유지했는데, 그러한 노력이 이반 4세 때 성 바실리 대성당으로 집대성된 것이다.

036

베트남

베트남은 인도차이나반도 동남 해안에 길게 위치한 나라다. 북부에서 발전해 현재의 모습에 이르렀다. 베트남 역사의 시작은 양쯔강 하류부터 중국 남부, 북베트남 일대를 무대로 한다. 락롱꾸언이 어우꺼와 결혼하고 어우꺼가 100명의 아들을 낳으면서 나라를 이끌었는데, 이 나라의 이름이 반랑국이다. 락롱꾸언은 중국 신화에 나오는 신농씨의 후손이라고 하는데, 일찍부터 중국 문화와 양쯔강 이남 지역의 신화적인 이야기들이 어우러진 것을 알 수 있다. 반랑국은 청동기 국가로, 기원전 3세기까지 번성했다.

이 시기 가장 중요한 유물은 청동북인 동고다. 북 표면에 태양 문양을 비롯한 상징적인 그림이 정교하게 새겨져 있다. 베트남뿐 아니라 중국 남부부터 동남아시아 일대에서 널리 발견되는데, 중국이나 인도에서는 발견되지 않는다. 동남아시아 일대에 독자적인 청동기 문화가 존재했음을 알 수 있다.

이후 안즈엉브엉이란 인물이 외부 세력을 이끌고 반랑국을 정복한 후 어울락 왕국을 세웠으나 단명했고, 찌에우다에 의해 남비엣이 세워진다(비엣[Việt]은 베트남을 의미한다). 찌에우다는 진시황이 파견한 조타라는 인물로, 광둥 지역 관리였으나 진나라가 무너지고 한나라가 등장하는 시기에 자신을 황제로 칭하고 북베트남 지역을 점령했다. 하지만 한무제가 기원전 111년 이곳을 공략해 남비엣을 멸망시키고 7개의 군을 설치해 직접 지배한다.

이때부터 리 왕조(1009~1225)가 들어서기까지 베트남은 약 1,000년간 중국 영토였다. 쯩짝·쯩니 자매 반란 등으로 여러 독립 세력이 할거했지만, 독립 국가로 성장하지 못했다. 이후 리꽁우언이 리 왕조를 세웠고, 송나라의 침략을 두 차례 막았다. 리 왕조는 중국식 과거 제도와 관료 제도를 도입해 국가 체제를 정비했다. 리 왕조의 뒤를 이어 쩐 왕조가 등장했고, 이들은 세 차례에 걸쳐 몽골의 침입을 격파했다. 이 시기 베트남에서는 자신들의 역사를 정리한《대월사기》라는 책이 편찬됐고, 쯔놈 문자라는 베트남 문자도 발명된다.

잠시 명나라의 지배를 받았지만 레러이의 주도로 명나라를 몰아내고 레 왕조(1428~1788)를 세운다. 1471년에는 레타인똥이 이끄는 25만 대병력이 남부로 진출해 참파와 결전을 벌이기도 한다. 이를 계기로 베트남은 남부 지역으로 영토를 확장했다. 레 왕조 이후 떠이선, 응우옌 등 여러 왕조가 명멸을 거듭했다.

037

소크라테스

"너 자신을 알라."

고전 그리스 철학자 소크라테스(기원전 470~기원전 399)의 유명한 경구다. 이 말은 '자신을 반성하라'라는 식의 윤리적 주장이 아니다. 소크라테스는 종래의 자연 철학적인 경향에서 벗어나고자 했고, 소피스트들과의 논쟁을 통해 철학의 의미를 쇄신하고자 했다. 소크라테스 이전의 철학은 주로 자연에 대한 관심, 만물의 본질에 대한 논의가 주였다.

프로타고라스라는 소피스트의 일화가 유명하다. 프로타고라스의 제자 중 한 명이 크게 성공했으나 수업료를 내지 않았다. 결국 프로타고라스는 소송을 했고 법정에서의 둘의 주장이 인상적이다. 프로타고라스는 재판에서 이기든 지든 제자가 수업료를 내야 한다고 말했다. 재판에서 이기면 자신이 이겼으니 수업료를 내야 하고, 지면 가장 유명한 소피스트를 이긴 것이니 그만큼 잘 가르쳤다는 것을 입증했기에 수업료를 내야 한다는 것이다. 이에 제자는 만약 재판에서 자신이 이기면 수업료를 낼 필요가 없으며, 자신이 지면 스승이 못 가르친 것을 입증한 것이니 자신은 수업료를 낼 필요가 없다고 변론했다. 누구의 말이 맞을까?

소크라테스는 이러한 경향에 정면으로 맞섰다. 그는 대화를 통해 인간이 온갖 억측과 고정 관념, 궤변에서 스스로 벗어나길 원했다. 대부분의 사람은 많은 것을 안다고 자부한다. 하지만 소크라테스는 지식을 자랑하는 이들에게 일일이 따지며 그들의 무지를 드러낸다. 결국 대화를 통해 무지를 인정하는 과정이 이어지자 많은 사람이 소크라테스에게 따졌다. "그래서 당신은 뭘 그렇게 잘 아는데?" 이에 대한 답변이 "나는 내가 모른다는 것을 안다. 그러니 너희는 너희 자신을 알라"였다고 한다. 소크라테스에게 진정한 현명함이란 자신의 무지를 인식하고 그 가운데 정말로 확실하고 순수하며 가치 있는 앎으로 나아가는 것이다.

소크라테스는 개인 저작을 남기지 않았다. 그의 주장이나 생각은 대부분 플라톤의 글을 통해 알려졌다. 더구나 플라톤이 소크라테스의 문제의식에 대한 해답을 자신의 생각으로 마무리했기 때문에 소크라테스의 사상을 종합적으로 설명하는 데 어려움이 따른다.

038

홀로코스트

> 우리는 게토를 두루 돌아다니면서 모든 것을 상세히 지켜봤다. 이건 도저히 형언할 수 없다. 그들은 더 이상 인간이 아니었다. 동물이었다. 따라서 우리가 수행해야 할 일은 인간적인 업무가 아니라 수술이다. 이곳은 근본적인 방식으로 도려내야 한다. 그러지 않으면 언젠가 유럽은 유대인의 질병에 걸릴 위험성이 있다.

1939년 11월 2일 괴벨스의 일기장에 나오는 내용이다. 제2차 세계 대전 중 발생한 홀로코스트(유대인 대학살)에는 다양한 역사적 배경이 있다. 중세 크리스트교인들의 유대인 학살, 우생학에 기초한 인종주의적 태도, 유럽 중하층민이 가진 유대인 혐오 정서, 제1차 세계 대전 이후 급격하게 성장한 파시즘 운동 등이다.

19세기 후반 우생학이 유행하면서 인종적으로 유대인을 유럽인과는 다른 존재로 규정하는 작업이 한창이었다면, 20세기 초반에는 유대인 음모론이 크게 유행했다. 유대인이 막강한 금융 자본을 바탕으로 세계를 정복하고 유럽인을 구렁텅이에 빠뜨린다는 식의 주장이 유럽과 미국에서 크게 유행한 것이다. 러시아 비밀경찰이 만든 가짜 뉴스 문서인 〈시온 장로들의 프로토콜〉, 자동차 왕 헨리 포드가 발행한 〈디어본 인디펜던트〉가 대표적이다.

히틀러는 오스트리아에서 열광적이던 파시즘 사상과 반유대주의에 도취됐다. 히틀러가 이끄는 나치는 권력을 장악한 후, 1935년 뉘른베르크 인종법을 통해 '누구를 유대인이라고 하는가'에 대한 법령을 마련한다. 독일인의 혈통과 명예를 보호하기 위해 유대인의 시민권을 박탈하고자 했으며, 독일인과 유대인 사이의 결혼과 혼외정사를 금지했고, 유대인이 운영하는 작업장에서 45세 이하의 독일 여성을 고용하는 것을 금지했다.

나치는 온갖 방법으로 유대인을 처리하려 했는데, 초기에는 집단 이주 정책을 계획했다. 여러 다른 나라에 독일의 유대인을 수출하고 차관 15억 마르크를 지불한 후 독일제 상품 수출로 갚는다는 방식, 아프리카 마다가스카르로 집단 이주시킨다는 방식 등이 제안됐다. 전쟁이 길어지면서 급속한 인력 부족 사태에도 불구하고 가스실을 비롯한 각양의 방식으로 유대인 학살을 자행했다. 사실 유대인 학살은 히틀러와 나치에 의해 촉발되기는 했지만 점령지의 파시스트, 극우파들에 의해서도 적극적으로 자행됐다.

039

고흐

빈센트 반 고흐(1853~1890)는 후기 인상주의 화가라고 소개되지만, 인상주의 화가들과 삶의 궤적 면에서 큰 차이를 보였다. 그는 정서적으로 예민하고 사람들과 쉽게 어울리지 못했고 종종 특이한 행동을 했으며 자신의 행동에 책임을 지지 못해 가족이나 주변 사람들로부터 신뢰를 잃었다. 뜨거운 종교심에 사로잡히기도 했고 정반대의 정서로 가득 차기도 했다. 사촌 케이에게 연정을 느껴 구혼했지만 거절당했고 이후 이성 관계는 뜻대로 되지 않았다. 알코올 중독자이자 매독 환자인 시엔이라는 성매매 여성에게 연정을 느껴 집에 데려왔으나 결국 돌려보내고 만다. 우키요에를 따라 그리기도 했고 1880년대 후반에 뛰어난 작품을 쏟아내기 시작했다. 세월이 흐를수록 예술 작품은 원숙의 경지에 이르지만 우울증을 비롯한 심리적 고통은 커졌다.

〈이삭 줍기〉, 〈만종〉, 〈씨 뿌리는 사람〉 등으로 유명한 장 프랑수아 밀레를 존경하고 많은 영감을 받았다. 한때 미술인 공동체를 꿈꿨으나 고갱과의 갈등이 극에 달하며 또 한 번 깊은 상처를 받았다. 자신의 귀를 잘랐고, 1890년 결국 자신의 가슴에 총탄을 쏴 생을 마감했다. 사이프러스와 밀밭을 사랑했고, 하늘의 모습과 땅에 있는 것들의 붓 터치를 다르게 해서 인상적인 분위기를 자아내기도 했다. 끝내 밀레와는 다른 농촌을 그려내며 독자적인 영역을 개척했다. 많은 자화상과 인물화를 그렸지만 밝은 느낌의 작품은 찾아보기 어렵다. 〈꽃병에 꽂힌 열두 송이 해바라기〉, 〈사이프러스가 있는 밀밭〉, 〈까마귀가 나는 밀밭〉 등의 작품이 유명하다. 내면적 고독이 일상화된 현대인들에게 특별히 각광받는 화가다.

040

카자흐스탄

현재 중앙아시아에는 카자흐스탄, 우즈베키스탄, 키르기스스탄, 타지키스탄, 투르크메니스탄 등 여러 나라가 들어서 있다. 북쪽으로는 러시아, 동쪽으로는 중국과 몽골, 남쪽으로는 이란과 파키스탄, 서쪽으로는 세계에서 가장 큰 호수인 카스피해를 경계로 하는데, 과거사가 복잡하기 그지없다. 이곳은 특정 민족이 오래 뿌리내린 곳이 아닐뿐더러 현재 존재하는 국가들 역시 전통적인 유목 민족의 역사와 큰 관련이 없다.

20세기 들어 이곳에서는 자디디즘(신문화 운동)이 추진되면서 근대 교육이 실시됐고, 사회주의 사상이 널리 퍼졌다. 볼가의 타타르인, 바쿠의 모슬렘 등 유목민, 이슬람교도 등이 중심이 돼 여러 사회주의 단체를 만들었는데, 실상은 사회주의를 민족 해방의 도구로 삼은 이슬람 민족주의 운동이었다. 1917년 러시아 혁명이 일어났고, 이후 공산주의 세력의 적군과 제정 러시아 장군들의 백군 사이에 내전이 일어난다. 백군은 유목민, 이슬람교도 등을 무시했지만, 적군은 이들과 적극적으로 협력했다.

결국 중앙아시아 일대는 소비에트 연방에 편입된다. 이 지역의 지도자 술탄 갈리예프는 〈민족 생활〉이라는 잡지를 통해 '프롤레타리아 민족'이라는 독특한 주장을 한다. 계급 간 갈등보다 민족 간 차별이 훨씬 심각한 문제이고, 계급 문제는 민족 내에서 해결하면 된다고 주장한 것이다. 또 이슬람 신앙의 중요성을 강조했는데 스탈린이 이를 공개적으로 비난했고, 갈리예프가 반역죄로 처형당하는 등 중앙아시아의 이슬람 민족주의는 크나큰 탄압을 받고 영향력을 상실한다.

1991년 소비에트 연방이 해체되면서 카자흐스탄을 비롯한 5개의 공화국이 등장했다. 이들 나라의 국가명은 각 지역에서 살아가는 다수파의 호칭으로 정해졌고, 국경선도 편의적으로 설정됐다. 2004년 우크라이나의 오렌지 혁명처럼 민주주의를 향한 시도가 이뤄지는 등 여전히 새로운 국가 정체성을 찾기 위한 노정에 있다.

041

정신 병원

> 아일랜드 농촌의 한 오두막에 갇혀 있는 광인의 모습처럼 충격적인 것은 없었다. (…) 튼튼한 남자나 여자가 미쳤다고 간주되면 마을에서 이들을 관리하는 방법이라고는 오두막 바닥에 구멍을 파서 밀어 넣은 다음 기어 나오지 못하도록 위에 덮개를 씌우는 것이다. 구멍의 깊이는 약 1.5m 정도로, 반듯이 서 있기도 어렵다. 사람들은 이 불쌍한 자에게 음식을 넣어주는데, 대개는 그 안에서 죽게 된다.

1817년 한 아일랜드 의사의 기록으로, 정신 병원, 정신 분석, 심리학, 약물 치료 같은 현대적인 정신 의학이 발달하기 전의 사회 모습이다. 전근대 사회에서 정신 질환은 통상 광기로 분류됐다. 조현병 혹은 지적 장애를 앓는 환자들의 경우 마을에서 바보 취급을 받거나 마녀로 분류되기도 했다. 출산 과정에서 뇌 손상을 입은 경우도 대부분 광인 취급을 받았다. 의료 시설은 없었고 가족이 이런 이들을 감당할 수밖에 없었다. 가족으로부터 폭행당하는 일이 다반사였고, 오랜 감금으로 인해 손과 발을 못 쓰게 되는 경우도 많았다. 또 자신의 배설물에 절어 있었기 때문에 모습도 끔찍하기 짝이 없었다.

19세기가 되면 이 문제를 해결하고자 정신 의학과 정신 병원이 발전한다. 최초의 정신 병원은 수용소였다. 가족이 아닌 국가나 교회의 후원으로 집단 수용 시설을 만든 것이다. 영국의 윌리엄 바티, 이탈리아의 빈센치오 키아루지, 프랑스의 필리프 피넬 등이 선구적인 역할을 했는데, 가족으로부터 분리한 후 일정한 규칙 속에서 공동생활을 하게 하고, 친절하고 다정한 대우를 통해 환자들을 살리고자 했다. 수용 시설을 통한 광기 치료는 19세기 전반 유럽과 미국에서 선풍적인 인기를 끌었다. 하지만 결과는 절망적이었다. 대규모 수용 시설은 무분별하게 확장됐고, 이를 감내할 만한 실력 있는 의사를 구하기는 쉽지 않았다. 무엇보다 정신 의학에서의 뚜렷한 진보가 이뤄지지 못했다. 하지만 프로이트의 정신 분석학, 신경 안정제 등의 의학 기술 성취를 통해 20세기 중반 정신 의학과 정신 병원은 중요한 진보를 이룬다.

042

아르 누보

빅토르 오르타, 〈타셀 가옥〉

아르 누보(art nouveau)는 '새로운 예술 운동'을 의미하는 말로, 19세기 말부터 20세기 초반까지 세계적으로 유행한 예술 양식이다. 아르 누보에는 몇 가지 특징이 있다. 우선 총체성을 지향한다. 회화, 공예, 가구, 건축 등 그간 분리돼 있던 영역을 통합적으로 사유하고 구현한다는 것이다. 빅토르 오르타의 〈타셀 가옥〉은 계단과 난간이 아름다운 곡선으로 만들어져 있는데, 벽면과 카펫까지 비슷한 곡선의 장식으로 구성돼 있다.

대표적으로 덩굴 식물, 백합류, 이국적인 꽃, 물결 위의 백조, 여인의 머리칼 등의 이미지와 곡선, 줄무늬, 기하학적 문양이 다양하게 활용됐다. 곡선을 중시했고, 유리 공예 기법도 크게 발전했다.

하지만 아르 누보는 결코 특정한 스타일이나 형식을 의미하지 않는다. 정반대의 경향도 발견할 수 있는데, 대표적인 것이 장식을 배제하고 기능에만 집중한 윌리엄 모리스의 〈레드 하우스〉다. 앙리 반 데 벨데는 장식이 전혀 없는 의자를 만들었는데, 이를 통해 오히려 의자 자체가 장식품이 됐다. 건축가 아돌프 로스는 '장식이 범죄'라는 선언문까지 발표할 정도였다. 건축에서는 새롭게 등장한 강철, 콘크리트가 적극적으로 활용됐다. 건축가 안토니 가우디, 화가 구스타프 클림트도 아르 누보의 중요한 예술가들이다.

아르 누보는 전통 양식을 무너뜨리는 창의적 과정 자체에 가까우며, 고급 예술과 대중문화, 순수 예술과 공예품 등을 나눠서 바라보는 시각을 파괴했다. 장르와 양식이 다양해지고 자유로워진 현대 산업 사회에서 예술과 디자인의 산파 역할을 한 셈이다.

043

대장정

1934년 10월부터 1935년 11월까지 중국 공산당이 국민당의 공세를 피해 창사에서 옌안까지 1만 5,000km를 가로지른 대행군. 이를 통해 마오쩌둥이 중국 공산당의 지도자가 됐고, 중국 공산당은 기사회생한다. 10만이 넘는 인원이 대장정에 참여했으나, 옌안에 도착했을 때는 8,000명이 안 됐다. 대장정에 성공을 거두며 마오쩌둥은 국민당의 장제스 총통에 버금가는 지도자로 주목받았고 '불사조'라는 별명을 얻는다.

중국 국민당과 공산당의 갈등은 1926년 북벌 당시로 거슬러 올라간다. 장제스의 군대가 상하이의 공산당을 공격했고, 당시 공산당 서기장 천두슈는 장제스와 국민당의 공세에 제대로 대응하지 못했다.

저우언라이, 주더 등 당시 공산당 내 아웃사이더였던 이들이 주축이 돼 난창에서 봉기를 일으킨다. 하지만 국민당의 반격에 밀려 광저우로 남하해 코뮌을 결성했지만 이 또한 처참하게 실패한다. 당시 마오쩌둥은 후난성과 장시성 사이의 뤄샤오산맥으로 숨어들어 이곳에서 소비에트를 결성했다. 농민을 규합하고 농촌에서 공산주의 운동의 근거지를 마련한 것인데, 통상 도시에서 공장 노동자를 조직화해 싸우던 전통적인 투쟁 방식에 비춰보면 파격적인 선택이라고 할 수 있다. 하지만 마오쩌둥의 지도력은 확고하지 않았다. 소련에서 파견된 고문단과 여러 공산주의 지도자가 그를 배격했기 때문이다. 한편에서 북벌을 성공적으로 마무리한 장제스는 도시에서 공산당의 도전을 분쇄했고, 군대를 몰고 징강산 일대를 포위하며 공산주의 박멸에 나선다. 1934년 무려 다섯 차례에 걸친 국민당군의 공세에 궤멸 직전에 다다른 공산당은 목적지를 정하지 못한 채 대장정에 나선다.

중국의 변방 지역을 돌고 돌았는데 소수 민족, 수천 미터에 달하는 높은 산, 먹을 것 하나 없는 초원 지대 등을 관통하며 수차례 국민당의 공세를 막아냈다. 대장정 당시 구이저우성에서 진행된 쭌이 회의에서 마오쩌둥의 지도권이 확립됐고, 펑더화이, 린뱌오 등 걸출한 인재들이 합류해 중국 공산당은 새로운 지도부를 만든다.

044

무함마드

이슬람교의 창시자. 이슬람교는 다섯 계율을 강조한다. 예배를 중시하는 '살라트', 구제 행위를 강조하는 '자카트', 성지 순례를 강조하는 '핫즈', '라마단' 기간의 금식도 중요하다. 라마단은 이슬람 역법상 더운 달을 의미하는 9월에 진행되는데, 이달은 천사 가브리엘이 무함마드에게 《코란》을 가르친 신성한 달이다. 마지막으로 알라만이 유일한 신이고 무함마드가 예언자임을 고백해야 하는 '샤하다'도 중요한 계율이다. 조로아스터교, 유대교, 크리스트교의 영향을 많이 받았지만 자세히 살펴보면 독자적인 모습이 강하다.

무함마드(570~632)의 인생은 여타의 종교 창시자들과 큰 차이를 보인다. 570년 하심 가문의 일족으로 태어났으며 삼촌 밑에서 상인으로 일했다. 25세에 부유한 과부이자 주인이던 연상의 하디자와 결혼했고, 610년경 처음으로 알라의 계시를 받는다. 일부 추종자를 얻었지만 그는 메카에서 외톨이였다. 쿠라이시족 같은 주류 집단에서 그를 배척했기 때문이다. 당시 아라비아 일대에서는 다신교가 유행했으며, 신전과 부족은 경제적 이해관계로 뭉쳐 있었다. 오래된 부족의 문화, 여러 씨족 간의 위계 등 견고한 전통이 자리 잡고 있었는데, 무함마드의 예언은 이런 것을 전면적으로 부정하는 것이었다.

무함마드는 메카가 아닌 메디나에서 기회를 얻었다. 당시 메디나에서는 유력 부족인 아우스족과 하즈라즈족의 갈등이 심각했고, 그로 인해 도시 전체가 위기에 처했다. 무함마드는 메디나에서 사람들을 개종시키는 데 성공했고, 620년 두 부족의 대표 12명이 무함마드를 예언자로 인정하며 충성을 맹세했다. 결국 622년 75명의 메디나 대표단의 보증과 함께 무함마드는 메디나에 정착한다. 이를 '헤지라'라고 부르는데, 622년은 이슬람력 원년이다.

무함마드는 자신이 성서의 예언자들을 계승했다고 주장했고, 유일신, 심판, 부활 등을 선포했다. 동시에 그는 유대교와 크리스트교도를 부정했다. 성서에 나오는 아브라함이 알라에 귀의한 하니프(참된 종교의 신도를 의미하는 용어)였고, 그가 카바 신전을 세운 아랍인의 시조이기 때문에 유대교나 크리스트교가 틀렸다고 주장했다. 메디나에서 권력을 장악한 무함마드는 메카와의 싸움에 승리하면서 아라비아반도에 살던 수많은 부족과 상인에게 영향력을 행사하기 시작했다. 630년 메카를 정복했고, 사망 전까지 아라비아반도 전체를 통합했다. 이후 그의 후계자 칼리프들에 의해 이슬람은 제국으로 발돋움한다.

045

파시즘

제1차 세계 대전 이후 이탈리아의 파시스트 무솔리니를 비롯한 극우파에 의해 주창된 국가 사회주의 운동. 히틀러는 여기에 인종주의를 더해 나치즘을 주창했다. 한편 일본에서는 천황주의에 기반한 극우파 운동이 민간뿐 아니라 군인들에게 큰 영향을 주면서, 군국주의적 파시즘이 등장한다. 결국 이들은 제2차 세계 대전을 일으켰고 연합국에 의해 패망한다.

통상 파시즘을 극우파가 주도하는 권위주의적이며 전체주의적인 사상으로 분류하지만, 초기 주도자들은 대부분 좌파 이론가들이었다. 사회주의자들이 계급 혁명을 통한 사회 전복을 꿈꿨다면, 이들은 국가가 주도해 사회 개혁을 실천하는 모델을 추구했다. 민족과 국가를 강조한다는 측면에서 집단주의적이고, 지도자의 강력한 리더십을 추종한다는 점에서 권위주의적이다.

이들은 자유주의, 자본주의 같은 보수적 입장을 혐오하는 동시에 노동 운동, 공산주의 같은 사회주의 사상도 경멸했다. 보수주의는 결국 가진 자들의 정치 체제이기 때문에 국민을 행복하게 할 수 없으며 사회를 개혁할 수 없다고 봤다. 사실 이들에게는 이론보다 감정이 중요했다. 제1차 세계 대전 이후의 사회 혼란에 대한 분노, 영국과 프랑스의 고압적인 태도에 대한 분노, 자본주의의 발전으로 빚어진 불평등, 향락주의에 대한 분노 같은 감정에 의존해 활동했다.

파시즘은 제1차 세계 대전 이후의 혼란과 경제 대공황을 경험하며 급속도로 성장했다. 이탈리아나 독일뿐 아니라 스페인, 벨기에, 헝가리, 노르웨이와 심지어 영국과 프랑스에서도 활개를 칠 정도로 범유럽적 현상이었다.

1922년 이탈리아의 무솔리니는 '로마 진군'을 감행한다. 대중을 동원해 공개적으로 쿠데타를 시도한 것으로, 국왕이 이를 수용하고 무솔리니에게 권력을 내주면서 최초로 파시즘 정권이 들어선다. 1933년 히틀러 역시 총선에서 승리하며 총리가 된다. 무솔리니가 쿠데타라는 비합법적인 수단을 썼다면, 히틀러는 합법적으로 권력을 장악했다. 경제 위기에 내몰린 중산층을 비롯한 국민 다수가 나치당을 제1당으로 만들어줬고, 보수파가 손을 내밀면서 권력을 장악한 것이다. 1936년에는 스페인 내전이 발발하는데, 쿠데타를 일으킨 프랑코 장군도 열렬한 파시스트였다.

046

산수화

마원, 〈산경춘행도〉

중국 회화는 송나라 때 크게 발전한다. 당나라 때까지만 해도 인물화가 많았다면, 본격적으로 산과 나무, 자연과 경치, 인간의 심상을 투사한 산수화가 그려진 것이다. 불교와 도교 사상의 영향 위에 성리학을 비롯한 새로운 유교 사상이 활기를 띠면서 인간과 자연에 대한 깊은 성찰이 이뤄졌고, 이것이 예술에 영향을 미쳤다. 한편 상업이 크게 발전하면서 도시화가 촉진되는데 그로 인해 번잡한 생활 세계와 대비되는 광활한 자연에 대한 열망 또한 커진다.

북송 대에는 자연을 사실적으로 묘사하는 웅장한 화풍이 인기였다면, 남송으로 가면서 강남 지역의 풍경을 배경 삼아 좀 더 서정적이며 내적인 정서가 충만한 작품이 등장한다. 이 시기에 회화 이론이 발전했고, 전문 화가 외에도 뛰어난 문인 화가가 등장했다. 특히 먹과 붓으로 산과 바위를 입체적으로 표현하기 위해 피마준, 운두준, 부벽준, 수직준 등 각양의 '준법'이 등장하며 산수화에 생동적인 아름다움을 더했다. 범관, 곽희, 마원 같은 걸출한 화가가 배출됐다.

047

황금 가면

아마도 하인리히 슐리만만큼 유명한 고고학자는 없을 것이다. 그는 어린 시절 읽은 호메로스의 서사시 《일리아스》와 《오디세이아》를 역사적 사실로 굳게 믿었다. 《일리아스》는 트로이 목마로 유명한 트로이 전쟁, 《오디세이아》는 오디세우스라는 전설적인 영웅의 모험담이 실린 이야기다.

독일 출신인 슐리만은 네덜란드, 러시아, 미국 등을 돌며 각종 사업에 뛰어들었고, 크림 전쟁 당시 군수 물자 사업으로 거부가 됐다. 1864년부터 그는 평생 번 엄청난 돈으로 《일리아스》와 《오디세이아》에 묘사된 고대 유적을 찾기 위해 직접 아나톨리아반도부터 그리스반도까지 탐사한다. 그는 100명이 넘는 인부들을 동원해 서사시에서 묘사된 지역을 대대적으로 발굴했다.

그리고 1875년 아나톨리아반도 히살리크 일대에서 숭요한 황금 유물을 발견한다. 그는 황금 펜던트, 귀걸이, 목걸이, 브로치 등 엄청난 양의 유물을 공개하며, 트로이의 마지막 왕 프리아모스의 보물이라 칭했다. 너무나 많은 양이었기에 한 지역에서 발굴됐다고 보기에 무리가 있다는 지적이 제기됐는데, 이 와중에 그는 황금 유물을 밀반출해 독일과 오스만 제국 간의 외교 분쟁을 일으키기도 했다.

이후 그는 그리스 남부 아르고스 평야 일대의 미케네 성벽을 파고 들어가 그곳에서 다시 한번 엄청난 발굴을 이뤄낸다. 미케네 '사자의 문'을 발견했고, 일대에서 아가멤논 왕의 무덤을 찾았다고 주장했다. 금박으로 만든 황금 가면(데스 마스크)을 비롯한 엄청난 양의 부장품을 발굴했다.

슐리만의 업적은 화려한 성과에도 불구하고 많은 비판을 받았다. 발굴 과정에서 다른 유적을 심각하게 파괴했고, 섬세한 연구 끝에 그의 성과가 그가 주장한 바와 차이가 있다는 것이 입증됐기 때문이다.

048

반 카스트 운동

인도 카스트 제도의 병폐는 국제적으로 널리 알려져 있다. 브라만, 크샤트리아, 바이샤, 수드라 등으로 계급을 분류했고, 현실에서는 직업을 기준으로 노골적으로 사람을 차별하는데, 그 적용 범위가 넓고 복잡하며 지역마다 차이를 보이는 등 정확히 분류하기 어려울 정도다.

카스트에 들어가지 못하는 이들을 통상 불가촉천민이라고 부른다. 만약 불가촉천민이 마을의 공동 우물을 사용하면 다른 이들은 이 물을 먹지 않는다. 더럽혀졌기 때문에 힌두교의 브라만 사제가 와서 물을 정화한 후에야 사용할 수 있다. 따라서 고의로 불가촉천민이 우물에서 목욕하거나, 반대로 그렇게 더럽혀진 우물에 오물이나 동물 사체를 넣어서 사용하지 못하게 하는 등의 엉뚱한 사건이 일어나기도 한다. 산업화가 고도화된 오늘날에도 상층 카스트는 대부분 집에 돌아오면 전통 의복을 입고 의례를 지키면서 자신들의 지위를 확인한다. 또 절대 하층 카스트와 결혼하지 않는다. 만약 이를 어기면 가족은 물론 카스트 공동체에서 철저히 버림받기 때문이다.

1920년대부터 이러한 문제를 극복하고자 여러 논의가 진행됐다. 간디는 불가촉천민을 '하리잔(Harijan)', 즉 신의 아들이라 부르며 이들을 포용하려 했다. 간디는 온건한 해결책을 제시했는데, 불가촉천민들을 카스트의 5번째 계급으로 정식 수용하자는 주장이었다. 인구의 15%에 달하는 불가촉천민을 통합하며 인도의 독립을 꿈꿨기 때문이다.

이에 대해 당시 저명한 지식인이자 변호사였던 빔라오 람지 암베드카르가 정면으로 비판했다. 그는 불가촉천민 출신으로 미국과 영국의 명문대에서 공부했고, 불가촉천민의 처지를 개선하기 위해 치열한 활동을 벌인 선구적 인물이다. 암베드카르는 카스트 제도 자체를 없애야 한다고 주장하면서 간디의 온건한 주장에 반기를 들었다. 그러면서 불가촉천민들만의 정치 세력화를 주장했고, 분리 선거구도 요구했다. 1947년 해방 이후 그는 헌법기초위원회 위원장, 상원 의원, 초대 법무장관 등을 역임하며 불가촉천민을 위한 정책적 노력을 헌신적으로 펼쳐나갔다. 그는 힌두교의 대안으로 불교를 수용했고,《부처와 불법》이라는 책을 남기는 등 불가촉천민이 힌두교 신앙에서 벗어나도록 노력했다.

049

베이징

중화 인민 공화국의 수도로, 북방 민족에 의해 건설된 도시이며 명나라 이후 현재까지 중국의 정치 중심지 기능을 한다. 중국의 전통적인 수도는 시안, 뤄양 혹은 카이펑이나 난징 정도였다. 과거에는 관중 평원 일대가 고대의 농업 기술에 적합한 공간이었고, 베이징은 황허 문명에서 거리가 먼 곳이었다.

춘추 전국 시대 때 연나라가 베이징에서 번성했고, 수나라 때는 대운하가 이곳까지 이르렀다. 베이징이 수도가 된 것은 전적으로 거란, 여진, 몽골 등 북방 민족의 남하 때문이다. 거란이 세운 요나라는 한족이 세운 송나라를 압박하며 만리장성 이남 지역의 연운 16주를 확보한다. 이때 베이징 일대를 남쪽의 수도로 삼았다. 요나라를 멸망시킨 여진족의 금나라는 송나라를 양쯔강 이남 지역으로 밀어내고 화북 지방 전체를 점령한다. 이때 금나라는 베이징에 천도했고, 이곳을 '중도'라고 불렀다. 다시 몽골이 금나라와 송나라를 멸망시키고 쿠빌라이 칸이 원나라를 세웠는데 역시 수도는 베이징이었고, '대도'라는 이름이 붙여졌다.

오늘날 베이징의 원형은 통싱 명나라부터로 본다. 명나라 초기의 수도는 난징이었지만, 3대 황제 영락제가 이곳으로 천도해 자금성을 지었다. 베이징 일대의 성곽은 원나라 때부터 만들었는데, 명나라 때 내성과 외성 구조로 발전했다. 내성의 중앙에는 자금성이 있고 외성에는 하늘에 제사 지내는 천단이 있다. 장방형이 아닌 모자 모양으로 개축했기 때문에 '모자성'이라고도 불렸다. 명나라 멸망 이후 청나라가 들어서지만, 자금성과 베이징의 지위는 고스란히 계승된다.

베이징은 오랫동안 수도였던 터라 청나라 말기에 여러 어려움을 겪었다. 제2차 아편 전쟁, 의화단 운동, 중일 전쟁 당시 서양 열강과 일본에 짓밟혔고, 이화원, 원명원을 비롯해 유명한 건축물이나 문화유산이 불타는 등 고단했던 중국 근대사의 아픔이 깊이 배어 있다.

1949년 중국 공산당이 국민당과의 내전에서 승리해 중화 인민 공화국을 세우는데, 베이징을 수도로 정한다. 천안문 광장을 조성하기 위해 궁궐의 일부를 허물었고, 100만 명이 모일 수 있는 공간도 만들었다. 인민대회당, 중국 국가 박물관 같은 시설이 들어섰으며, 자금성은 고궁 박물관, 천단은 천단 공원이 됐다.

050

삼법인

제행무상(諸行無常), 제법무아(諸法無我), 일체개고(一切皆苦).

소승 불교에서 중요시하는 불교의 세 가지 근본 교의인 '삼법인'은 불교 사상의 정수다. 일체개고 대신 열반적정(涅槃寂靜)을 넣기도 하고, 모두 합쳐 사법인이라 부르기도 한다.

제행무상은 '모든 존재는 영원하지 않고 변화한다'라는 뜻이다. '무상(無常)'은 영원한 것은 없다는 의미로, 따라서 집착할 이유도 욕망할 이유도 없다는 말이다.

제법무아는 이 세상의 모든 존재는 '고정불변하지' 않는다는 말이다. 여기서 중요한 부분은 '무아(無我)', 다시 말해 자기 자신조차 영원하지 않다는 것이다. 고정 불변한 실체가 없다는 의미이기도 하다. 일체개고는 '모든 존재는 괴롭다'라는 의미이고, 열반적정은 '열반이야말로 최고의 행복'이라는 의미다.

삼법인의 의미를 단순하게 정리하면, 모든 존재는 영원하지 않으면서 쓸데없이 집착하고 욕망하기 때문에 삶이 고통스럽다는 것이다. 따라서 잘못된 삶의 방향을 수정하고 깨달음에 이르는 삶을 살아야 한다고 본 것이다.

051

마르크스

종교적 비참은 현실적 비참의 표현이자 현실적 비참에 대한 항의다. 종교는 곤궁한 피조물의 한숨이며 무정한 세계의 감정이고 정신없는 상태의 정신이다. 종교는 인민의 아편이다.

비판은 해부용 칼이 아니라 하나의 무기다. 비판의 대상은 비판적으로 논박하고자 하는 것이 아니라 절멸시키고자 하는 적이다. (…) 독일의 상태는 결코 사유할 만한 객체들이 아니라 경멸할 만하고 경멸받고 있는 실존태다. 비판 자체는 이 대상과 자기 자신 사이의 화해를 필요로 하지 않는데 비판과 이 대상 사이는 끝장나 있기 때문이다. 비판은 더 이상 자기 목적으로서 나타나지 않고 수단으로서 나타날 뿐이다. 비판의 본질적 파토스는 분노이며 비판의 본질적 작업은 탄핵이다.

독일인의 해방은 인간의 해방이다. 이 해방의 머리는 철학이요, 심장은 프롤레타리아트다. 프롤레타리아트의 지양 없이 철학은 자기를 실현할 수 없으며 철학의 실현 없이 프롤레타리아트는 자신을 지양할 수 없다.

마르크스(1818~1883)는 20세기 급진주의 운동에 가장 강력한 영향력을 행사한 사상가다.

그는 타협할 수 없는 것의 범주를 설정하고, 그것을 비판하고 절멸하며 새로운 것으로 대체해야 한다고 주장했다. 종교는 기껏해야 현실을 감내하는 진통제 정도이고 프롤레타리아, 즉 공장 노동자들은 혁명적 연대를 통해 폭력적 체제 전복에 나서야 한다고 봤다. 역사는 완성을 향해 진보하는데, 핵심은 기존의 경제적 계급 관계가 해체되고 더 나은 방향으로 재정립돼가는 데 있다. 노예제에서 농노제로, 다시 자본주의를 거쳐 공산주의로 나아가는 방향을 제시했는데, 헤겔에게 큰 영향을 받았고 유물론적 관점에서 역사를 해석했다. 그는 《자본론》을 집필하면서 자본주의의 내적 모순에 천착했고, 이러한 태도는 이후 자본주의에 대한 각양의 비판적 시각에 중요한 이론적 근거가 됐다.

그는 농민들이 자신의 조그마한 땅덩어리에 매달려 혁명의 물결에 참여하지 않는 감자 포대 같다고 보고, 제국주의 식민화는 잘못된 것일망정 아시아, 아프리카 사람들이 미몽의 세계에서 벗어나는 근대화의 과정이라고 봤다.

052

로마

■ 포에니 전쟁 이전의 로마 영토(기원전 264)
■ 바스쿠 다가마의 탐험로
---- 로마의 동서 분열 경계선(395)

브리타니아
론디니움 (런던)
루테티아 (파리)
게르마니아
갈리아
마실리아
이스파니아
로마
카르타고
지중해
아테네
비잔티움 (콘스탄티노폴리스)
흑해
카스피해
알렉산드리아
예루살렘
이집트
아라비아

이탈리아의 도시 국가로 시작한 로마는 지중해 전역을 지배하는 대제국으로 성장하면서 유럽 문명에 가장 중요한 영향을 미쳤다. 기원전 5세기경 평민 세력이 성장하면서 귀족정에서 공화정으로 발전한 로마는 곧장 이탈리아반도 전역의 지배자가 된다.

기원전 3세기 이후부터 로마는 지중해 세계에 진출하는데, 바다 건너 카르타고와 치열한 경쟁을 벌인다. 100년이 넘게 이어진 포에니 전쟁에서 승리한 로마는 시칠리아섬, 이베리아반도는 물론 북아프리카까지 손에 넣는다. 하지만 로마의 비약적인 성장은 기존의 공화정 체제에 심각한 위협이 된다. 새로운 영토에는 라티푼디움이라고 불린 대농장이 노예 노동력으로 운영됐는데, 이는 평민 자영농에게 치명적인 경제 위기를 불러일으켰다. 제국이 팽창할수록 평민들의 경제적 처지가 악화되었는데, 그라쿠스 형제를 중심으로 여러 개혁안이 제시됐지만 귀족과 평민의 갈등만 격화될 뿐 사정은 나아지지 않았다. 결국 평민들은 제국의 장군에게 충성하는 직업 군인으로 변모했고, 장군들은 영토를 넓히며 정치적 영향력을 확대해 갔다. 카이사르는 갈리아(오늘날 프랑스 일대)를 점령하고, 폼페이우스는 그리스 일대를 점령하면서 지도자의 위상을 확고히 했다. 결국 이들 주도로 삼두 정치가 실시됐고, 카이사르가 암살당한 후 옥타비아누스, 안토니우스 등이 주도하는 제2차 삼두 정치가 행해졌다. 결국 옥타비아누스가 여러 경쟁자와의 싸움에서 승리한 후, 사실상 로마는 황제가 통치하는 제국이 된다.

옥타비아누스 이후 5현제의 시대를 맞아 로마 제국은 약 200년간 크게 성장한다. 이집트와 메소포타미아 일부 지역까지 지중해 전역을 장악하며 세계 제국이된 것이다.

하지만 5현제 이후 제국은 성장을 멈춘다. 새로운 영토와 노예를 확보하지 못했고, 제국 운영에 여러 한계가 드러난 것이다. 이를 만회하고자 디오클레티아누스는 제국을 4개로 나눠서 효율성을 도모했고, 콘스탄티누스는 수도를 오늘날 이스탄불인 콘스탄티노플로 옮기며 중흥을 이뤘다. 이 시기 크리스트교는 콘스탄티누스에 의해 공인되고, 테오도시우스 황제 때 국교가 되면서 로마 제국의 종교로 급성장했다.

로마 제국은 결국 테오도시우스 황제 사후 로마를 중심으로 한 서로마 제국과 콘스탄티노플을 중심으로 한 동로마 제국으로 나뉜다. 서로마 제국은 476년에 멸망하지만, 동로마 제국은 이후 비잔틴 제국이라는 이름으로 1,000년을 더 유지한다. 동로마 제국의 황제 유스티니아누스는 서로마 제국 일대를 점령해 다시 한번 지중해를 로마의 호수로 만들었지만 그리 오래가지 못했다.

053

중국의 성

고대 주나라의 예법서인 《주례》는 중국 전통 왕조는 물론 유학 사상을 국가 이념으로 삼는 나라에서 가장 중요한 문서다. 《주례》〈고공기〉에는 수도를 건설하는 방법이 적혀 있는데, 도성 중앙 북편에는 궁전이 있어야 하고, 왼쪽에는 종묘(왕실의 위패를 모시는 곳), 오른쪽에는 사직이 있어야 한다고 했다. 또 동서남북 각 면에 문이 3개씩 있어야 하고, 도성 안 도로는 가로세로로 9개씩 길이 나 있고, 구역에 따라 관청과 시장, 민가가 있어야 했다. 《주례》〈고공기〉에 나오는 도성 건축의 원리에는 중국 전통 사회의 관념이 반영돼 있다. 방위상 북쪽이 가장 중요하기 때문에 왕의 거처가 있어야 하고, 왕과 관료가 중심이 돼 국가를 운영하되 지혜롭고 질서 있게 운영해야 한다는 위계적이며 민본적인 통치 사상이 드러나 있는 것이다.

이러한 사상을 거의 그대로 구현한 성이 당나라의 장안성이다. 동서 9.7km, 남북 8.6km에 달하는 직사각형 공간의 중앙에는 폭 150m의 주작대로가 이어져서 북쪽의 태극궁에 도달한다. 콘스탄티노플보다 7배나 컸다고 하는데, 전체는 108개의 구역으로 나뉘었으며 동서 양쪽에 54개의 구역이 있고 동시, 서시라는 시장이 있었다. 각각의 구역은 2m 높이의 담장으로 막혀 있었고, 저녁에는 사방의 문이 닫히면서 출입하지 못했다. 연등 축제가 열리는 정월 보름의 사흘만 자유롭게 돌아다닐 수 있었다.

유교적 공간이었지만 불교문화의 영향력도 엿볼 수 있다. 궁궐의 북쪽에 귀족들이 살았고, 동쪽에는 한족 부유층이, 서쪽에는 서역에서 온 상인들이 주를 이뤘다. 신분제가 공간에 고스란히 드러난 것이다. 성의 남문을 주작문, 북문을 현무문이라고 이름 지었는데, 이는 도교와 풍수 사상 때문이다. 명나라를 세운 주원장은 난징에서 무려 28년에 걸쳐 도성과 성벽을 짓는다. 현재는 일부 성벽만 남았지만, 당시에는 외성이 60km, 경성이 35km였으니 세계 최대 규모였다. 흥미로운 것은 경성인데, 13개의 성문이 시계 방향으로 이어진다. 이 중 6개의 성은 남두육성, 7개의 성은 북두칠성을 상징한다. 난징성을 만든 주원장의 무덤 효릉은 북두칠성 위에 위치하니 별자리 모양에 우주의 원리가 있으며, 황제가 우주의 원리를 구현한다는 중국 제왕의 소망이 그대로 발현된 것이다.

054

서예

왕희지, 〈난정서(蘭亭序)〉

중국에서는 '서법(書法)', 일본에서는 '서도(書道)'로 불린다. 인류사에서 글씨 쓰기가 예술 분야로 확립된 것은 상당히 예외적인 일이다. 통상 장식용 기법 정도로 발전할 뿐이었다. 하지만 한자와 붓, 먹이라는 조합이 서예를 예술의 경지로 끌어올렸다.

서예 글씨체는 다섯 가지로 분류할 수 있다. '전서'는 갑골문이나 청동기 표면에 새기는 글씨로, 고대 중국에서 등장했다. '예서'는 전서보다 붓의 유연함이 반영되는데 굵고 가늘게, 다시 굵게 쓰기를 반복하는 필법이다. 전서와 예서는 쓰는 데 시간이 오래 걸린다. '초서'는 예서를 흘림체로 빨리 쓰기 위해 고안된 방식으로, 필획이 이어지기 때문에 문맥을 통해 글자를 판독해야 하는 불편함이 있다. '해서'는 표준체 정도로 이해하면 된다. 누구나 알아볼 수 있는 정자체로, 인쇄술이 발전하면서 기본 서체가 됐다. '행서'는 해서와 초서의 중간 서체로, 단정하지만 빠르게 쓰기 위한 기법이라 할 수 있다.

서예는 왕희지의 등장으로 예술의 경지에 올랐다. 그의 집안은 대대로 도교를 믿었는데, 부적을 만드는 과정에서 필법이 중요했다고 한다. 거리낌이 없지만 지나치지 않고, 자유롭고 변화무쌍하지만 흐트러지지 않은 그의 글씨체는 당대에 크게 유행했으며, 이후 서예 발전사의 기준이 됐다고 해도 과언이 아니다. 많은 이가 왕희지체를 본받고자 했고, 구양수, 조맹부 같은 훌륭한 서예가들이 뒤를 이었다. 중국은 유교 문화가 강했고 문자를 해독할 수 있는 이가 소수였기 때문에 서예가 여타의 회화보다 우월한 장르로 이해되기도 했다.

055

시스템

19세기 후반 미국은 대규모 산업 시설과 기술 시스템이 도입되면서 엄청난 사회 변화를 경험한다. 그중 철도 시스템과 석유 산업의 변화는 의미심장하다.

철도 시스템은 남북 전쟁 이후 단일화된 네트워크로 거듭난다. 시작부터 그렇지는 않았다. 1849년 필라델피아에서 시카고까지 화물을 운송하려면 9주 동안 9개의 철도에 일일이 짐을 옮겨 실어야 했고, 1861년 찰스턴에서 필라델피아로 가려면 철도를 8번 갈아타야 했는데 철로가 제각각이었다. 하지만 이러한 문제는 1870년부터 1920년까지 해결된다. 8만 5,000km였던 철도는 40만km 이상으로 늘어났고, 철도가 미국의 모든 주를 관통하게 된다. 뉴욕에서 샌프란시스코까지 한 번만 갈아타면 됐고, 자동 화물 운송도 가능해졌다. 이러한 변화로 철도 시스템이 방대해졌다. 교통 흐름을 종합적으로 관리하면서 열차표 판매, 역 청소, 화물 운송, 열차 수리, 승객 서비스 등 신경 써야 할 게 한두 가지가 아니었다. 따라서 거대한 철도 시스템을 운영하기 위한 자금 마련은 주식 시장과 투자 은행의 성장을 불러왔다.

석유 산업도 남북 전쟁과 관련을 맺는다. 포경 산업(바다에서 고래를 잡아 기름을 마련하는 산업)은 전쟁 때문에 위기에 놓였고, 철도 발전은 석유 유통의 좋은 도구가 됐다.

석유 산업의 발전은 록펠러를 빼놓고 설명할 수 없다. 1881년 그는 펜실베이니아와 뉴저지를 잇는 지름 15cm의 송유관을 완성한다. 석유를 철도에 옮겨 싣고, 다시 마차에 옮기는 과정을 없앤 혁신적인 운송 방법이 현실화된 것이다. 그로부터 약 10년의 기간 동안 록펠러는 클리블랜드, 필라델피아, 볼티모어 등에 송유관을 부설했으며, 이러한 노력을 통해 미국 내 유통 석유의 90% 이상을 독점한다.

독점의 도구는 송유관이라는 기술 혁신뿐이 아니었다. 그는 막강한 대자본으로 경쟁 업체를 모두 사들이며, 유통 과정을 둘러싼 여러 입김과 새로운 도전을 모조리 제거했다. 시장 독점, 대자본의 성장은 지탄받았고, 정부의 반독점법 등을 통해 제어당한다. 하지만 국내에서의 집요한 규제와 상관없이 해외 무역과 국제 시장이 번창하고 있었기 때문에 미국의 대기업들은 세계 시장에 눈을 돌리기 시작한다. 20세기 초반 다국적 대기업의 원형이 마련된 것이다.

056

뉴욕과 보스턴

뉴욕은 세계에서 가장 유명한 도시 중 하나다. 미국의 상업과 무역을 대표하는 곳이지만, 독립 당시 첫 수도이기도 했다. 영국인 탐험가 헨리 허드슨이 허드슨강 일대를 탐사하다가 발견했다. 애초에 이곳에 정착한 이들은 네덜란드인이었다. 1626년부터 뉴암스테르담이라고 불렸는데, 1664년 영국에 양도돼 이름이 바뀌었다. 요크 공작의 직할지로, 버지니아를 비롯한 여타 영국 식민지에 비해 총독의 권한이 막강한 곳이었다.

이곳은 18세기 초반, 설탕 무역을 통해 비약적으로 성장했다. 쿠바를 비롯해 미국 남단 서인도 제도의 사탕수수 사업이 이곳을 거쳐 세계로 퍼져 나갔기 때문이다. 뉴욕의 무역상들은 곡식, 고기 등 여러 필수품을 설탕과 바꾼 후 설탕뿐 아니라 럼주, 당밀 같은 설탕 가공품을 생산해 팔았다. 무역이 성장하자 조선업, 목공업, 가공업 등이 번창했고, 보험업자, 은행가, 변호사 등 무역과 관련한 직종이 성장했다. 독립 혁명 당시에는 영국군에 지배당했고, 친영국계 인사들이 뉴욕에 많았다. 뉴욕 서쪽에는 허드슨강, 동쪽에는 이스트강이 있는데, 초기에는 뉴욕을 보호하기 위해 강변을 따라 성벽을 쌓았다. '월스트리트'라는 말은 여기서 나왔다.

뉴욕이 영국과 가까운 도시였다면, '보스턴 차 사건'이 보여주듯 보스턴은 미국 독립 혁명을 상징하는 도시였다. 올드사우스 회소는 보스턴 차 사건을 모의한 곳이고, 렉싱턴과 콩코드는 독립 혁명 당시 최초의 전투가 벌어진 곳이다. 영국 식민지 행정부 건물이던 올드스테이트 하우스는 독립 선언을 한 곳이고, 올드노스 교회당은 첨탑에 등불을 달아 영국군의 침략을 알린 곳으로 유명하다.

보스턴은 대표적인 청교도 정착지였다. 1636년 하버드 대학을 만든 이유도 청교도적 가치를 보존하기 위해서였다. 청교도의 엄격한 도덕률에 반대한 앤 허친슨을 비롯한 퀘이커교도 등 청교도에 반하는 신념을 품은 이들이 추방당하거나 탄압받던 도시이기도 하다. 퀘이커교도 메리 다이어는 교수형까지 당했는데, 청교도에 저항하는 여성들의 투쟁은 이후 여성 운동의 밑거름이 되었다. 보스턴은 19세기 노예제 폐지 운동, 20세기 민권 운동 등 미국 역사의 진보적 주장이 적극적으로 실천된 곳이다.

057   조몬 토기

조몬 토기, 여성 모양의 토우

이자나기와 이자나미는 남매이자 부부였다. 이자나기의 창끝에서 떨어진 바닷물이 일본 열도를 만들었고, 이자나기의 왼쪽 눈에서 아마테라스 오미카미가 태어났으니 그는 태양의 여신이었다. 오른쪽 눈에서는 달의 여신 쓰쿠요미, 코에서 바다의 신 스사노오가 생겼다. 이후 아마테라스의 손자 니니기가 옥, 거울, 검을 가지고 지상에 내려왔고, 그의 증손자가 진무 천황이 됐다. 일본 역사의 기원을 설명하는 신화이지만 사실이라고 보기는 어렵다.

고고학을 통해 일본 역사가 기원전 1만 년경 조몬 시대, 기원전 300년경 야요이 시대로 발전했다는 것을 알 수 있다. 불꽃 모양의 토기를 비롯한 다양한 조몬 토기가 유명한데, 조몬 시대는 일본의 신석기 시대다. 조문 문화는 주로 일본 열도의 동북부 일대에서 집중적으로 발굴된다. 매장 유골을 분석해보면 이를 뽑는 풍속이 있었음을 알 수 있다. 대량의 토우가 발굴된 것도 특이한데, 항상 깨져서 발견되기에 어떠한 의식이 있었다고 추정할 수 있다.

기원전 300년경 야요이 시대는 일본의 첫 번째 격변기라고 할 수 있다. 본격적으로 농경이 시작됐고, 금속기 사용이 활발해지는데 이주민에 의한 것이다. 주로 한반도 남부에서 많은 이주민이 건너가 일본 남쪽의 섬 규슈에 정착해서 이후 야요이 문화가 동북쪽으로 전파됐음을 파악할 수 있다. 동탁, 동검 등 각양의 청동기가 제작됐는데, 기록에 따르면 몸에 문신하거나 경면(얼굴에 문신하는 것)을 했다고 한다. 이미 엄격한 신분제가 등장했고, 일부다처제가 퍼져 있었다.

058

키르케고르

덴마크의 철학자이자 실존주의 철학의 선구자다. 칸트와 헤겔이 유럽 철학계를 선도하면서 관념론이 풍미하던 시절에, 키르케고르(1813~1855)는 변방의 철학자에 불과했다. 그는 당시의 철학적 사조와 근본적으로 다른 방식의 사유 과정을 더듬어갔다.

칸트와 헤겔은 인간의 이성적 능력을 신뢰했고, 이를 바탕으로 세계의 본질을 탐독하는 매우 지적이며 추상적인 사고를 지향했다. 하지만 키르케고르는 인간을 '불안'에 휩싸여 있다고 보고, 심지어 '죽음에 이르는 병'에 걸린 위태한 존재로 파악했다. 인간은 언제나 '이것이냐 저것이냐'를 주관적으로 선택해야 하는 실존적인 존재다. 선택은 인간을 불안하게 한다. 하지만 인간은 선택할 수 있어 자유로운 존재이기도 하다. 신은 에덴동산을 창조하고 선악과를 따 먹지 못하게 했다. 하지만 인간은 명령을 어길 수 있는 자유 의지를 가지고 태어났고, 그로 인해 불안하다. 이것이 인간의 실존적 본질이다.

키르케고르는 인간의 실존적 상황을 크게 3단계로 나눌 수 있다고 보았다. 미적 실존, 윤리적 실존, 종교적 실존이 그것이다. 미적 실존은 본능과 감성에 의지해 살아가는 인간을 의미한다. 자신의 실존에 책임감이 없고 따라서 의미 있는 실존적 선택을 하지 못하는 단계다. 미적 실존의 본질은 향락인 동시에 권태와 허무다. 따라서 이러한 인간에게 불안은 더욱 강렬할 수밖에 없다. 윤리적 실존은 도덕적으로 훌륭한 삶을 의미한다. 이성의 원칙을 준수하고 양심에 따라 성실하게 살아가며 의무를 준수하는 삶으로, 칸트의 관념론을 의식한 듯하다. 하지만 키르케고르는 이러한 삶의 한계를 지적한다.

따라서 키르케고르는 종교적 실존을 강조한다. 인간은 신에 대한 믿음을 통해 불안을 극복하고, 비로소 온전한 존재로 발돋움할 수 있기 때문이다. 그렇다고 키르케고르가 통상적인 크리스트교의 교리를 반복한 것은 아니다. 그는 신앙을 향한 인간의 '주체적 선택'을 강조했다. 여기서 '기투(企投)'라는 개념이 등장한다. 그에게 신앙이란 온갖 불확실성을 인지하면서도 자신을 스스로 내던지는 행위다. 신앙은 치열한 의심의 과정이며 부단한 절망의 과정이지, 그저 교회에 다니고 몇몇 예배 행위를 반복하는 것이 아니라고 본 것이다.

059 대통령

근대 시민 혁명을 통해 권력이 의회로 넘어온다. 따라서 의원을 배출하는 정당이 등장하는데, 투표에서 승리를 거둔 다수당의 대표가 수상이 되는 구조를 '의원 내각제'라고 한다. 영국, 일본이 대표적인 모델이다. 이에 반해 별도의 선거를 거쳐 국가 원수이자 행정부의 수반으로서 대통령이 권한을 행사하는 미국, 프랑스 같은 국가도 있다.

사실 미국에서 연방 대통령의 지위는 높지 않았다. 각 주마다 주 헌법, 주지사, 주 의회가 있고, 대통령은 연방파, 반연방파 같은 정치 세력의 입장을 조율하는 정도의 역할만 했다. 하지만 19세기 후반 소위 '공화당의 시대'라고 불리며, 윌리엄 매킨리, 시어도어 루스벨트, 하워드 태프트 등의 대통령이 등장하면서 상황은 급변한다. 시어도어 루스벨트는 '청지기 대통령론'을 주창하며 대통령의 위상을 혁신적으로 바꿨다. 대통령의 의무란 '헌법이 금지하지 않는 모든 외교적 의지와 정책을 집무하는 것'이라고 강조한 그는 전국을 누비며 국민과 만났고, 여론을 주도하며 적극적으로 미국 국민의 입장을 대변했다. 그 결과 1890년, 기업의 합병과 독점을 금지하는 셔먼 반트러스트법이 통과됐다. 한편 시어도어 루스벨트는 해외 식민지에 관심을 둔 적극적인 제국주의자였다. 그는 쿠바, 푸에르토리코, 괌, 필리핀 등 미국의 이권이 걸린 곳에 군사를 진출시키고, 필리핀 지배를 확고히 하고자 당시 러일 전쟁에서 승리한 일본의 조선 지배권을 인정하기도 했다. 국내에서는 의회의 제한을 받았지만, 해외에서 대통령의 역할에 대한 미국 헌법 규정은 미비했다. 결국 미국이 세계 제국으로 성장하면서 대통령의 위상은 극적으로 높아진다. 한국 전쟁 당시 미국 대통령 트루먼이 의회 승인 없이 대통령의 행정 조치를 통해 참전한 것이 대표적인 예다.

한편 프랑스에서 대통령의 위상은 다른 경로를 거친다. 프랑스도 애초에는 의원 내각제 국가였다. 나폴레옹이 통령을 거쳐 황제가 됐기 때문에 대통령제에 대한 경계도 심했다. 오를레앙파 같은 입헌파의 요구로, 상징적인 구심점으로서 대통령이 존재했을 뿐이다. 그럼에도 1876년부터 1919년 사이에는 49개의 내각이, 다시 1958년까지 70개의 내각이 들어설 정도로 정치는 불안하고 혼란했다. 결국 알제리 식민 지배 문제를 두고 군사 쿠데타가 염려되는 등 혼돈을 겪다가 현대 프랑스의 건국자 드골이 재집권하게 되는데, 이때 대통령의 권한이 크게 강화된다.

060

악부시

열다섯에 전쟁터에 나가
여든에 비로소 돌아오게 됐다
오는 길에 고향 사람 만나
"내 집에 누가 살고 있소"라고 물으니
"저기 보이는 게 자네 집인데
소나무와 잣나무 무덤들만 줄지어 있다네"
토끼가 개구멍으로 드나들고
꿩이 대들보 위로 날아다닌다
더욱이 안마당엔 잡곡이 우거졌고
낡은 우물가엔 들풀이 우거졌더라
그 잡곡을 익혀서 밥을 짓고
그 들풀을 뜯어 찌개를 만들었지
밥과 찌개 순식간에 만들어냈지만
누구더러 먹으라고 권해야 할지
문밖으로 나서 동쪽을 바라보며
하염없이 눈물 흘리며 옷깃을 적신다

〈열다섯에 종군해〉라는 악부시다. 악부시는 지주와 관리의 수탈, 징병과 부역 같은 시달림 등 민중의 고단한 삶과 그로 인한 분노와 답답함을 읊은 한시다. 주로 한나라 때 민간에서 쓰였고, 민중의 고단한 삶을 적나라하게 드러내고 애틋하게 노래했기 때문에 귀족이나 사대부의 시와는 느낌이 다르다.

061

달라이 라마

'달라이 라마'는 티베트 불교의 종교 지도자를 지칭하는 말이다. 몽골 타타르부의 영웅 알탄 칸은 1576년 티베트 겔룩파의 지도자 소남 갸초를 초청했다. 소남 갸초는 알탄 칸을 쿠빌라이 칸의 환생으로 인정했고, 알탄 칸은 소남 갸초를 달라이 라마로 모셨다. 몽골족은 티베트 불교를 후원했고, 겔룩파의 지도자 소남 갸초는 침체한 티베트 불교의 부흥과 개혁을 위해 여러 노력을 벌였다.

티베트는 송첸캄포가 세운 토번을 기원으로 한다. 그가 토욕혼을 무너뜨리고, 당나라를 위협했기 때문에 당태종은 문성 공주를 보내 혼인 관계를 맺었다. 송첸캄포의 후원 아래 티베트 불교가 발전했고, 이후 사미예 사원이 건축됐다. 파드마삼바바, 아티샤 등 고승들이 인도의 탄트라 불교를 소개하고 이곳에 정착하면서 티베트 불교는 급속도로 발전했다. 토번이 흥기할 무렵 당나라는 백제와 고구려를 멸망시킨 후 신라를 공격해, 만주와 한반도 전체를 점령하려 한다. 하지만 신라의 강경한 저항과 토번의 침공이 맞물리며 동서에서 곤란을 겪게 되자 당나라는 결국 군사를 철수한다.

티베트 불교는 이후 몽골과의 긴밀한 관계 가운데 성쇠를 거듭했다. 샤카파, 디궁파 등 다양한 티베트 불교가 몽골 제국의 보호 아래 크게 성장했다. 하지만 지나친 불교 후원과 티베트 불교의 타락은 쿠빌라이 칸이 세운 원나라가 멸망하는 단초가 될 정도로 문제가 됐다. 원나라 멸망 이후에는 알탄 칸, 릭단 칸 등의 도움을 받으며 티베트와 몽골 일대에서 번성했다. 1640년에는《몽골·오이라트 법전》이 만들어지는데, 몽골의 수령들은 가문마다 티베트 승려를 모시기로 합의한다.

이후 티베트는 청나라에 편입됐고, 현재도 중화 인민 공화국의 영토다. 몽골 역시 청나라에 점령당했고, 한족 상인들이 일대에 진출하면서 유목민의 영향력이 감소한다. 1911년 신해혁명으로 청나라가 무너질 때 범몽골주의를 외치며 독립을 시도했으나 실패했고, 소련의 지원을 받아 1924년 몽골 인민 공화국을 선포하며 독립한다.

062

평화 헌법과
샌프란시스코 강화 조약

천황은 국가의 최고의 지위에 있다. 황위는 세습된다. 천황의 직무 및 권능은 헌법에 기초해 행사되며, 헌법에 제시된 국민의 기본적 의사에 부응하는 것으로 한다. 국권의 발동인 전쟁은 폐지한다.

1946년 2월 3일에 하달된 '맥아더 3원칙'의 일부다. 1945년 태평양 전쟁에서 패망한 일본은 미국에 의해 종전의 메이지 헌법을 포기한다. 도쿄에 사령부를 두고 패전국을 관리한 총사령관 맥아더는 '헌법의 자유주의화'를 명령했다.

천황은 존재하지만 헌법 위에 군림할 수 없으며, 헌법에 의해 통제된다. 맥아더는 직접 히로히토 천황을 만나 사진을 찍은 후 일본 전역에 배포한다. 초라하고 겸손한 모습의 천황과 강한 권위와 자유로움을 풍기는 맥아더의 모습이 인상적인데, 이를 통해 '천황은 인간이다'라는 사실을 분명히 한 것이다. 천황제를 폐지하지 않은 점에 대해서는 여전히 논란이 있다.

또 전쟁을 일으킬 수 없게 하는 조치를 하달하는데, 이것이 현재 일본 헌법 9조에 반영돼 있다. 당시 미국은 일본 개혁을 위해 일어를 구사할 수 있는 미국인을 2,000명 파견했고, 도쿄 재판을 통해 전범을 숙청하고, 재벌을 해체하며 진보적인 사회당 내각의 등장을 용인하는 등 진보적인 정책을 취했다.

하지만 1949년 중국에서 공산당이 국민당에 승리를 거두면서 중국 대륙이 공산화되고, 다음 해에 한국 전쟁이 발발하면서 미국은 종래의 입장에서 선회해 일본을 강력한 반공 국가이자 동맹국으로 만들고자 한다. 이 와중에 맺어진 조약이 샌프란시스코 강화 조약이다. 샌프란시스코 강화 조약의 목적은 일본을 전범 국가에서 정상 국가로 만드는 것이었다. 따라서 피해국에 배상하기는커녕 전쟁에 대한 책임조차 묻지 않는 가운데 졸속으로 회의가 진행됐고, 소련, 폴란드, 체코슬로바키아 등 공산 국가에서는 서명을 거부했다. 무엇보다 가장 큰 피해를 본 중국이나 한국은 정상적으로 회의에 참가할 수조차 없었다. 강화 회담 성사 이후 미국은 곧장 미일 안보 조약을 통해 미국과 일본의 동맹 관계를 강화했다.

063

종교 전쟁

16세기 후반에서 17세기 후반에 걸쳐 유럽에서 신교의 종교적 자유를 두고 벌어진 전쟁. 그 결과 개인의 종교적 자유가 허락되고 '관용'이라는 가치가 부각된다.

종교 전쟁은 독일에서 시작해 독일에서 끝났다. 당시 독일은 신성 로마 제국이라 불리는 황제 국가였지만, 독립적 제후들의 영향력이 막강했다. 황제 카를 5세와 루터파 제후들은 치열하게 싸웠고 결국 루터파가 승리한다. 카를 5세가 외국 태생이었고 귀족의 권력을 제어하려 들자 상당수의 가톨릭 제후들이 루터파 제후들을 후원한 것이다. 사태는 아우크스부르크 화의로 마무리되는데, 오직 루터파의 종교적 자유만 인정받고 그것도 '지배자에 따라 종교도 결정된다'라는 원칙 아래 제후에게 결정권을 주는 모호한 결정이었다.

프랑스에서는 위그노 전쟁이 일어났다. 프랑스 남부에는 칼뱅파 세력이 강성했고, 이들을 위그노라 불렀다. 가톨릭을 신봉하는 왕실은 수차례 군대를 보내 이들을 제압하려 했지만 실패했다. 결국 위그노의 지도자 앙리와 프랑스 왕의 여동생을 결혼시킴으로써 갈등을 무마하려 했다. 그런데 왕의 어머니 카트린 드 메디시스가 독단적으로 가톨릭 계열의 기즈파와 결탁해 결혼식 참석차 파리에 몰려든 3,000여 명의 위그노를 학살하는 만행을 저지른다. 성 바르톨로메오 축일(8월 24일)에 벌어진 대학살로, 이후 1만여 명의 위그노들이 곳곳에서 희생됐다. 하지만 어려움 끝에 앙리가 프랑스의 왕이 됐고 '낭트 칙령'을 발표해 위그노의 정치적, 종교적 권리를 보호했다.

유럽 대륙 곳곳에서의 충돌은 1618년, 30년 전쟁이라는 거대한 파국으로 귀결됐다. 30년 전쟁은 독일을 무대로 벌어졌고, 스페인, 프랑스, 오스트리아, 스웨덴 등여러 나라가 참여했다. '북방의 사자'라고 불리던 스웨덴 왕 구스타브 아돌프는 독일의 루터파 제후들을 돕기 위해 북해를 건넜고, 같은 합스부르크 왕가이던 스페인과 오스트리아가 연합해 맞섰다. 프랑스는 구교 국가임에도 불구하고 합스부르크 왕가를 견제하기 위해 신교 편을 들었고, 전쟁은 목표를 상실한다. 30년간의 전쟁으로 독일은 폐허가 됐고, 프랑스가 유럽 대륙의 지도 국가로 등장한다. 1648년 베스트팔렌 조약을 통해 전쟁이 마무리되는데, 비로소 개인의 종교적 자유가 허락된다.

064

쇼토쿠 태자

호류사

쇼토쿠 태자(573~621)는 아스카 시대의 인물로, 일본 불교 발전에 중요한 역할을 했다. 호류사, 시텐노사 등을 세웠고, 법률을 제정·반포했으며, 중국 수나라와의 교류를 도모하는 등 일본 고대 국가 발전에 초석을 놓았다는 평가를 받는다.

3세기부터 6세기까지 일본은 야마타이국이라 불리던 수많은 소국에서, 천황과 귀족 중심의 단일한 나라로 성장, 발전했다. 이 시기는 중국이 남북조로 분열되고, 한반도가 고구려, 백제, 신라 등 삼국으로 정립돼 치열하게 경쟁하던 때다. 일본은 주로 한반도 남부에 위치한 백제, 가야 등과 교류했고 독자적으로 중국과 관련을 맺기도 했다.

6세기경이 되면 천황과 귀족이 중심이 된 전국적인 지배 체제가 등장한다. 게이타이 천황이 여러 지배자와의 경쟁에서 승리했고, 야마토(오늘날 나라현)의 아스카 지역에 웅거하면서 통치 체제를 정비했다. 그렇다고 중국의 황제나 한반도의 삼국처럼 군주 권력이 강성하지는 못했다. 가즈라키씨(氏. 씨족), 헤구리씨, 와니씨, 오토모씨, 모노노베씨, 소가씨 등 여러 귀족이 야마토에 머물면서 천황 못지않은 권세를 행사한 것이다. 그리고 6세기에는 가장 강성했던 모노노베씨와 소가씨가 대격돌을 벌인다. 표면적으로는 한반도, 특히 백제를 통해 들어오던 불교가 문제였다. 소가씨는 불교 수용에 적극적이었고, 모노노베씨는 반대했다. 결국 황위 계승 분쟁 문제까지 얽히면서 두 세력은 무력 충돌을 벌였고, 소가씨가 승리한다. 소가씨는 자기 집안의 혈통을 지닌 황녀를 스이코 천황으로 추대했고, 그녀의 사위 쇼토쿠 태자에게 섭정하게 했다. 이후 30년간 쇼토쿠 태자의 통치는 실상 소가씨의 비호 가운데 이뤄진 제한적 성과였다. 7세기 천황과 귀족 간의 혈투가 예견되는 지점이다.

065

바울

> 하나님께서는, 무슨 부족한 것이라도 있어서 사람의 손으로 섬김을 받으시는
> 것이 아닙니다. 그분은 모든 사람에게 생명과 호흡과 모든 것을 주시는 분입
> 니다. (…) 우리는 하나님 안에서 살고, 움직이고, 존재하고 있습니다. (…) 이
> 제는 어디에서나 모든 사람에게 회개하라고 명하십니다.
>
> — 〈사도행전〉 17장

그리스 아테네인들을 대상으로 한 바울의 설교다. 바울의 본명은 사울로, 애초에는 신흥 종파 크리스트교를 탄압하던 자였다. 바울은 당시 저명한 학자 가말리엘에게 배웠고 로마의 시민권을 가졌으니 엘리트 유대인이었던 셈이다. 하지만 다마스쿠스로 가는 길에 부활한 예수를 만나 시력을 잃은 후, 예수의 제자 아나니아를 만나 세례받고 시력을 회복한다. 이후 그는 평생을 이방인, 비유대인을 대상으로 크리스트교를 전파한다. 그는 에페수스에 최초의 교회를 세웠고 지중해 동부 지역인 레반트 일대, 아나톨리아반도, 그리스반도를 돌아다니며 초기 크리스트교 발전에 결정적 역할을 했다.

예수의 직계 제자를 '사도'라고 불렀는데, 바울은 사도로서의 권위를 평생 의심받았다. 또 이방인들에게 유대인의 예법을 요구하는 문제를 두고 강경하게 반대 입장을 표명했고, 체계적이면서 간명한 교리를 통해 신학의 기초를 놓았다. 하나님이 천지 만물과 인류를 창조했고, 인류는 자신들의 죄로 인해 타락했다. 하지만 예수 그리스도의 십자가 죽음을 통해 구원받을 길이 열렸다. 따라서 회개하고 예수를 믿으며 그의 가르침대로 살면 영원한 생명을 받을 수 있다고 주장했다. 그는 로마에서 순교하지만, 크리스트교는 계속 발전한다. 바울의 제자들이 '교부' 그룹을 형성하면서 신학을 발전시켰고, 지속적인 박해에도 불구하고 교회 공동체는 꾸준히 성장했다.

066

페스트

로마 제국에서는 페스트를 비롯한 전염병이 지속적으로 유행했다. 165년부터 180년까지 마르쿠스 아우렐리우스 황제 치세에서 악성 전염병이 발생했고, 241~266년에 다시 한번 전염병이 발생한다. 당시 기록에 따르면 하루에 5,000명 이상이 죽었다고 한다.

전염병으로 인한 타격은 매우 강력했기 때문에 재정 상황은 위기였고, 정치 불안도 심화됐다. 기존의 로마 종교는 전염병 창궐에도 별다른 역할을 하지 못했다. 반면 강력한 영적 세계와 순교의 가치를 설파하던 크리스트교가 전염병을 치료하지는 못했지만 많은 사람에게 내적 안식을 허락했고, 병을 이해하는 새로운 관점을 제시하면서 호감을 샀다. 전염병이 크리스트교 정착에 도움이 된 셈이다.

6~7세기 무렵 페스트의 창궐은 이슬람 세력의 흥기에 도움을 줬다. 542년 이래 지중해 연안에서 전염병이 그치지 않았고, 비잔틴 제국과 사산조 페르시아에서 인구 격감은 물론 농업 위기가 도래했기 때문이다.

중세 후반에 발생한 흑사병도 크리스트교와 이슬람교에 큰 영향을 미쳤다. 당시 유럽에서는 토마스 아퀴나스의 스콜라 철학이 번성했다. 아리스토텔레스 철학을 바탕으로 합리적 믿음을 추구했으나 흑사병은 그러한 믿음에 근본적 의문을 가했다. 흑사병 이후 좀 더 개인적이고 신비주의적인 신앙이 강조됐는데, 이러한 경향은 이후 종교 개혁에도 큰 영향을 미쳤다.

한편 오스만 제국은 크리스트교 세계의 방역 조치를 무시하면서 큰 피해를 봤다. 16세기 오스만 제국의 이스탄불에 머물던 신성 로마 제국의 대사는 페스트를 이유로 거주지 이동을 요청했다. 하지만 술탄은 이를 무시했고, 오스만 제국을 휩쓴 페스트는 방역에 무심하던 이슬람교도 지역에서 훨씬 큰 피해를 냈다.

067

베르니니

〈성 테레사의 환희〉

바로크 시대의 대표적인 이탈리아 건축가로, 미켈란젤로와 비견되는 인물이다. 베르니니(1598~1680)는 여러 교황의 후원을 받으면서 조각과 건축에서 큰 성취를 거뒀다. 〈다윗〉, 〈아폴론과 다프네〉 등의 작품에서 그는 대리석 조각의 진수를 선보였고, 로마의 성 베드로 대성당 완공에도 중요한 역할을 감당했다. 특히 〈성 테레사의 환희〉는 서양 조각 예술사에서 손꼽히는 작품이자 바로크 시대 예술의 정수로 평가받는다. 하늘에서 쏟아져 내리는 빛과 천사의 모습을 통해 깊은 신앙심 가운데 놀라운 영적 환희를 경험하는 장면을 극적으로 표현했다. 〈성 베드로의 옥좌〉도 특별한 작품이다. 10여 년 동안 오랜 노력을 들여 만들었는데, 황금빛을 찬란하게 비추는 영광스러우면서도 추상적이고 영적인 형태를 감각적으로 표현했다.

068

이슬람의 역사

6세기경 예언자 무함마드의 주도로 아라비아 일대에 이슬람 세력이 흥기한다. 아라비아는 비옥한 초승달 지대에서 벗어나 있기 때문에 고대 근동사에서 그다지 중요한 공간이 아니었다. 하지만 아라비아반도를 활보하는 상인들이 등장하고, 메카, 메디나 같은 홍해 연안의 도시들이 번성하기 시작한다. 특히 비잔틴 제국과 사산조 페르시아 간의 대립이 격화되면서 이곳은 새로운 무역로가 된다.

무함마드 사후에 이슬람 세력이 크게 번성하면서 일대의 제국으로 발전한다. 무함마드의 후계자를 '칼리프'라고 하는데, 정통 칼리프 시대에서 세습 칼리프 시대로 변화된다. 정통 칼리프 시대에는 사산조 페르시아를 멸망시키면서 동부 지중해에서 중앙아시아에 이르는 제국이 됐고, 세습 칼리프 시대가 되면 북아프리카는 물론 지중해를 넘어 이베리아반도 일대까지 진출한다. 중앙아시아에서 근동과 북아프리카를 잇는 새로운 형태의 제국이 등장했고 이들은 지중해에서 가장 강력한 세력이 된다. 정통 칼리프 시대에는 무함마드의 제자 중 후계자를 선출했고, 세습 칼리프 시대에는 우마이야 가문이 권력을 독점했기 때문에 우마이야 왕조라고도 한다. 우마이야 왕조는 다마스쿠스를 중심으로 발전했다.

이후 아바스 왕조가 등장하면서 이슬람 세계는 분열한다. 우마이야 왕조의 정통성을 인정하는 수니파와 부정하는 시아파로 나뉜 것이다. 아바스 왕조는 바그다드를 중심으로 번성했고, 탈라스 전투에서 중국 당나라에 승리를 거두며 실크 로드 지배권을 장악한다. 이때부터 중앙아시아와 오아시스 국가(중앙아시아에 오아시스를 중심으로 발달한 도시 국가), 중국 서북부 신장 위구르 지역의 이슬람화가 진척됐다.

11세기, 튀르크족 터키인들이 아랍 세계를 침략하면서 이슬람 사회는 변화한다. 셀주크 튀르크인은 중앙아시아에서 유목 생활을 했는데, 바그다드를 침략해 아바스 왕조를 굴복시켰다. 이때 셀주크 튀르크의 지도자는 술탄이 된다. 종교적 지도자인 칼리프, 세속적 지도자인 술탄으로 권력 구조가 변한 것이다. 셀주크 튀르크의 지위는 오스만 튀르크 제국이 계승한다. 한편 이슬람은 해상 실크 로드를 통해 동남아시아 일대에도 널리 퍼졌다. 현재까지 중동, 아프리카, 동남아시아, 중앙아시아 등에서 강력한 교세를 발휘하고 있다.

069

유목민

유목민들이 활동한 세계는 넓고 광대하다. 이들은 만주 심안림산맥부터 중국 북부 몽골 초원, 이란 북부 카스피해, 흑해 부근의 남러시아 초원, 헝가리의 푸스타, 시베리아 타이가를 활동 무대로 삼았다.

유목민은 드넓은 초원에서 가축을 끌고 다니면서 가축에 의존해 생존하는 무리다. 가축에서 고기와 젖을 얻고, 가축의 털과 가죽으로 의복을 만든다. 하지만 오로지 가축에 의존하는 순수한 유목 생활은 유목 민족의 역사에서 극히 부분적이다. 유목민도 농경민 못지않은 문화적 욕구를 지녔으며, 농경민이 누리던 각양의 것을 사용했다. 비단과 면을 소비하고 차를 마셨으며 각종 사치품을 누렸다. 하지만 이런 것들은 유목 사회에서 얻을 수 없는 것으로, 결국 풍족한 농경 사회와 관련을 맺어야 얻을 수 있었다. 따라서 유목민과 농경민 사이, 유목 국가와 농경 국가 사이에서 교역과 전쟁은 필수 불가결했다.

최초의 유목 국가는 기원전 7세기 러시아 남부에 등장한 스키타이다. 이들은 청동기, 철기 제작에 능했으며 인류의 금속 문화 발전에 여러모로 기여했다. 기원전 3세기경에는 중국 북부에서 흉노족이 출현해 강성한 제국을 이뤘다. 결국 이들은 중국에 패배하는데, 서쪽으로 이동해 게르만족의 이동을 촉발하면서 로마 제국의 멸망에 기여했다. 유럽에서 흉노는 '훈족'이라 불렸다.

6세기 이후 돌궐, 위구르 등 새로운 유목민이 흥기하는데, 이들은 중앙아시아의 유목 국가를 기반으로 활동하는 소그드 상인들과 협력 관계를 도모했다. 소그드 상인들은 풍부한 지역 정보를, 유목민들은 강력한 무력을 소유했기 때문에 서로 도움을 주고받았다. 소그드 상인들은 새로운 상권을 확보하고자 유목민의 힘을 이용했고, 유목민들도 소그드 상인들을 통해 세력 범위를 넓혔다. 돌궐은 소그드 문자를 이용해 유목 국가 최초로 돌궐 문자를 만들었다. 위구르는 당나라가 안사의 난으로 혼란에 빠졌을 때 지원 병력을 보내 당나라를 위기에서 구한 후, 막대한 비단을 요구하는 등 중국 역사에 간섭하기도 했다. 중국 북부에서 밀려난 돌궐은 서아시아에서 '튀르크'가 됐고, 유연은 '아바르'가 됐다.

중국 북부 초원 지대에서는 강력한 유목 국가가 여럿 등장한 것에 반해 다른 지역에서는 그러지 못했다는 것도 특징적이다. 유목 민족의 절정은 칭기즈 칸이 이끈 몽골 제국이다.

070

캘리포니아

미국은 이민자의 사회다. 영국의 북아메리카 진출 욕구 때문에 동부 해안에 여러 식민지가 개척됐고, 초기에는 종교 박해를 피해 이주한 청교도들의 영향력이 강했다. 독립 이후 19세기 초반만 해도 미국 사회의 문화는 균질적이었다. 이민자 대부분은 영국 출신의 청교도였고, 소수의 백인 남성이 사회를 주도했다. 이후 미국은 이중 팽창 과정을 거친다. 아일랜드, 이탈리아, 독일 그리고 중국, 일본, 조선 등 세계 각지에서 이민자들이 쏟아졌고, 동시에 루이지애나부터 캘리포니아로 이어지는 광범위한 중서부 지역이 미국 영토로 편입됐기 때문이다.

1863년 1월 1일은 미국 역사에서 중요한 해였다. 링컨 대통령이 노예 해방령을 발표했고, 홈스테드 법안(Act to Secure Homesteads to Actual Settlers on the Public Domain)이 발효됐기 때문이다. 홈스테드 법안은 21세 이상의 성인 남녀와 미국 시민이 되고자 하는 이민자들에게 최대 160에이커까지 땅을 무상으로 주는 법안이다. 5년 이상 거주하며 집과 농장을 만들어야 한다는 조건이 붙었지만, 이민자들에게 이러한 제안은 획기적이었다. 더불어 기차의 발명은 모든 것을 극적으로 바꿔놓았다. 농장이든 금광 개발이든 어떤 이유에서든 서부로 가는 획기적인 길이 열렸으며, 한때 섬으로 여겨지기까지 하던 환상의 땅 캘리포니아가 이민의 중심지가 됐기 때문이다.

캘리포니아는 상업 농업의 중심지로 거듭난다. 고된 노동을 감내하는 값싼 노동력이 산재했고, 수많은 발명품이 이곳에서 영농 구조의 기계화에 일조했다. '선키스트 오렌지 유통 조합'은 원래 '남부 캘리포니아 과일 재배자 거래소'의 다른 말이었다.

캘리포니아는 산업의 중심지이기도 했다. 1929년 대공황 이래 미국 경제를 살리고자 루스벨트 대통령은 3,600억 달러 중 10분의 1을 캘리포니아에 쏟아부었다. 포드는 B-24 전투기를, 제너럴 모터스는 탱크를 제작하는 등 첨단 산업은 제2차 세계 대전을 계기로 군수 산업으로 발전했다. 기업가 정신이 강하고, 다양한 기업 모델이 고민되고 실천되는 곳으로도 유명하다. 캘리포니아 일대는 실리콘밸리로 상징되는 IT 산업뿐 아니라 세계 군수 산업의 중심지다.

071

북방 민족의 역사

북방 민족은 흉노, 선비, 유연, 거란, 여진 등을 일컫는 말이다. 북방 민족이라는 말은 지극히 중국적인 관점이다. 중국은 황허를 중심으로 역사를 발전시켰으며, 실크 로드 일대로 나아가거나 양쯔강 이남 지대로 세력을 확대하는 경향을 보여왔다. 동시에 오랜 기간 만리장성 등을 쌓아 북방의 유목 민족 혹은 요동이나 만주 일대 수렵 민족의 발흥을 경계해왔다.

최초로 중국을 위협한 민족은 흉노족이다. 이들은 기원전 3세기 말부터 크게 성장해 전국 시대 중국을 위협했으며, 진시황, 한고조, 한무제 등 통일 제국에 위협적인 세력이 됐다. 진시황은 이들을 막기 위해 만리장성을 지었고, 한고조는 천하를 통일한 후 군대를 끌고 흉노를 공격했다가 큰 낭패를 당했다. 한무제 때 흉노 토벌에 큰 성공을 거뒀으나 그로 인해 국가 재정에 큰 어려움을 겪었다.

3세기부터 6세기 위진 남북조 시대에는 선비족이 크게 흥기하는데, 중국의 화북 일대를 통일해 북위라는 나라를 세웠다. 최초로 북방 민족이 남하해 중국 북부를 통일하고 나라를 세운 것이다. 7세기 이후 수나라, 당나라 때는 특히 돌궐이 크게 흥기했다. 하지만 돌궐은 선비처럼 중원을 점령하지 못했고, 당태종이 돌궐을 좌지우지하는 등 중국은 북방 민족에 대한 우위를 회복한다. 돌궐 전후로 유연, 위구르 등이 등장했지만 이들 또한 중국 역사에는 크게 영향을 미치지 못했다.

하지만 11세기 이후 동아시아의 정세가 크게 요동친다. 거란이 세운 요나라, 아골타가 세운 금나라, 칭기즈 칸의 몽골 제국이 등장하면서 중국 대륙을 비롯한 동아시아 역사가 북방 민족에 의해 좌우됐기 때문이다. 거란은 연운 16주라는 만리장성 이남의 일부 지역을 장악하는 데 그쳤지만, 송나라와 '전연의 맹약'을 맺고 매년 비단 20만 필, 은 10만 냥을 받는 등 동아시아의 패자로 부상했다. 곧이어 등장한 금나라는 요나라를 멸망시키고 만리장성을 넘어 중국 화북 지역을 장악한다. 만주에서 화북까지 이르는 대제국을 세운 것이다. 이 시기 유목 민족과 농경 민족에 대한 이원적 지배 체제가 등장했다. 또 서하, 토번, 대리, 대월 등 서쪽에서도 여러 이민족의 나라가 들어서서 중국을 위협했다.

칭기즈 칸이 이끄는 몽골이 등장하면서 역사는 또 한 번 요동친다. 몽골은 파죽지세로 중앙아시아와 인도 북부를 점령하고 금나라를 멸망시켰다. 쿠빌라이 칸 때가 되면 남송을 정복한다.

072

카를 융

인간은 그가 본능적으로 기능하는 한 활동의 동기와 본보기를 만들어내는 본능 유형을 갖고 있다. 생물학적 존재로서 인간은 특수하게 인간적으로 행동하고 자신의 행동 유형을 실현할 수밖에 없다. 따라서 인간이 자기 마음대로 할 가능성은 매우 제한돼 있고 인간이 더욱 원시적일수록, 그의 의식이 본능 영역에 더 많이 좌우될수록 그 제약은 더 심해진다.

나는 이러한 경험과 고찰을 통해 보편적으로 존재하는 무의식적 조건들이 있다는 것을 인식했다. 그것들은 창조적 활동의 조절자로서, 그리고 자극제로서 작용하며 이에 상응하는 형상들을 만들어내는데 (…) 이와 같은 무의식적 조절자의 존재가 매우 중요하게 여겨졌기 때문에 나는 그것을 이른바 비개인적, 집단적 무의식의 가설을 세우는 근거로 삼았다.

-《원형과 무의식》

카를 융(1875~1961)은 프로이트학파의 대변자에서 이단아로 변화한 인물이다. 초기 프로이트학파는 대부분 유대인이었고, 당시만 해도 사회 분위기가 엄격해 인간의 성적 욕망을 강조하는 이들의 주장은 위태로운 행동이었다. 카를 융은 독일인이었기 때문에 이들에 대한 의심을 불식시킬 수 있었고, 무엇보다 프로이트가 가장 아끼던 제자였다. 하지만 연구를 거듭하면서 그는 프로이트와 다른 방향으로 성장한다.

카를 융은 무의식이 존재하는 것은 사실이지만 무의식은 하나의 거대한 '원형'을 이룬다고 보았다. 인간성, 인간의 행동 양식은 물론 집단과 공동체 역사와 문화마저도 그러한 원형에 누적되며 인류에 의해 공유된다고 봤기 때문에 이를 두고 비과학적이라는 비판을 받기도 했다.

하지만 억압과 치료가 아닌 인간 존재의 다양한 가능성에 방점을 둔 그의 세계관은 독자적인 분석 심리학으로 발전을 거듭한다.

073

시몬 볼리바르와 산마르틴

라틴아메리카의 광활한 영역은 코르테스가 아즈텍 제국을, 피사로가 잉카 제국을 멸망시킨 이래 스페인의 소유였다. 여기에 카리브해의 여러 섬과 필리핀을 아울러 '누에바 에스파냐(새로운 스페인)'라고 불렀다. 하지만 19세기 나폴레옹의 등장은 스페인의 라틴아메리카 지배에 치명타를 가했다. 프랑스 군대가 스페인을 점령했기 때문이다.

라틴아메리카의 지배층은 '크리오요'라고 불린 스페인 계열의 백인들이었고, 이 중 상당수는 스페인의 지배에 불만을 품고 있었다. 라틴아메리카의 독립 영웅으로 추앙받는 시몬 볼리바르(1783~1830) 역시 크리오요 가문 출신이다. 그는 계몽주의자이자 혁명가였다. 라틴아메리카의 해방을 열망했으며, 단일한 라틴아메리카 국가가 등장하기를 기대했다. 하지만 상황은 뜻대로 흘러가지 않았다. 1811년 베네수엘라가 독립을 선포했고, 볼리바르는 일진일퇴를 벌인 끝에 스페인 군대와의 싸움에서 승기를 잡았다. 하지만 1814년 나폴레옹이 몰락하자 스페인은 왕권을 회복했고, 상당수의 크리오요가 스페인 국왕에게 충성을 선언하면서 베네수엘라의 독립은 물거품이 된다.

1816년 시몬 볼리바르는 재기에 성공해 베네수엘라에 정착한다. 1819년 베네수엘라를 독립시킬 무렵, 남아메리카에서는 호세 데 산마르틴이 탁월한 군사적 능력을 발휘하며 해방의 물결에 힘을 더했다. 그는 5,000의 군대를 이끌고 안데스산맥을 넘어 칠레를 해방했고, 1820년에는 페루로 진격해 독립을 선언했다. 시몬 볼리바르도 군대를 이끌고 페루의 해방을 도왔다. 시몬 볼리바르와 산마르틴은 에콰도르에서 만났는데, 성향과 의견 차이가 컸던 듯하다. 산마르틴은 시몬 볼리바르의 영향력을 존중했으며, 1930년에 공직에서 물러난 후 프랑스에서 은둔 생활을 하며 권력에 초연했다.

1825년 시몬 볼리바르는 알토페루 지역으로 진출했는데, 이곳의 지도자들은 그의 이름을 따서 볼리비아 공화국을 세우고 그를 종신 대령으로 추대했다. 하지만 그는 이를 거부했다. 베네수엘라, 콜롬비아, 에콰도르, 페루, 볼리비아를 해방했으나 그가 꿈꾸던 통일된 아메리카의 이상은 달성하지 못했다. 1830년 12월 17일 라틴아메리카의 해방자 시몬 볼리바르는 마흔일곱의 나이에 죽었는데, 이 시기에 스페인은 카스피해의 쿠바와 푸에르토리코를 제외한 모든 식민지를 잃고 만다.

074

이백

황금 술잔에는 만 말의 청주
구슬 쟁반에는 만금의 성찬
술잔 놓고 수저 던진 채 먹지 못하며
칼 뽑고 사방 돌아보니 마음 아득해
황하를 건너자니 얼음이 강을 막고
태항산 오르자니 흰 눈이 가득하다
한가로이 푸른 계곡에 낚싯대를 드리우고
배 위에서 홀연히 해님의 꿈 꾸노라
길 가기 어려워라 길 가기 어려워라
갈림길 많으니 지금 여기 어디멘가
바람 타고 파도 넘을 날 반드시 오리니
구름 높이 돛 올리고 푸른 바다 건너리

— 이백, 〈길 가기 어려워라〉

이백(701~762)이 쓴 같은 제목의 다른 시에는 그의 심사가 정확히 반영돼 있다. "인생길은 푸른 하늘처럼 넓고 넓은데 어찌해 나만이 갈 길 몰라 헤매나. 부끄럽다! 장안의 귀족들과 어울려 빨간 닭 흰 개 부려 도박 타령하고 있으니"가 그 내용으로, 마흔이 넘어 명성을 인정받아 황제 현종의 부름을 받고 수도 장안에 불려갔으나 궁정 시인에 머문 자신의 삶을 한탄한 것이다.

이백은 당나라의 대표 시인이자 중국 역사에서 최고의 시인으로 추앙받는 인물이다. 젊은 날에 주유천하하며 중국 대륙의 구석구석을 살펴봤고, 위대한 작품을 수없이 남겼다. 장안에서는 황제와 귀족 앞에서 당당한 태도를 보였으나, 그러한 모습 때문에 당대의 권력자 고력사와 사이가 나빠진다. 현종과 양귀비가 꽃구경을 할 때 이백에게 시 한 수를 쓰라고 하는데, 고력사가 그 내용을 문제 삼아 양귀비에게 일렀고, 양귀비의 미움 가운데 이백은 장안을 떠난다. 이후에도 전국을 방랑하며 시를 지었고 또 다른 시성 두보와 인연을 맺기도 한다. 안사의 난이 일어나자 환갑이 넘은 나이에 난을 진압하기 위해 여러 노력을 하다 죽음을 맞았다.

075

토지 개혁

농민의 토지 소유 문제는 인류사를 관통하는 가장 중요한 문제다. 귀족 세력이 자신들의 권리를 남용해 백성의 토지를 점탈하는 일이 빈번했기 때문인데, 자본주의가 발전한 근현대 역사에서도 토지 문제는 여전히 중요하다. 토지 개혁을 통해 균등한 재산권을 확립할 수 있고 소유 관계가 정확해지는 만큼 중국, 일본, 한국 등토지 개혁에 성공한 동아시아의 여러 국가는 산업화에서 크게 두각을 나타내기도 했다.

하지만 이란, 필리핀, 인도 등 아시아 국가들은 물론 라틴아메리카를 포함한 세계 유수의 나라들은 토지 개혁에 실패한 후 경제 성장이 사회 성장, 건전한 국민경제 발전으로 이어지지 못하고 있다.

1951년 당시 인도는 농업 인구 2% 미만의 지주들이 전체 토지의 60%를 차지하고, 소작인이나 임금 노동자가 전체 인구의 70%에 이를 정도로 심각한 상황이었다.

네루가 이끄는 인도 정부는 이를 극복하기 위해 토지 개혁을 추진했지만, 그다지 성공적이지 못했다. 토지 소유의 상한선을 정하거나, 중개인 제도를 비롯한 소작 제도의 문제만 일부 시정했기 때문이다. 정부의 안이한 태도는 현장에서 많은 문제를 일으켰다. 지주들은 정부 정책에 저항하거나 악의적으로 해석하면서 자신들의 권리를 포기하지 않았다.

소작인의 어려운 형편을 악용한 지주들의 고리대 사업도 심각한 문제였는데, 이는 인디라 간디 정권 시절 신용 은행 등을 만들면서 상당 부분 해소된다. 이후 인도 정부는 녹색 혁명을 추진해, 토지 모순이라는 구조적 문제를 생산력 향상으로 해결하고자 했다. 성장과 분배 문제에 대한 모호한 태도가 현대 인도를 더욱 복잡하게 만들고 있다.

076

핵무기

> 국가적 무장을 통해 안전 보장을 확보하려는 생각은, 현재의 군사 기술 상태에서 판단컨대 위험천만한 환상입니다. 미국의 경우 최초로 원자 폭탄 제조에 성공한 나라라는 사실로 인해 이런 환상이 특히 더 부추겨져왔습니다.
> (…) 미국과 소련 간 군비 경쟁은 예방 차원이라는 원래 취지에서 벗어나 이제는 광적인 양상으로 치닫고 있습니다. 양국이 모두 기밀이라는 벽을 세워놓고 그 뒤에는 광적인 기세로 대량 파괴 수단을 개량하고 있습니다.

1950년 2월 19일 세계적인 과학자 아인슈타인의 TV 연설이다. 핵무기 개발에는 아인슈타인의 책임도 있었다. 그는 루스벨트 대통령에게 위력이 막강한 핵무기 개발 가능성을 제시했고, 독일은 이미 개발 연구에 진력을 다하고 있었기 때문에 미국도 물리학자에게 재정적 지원을 강화해야 한다고 권고한 것이다. 루스벨트는 이 권고를 받아들였고, 물리학자 오펜하이머 등이 주도하는 '맨해튼 계획'을 통해 핵무기 개발에 성공한다. 그 결과 히로시마와 나가사키에 폭탄을 투하해 각 10만이 넘는 대살상이 벌어지는데, 아인슈타인, 오펜하이머 등 개발과 관련된 수많은 과학자는 자신들의 행동을 크게 후회했으며, 핵무기 제어를 위한 활동을 벌이기도 했다.

하지만 아인슈타인의 비판에도 불구하고 핵무기 개발은 적극적으로 시도됐다. 미국은 핀처(Pincher) 계획, 브로일러(Broiler) 계획, 오프 태클(Off tackle) 계획을 수립해 수십 개의 도시를 수십 발의 핵무기로 타격하는 내용의 군사 계획을 세울 정도였다.

한국 전쟁 당시에도 소련 참전을 염두에 두고 핵 폭격 지점을 설정하기도 했다. 1962년 '쿠바 핵 위기'는 그러한 무기 개발 경쟁의 절정이었다. 혁명을 통해 집권한 사회주의자 피델 카스트로는 소련에서 핵무기 여러 발을 극비리에 쿠바로 들여왔다. 쿠바에 소련 핵미사일이 설치된다는 것은 미국 전역이 타격 범위에 들어가는 것을 의미했고, 이를 두고 13일간 미국과 소련은 격렬한 갈등을 벌였다. 영국, 프랑스의 핵 개발 성공, 이스라엘, 중국, 인도, 파키스탄 등 비서구 지역에서의 핵 개발 성공, 최근의 북한 핵 개발 등 핵무기 제어를 둘러싼 여러 노력에도 불구하고 핵무기는 여전히 인류를 위협하고 있다.

077

비동맹주의

인도의 총리 네루가 주도한 외교 정책. 제2차 세계 대전 이후 세계는 미국이 이끄는 민주주의·자본주의 진영과 소련이 주도하는 사회주의·공산주의 진영으로 나뉜다. 미국 쪽을 제1세계, 소련 쪽을 제2세계라고 부르기도 했다. 네루는 이러한 경향을 비판하며 비동맹주의를 표방하고 제3세계의 결집을 촉구했다. 비동맹주의를 인도뿐 아니라 동남아시아, 아프리카, 라틴아메리카 등 지배받았던 나라들의 진정한 독립과 발전 수단으로 본 것이다.

네루의 비동맹주의는 냉전 구도에서 효력을 발휘했다. 한국 전쟁 당시 북한을 침략자라 규탄하며 UN군의 참전을 지지했음에도 불구하고 UN군의 한국 주둔에는 반대하는 등 국제 문제에 영향력을 행사했다.

네루의 비동맹주의는 여러 협력자를 만난다. 발칸반도의 신생 공산주의 국가의 지도자 티토가 소련의 스탈린과 절연하면서 네루에게 협력을 요청했고, 1952년 이집트에서 군사 쿠데타로 집권해 강력한 사회 개혁과 권위주의 통치를 추진하던 나세르 역시 비동맹주의에 합류했다. 1955년 4월 인도네시아 반둥에서는 아시아, 아프리카의 29개국 대표가 모여 비동맹주의를 천명했고, 완전한 식민주의 종식을 선언했다. 제3세계라는 말보다 '평화 지구', '비전쟁 지대'라는 말을 선호했다.

국제 무대에서의 외교적 성공에도 불구하고 인도는 인접 국가 파키스탄에 이어 중국과도 갈등을 빚는다. 1950년 중국의 티베트 침공 당시 인도는 신속하게 티베트를 포기했다. 애초에 인도의 권역도 아닐뿐더러 영국이 남긴 식민 잔재라고 생각했기 때문이다. 하지만 1959년 티베트의 종교 지도자 달라이 라마가 인도에 망명하면서 상황은 급속도로 악화된다. 또 티베트와 중앙아시아 일대에 순환 도로를 건설해 이 지역에 대한 지배력을 높이고 싶었던 중국은 인도 영토이던 아크사이 친 일대를 침범한다. 결국 1962년 두 나라 간에 무력 충돌이 발생했고, 현재도 파키스탄과 인도, 인도와 중국 간의 국경 문제는 빈번히 나타난다.

비동맹주의는 1990년대 초반 냉전이 붕괴되면서 종말을 고했다. 미국의 독주, 신자유주의의 확산, 비동맹 국가의 경제 성장 실패 등이 겹치면서 제3세계는 경제적으로 가장 어려운 나라 정도로 분류되고 있다.

078

북벌

1926년부터 1928년 사이 중국 국민당을 중심으로 진행된 군사 작전. 북벌 과정에 제1차 국공 합작이 결렬돼 국민당과 공산당이 분열했고, 장제스가 난징에서 정부 수립에 성공하며 새로운 지도자로 급부상한다.

쑨원은 레닌의 지원을 받으며 광저우를 기반으로 북벌을 준비했다. 가장 중요한 결실은 제1차 국공 합작이었다. 쑨원은 자신이 이끄는 국민당의 진보적 성격을 강조했고, 중국 공산당원들이 당적을 유지한 채 국민당에 입당하는 것을 허락했다. 중국 사회의 근본적인 변혁을 추구하던 세력이 통합된 것이다. 하지만 쑨원이 갑작스레 죽으면서 리더십이 공황 상태에 빠진다. 그럼에도 국공 합작은 유지됐고, 쑨원의 아들 쑨커, 정치가 왕징웨이, 황푸 군관 학교 교장 장제스 등을 중심으로 북벌이 추진된다.

원정은 성공적이었다. 북벌군의 능력도 뛰어났지만, 군벌 정권으로 사분오열됐던 중국을 재통일하며 새로운 발전을 도모하고자 한 민중의 열망과 적극적인 지원이 주효했다. 북벌군은 크게 두 방향으로 진격해 우한과 난징 두 곳에 정착한다.

하지만 이때부터 국민당과 공산당은 격렬한 정치 투쟁에 들어간다. 서산회의파는 공산당을 공개적으로 비판했고, 두 세력 간의 대립이 격화되는 가운데 중산함 사건이 발생하자 장제스가 군권을 발동해 공산당을 공격했다. 국공 합작은 결렬됐고 결국 장제스가 이끄는 난징 정부가 지도권을 확보한다. 이후 장제스 중심의 국민당은 독자적으로 제2차 북벌을 추진해 베이징 입성에 성공한다. 당시 동북 지방의 군벌 장쉐량의 투항이 결정적이었다. 일본이 열차 폭파 사건을 일으켜 만주 일대를 장악하던 장쉐량의 아버지 장쭤린을 암살했고, 이에 격분한 장쉐량이 동북군을 이끌고 국민당 정권에 합류한 것이다. 1929년부터 1949년까지 장제스 총통이 주도하는 국민당 정권이 중국을 지배한다.

장제스는 중국 공산당을 시종일관 탄압하는 정책을 추진했으나, 일본 침략에 대항해 제2차 국공 합작을 추진했다. 충칭으로 수도를 이전해 오랜 기간 항쟁을 지도했으며, 미국과 합의해 1840년 이래 100년간 지속된 불평등 조약을 폐기하는 데 성공했다. 하지만 1940년대 이후 국민당 정권은 극도로 부패했으며, 결국 군사적 우위에도 불구하고 1949년 마오쩌둥이 이끄는 공산당에 패해 타이완으로 쫓겨난다.

079

노자와 장자

도(道)라고 알 수 있는 도라면 그것은 진정한 도가 아니다. 명칭으로서 표현될 수 있는 명칭이라면 진정한 명칭이 아니다.

(…) 만물을 생겨나게 하고 만물을 길러주어 생존케 하면서도 그것을 소유하지 않으며 그렇게 되도록 하고서도 그것에 의지하지 않고 자라나도록 하면서도 지배하지는 않는다. 이것을 현묘한 덕(玄德)이라 한다.

(…) 30개의 수레바퀴 살이 하나의 수레바퀴 통으로 집중돼 있는데 그 중간에 아무것도 없음으로써 수레는 효용을 지닌다. 진흙을 반죽해 그릇을 만들 때 그 중간에 아무것도 없음으로써 그릇은 효용을 지닌다. 문과 창을 내어 집을 만들 때 그 중간에 아무것도 없음으로써 집은 효용을 지닌다. 그러므로 유(有)가 유용해지는 것은 무의 효용이 있기 때문이다.

- 노자, 《도덕경》

노자는 공자나 맹자와 다르게 실존 인물로 보지 않는 것이 학계의 중론이다. 또 도가의 대표 인물인 노자와 장자에 관해서도 최근에는 노자학파, 장자학파식으로 나눠 설명하는 것이 일반적이다. 각각의 사유 체계가 상이하며 독자적이기 때문이다. 그럼에도 유가, 묵가, 법가 등과는 확연히 다르며 이후에도 유교, 불교와 대립하며 도교로 발전했기 때문에 통상 노장사상이라고 부르는 형편이다.

《도덕경》에서는 무엇인가를 정의하고 규정하는 행위를 무용하다고 봤다. 어떤 것이 옳다고 주장하는 순간, 옳지 않은 것이 생겨나고 이것이 쓸모 있다고 설명하는 순간, 쓸모없는 것이 생겨나며, 필요 없다고 생각하는 것이 오히려 가장 중요하고, 유용하지 않다고 생각하는 것이 오히려 가장 가치 있는 것이 될 수 있다는 것을 끊임없이 인지하며 사유하기 때문이다.

유학 사상과 대조되는 노장사상의 자유로움은 중국 역사에 중요한 영향을 미쳤다. 귀족이나 지식인의 경우, 지극히 추상적인 논변을 펼치면서 지적 유희의 도구로 활용했고, 민중들 사이에서는 민간 신앙과 결합해 도교 교단으로 발전하기도 했다. 당나라 때의 전진교가 대표적인데, 사회가 혼란할 때는 황건적 같은 민란의 촉발 요소가 되기도 했다. 삼합회 같은 현대의 폭력 조직들도 이러한 경향과 무관치 않다.

080

십자군 원정

이슬람 세력의 등장은 비잔틴 제국의 위기를 초래했고, 비잔틴 제국은 서방의 크리스트교 국가에 도움을 요청했다. 교황 우르바누스 2세가 이에 부응했는데 이유는 여러 가지였다. 이교도에 대한 두려움과 극복 의지, 로마 가톨릭과 동방 정교회로 분열된 교회를 통합하고자 하는 열망, 십자군 원정을 통해 크리스트교 세계에서 교황의 지위 강화, 경쟁자이던 황제 하인리히 4세의 영향력 제어 및 서유럽 내의 군사적 욕구 배출 등 십자군은 당시 상황에서 여러모로 쓸모 있었다.

서유럽 역시 준비돼 있었다. 중세 사회는 안전과 번영의 단계로 진입하고 있었고, 대외 원정이 가능한 군사적 욕구가 충분했다. 왕이나 제후는 새로운 영지를 확보하고 싶어 했고, 기사들은 낭만적인 모험 의지 혹은 전설로만 내려오던 또 다른 크리스트교 국가에 대한 환상이 컸다. 중세인의 뜨거운 종교 의지와 신에 대한 열망이야말로 가장 중요한 동기였다. 원정에는 최소 2년 이상의 기간과 체류 비용이 필요했다. 원정에 참여하기 위해 막대한 빚을 진 이들도 많았고, 사실 원정 참가자의 대부분은 신성한 사명, 즉 이슬람교도를 비잔틴 제국과 예루살렘 같은 성지에서 몰아내는 일을 완수한 후 고향으로 돌아오기를 원했다. 신과 가까워지는 가장 성스러운 행위가 순례였는데, 십자군 원정도 그러한 종교적 고행과 크게 부합했다.

1096년 제1차 십자군 원정이 시작된 이래 1204년 제4차 십자군 원정이 마무리되기까지 100년이 넘게 걸렸고, 크고 작은 원정이 있었다. 제1차 십자군 원정 때는 시리아 해안의 안티오크 일대, 예루살렘 등을 점령하면서 목적을 달성했다. 하지만 제노바, 피사, 베네치아 등 이탈리아의 도시 국가는 상업적 이익에 관심이 많았고, 제4차 십자군 원정 당시에는 비잔틴 제국 왕위 계승 문제에 개입하는 등 원정은 대부분 경제적 목적으로 귀착됐다. 소년 십자군의 경우 사실상 고아를 광야에 방출하는 행위였고, 농민 십자군은 '메뚜기 떼' 같은 약탈자였다. 점령지에서 이슬람은 물론 현지 크리스트교인들까지 학살했고, 약탈극이 벌어지기 일쑤였다. 더구나 정복지는 쉽사리 이슬람의 반격에 의해 빼앗기고 말았다. 십자군 원정은 강력해진 교황권을 바탕으로 이뤄진 원정이었으나, 이로 인해 오히려 교황권이 실추됐다.

081

기둥

문명의 발전에 따라 건축술도 자연스럽게 성장했다. 건축술은 지역의 자연환경에 따라 달라지기도 하고, 문명의 고유한 성격이 만들어짐에 따라 차이를 보이기도 한다. 중국의 경우, 돌로 기단을 다지고 그 위에 나무로 거주 공간을 설계한 후 기와를 덮는 형태로 가옥을 지었다. 중국뿐 아니라 동아시아의 여러 나라가 이와 비슷한 건축 양식을 발전시켰는데, 시간이 지남에 따라 다양한 모양의 거주 공간과 지붕 형태가 만들어진다. 하지만 돌 기단, 나무로 만든 거주 공간, 기와지붕의 구조에서 벗어나지는 않았다. 전통 가옥의 형태가 완성된 것이다.

유럽의 경우, 그리스 로마의 건축 양식에 큰 영향을 받았다. 돌로 거대한 기둥을 세우고 그 위에 다시 거대한 돌 지붕을 만드는 등 건축 재료는 대부분 돌이었다. 아고라나 포럼 같은 광장이 도시 중앙에 있고 주변에 여러 시설물이 만들어지는데, 이러한 그리스 로마의 건축 양식은 르네상스 시대 때 재해석되면서 서양 건축의 전통이 됐다.

서양 건축의 핵심은 '오더'와 '아치', '볼트'라고 할 수 있다. 오더는 기둥을 중심으로 바닥을 받치거나 지붕을 떠받드는 보를 합친 용어로, 크게 다섯 가지 양식으로 분류된다. 토스카나식, 도리스식, 이오니아식, 코린트식, 콤퍼짓식으로, 기둥 표면을 처리하는 방식과 보의 디자인 방식에서 차이를 보인다. 기둥과 기둥 사이에는 간격이 있을 수밖에 없고, 자연스럽게 아치가 형성된다. 아치가 있어야 문을 비롯한 빈 공간이 생기기 때문이다. 또 아치가 교차되면 천장이 만들어지는데, 이를 볼트라고 한다. 아치를 이은 단순한 반원형부터 돔 첨두 등 다양한 형태의 볼트가 만들어진다. 기둥이 기준이 돼 기둥과 기둥 사이에 공간이 만들어지고 천장이 만들어진다는 의미다. 따라서 아치와 볼트를 어떻게 설계하느냐는 서양 건축에서 가장 중요한 요소일 수밖에 없고, 여기서 서양 건축의 독특한 예술미가 드러난다.

기둥과 기둥이 붙으면 벽이 된다. 따라서 서양 건축물은 벽면으로 이뤄진 건물조차 기둥을 도드라지게 표현하거나 맨 벽에 기둥 문양을 그려 넣기도 한다.

082 파키스탄

이슬람 공화국으로, 서쪽으로 이란, 동쪽으로는 인도, 북쪽으로는 아프가니스탄이 위치한다. 인더스 문명의 발상지이며 오랫동안 인도 역사의 무대였다. 중세 때 이슬람 세력이 북인도와 파키스탄 일대에 여러 왕조를 세웠기 때문에 이슬람이 주류를 이룬다. 1947년 영국이 인도를 포기할 때 분리 독립했으며, 인도와 오랜 갈등 관계다.

인도에서 힌두교와 이슬람교의 갈등은 해묵은 주제였다. 특히 이슬람 왕국 무굴 제국이 무너지면서 갈등이 심화됐다. 힌두교도들은 소를 신성시하는 데 반해 돼지고기를 먹지 않는 이슬람교도에게 소는 도축 대상이었다. 이를 두고 오랜 갈등이 있었다. 영국의 인도 지배에 대해서도 입장 차이가 컸다. 특히 인도국민회의가 강력한 반영 운동을 주장하면서 영향력을 강화해갈 때, 인도의 이슬람교도들은 이에 적극 협력하지 않았다. 더구나 이슬람 세력의 독자화를 꾀하는 과정에서 영국 정부에 매우 타협적인 태도를 취해 힌두교와 이슬람교의 갈등이 심해졌다.

1937년 인도 통치법에 의거해 지방 선거를 실시하고 국민회의가 압승을 거두자 네루를 비롯한 국민회의의 지도자들은 이슬람과의 연정을 거부하고 흡수 통합을 요구한다. 이에 무함마드 알리 진나 같은 이슬람 지도자들은 격분한다. 진나는 '두 민족 이론'을 발전시키며, 힌두교도의 나라와 이슬람교도의 나라를 별도로 세워야 한다고 주장한다. 1944년 국민회의의 지도자 간디와 이슬람 대표 진나가 통합을 위한 회담을 벌이지만 끝내 실패한다. 진나는 이슬람을 민족으로 인정하지 않는 간디의 태도를 불신했고, 궁극적으로 간디의 단일한 인도 구상을 거부했다.

1946년 독립의 열기가 절정에 오르는 가운데 진나는 8월 16일을 '직접 행동의 날'로 선포했고, 콜카타 일대에서 이슬람교도와 힌두교도 간의 잔혹한 무력 충돌이 일어난다. 사흘간 6,000명이 피살되고 3만 명이 부상당했으며 10만 명이 집을 잃었다. 간디나 네루 같은 지도자들도 이를 방치했고, 이후 몇 달 동안 전국에서 잔혹한 살해극이 연출됐다. 인도의 이슬람인들은 분리 독립에 성공했고, 진나는 초대 총독이 돼 이슬람 공화국 파키스탄을 이끈다.

열강의 식민지였다가 독립하는 과정에서 분열과 반목을 거듭하는 일은 일반적이다. 예멘의 경우 내전이 벌어졌고, 베트남의 경우는 국제전으로 발전했다.

083

돼지

인간에게 돼지만큼 유용한 동물도 없을 것이다. 번식 속도가 빠르고, 많은 양의 고기를 공급하며, 척박한 환경에서도 잘 자라기 때문이다.

그뿐이 아니다. 이집트의 농부들은 돼지를 농사에 활용했다. 씨를 뿌린 후 돼지 무리를 밭의 사방으로 몰면, 돼지가 발굽으로 씨앗을 밟아 발아하기 좋은 수준으로 고정했다. 돼지 발굽은 탈곡할 때도 유용했다. 다만 워낙 식욕이 좋기 때문에 정신없이 이동시키는 게 관건이었다. 발칸반도에서는 송로버섯을 채취하는 데 돼지를 활용하기도 했다.

소가죽보다는 못했지만 돼지가죽도 활용도가 높았고, 한때는 돼지 털이 인기였다. 붓, 면도용 솔, 칫솔을 비롯한 각종 브러시 제품에서 활용됐는데, 스코틀랜드 일부 지역에서는 밧줄로도 이용됐다. 수돼지의 음경은 부츠에 광을 내는 도구로, 돼지 오줌보는 풍선, 씨앗 자루, 담뱃주머니, 피임 도구 역할까지 했다. 지방산과 글리세린으로 이뤄진 돼지기름은 한때 신사들의 콧수염에 바르는 왁스 역할을 했고, 여전히 각종 제품의 소재로 활용되고 있다.

돼지를 통해 만들어진 의약품은 셀 수가 없을 정도다. 돼지의 뇌에서 나오는 콜레스테롤은 유해 콜레스테롤 치료제로 사용되고, 쓸개에서 나오는 케노디옥시콜린산은 담석 치료에 활용된다. 돼지의 난소는 호르몬 대체재로, 갑상샘은 골다공증 치료제로 사용된다.

서양 중세 때는 동물이 저지른 범죄를 두고 재판이 벌어지기도 했는데, 돼지도 예외는 아니었다. 1386년 프랑스 노르망디에서는 암돼지가 어린아이를 죽였다는 이유로 기소됐는데, 사람 옷을 입힌 채 유죄 판결을 내렸고 잔혹하게 매질한 후 참수했다. 1846년 슬로베니아의 플레테르니카에서는 소녀의 귀를 문 돼지가 사형 선고를 받았다. 돼지 주인은 어린아이에게 보상금을 지불해야 했다.

○ 침팬지와 돼지의 이종 교배로 탄생한 잡종이 진화한 결과가 인류라는 주장이 있다. 2013년 유진 매카시 박사의 주장으로, 털이 없고 피하 지방층이 탄탄하며 코와 속눈썹, 눈동자는 물론 이식이 가능할 정도로 유사한 장기 등을 근거로 들었다.

084

교토

일본의 대표적인 도시 중의 하나. 나라, 가마쿠라 같은 도시들이 특정 시기에 발전하다 쇠퇴했다면, 교토, 도쿄, 오사카는 장기간 발전해 현재 일본을 대표하는 도시가 됐다.

교토는 헤이안 시대의 역사에 등장해, 헤이안쿄라는 이름으로 일대가 수도로 조성됐다. 초기 교토는 중국 당나라의 축성 기술과 풍수 사상의 영향 아래 만들어졌다. 도성이 사각형 형태로 지어졌고, 중앙에는 주작대로가 있으며, 좌우로 도시와 시장이 조성돼 있고, 주작대로의 끝에는 궁궐이 있는 구조로, 중국 장안성을 모델로 하여 따라 한 것이다. 또 북쪽에 후나오카산, 동쪽에 가모가와강, 남쪽에 오구라 연못이 있는 등 교토 분지 일대는 풍수지리적으로 명당이다.

헤이안 시대가 끝나고 가마쿠라 막부가 들어서면서 이곳은 지방 도시로 전락한다. 미나모토노 요리토모가 교토에서 한참 동쪽에 있는 가마쿠라를 근거지로 막부를 운영했기 때문이다. 하지만 가마쿠라 막부의 뒤를 이은 무로마치 막부에서는 교토가 다시 정치의 중심지가 된다. 아시카가 가문이 이곳에 막부를 세웠기 때문이다. 하지만 무로마치 막부가 멸망하고 에도 막부가 들어서는 기간 동안 여러 쇼군(장군, 막부의 우두머리)이 교토를 벗어나 새로운 곳에 정치적 기반을 마련했고, 전국을 통일한 도쿠가와 이에야스가 오늘날 도쿄 일대인 에도에 정착하면서 교토는 정치적 지위를 잃고 만다.

교토에는 메이지 유신 이전까지 천황이 머물렀고, 여전히 일본 전통문화를 한눈에 볼 수 있는 지역으로 유명하다. 무로마치 막부 때는 선종, 니치렌 종 등의 일본 불교가 새롭게 발전하기도 했다. 따라서 신흥 종파의 여러 절이 많이 지어졌는데 현재도 긴카쿠지(금각사)가 유명하다. 3층으로 지어진 이 건물은 층마다 건축 양식이 다르고 건물 겉면에 금박을 입혀 화려하다. 료안지 또한 선종 사찰로, 이곳의 정원은 가레산스이 바위와 자갈, 모래만으로 꾸민 정원이 특별한 경관을 자랑한다. 수목 대신 바위를, 물 대신 모래를 사용했는데, 각 위치와 의미가 삼라만상 자연의 이치와 우주의 진리를 담고 있다.

흥미롭게도 교토는 진보적인 정치 문화가 발전한 곳이기도 하다. 일본 공산당이 이곳에서 의미 있는 정치적 성공을 거두었고, 명문 대학인 교토 대학도 자유로운 학풍으로 유명하다.

085

불교

붓다에 의해 인도에서 창시된 불교는 동아시아 문명 발전에 막대한 영향을 미쳤다. 초기 불교는 곧장 상좌부 불교와 대승 불교로 분화, 발전한다. 상좌부 불교가 개인의 수양과 깨달음을 강조했다면, 대승 불교는 수행과 중생 구제를 강조했다. 대승 불교는 상좌부 불교를 '소승', 즉 소극적이고 개인적인 열반만을 중시하는 작은 불교라며 비판했다.

인도의 경우, 마우리아 왕조 때는 소승 불교가, 쿠샨 왕조 때는 대승 불교가 크게 발전했으나 이후 힌두교와 이슬람교가 등장하면서 교세가 쇠퇴한다. 소승 불교는 주로 동남아시아에 전파됐고, 대승 불교는 동북아시아에서 성장했다. 대승 불교의 대표 경전은 《반야경》, 《화엄경》 등인데 붓다를 신격화하며, 보살을 숭배하는 정토 신앙을 추구했다. 애초에 붓다는 수행과 깨달음을 강조했지만 그러한 방식으로 중생을 교도하기는 어렵다고 판단해, 평신도들에게는 해탈이 필요 없는 극락왕생을 가르친 것이다.

한편 선종의 등장은 '중국화된 불교'의 시작을 의미한다. 선종의 가르침은 '염화미소'라는 고사에 응축돼 있다. 붓다가 연꽃 한 송이를 제자들에게 보였는데 오직 마하가섭만이 뜻을 깨닫고 미소 지었다는 이야기다. 진리는 마음에서 마음으로 전해지며, 책이나 글을 통한 가르침을 뛰어넘는 수도와 참선의 영역이 있다는 것이다. 이 이야기는 인도 경전에서는 찾아볼 수 없는 내용이다.

선종은 위진 남북조 시대 때 중앙아시아 출신 승려 달마가 창시했으며, 당나라 때 혜능에 의해 크게 발전했다. 이때부터 기존의 대승 불교를 교종이라 부르며 선종과 구분했다. 그의 가르침은 《육조단경》에 담겨 있는데, 중국과 고려, 무로마치 막부 등에서 크게 번성했다. 고려에서는 신라의 고승 원효의 가르침과 선종 사상의 강력한 영향력 가운데 교종과 선종의 통합을 추구하는 불교가 발전했는데, 오늘날의 조계종이 대표적이다.

한편 힌두교에 영향받은 밀교 역시 일부 티베트와 일본 헤이안 시대 때 유행했다. 주술을 숭배하고, 현세를 긍정적으로 바라보며, 만다라 같은 불화를 그렸다. 일본은 토속 신앙인 신도와 불교가 융합되면서 하나의 종교 체계를 이뤘는데, 사실상 두 종파는 구분하기 어려울 정도로 뒤엉켜버렸다.

086

플라톤

플라톤(기원전 약 427~기원전 약 347)은 서양 철학사 최초로 통합적 사유를 실천한 인물이다. 플라톤 이전에도 여러 철학자가 존재했지만, 플라톤은 당대의 사상적 경향을 종합하고 나아가 새롭고 체계적인 사상을 선보였다. 플라톤의 사상은 단지 고전 그리스 철학에 머물지 않고 아리스토텔레스와 더불어 서양 철학사 전체를 규정하고 있다고 해도 과언이 아니다. 수학, 과학 등 현대의 거의 모든 학문에 의미심장한 영향을 미쳤다.

플라톤은 '동굴의 비유'를 통해 자신이 주장하는 철학의 본질을 설명한다. 동굴에는 벽을 바라보도록 묶인 죄수가 있다. 동굴 밖에서 햇빛이 비치기 때문에 때에 따라 그림자가 생긴다. 죄수는 돌아볼 수 없기에 그림자를 통해 세상을 인식한다. 하지만 어느 날 죄수가 동굴에서 풀려나면 그는 동굴 밖으로 나와 세상과 마주할 수 있다. 그때야 비로소 그림자가 아닌 세상 자체를 이해할 수 있다.

모든 인간의 처지는 동굴에 묶여서 그림자 정도로 세상을 이해하는 죄수와 같다. 기껏해야 상상이나 억측 수준으로 사고한다. 생각의 수준이 낮을뿐더러 판단의 결과도 그림자 수준이다. 하지만 죄수가 풀려나서 동굴 밖으로 나아가는 것처럼 인간의 생각도 성장할 수 있다. 신념과 오성, 이성으로 나갈 수 있는데 우선 신념은 감각적인 사고다. 눈에 보이는 대로 받아들이는 것이다. 감각적 사고는 명확한 한계를 지닌다. 햇빛이 찬란하면 동굴 밖 세상은 아름답지만, 비가 오거나 밤이 되면 전혀 다르게 느껴지기 때문이다. 따라서 감각적 사고를 벗어나서 논리적이고 수학적인 사고를 해야 한다. 이러한 과정은 오성을 거쳐 이성의 단계로 나아가는 것을 의미한다. 그리고 이성의 단계에 도달하면 비로소 만물의 본질에 접근할 수 있다.

플라톤은 현상의 세계와 이데아의 세계를 구분했다. 상상에서 감각과 이성으로 생각의 수준이 성장하듯 세계도 눈에 보이는 것 너머의 본질적인 세계가 있다고 봤다.

플라톤의 주장은 통상 이원론적 철학이라고 한다. 이성과 감각, 본질과 현상, 이데아와 현실 세계를 분리했기 때문이다. 또 플라톤을 관념론자라고도 한다. 그는 《국가론》에서 철학자가 통치하는 세계를 그렸는데, 타락한 아테네의 중우 정치를 부정적으로 생각했기 때문이다.

087

절대주의

17세기 절대주의 왕정의 성립은 근대 국민 국가 형성에 중요한 기틀이 됐다. 중세 사회에서는 교황이 전 유럽에서 영향력을 행사했고, 서로마 제국이나 신성 로마 제국의 황제, 국왕, 제후, 영주, 기사 등 각양의 권력자들이 이합집산을 거듭했다. 또 이탈리아를 비롯한 여러 지역에서 도시가 번성했고, 이곳에서는 상인들이 결성한 길드의 영향력이 결정적이었다. 즉, 중세 사회에서는 명확한 영토 구분 혹은 단일한 민족 구분이 불가능했다.

하지만 프랑스와 영국의 성장, 신대륙을 기반으로 한 스페인의 위세, 종교 전쟁을 통해 독립한 네덜란드의 활약 등 근본적인 사회 변동이 시작됐다. 신성 로마 제국은 30년 전쟁 이후 극도의 혼란에 빠졌으나 프로이센, 오스트리아 같은 제후 국가가 사실상 독립 국가로 발전했다.

네덜란드를 제외하고 새롭게 부상한 국가들은 절대 왕정 체제를 지향했다. 국왕 중심의 고도로 중앙 집권화된 시스템을 구축하려 한 것으로, 상비군과 관료제가 그 기반이었다. 국왕에게 절대적으로 충성하는 별도의 군대와 관료 집단이 만들어진 것이다. 또 중상주의 정책을 추진해 해외 무역, 식민지 경영, 수출 장려, 국내 산업 보호 등 국가 경제의 발전을 도모했다. 국가 간 식민지 · 해외 무역 경쟁이 시작된 것이다.

절대 왕정의 대표 주자는 프랑스의 루이 14세였다. 재상 콜베르가 중상주의 정책을 실시하면서 국부가 증대됐고, "짐은 곧 국가다"라고 주장하며 베르사유 궁전을 짓는 등 국왕의 존엄과 위세를 강화했다. 하지만 루이 14세는 유럽의 온갖 정치 문제에 개입하면서 국력을 낭비했다. 1667년부터는 네덜란드와 전쟁을 벌였고, 1689년부터 1697년까지는 아우크스부르크 동맹 전쟁을 벌였다. 초창기의 고무적인 성과는 9년간의 전쟁으로 소실되고 말았다. 그럼에도 루이 14세는 스페인 왕위 계승 전쟁에 참여해 비슷한 투쟁을 벌인다. 프랑스와 스페인, 바이에른 등이 연합했고, 영국, 네덜란드, 오스트리아, 프로이센 등이 반대 세력을 형성하면서 10여 년을 싸운 후, 1713년 위트레흐트 조약으로 끝을 맺는데, 결과는 이전과 비슷했다. 프랑스는 얻은 게 없었고, 스페인은 몰락의 길을 걷는다. 영국은 해외 식민지 경략에서 주도적인 지위를 차지했으며, 네덜란드도 쇠락의 길에 들어선다. 바다에서는 영국 해군이 최강이었지만 여전히 프랑스의 육군은 막강했고, 오스트리아, 프로이센 역시 새로운 강국으로 떠올랐다.

088

우키요에

기타가와 우타마로, 〈찻집 위층 방의 연인들〉

일본 에도 막부 시절에 유행한 목판화. 상인 문화가 발전하면서 각양의 대중문화가 쏟아져 나왔다. 시작은 가부키 공연 홍보 전단 정도였으나 가쓰시카 호쿠사이, 도슈사이 샤라쿠, 안도 히로시게 같은 대가들이 등장하면서 독보적인 예술 장르로 발전했다. 동양 화풍에서는 볼 수 없는 각양의 색감을 사용했고, 일본의 일상적인 생활 모습과 천연의 자연환경을 독특한 예술적 감각으로 묘사했다. 샤라쿠는 사람의 얼굴을 그림의 중앙에 배치한 후 각양의 표정을 묘사하는 화풍으로 파란을 불러일으켰다. 호쿠사이의 작품 〈가나가와 해변의 높은 파도 아래〉는 세계적으로 알려진 우키요에 대표작이다.

위의 그림은 기타가와 우타마로의 〈찻집 위층 방의 연인들〉이라는 작품이다. 전면에 목덜미를 드러낸 여성의 뒷모습과 남성의 반쯤 가려진 얼굴이 묘사된 파격적인 구도의 그림이다. 우키요에는 유럽에 소개되면서 크게 인기를 끌었고, 특히 인상주의 화가들에게 많은 영감을 줬다. 고흐의 경우, 여러 작품을 따라 그리기도 했다.

089

로제타 스톤

나폴레옹의 이집트 원정 중에 발견된 돌. 프랑스의 언어학자 샹폴리옹은 로제타 스톤에 새겨진 글귀를 분석해 이집트 상형 문자를 해독했다.

1798년 나폴레옹은 328척의 배에 3만 8,000명의 병력과 167명의 과학자를 데리고 이집트 원정에 나선다. 원정대는 기자의 피라미드, 스핑크스부터 필레 지역의 신전 내부까지 고대 이집트의 중요한 유적을 살펴봤다. 그러던 중 나일강 삼각주 로제타 일대에서 바윗덩어리를 발견하는데, 여기에 세 가지 형태의 글이 함께 쓰여 있었다. 이집트 신성 문자, 이집트 민중 문자, 그리스 문자가 그것이다. 그리스 문자는 해독할 수 있었다. 바위에 쓰인 내용은 기원전 196년 프톨레마이오스 5세가 내린 명령으로, 아마도 같은 내용을 여러 언어로 적어놓은 듯했다. 따라서 그동안 해독할 수 없던 이집트 문자에 대한 실마리가 생긴 것이다.

나폴레옹의 이집트 원정은 영국 해군에 의해 실패했고, 로제타 스톤도 영국에 빼앗기고 만다. 하지만 비문 탁본은 확보했는데, 당시 영국의 저명한 언어학자 토머스 영과 프랑스의 젊은 무명 학자 샹폴리옹 간에 이집트 문자 해독 경쟁이 벌어진다. 토머스 영은 이집트 문자가 표음 문자라는 가능성을 부정한 데 반해, 샹폴리옹은 표음 문자임을 확신했다. 또 수많은 이집트 문서를 확보해 광범위한 문자 해독 작업에 들어간다. 결국 토머스 영은 언어 해독에 실패한다. 하지만 샹폴리옹은 이집트 상형 문자에는 모음이 없고, 자음 하나를 나타내는 24개의 부호가 있으며, 그것이 알파벳 기능을 한다는 것을 알아낸다. 글은 오른쪽에서 왼쪽으로 쓰이고, 띄어쓰기가 없다는 것도 확인했다. 결국 문자 체계 전체를 해독한다.

샹폴리옹의 경이적인 성과는 곧장 많은 비판에 시달렸고, 42세에 일찍 죽는 바람에 그의 언어학적 성과가 공인되는 것을 지켜보지 못했다. 그가 죽은 지 15년이 지난 1845년이 돼서야 그의 문자 해독이 공인되었다.

사실 이때만 해도 이집트 유물을 비롯한 근동 지방의 고대 문물은 연구의 대상이라기보다 약탈과 도굴의 대상이었다. 하지만 샹폴리옹이 중요한 학문적 개가를 올렸고, 이후 존 가드너 윌킨슨 같은 탁월한 학자가 등장하면서 '이집트학'이라는 전문 분과가 생긴다. 윌킨슨은 샹폴리옹의 오류를 밝혀내는 등 고고학 발전에 중요한 성과를 냈다. 이를 계기로 유물과 유적이 학문 연구의 대상이 됐으며, 이집트학은 오늘날에도 가장 각광받는 주제로 남아 있다.

090

개

기원전 3만 년에서 1만 년 사이에 개는 인간과 깊은 관계를 맺는다. 선사 시대 벽화를 보면 다른 동물에 비해 개가 늦게 등장한다. 가축화가 비교적 늦게 진행됐던 것 같다. 개의 뼈가 들어 있는 이집트 미라, 한나라 때 청동기로 만들어진 개 모양의 도기 등 고대 유물에서 개를 발견하는 것은 어렵지 않다.

사냥개, 경비견, 애완견 등 오랜 기간 개는 숱한 교배를 통해 다양하게 분화, 발전해왔다. 멕시코에서는 코요테, 늑대 등과 개를 이종 교배해 경비견을 얻으려 했고, 캐나다 북부의 원주민들은 훌륭한 썰매 개를 얻기 위해 같은 방식을 시도했다. 오늘날 유명한 셰퍼드, 골든레트리버 같은 견종들 역시 100~120세대를 걸친 교배의 산물이라 할 수 있다.

애완용 견종이 만들어지는 과정은 개에게 심각한 신체적 고통을 안기기도 한다. 불도그, 퍼그, 보스턴테리어 등 단두형 견종의 경우 하악골 부정 교합으로 고통받는다. 납작해진 두개골, 단두형에 간신히 붙어 있는 코와 주둥이, 얕은 눈구멍 등 특유의 독특한 매력이 문제가 되는 것이다. 닥스훈트, 코기, 바셋하운드같이 다리가 극도로 짧고 등이 긴 개들은 척추 기형이 자주 생기고, 샤페이같이 매력적인 주름을 가진 개들은 피부 감염에 취약하다. 따라서 유명 애완종은 사람이 양육하지 않는 한 생존하기 어렵다.

인간이 버린 개들은 전 세계적인 문제가 되고 있다. 상당수의 개가 인간이 버린 쓰레기 더미에 의존해서 살기 때문에, 영양 공급을 충분히 받지 못하면서도 상당한 속도로 번식한다. 버려진 개들 사이에서 태어난 개들은 젖을 떼자마자 생존 경쟁에 들어가기 때문에 대부분 태어난 해에 죽는다.

케냐의 투르카나족과 개의 관계는 특별하다. 개가 조리 도구나 식기는 물론 아이들의 몸을 핥아서 깨끗하게 닦으며, 심지어 여성들의 생리혈도 먹는다. 그 때문에 투르카나족은 촌충 감염률이 압도적으로 높은데, 물을 구하기 힘든 생활 환경에서 만들어진 관습으로 보인다.

○ 개를 식용으로 삼는 것은 아시아인들만의 풍습이 아니다. 20세기 초반까지만 해도 유럽 전역에서 개 도축장과 개고기 정육점이 버젓이 영업했다.

091

가마쿠라 막부

미나모토노 요리토모가 세운 일본 최초의 무사 정권. 천황과 귀족의 끝없는 권력 투쟁은 공교롭게도 무사 계급의 성장을 도왔다. 후지와라씨는 섭정과 관백 같은 핵심 지위를 차지하며 위세를 이어갔고, 이에 대응하기 위해 시라카와 천황은 스스로 천황 지위를 양위한 후, 아들 호리카와 천황의 후견인이 된다. 천황이 국가 정무를 담당하고 은퇴한 천황이 막강한 천황가의 재산과 군사력으로 천황을 지원하면서 후지와라씨에 대항하는 새로운 정치 형태가 등장한 것이다. 이런 통치 방식을 '인세이(院政)'라고 한다.

한편에서는 고후쿠지, 엔랴쿠지 같은 사원 세력도 골치였다. 오랜 기간 천황과 귀족이 앞다투어 절과 신사를 후원했고, 그로 인해 막대한 부를 축적한 사원에서 직접 무사를 고용하여 강력한 세력으로 성장했기 때문이다. 천황 또한 무사를 고용하고 이들에게 토지를 지급하는 등 점차 무사 집단은 중앙 권력에서 영향력을 행사한다. 이 와중에 크게 성장한 세력이 간무 헤이시 일족이다. 간무 헤이시 일족은 다이라노 기요모리 대에 크게 성장했다. 아예 천황의 외척이 되고, 전국에 500여 개의 장원을 소유하며, 중국 송나라와의 무역으로 큰 이득을 누렸다.

결국 황족이던 모치히토 왕(以仁王)이 교토에서 거병했고, 전국의 무사 집단이 이에 호응한다. 모치히토 왕의 밀지를 받은 미나모토노 요리토모 역시 거병했고, 후지가와 전투에서 대승을 거두면서 간무 헤이시 일족을 무너뜨린다. 미나모토노 요리토모는 당시로서는 파격적인 방법으로 무사 세력을 통합했다. 적군의 토지를 몰수해 무사들에게 나눠 줬고, 그 대가로 주종 관계를 맺었다. 무사 중심의 일본식 봉건제가 시작된 것이다. 간무 헤이시 일족을 타도한 이후 여러 전투를 통해 일본을 통일한 미나모토노 요리토모는 자기에게 충성을 맹세한 측근, 즉 고케닌(무사)들을 전국에 파견했다. 전통 귀족 후지와라씨를 정벌한 후, 1192년 미나모토노 요리토모는 세이타이 쇼군(征夷大將軍)에 임명된다. 이때부터 천황과 귀족이 아닌 무사의 시대, 가마쿠라 막부가 열렸다.

평소에 무사는 땅을 간척하는 등 농업 생산력을 높이고 농민을 관리하며 영지의 번영에 힘써야 했다. 이를 일컬어 '잇쇼켄메이(一所懸命)'라고 했는데, 목숨을 걸고 자신의 영지를 지킨다는 뜻이다. 오늘날 일본의 기업 문화를 일컫는 '목숨을 걸고 열심히 일해야 한다'라는 의미의 단어 '잇쇼켄메이(一生懸命)'가 여기서 나왔다.

092

위진 남북조 시대

한나라가 멸망하고 수나라가 세워지는 250여 년간의 중국 분열기. 한나라 말기, 황건적의 난을 계기로 중국은 혼란에 빠진다. 동탁, 원소, 원술, 공손찬, 손권, 유비 등 각지에서 군웅들이 등장했고, 격렬한 경쟁을 통해 위나라, 촉나라, 오나라로 분할된다. 결국 조조의 아들 조비에 의해 한나라가 멸망하지만, 사마의의 자녀들이 위나라의 권력을 찬탈한 후 진나라를 건국했고, 이후 촉나라와 오나라를 병합해 사마염 때 통일 제국이 된다.

하지만 통일 제국은 오래가지 못했다. 북방 민족의 남하가 본격화됐기 때문이다. 흉노족, 선비족, 갈족, 저족, 강족 등 5호 세력이 밀고 내려와 화북 일대에 16개의 나라를 세우는 대혼란이 일어난다. 황허 문명부터 시작된 한족의 무대가 이민족의 수중에 들어간 것이다. 따라서 기존의 한족 지배층은 양쯔강 이남으로 남하하는데, 이때부터 강남 지역이 본격적으로 발전한다. 북쪽에서는 북방 민족이 세운 여러 나라가 흥망성쇠를 거듭하고, 남쪽에서는 한족 왕조가 거듭 교체되는 기간이 길었기 때문에 이 시기를 북조와 남조의 대립 기간, 즉 남북조 시대라고 한다. 여기에 위·촉·오가 자웅을 겨루고 잠시 진나라가 통일하는 기간을 합쳐 위진 남북조 시대라는 말을 사용한다. 하지만 명분론을 강조하며 성리학의 영향력이 강화되던 송나라 때는 촉한 정통론이 등장하기도 했다. 위나라는 한나라의 제위를 찬탈했기 때문에 정통성이 없고, 한나라의 부흥을 표방한 촉나라를 정통으로 본 것이다. 하지만 위나라의 영토, 국력 등이 모든 면에서 압도적이었기 때문에 이런 주장은 오래가지 못했다.

오랜 혼란기였기 때문에 황제권이 쇠퇴하고 농민의 삶도 평탄할 수 없었다. 지역의 세력가들은 엄청난 토지와 농민 지배를 바탕으로 대농장을 운영하면서 문벌 귀족이 됐다. 북조에서는 불교가 유행했고, 둔황, 윈강, 룽먼 같은 석굴 사원이 만들어졌다. 남조에서는 벼농사가 발전했고, 현학이라는 추상적이면서 현실 도피적인 사상이 유행했다. 죽림칠현이 등장해 유학 사상과 기존 지배 질서를 조롱하기도 했고, 시인 도연명, 서예가 왕희지, 화가 고개지 등 탁월한 예술가들도 등장했다. 구마라습 같은 인도와 중앙아시아의 승려들이 불교 전파를 위해 들어왔고, 도교가 교단을 정비하며 크게 약진했다. 유교 중심의 전통 사회가 큰 변화를 맞이한 것이다.

093

아리스토텔레스

고전 그리스의 철학자로, 플라톤의 제자지만 그와는 확연히 다른 철학의 기초를 만들었다. 아리스토텔레스(기원전 384~기원전 322)의 사상은 근대 초기까지만 해도 절대적인 영향력을 행사했다. 예를 들어, 별들은 원운동을 하고 우주는 에테르라는 물질로 채워져 있다고 봤다. 별이 타원 운동을 하고, 우주가 진공 상태라는 것을 입증하는 근대 과학자들의 노력은 아리스토텔레스적 상식을 깨는 작업이었다.

아리스토텔레스 역시 철학적 사고의 중요한 기초를 마련했다. 형상과 질료, 제1원인 같은 것이 대표적 개념이다. 아리스토텔레스는 씨앗의 비유를 사용해 플라톤 철학의 핵심을 비판한다. 어떤 씨앗을 심으면 자라나서 나무가 돼 열매를 맺는다. 씨앗이 어떤 나무 혹은 어떤 열매를 맺을지는 알 수 없지만, 씨앗에는 이미 그러한 가능성이 내재돼 있다. 아리스토텔레스는 보편적인 것은 개별적인 것에 내재한다고 봤다. 씨앗이 나무와 열매가 된다는 것은 보편적인 과정, 즉 보편성의 영역이다. 하지만 보편적인 것은 개별적인 과정을 통해 확인할 수 있다. 플라톤이 개별적인 것을 통해 보편적이며 완전한 이데아의 세계를 설정했다면, 아리스토텔레스는 플라톤적인 초월성을 부정했다.

아리스토텔레스는 형상과 질료를 이야기했다. 예를 들어, 조각상이 형상이라면 대리석은 질료다. 질료는 쉽게 말해 재료이고, 형상은 재료로 만들어진 결과다. 조각가는 대리석을 보며 어떤 모양을 만들지 추상적으로 생각하고 그에 따라 조각한다. 그리고 작업이 끝나면 그 결과에 따라 조각상이 만들어진다. 세상에 존재하는 것들은 이러한 형상과 질료의 관계를 띠고, 하나의 질료가 하나의 형상이 되는 데에는 인과 관계, 즉 어떤 행위가 어떤 작용을 불러일으켜서 그것이 결과가 된다는 논리 관계로 이어진다고 본 것이다.

아리스토텔레스는 부동의 원동자, 즉 제1원인을 설정한다. 결과를 소급하다 보면 최초의 인과 관계가 발생하는 어떤 지점이 있다는 것이다. 구석기 시대를 거쳐 신석기 시대로, 다시 고대, 중세, 근대로 역사가 발전하는 것 혹은 아이에서 어른으로, 미생물에서 복잡한 고등 동물들의 생태계로 발전하는 것 등 그의 인과론적인 사고방식은 각양의 분야에 큰 영향을 미쳤다.

094

스파르타

아테네와 더불어 가장 유명한 그리스의 도시 국가. 아테네와 스파르타는 폴리스의 상징처럼 언급되지만, 각자 독자적인 발전을 거듭했기 때문에 일반적인 폴리스와는 확연히 달랐다.

스파르타의 발전은 아테네와 대조된다. 기원전 650년 농사를 전담하는 노예 계급 헤일로타이의 반란으로 지배층은 큰 위기에 처한다. 이후 스파르타는 모든 재원을 중장 보병에 투자했으며, 모든 시민이 직업적인 전사가 됐다. 건강하지 못한 신생아는 버렸고, 7세가 된 어린이는 12세까지 기초 군사 훈련과 신체 단련에 매진했고, 18세까지는 병영에서 함께 생활하며 고도의 군사 훈련을 받았다. 소년뿐 아니라 소녀들 역시 12세까지 같은 교육을 받았고, 이후에는 군사 훈련을 받는 대신 글을 쓰고 읽는 법을 배웠다.

엄격한 전투 집단의 구성원으로 성장한 후, 18세가 되면 우수한 능력을 가진 이들은 피디티온이라는 집단의 구성원이 된다. 피디티온은 함께 식사하고 함께 전투를 벌이는 형제단으로, 여기서 30세까지 생활해야 했다. 20대 초반이 되면 결혼했지만, 30세가 지난 다음에야 가족과 함께 살 수 있었다. 상업에 종사하는 것은 금지됐고, 의회가 있었지만 주요 사항에 대한 가부 투표 정도를 할 뿐이었다. 농업은 헤일로타이가 주로 담당했다면, 상업은 페리오이코이라는 하층 자유민들이 담당했다. 페리오이코이는 어떠한 정치적 권력도 갖지 못했다. 이런 식의 사회 발전에 출생률이 저하했고, 스파르타의 인구는 갈수록 줄었다.

스파르타는 아테네와 함께 페르시아의 침공에 맞서 싸웠고, 이후 아테네가 주변 폴리스들을 억압하자 펠로폰네소스 동맹을 주도하며 아테네와 대립했다. 기원전 431년 아테네와 스파르타는 전쟁을 한다. 육군에서는 스파르타가, 해군에서는 아테네가 상대를 압도했기 때문에 전쟁은 무려 27년을 끌었다. 오랜 전쟁 끝에 스파르타가 승리를 거둔다.

하지만 전쟁의 결과는 참혹했다. 승리를 거둔 스파르타는 경제력을 회복하지 못했고, 에게해 일대를 장악하지 못했다. 또 아테네, 아르고스, 테베, 코린토스 같은 반스파르타 세력이 다시금 스파르타에 저항하기 시작했다. 전쟁 이후 그리스의 모든 폴리스가 몰락의 과정을 겪었고, 이후 북쪽 발칸반도의 마케도니아인의 침공에 속수무책으로 당한다. 고전 그리스 시대가 끝장난 것이다.

095

고대인의 화장술

아름다움을 극대화하려는 인간의 열망은 인류 역사만큼 오래됐다. 그중 여성들의 화장 기법은 오랜 역사를 자랑한다. 고대 이집트 귀족들의 경우, 욕조에 향료를 풀었고, 나트론 호수에서 구해 온 진흙을 몸에 발랐다. 수아부(표백토와 재를 섞은 반죽)로 각질을 벗긴 후 향유 마사지를 했다. 그들은 다양한 가발을 썼고, 손발톱을 손질한 후 적갈색의 헤나 염료를 칠했다. 이집트 18왕조의 하트셉수트 여왕은 화장품 원료를 확보하려고 푼트(오늘날 소말리아)로 원정대를 보내기도 했다.

고대 그리스인들도 마찬가지였다. 탄산납인, 백연, 석고, 백묵 등 흰색 분이 유행하다가, 푸코스 아르카나, 밀토스 같은 붉은색 분이 유행했다. 눈에는 사프란이나 재, 눈썹과 속눈썹에는 안티몬 등을 발라 검게 했다. 로마 또한 마찬가지였다. 귀족 여인들은 때를 민 후 겨드랑이, 다리 등 온몸의 털을 제거했다. 부분 가발을 사용해 머리숱을 채우고, 의치 등을 개발해 치아를 고르게 했다. 파슬리로 구취를 제거하고, 쿠션과 어깨덮개 등을 활용해 몸매를 보정했으며, 코르셋을 활용했다. 목욕탕의 증기, 진흙이나 기름으로 피부를 윤택하게 하고, 각종 분과 색조 도구를 사용해 외모를 꾸몄는데, 이는 고대 사회에서 일반적이었다.

비판적 시선도 존재했다. 그리스인에게 중요한 것은 체육이었고 건강한 신체 단련을 통한 아름다움이 진짜 아름다움이었다. 다양한 겉치레는 잠시 속이는 것일 뿐 참된 아름다움은 아니었다. 부자연스러움, 과도함 같은 단어가 이들이 주로 사용하던 논법이었다.

시대에 따른 변화도 컸다. 종래 이집트의 화장술은 성직자 계급의 문화에서 기인한다. 엄격한 예식을 집행하거나 호루스의 눈같이 날카롭고 짙은 눈빛을 숭배하며 유행이 만들어지기도 했으니 말이다. 폴리스 시대 말기로 가면 화장술이 짙어졌고, 사랑에 빠진 남성은 창백하고 야위어야 한다는 등 풍조에 따라 요구되는 스타일이 달라지기도 했다. 하지만 과시욕, 치장욕 등 아름다움을 향한 욕구는 고대나 현재나 큰 차이를 보이지 않는 듯하다. 물론 경제력이 뒷받침됐을 때 말이다.

096

스키타이

스키타이 황금 유물

역사상 최초의 유목 민족. 유목민이 등장하기 위해서는 말을 길들이고 마구를 활용하는 기술이 발전해야 한다. 기원전 1000년경부터 재갈, 마구, 활, 양날 단검, 사슴돌과 같은 독특한 문화가 중앙아시아의 초원 지대에서 등장한다. 그리고 기원전 7세기에 스키타이가 등장하는데, 중앙아시아에서 발원해 서아시아부터 동부 지중해 연안까지 다양한 곳으로 이동했다.

그리스인들 사이에서 스키타이인이, 헤라클레스와 하반신이 뱀인 여성 사이에 태어난 세쌍둥이였다는 설화가 떠돌았다. 그리스의 역사가 헤로도토스는 스키타이에 대해 상세한 기록을 남겼는데, 아케메네스조 페르시아가 스키타이를 정벌하기 위해 대군을 이끌고 흑해 일대를 원정했다고 한다. 하지만 스키타이는 원정군과의 대결을 피하면서 초원 지대로 숨어들었고, 결국 변변한 전투를 벌이지 못한 원정군은 아무 소득 없이 돌아오고 말았다.

스키타이는 주로 흑해 북쪽 드네프르강, 부그강 일대에 여러 나라를 세웠다. 크림반도 북쪽에 위치하는 지역이다. 기원전 4세기 아테아스 왕 당시 다량의 곡물을 그리스에 수출하면서 번성했는데, 이는 스키타이 중 일부가 농경에 종사했다는 말이다. 유목 스키타이가 아닌 농경 스키타이가 존재했다는 말로, 이를 두고 학계에서는 논쟁이 분분하고, 이들을 유목민이 지배하던 토착 슬라브인으로 추정하기도 한다.

농경 민족이 토지를 중요하게 여겼다면, 이동을 일삼는 유목 민족은 황금을 귀하게 여겼다. 스키타이의 청동기, 황금 유물 등은 흑해 연안, 시베리아 남부, 서아시아와 지중해 등 다양한 문화와의 교류를 통해 형성됐고, 중앙아시아는 물론 중국, 한반도까지 전파돼 영향을 미쳤다.

097

말라카

동남아 국가들과 말라카 해협

인류 역사에서 해상 실크 로드는 육상 실크 로드와 더불어 가장 중요한 문명의 교통로였다. 이곳을 통해 불교와 이슬람교가 전파되고, 유럽 문명이 세계화될 수 있었다. 해상 실크 로드는 중국 남부, 동남아시아, 인도를 중심으로 형성된 바닷길이다. 명나라 때 정화는 이 길을 통해 아프리카 북부까지 도달했고, 유럽인들은 대서양을 돌아 인도에 거점을 마련한 후 일본까지 왕래했다.

해상 실크 로드는 일찍이 발달했다. 이미 메소포타미아 문명과 인디아 문명 사이에 교류가 있었기 때문에, 기원전 8세기 말에는 인도 남부의 드라비다족이 페르시아만까지 올라와서 바빌론과 교역했고, 거꾸로 아케메네스 페르시아의 다리우스 1세가 인더스강부터 홍해에 이르는 해로를 탐험하라는 명령을 내리기도 했다. 기원전 325년에는 알렉산드로스 대왕이 장군 네아르코스를 시켜 유프라테스강부터 인더스강 일대를 조사하게 했다.

한편 인도와 동남아시아, 중국과 동남아시아의 교류 역시 문헌을 통해 확인할 수 있다. 기원전 3세기에 이미 인도 동부에 있던 칼링가 왕조는 미얀마, 말레이반도 등에 진출해 해상 무역을 했고, 이 시기 중국인들도 베트남부터 말레이반도, 남인도의 동부 해안까지 항해했다. 일부 사람들은 현지에 정착하기도 했는데, 기원전 1세기가 되면 중국, 동남아시아, 인도, 로마까지 해상 실크 로드를 통한 교역이 이뤄졌다.

해상 실크 로드는 이후에도 꾸준히 발전한다. 동서양의 문명이 번성하면서 왕과 귀족들의 사치품 수요가 높아졌고, 인도의 향신료, 중국의 비단, 도자기 등이 세계적인 명성을 얻었기 때문이다. 9세기 이전에는 주로 동남아시아의 특산물이 교역을 주도했다면, 9세기 이후부터는 중국산 도자기가 가장 중요한 무역 품목이 되었다.

말라카(오늘날 믈라카)는 이러한 해상 실크 로드의 핵심 거점이었다. 중국에서 인도로 가든, 인도에서 중국으로 가든, 말레이반도 남단의 말라카를 통과해야 했기 때문이다.

말라카에 대한 지배권은 15세기 이후 대항해 시대 초미의 관심사였다. 말라카를 장악한 나라가 세계 무역을 통할했기 때문이다. 16세기 초에는 포르투갈 상인, 17세기 중반에는 네덜란드가 이 지역을 장악했고, 19세기에는 영국이 장악한다.

098

상하이

중국 양쯔강 하류의 대표적인 국제도시. 상하이는 중국 전통 역사에서 보잘것없는 해안 지대에 불과했다. 시안, 뤄양 등 내륙은 물론 베이징 같은 북방 도시와도 거리가 먼 외딴 지역이었다. 인근에는 난징, 쑤저우, 항저우 등 거대한 도시가 즐비했다. 상하이가 발전하지 못한 이유는 중국 역사에서 해안가의 가치가 보잘것없었다는 점과 상통한다. 황허에서 양쯔강으로, 주로 강에 의존해 문명을 발전시켰고, 해외 무역의 비중도 중요하지 않았기 때문이다.

상하이의 가치를 알아본 것은 서양 열강이었다. 1840년 아편 전쟁을 통해 청나라에 승리한 영국은 난징 조약을 통해 상하이에 거점을 마련한다. 이후 미국, 프랑스 등이 진출하면서 상하이 일대에는 조계지가 만들어졌다. 애초에는 외국인이 몰려 사는 거류 지역 정도였는데, 태평천국 운동을 비롯해 불안한 중국의 정치 사정을 빌미로 청나라의 영향력이 미치지 않는 치외 법권 지역으로 세력화한 것이다. 상하이에는 양쯔강, 황푸강이 흐르고, 강을 이용하면 난징, 난창, 우한 등 내륙 도시에 다다를 수 있다. 남중국해를 이용하면 홍콩과 광둥 일대를 거쳐 베트남과 싱가포르에 닿을 뿐 아니라, 일본과 조선이 있으니 경제적 목적뿐 아니라 정치적으로도 유용한 지역이다.

상하이에 서양 열강이 진출하고 근대적인 공장과 상업 시설이 들어서면서, 자본가와 노동자의 수가 비약적으로 늘었다. 그중 '청방'이라는 세력이 매우 컸는데, 국민당 지도자 장제스와 긴밀한 관련을 맺고 있었다. 1921년 중국 공산당 역시 상하이에서 탄생했으며, 1925년에는 5.30 운동이 상하이의 번화가 난징루를 중심으로 일어난다. 5.30 운동은 영국, 일본 등 열강에 대한 중국 노동자들의 저항으로, 국민당과 공산당 북벌에 지대한 영향을 줬다. 5.30 운동을 통해 군벌로 분열된 중국을 재통일하고 서양 열강을 몰아내고자 하는 중국 민중의 의지가 확인됐고, 국민당과 공산당의 합작 부대는 민중의 지원을 받아 성공적으로 상하이와 남부 중국을 통일한다. 1927년에는 상하이 자베이 일대에서 노동자의 무장 해제를 두고 국민당이 유혈 사태(4.12 사건)를 일으켰고, 이를 계기로 국민당과 공산당은 분열의 길을 걷는다.

099

메이지 유신

일본의 근대화 과정. 메이지 유신을 통해 일본은 무사가 지배하는 봉건 제도를 철폐하고, 근대적인 중앙 집권 국가로 탈바꿈한다. 1853년 미국의 페리 제독에 의해 에도 막부가 개항된다. 미일 화친 조약, 미일 수호 통상 조약 등 불평등 조약을 체결했으나 남북 전쟁이 터지면서 미국은 일본에 관한 관심을 유지하지 못했다.

당시 일본의 서남 지역인 조슈 번(오늘날 야마구치현), 사쓰마 번(오늘날 가고시마현)을 중심으로 히젠 번, 도사 번 등이 개혁을 시도하며 대안 세력으로 등장한다.

이들은 '존왕양이'를 외치며 천황 중심으로의 개혁을 주장했고, 초기에는 보수적인 태도로 서양 열강을 대했다. 하지만 서양 열강의 강성함을 경험한 후 서구식 근대 국가를 목표로 삼았다. 시모노세키 해협을 통과하던 서양 선박을 공격했다가 영국, 프랑스, 미국, 네덜란드 4개국 연합군의 포격을 받으며 대패한 조슈 번의 경험이 대표적이다.

에도 막부도 프랑스의 지원을 받는 등 근대화를 위한 여러 개혁을 시도했으며, 반막부 세력을 타도하기 위해 여러 노력을 벌였다. 하지만 1866년 삿초 동맹(조슈 번과 사쓰마 번이 맺은 군사·정치 동맹)을 맺는 등 반막부 운동의 불길은 꺼지지 않았다. 극렬한 대립 가운데 메이지 유신의 지도자 중 한 명이었던 사카모토 료마가 대타협을 제안하며 '대정봉환(일본 에도 막부가 천황에게 국가 통치권을 돌려준 사건)'이 발생한다. 하지만 갈등은 지속됐고, 보신 전쟁이 일어나는 등 여러 난국을 통과한 끝에 근대 일본의 역사가 시작된다.

메이지 천황을 모시고 등장한 메이지 정부는 실상 유신을 이끌던 이들에 의해 좌지우지됐다. 오쿠보 도시미치를 중심으로 중앙 정부의 권한을 강화하고, 봉건제를 폐지했으며, 신분제를 해체하고, 징병제를 실시하는 등 급격한 개혁을 추진했다. 이와쿠라 사절단을 파견해 서구 국가들의 현황을 파악했으며, 비스마르크가 이끌던 독일 모델을 차용하려 했다. 이토 히로부미는 독일 헌법을 따라 메이지 헌법을 만들기도 했다. 정부와 재벌 중심의 경제 구조, 제국 대학의 엘리트 교육, 강력한 군사 양성, 타이완과 조선 지배를 중심으로 한 동아시아 제국주의 모델 등 메이지 유신의 결과는 이후 동아시아 역사에도 큰 영향을 미쳤다.

100

맹자

맹자가 제선왕에게 "왕의 신하 중에 자기의 아내와 자식을 친구에게 맡기고 초나라로 여행 간 사람이 있다고 합시다. 그가 돌아오니 아내와 자식이 추위에 떨고 굶주리고 있다면 그 친구를 어떻게 하겠습니까?"라고 묻자 왕은 "그와 절교하지요"라고 대답했다.

맹자가 "만약 형벌을 관장하는 사법관이 아랫사람을 잘 다스리지 못한다면 어떻게 하겠습니까?"라고 묻자 왕은 "파면시킬 것이오"라고 대답했다.

맹자가 "나라 안이 잘 다스려지지 못하면 어떻게 하겠습니까?"라고 묻자 왕은 좌우를 돌아다보며 딴소리를 했다.

천하의 넓은 집에 살고 천하의 올바른 자리에 서서 천하의 큰길을 걸어간다. 관직에 등용됐을 때는 백성들과 함께 그 길을 걸어가고 관직에 등용되지 못했을 때는 홀로 그 길을 걸어간다. 부귀해져도 마음이 동요되지 않고 빈천한 상황에서도 의지가 변함없고 위세와 무력에도 지조를 굽히지 않는다. 이러한 사람을 대장부라고 한다.

－《맹자》

맹자(기원전 약 372~기원전 약 289)는 전국 시대 사상가다. 그는 공자의 뒤를 이어 유학 사상을 발전시켰다. 논쟁을 즐겨 한 인물로, 묵가를 비롯한 여러 경쟁적인 사상가들과 신랄한 논쟁을 벌였다.

그는 인간 본성이 가진 선한 가능성을 절대적으로 신뢰했고, 한편에서는 항심(恒心)과 항산(恒産)을 강조했다. 대다수 백성이 온전한 마음으로 살아가기 위해서는 안정적인 산업이 뒷받침돼야 한다고 본 것이다. 그는 민본주의와 왕도 정치의 열렬한 주창자였으며, 역성혁명이라는 개념을 고안했다. 맹자는 천명(天命, 하늘의 뜻)이 특정한 제왕이나 권력자를 초월해 존재한다고 봤다. 권력자나 제왕은 천명을 실천함으로써 자신의 권력을 보장받는데, 천명을 실천하는 것이 민본 정치(백성을 위해 선한 통치를 하는 것)라고 규정했다. 하지만 민본 정치를 실현하지 못한 자에게는 천명이 없고, 따라서 그는 소인배에 불과하므로 혁명에 의해 쫓겨날 수도 있다는 것이다. 기원전 5세기에 하늘의 뜻과 권력 의지를 구분하고 왕조 교체를 합리화하는 주장을 펼쳤다는 점에서 사상사에서 그의 지위는 독보적이다.

101

공화정

공화정의 기본 원리는 권력을 나누는 데 있다. 민주주의가 고전 그리스에 기원을 둔다면, 공화정은 로마에 기초를 둔다. 공화정은 원로원 집정관, 호민관 등이 권력을 적절히 나눠 왕이나 독재자의 통치를 통제한다는 개념인데, 근대 초기 로크나 몽테스키외의 권력 분립론 등을 거쳐 오늘날 삼권 분립 체제로 정립됐다.

근대 국민 국가가 혁명이라는 과정을 거쳤듯, 고대 로마의 공화정 역시 하루아침에 만들어지지 않았다. 그리스에서 방패와 창으로 무장한 중장 보병 부대(팔랑크스) 개념이 등장하면서 전투에서 귀족과 평민의 차이가 없어졌듯, 로마에서도 중장 보병의 발전은 평민들의 정치적 자각으로 이어졌다. 투쟁은 200년이 넘게 진행됐다. 로마에서는 평민을 '플레브스'라고 불렀는데, 이들은 농민, 상인 혹은 빈민들이었다. 이들은 군 복무 의무를 지지만 공직에서 배제됐고, 재판이 벌어지면 빈번히 귀족의 희생양이 됐다. 심지어 채무를 갚지 못하면 노예로 팔리기도 했다.

결국 기원전 5세기, 이들의 반란이 일어났고 호민관 제도가 만들어진다. 호민관은 귀족들의 불법적인 횡포에 거부권을 행사하면서 평민을 보호했다. 사인스럽게 12표법을 비롯한 성문법이 발전하기 시작한다. 법을 기초로 권력이 행사되고 호민관에 의해 평민들이 보호받게 되자 귀족이 장악하고 있던 집정관과 원로원의 위치가 흔들리기 시작했다. 기원전 367년에는 비로소 평민 출신의 집정관이 등장했고, 기원전 287년에는 평민회가 독자적으로 법률을 제정하며 원로원과는 별도의 권력을 행사하기에 이른다.

문제는 공화정이 발전함에도 귀족과 평민의 사회 경제적 처지가 동등해지지 않았다는 점이다. 귀족은 문벌과 배경을 이용해 여전히 정치·경제적 영향력을 유지했고, 자신들의 신분을 더욱 단단하게 하기 위한 여러 사회적 장치를 만들었다.

한편 로마 공화정은 시민권이라는 개념을 발전시켰다. 로마를 비롯한 이탈리아 반도와 주변 지역에는 비슷한 유형의 정치 집단이 많았다. 로마인들은 이들과 동맹을 맺거나 정복할 경우 일정한 과정을 거쳐 로마인과 동등한 권리를 허락하고 계약 결혼, 이주에 관한 권리를 부여했다. 로마가 지중해의 대제국으로 성장할 수 있었던 원동력이었다.

102

도연명

초여름날 초목이 무성하니
집 주위 나무들이 가지와 잎을 더한다
뭇 새들 몸 둘 곳 좋아하듯이
나 역시 내 초막집이 좋아라
밭 갈고 씨 뿌리기를 마친 후
집에 돌아와 책을 읽는다
가난한 거리에 살며 높은 사람 멀리하니
오랜 친구들도 수레를 돌려 가네
겨울에 담근 술을 달갑게 마시니
안줏거리로 마당에서 채소를 뽑는다
가랑비가 동쪽부터 내리기 시작하니
시원한 바람도 때맞춰 불어온다
《목천자전》 뒤적이다
《산해경》을 읽어보네
찰나에 삼라만상 노닐어보니
이것이 즐겁지 않다면 또 무엇 있으리?

- 도연명, 〈산해경을 읽으며〉

도연명(365~427)은 오늘날 장시성 주장현 출신으로, 〈귀거래사〉, 〈도화원기〉 등으로 유명한 위진 남북조 시대의 대시인이다. 그는 자연과 벗한 삶으로 유명한데, 소수 민족 출신에 몰락한 집안 형편으로 어릴 때부터 힘겨운 삶을 보냈다. 어린 시절 누추한 집에 살면서 여러 차례 기운 옷을 입고 식사를 거르는 일도 빈번했다. 책 읽기를 좋아하고 몇 차례 관리가 되기도 했지만 강직한 성격으로 출세가 어려웠고, 결국 농사를 지으며 초연한 삶에 천착했다.

103

티무르 제국

1370년 티무르(1336~1405)가 세운 제국. 티무르는 사마르칸트를 중심으로 중앙아시아, 이란, 아프가니스탄 등을 지배한 중앙아시아 유목 민족의 영웅이다. 티무르 제국의 성공은 서아시아 북부에서 독자적으로 대제국을 세운 전무후무한 역사다.

티무르의 원정은 그가 죽는 해까지 계속됐다. 10년간 주변 지역을 복속하면서 기반을 닦은 티무르는 1380년대 후반 아프가니스탄, 이란, 인도 북부 일대를 정복한다. 1399년부터는 7년 원정을 감행하는데, 결과는 대성공이었다. 아나톨리아반도 동부, 시리아 일대를 공략했고, 서아시아의 대표 도시 다마스쿠스를 점령했다. 1402년에는 앙카라 전투에서 오스만 제국을 상대로 승리했고, 1405년 명나라 원정을 시작했지만 건강이 악화돼 죽었다.

수도 사마르칸트에는 15만 명이 살았는데 튀르크인, 아랍인, 그리스인, 아르메니아인 등 다양한 사람들이 어우러졌다. 중국 명나라를 폄하하기 일쑤였는데, 사신들이 오면 낮은 자리에 앉히고 황제를 '돼지'라고 불렀다. 몽골 제국의 영향력이 여전히 강력했고 원나리기 명나라에 의해 쫓겨났기 때문에 밍나라를 원수처럼 여긴 것이다. 당시 중앙아시아 일대에 만연했던 몽골 제국에 대한 향수를 의식한 행동이다.

티무르 가문의 울루그베그는 사마르칸트, 부하라, 기즈다반 세 도시에 '마드라사'라는 교육 기관을 세웠는데 현재까지 남아 있으며, 특히 부하라의 마드라사는 중앙아시아를 상징하는 건축물로 평가받는다. 울루그베그는 직경 40m의 원통형 천문대를 건설하고 천문학 연구에 매진했는데 당대 세계 최고 수준을 자랑했다.

하지만 티무르 제국은 초기의 강성함에도 불구하고 원나라가 그랬던 것처럼 쉽사리 쇠퇴하고 만다.

104

집사

오늘날 '세계사'라는 장르는 일반적이다. 하지만 세계사 책 내용의 대부분은 '유럽사'로 가득 차 있다. 19세기 제국주의 시대를 통해 유럽이 전 세계를 지배했으며, 유럽인들이 전 세계를 돌아다니며 세계라는 장르를 만들었기 때문이다. 따라서 역사 서술의 중심에는 유럽사가 있고, 유럽사에 대해서는 자세하게 기술했지만 다른 문명권의 역사는 소략하거나 부실하게 정리한 경우가 허다하다.

인류 최초의 세계사로 평가받는 작품은 라시드웃딘이 편찬한 《집사》라는 책이다. 《집사》가 등장한 배경에는 몽골족의 세계 지배가 연관됐다. 중국부터 중앙아시아, 서아시아, 동유럽까지 광범위한 영역을 지배했기 때문에 구대륙과 관련된 거의 모든 정보를 취득할 수 있었고, 제국의 강력한 힘과 후원에 따라 세계사 책이 편찬될 수 있었다.

《집사》는 3부로 구성돼 있다. 1부는 몽골 제국사, 2부는 세계 민족사, 3부는 지리서다. 3부는 현존하지 않아 내용을 확인할 수 없다. 1부는 몽골, 튀르크 등 중앙아시아의 여러 민족에 관한 상세한 정보를 제공하고 있으니 중앙아시아사라고 봐도 무방하다. 2부는 이란사, 이슬람사, 오구즈(중앙아시아 서부에 살았던 튀르크계 유목 민족)사, 중국사, 유대인의 역사, 프랑크족의 역사(유럽사), 인도사 등으로 구성돼 있으니 오늘날 세계사에 견줄 만하다.

라시드웃딘은 이 책을 편찬하기 위해 여러 학자의 도움을 받았다. 프랑크족의 역사를 쓰기 위해 대주교 마르티누스 오파비엔시스가 쓴 《교황과 황제의 연대기》와 바르 헤브레우스가 쓴 책을, 인도사와 중국사를 쓰기 위해 카말라 스리 박시를 비롯한 불교 승려들의 도움을 받았다.

세계를 통합한 몽골 제국의 힘은 당시 여러 문명의 지식이 상호 유통되는 효과를 초래했다. 라시드웃딘의 또 다른 저작 《흔적과 소생》은 원나라의 농서 《농상집요》와 깊은 연관이 있고, 《보감》이라는 책은 중국 진나라 때 왕숙화의 《맥경》을 번역한 것이다.

105 북아프리카와 알제리

대륙의 기준으로 보면 지중해 남단인 북아프리카 일대는 아프리카의 영역에 속하지만, 실상 중부, 남부 아프리카와의 인연은 크지 않다. 거대한 사하라 사막이 가로막고 있고, 이집트, 카르타고 같은 고대 문명이 일찍 번성한 곳이기 때문이다.

중세 내내 이슬람 세력이 이곳에서 번성했다면 근대에 들면서는 프랑스와 영국의 침탈로 새로운 국면을 맞는다. 프랑스 남부에서 지중해를 가로지르면 바로 만날 수 있는 나라가 모로코, 알제리, 튀니지 등이다. 모두 프랑스 식민지였는데, 알제리는 혹독한 제국주의의 탄압과 독립의 과정에서 큰 고통을 감내해야 했다.

1832년 압둘 카디르가 알제리 해안 지대를 점령한 프랑스에 대항해 성전을 일으켰지만 패배한다. 1844년에는 모로코가 지원에 나서지만 이슬리 전투에서 패배했다. 1847년 프랑스는 알제리의 저항 세력을 모조리 무너뜨렸고, 카빌리부터 음자브, 북부 해안부터 사하라 일대까지 점령한다. 1890년에는 영국이 이를 보증하는 조약을 맺었다.

알제리를 점령한 프랑스의 통치는 가혹했다. 동화주의 원칙을 내세우면서 수많은 기존 교육 기관을 없앤 후 알제리인에게 교육이나 사회 진출의 기회를 주지 않았다. 극소수만이 하급 관리가 될 수 있었다. 토지 약탈도 심각했다. 소유주가 불분명한 땅을 몰수했고, 새로운 법령을 제정해 기존 토지의 소유관계를 무력화시키면서 무려 270만 헥타르(1940년 기준), 즉 알제리 전체 경작지의 40%에 달하는 토지를 빼앗아 프랑스에서 넘어온 이주민들에게 줬다.

프랑스의 가혹한 식민 통치에 대한 알제리인들의 집요한 저항은 수십 년에 걸쳐 진행됐다. 1954년 알제리 민족해방전선(FLN)을 결성하고 11월부터 프랑스 당국에 대한 게릴라 공격을 감행하면서 알제리 혁명의 서막이 열린다. 1958년에는 알제리공화국임시정부(GPRA)를 구성하고 국제 승인을 요청했고, 아랍 국가와 공산주의 국가의 도움을 요청했다.

프랑스의 진압 작전은 잔혹했다. 1957년경이 되면 민족해방전선은 와해 단계에 들어간다. 하지만 당시 프랑스 정부는 여러 이유로 혼란을 거듭했고, 알제리를 식민 통치할 여력이 없었다. 결국 현대 프랑스의 초석을 세운 드골이 정계에 복귀해 대통령이 되는데, 그는 알제리 민족해방전선과 화해를 도모한다. 이에 1962년 알제리는 주권을 회복한다.

106

인도

인도는 다양한 언어, 다양한 종족, 다양한 종교, 다양한 역사가 뒤엉켜 있는 곳이다. 지리적으로는 오늘날 아프가니스탄, 파키스탄, 인도, 네팔, 부탄, 방글라데시, 스리랑카, 중앙아시아 일대를 포함한다. 중국이 진시황에 의해 영토와 문자, 문화가 이른 시점에 통일됐다면 인도에는 그러한 역사가 없다. 무굴 제국처럼 광활한 영역을 지배했더라도 지방마다 수백, 수천의 작은 왕국, 토착 지배 세력, 수백 개의 언어, 수많은 종교가 있었기 때문에 중국과는 상황이 전혀 다르다.

인류 최초의 문명 중 하나인 인더스 문명은 오늘날 파키스탄 일대에서 번성했다. 이후 아리아인들이 인도 일대에 진출하면서 브라만교와 카스트 제도를 만들었다. 이에 대한 반발로 자이나교와 불교가 발흥한다. 불교의 경우, 동아시아 일대에 전파돼 오늘날까지 큰 영향력을 행사하지만 정작 인도나 중앙아시아에서는 교세가 미미하다. 힌두교와 이슬람교가 강력한 영향력을 행사하고 있기 때문이다. 굽타 왕조 이래 힌두교가 크게 번성했고, 서아시아에서 번성한 이슬람이 북부 지역에 수많은 왕조를 세우면서 이슬람교도 크게 흥기했다. 현재 인도와 파키스탄의 대립에는 힌두교와 이슬람교의 문화적 갈등이 그 배경에 있다.

영국과 프랑스가 인도의 지배권을 두고 싸움을 벌였고, 플라시 전투에서 승리한 영국이 인도를 지배한다. 초기에는 간접 지배했으나, 세포이 항쟁 이후에는 직접 지배한다. 간디, 네루 등이 인도의 독립을 위해 헌신했다.

1960년대 이후 인도는 제3세계의 중심 국가로 미국, 소련과는 다른 길을 가고자 했다. 광대한 영토와 엄청난 인구를 배경으로 세계적인 자본주의를 거부하고 내수 경제 발전을 통한 대안 경제 모델을 시도하기도 했다.

107

순자

정성스러운 마음과 뜻이 없는 사람은 밝은 깨달음이 없으며 묵묵히 한 마음으로 일하지 않고서는 혁혁한 공적을 이루지 못한다. 그리고 동시에 두 길을 가는 사람은 영원히 목적지에 도달할 수 없으며 (…) 선(善)을 보면 몸가짐을 바로 해 자신을 살피고 불선(不善)을 보면 근심되고 두려운 마음으로 자신을 반성해본다. 선이 자기에게 있으면 견고하게 지키며 스스로 즐길 일이요, 불선이 자기에게 있으면 더러운 것을 보듯이 스스로 혐오하라.

그러므로 반걸음이라도 쉬지 않으면 절룩거리며 가는 자라도 천 리를 갈 수 있고 흙을 쌓는 데도 멈추지 않고 쌓아나가면 언덕이나 산을 이룰 것이다. (…) 길이 비록 가깝다고 하나 가지 않으면 도달하지 못하는 것이요, 일이 비록 적다고 해도 하지 않으면 성사되지 않는다. 일을 영위하는 사람으로 한가한 날이 많은 자라면 아무리 들락날락해도 궁극에 이르지 못할 것이다.

순자(기원전 약 298~기원전 약 238)는 맹자와 더불어 초기 유학 사상 발전에 지대한 영향을 미쳤다.

순자의 사상은 종종 맹자와 비견된다. 순자는 인간 내면의 가능성을 신뢰하지 않고 후천적인 노력을 통한 도덕적 성장에 주목했다. '화성기위(化性起僞)', 즉 본성을 변화시켜 인위적인 것을 일으킨다는 말로 지식과 실천 능력이라는 후천적인 과정을 통해 도덕적으로 훌륭한 사람이 될 수 있다고 봤다. 그의 독특한 성악설이 드러나는 대목이다.

따라서 순자는 공자가 강조한 인과 예 중에 '예'를 강조한다. '교화(教化, 가르치고 강제하는 노력)'의 과정을 통해 인간성을 회복하고 사회의 도덕적 기강을 확립하고자 했다. 이러한 그의 세계관은 공교롭게도 한비자 등 법가에 의해 계승됐다.

108

아이티 혁명

프랑스 혁명의 여파는 공교롭게도 카리브해 연안의 작은 섬 히스파니올라를 뒤흔들었다. 히스파니올라는 쿠바섬 동쪽에 있는 섬이다. 현재는 아이티 공화국과 도미니카 공화국이 국경을 마주하고 있고, 인근에는 쿠바, 자메이카, 푸에르토리코가 있다. 콜럼버스가 이 일대에 도착한 이래 스페인인들이 들어왔고, 결국 17세기 후반에 프랑스 소유가 된다. 카리브해에 있는 섬이 대부분 그렇듯 이곳에 역시 유럽 상인들의 이익을 위해 농장이 건설됐고, 원주민뿐 아니라 흑인 노예들이 생산을 담당했다.

섬의 중심지 산토도밍고는 설탕 무역의 거점으로, 프랑스 경제에 중요한 영향을 미쳤다. 산토도밍고에는 백인 4만여 명, 현지 유색인 3만여 명, 흑인 노예 50여만 명이 있었다. 프랑스 혁명이 일어나자 현지 유색인들은 자신들의 정치적 권리를 주장했지만, 식민지 당국은 이를 잔혹하게 탄압했다.

프랑스 혁명 2년째 되는 해인 1791년 8월에 노예 반란이 일어났고, 이를 명분으로 영국과 스페인의 군대가 쳐들어왔다. 식민지를 잃을 위기에 처한 프랑스는 현지 유색인들에게 시민권을 부여하는 특단의 조치를 내린다. 또 프랑스 편에 가담하는 노예들에게도 자유를 약속했다. 결국 현지 유색인, 자유를 원하는 노예, 프랑스 본국에서 파견한 군대가 연합해 현지 농장주, 영국군, 스페인군과 치열한 전쟁을 벌인다. 이 와중에 노예 출신인 투생 루베르튀르가 지도자로 부상했고, 농장주들은 물론 영국군과 스페인군을 몰아냈다. 1801년 투쟁에서 승리한 현지 유색인과 노예들은 프랑스와의 관계를 유지하지만, 내정 간섭을 불허하고 노예제를 폐지하는 독립적 헌법을 선포했다.

국민 공회는 이에 동의했지만 이후 등장한 나폴레옹의 생각은 달랐다. 그는 노예제를 부활시켰고, 산토도밍고를 중심으로 카리브해와 나아가 북아메리카에서의 영향력을 되찾고 싶어 했다. 결국 이번에는 프랑스와 산토도밍고를 중심으로 아이티인들의 투쟁이 시작된다. 프랑스인들은 아이티 일대를 다시금 식민화하고 싶어 했고, 아이티인들은 완전한 독립을 꿈꿨다. 현지인들의 치열한 투쟁과 황열병이라는 예상치 못한 전염병의 창궐로 1803년 아이티인들은 극적인 승리를 거둔다. 아이티 혁명은 프랑스 식민지에서 일어난 최초의 노예 혁명이자 독립 혁명이며, 근대 식민지 노예 제도 폐지에 큰 영향을 미친 선구적인 사건이었다.

109

미켈란젤로

미켈란젤로(1475~1564)는 르네상스 시대를 대표하는 미술가이자 서양 미술 역사에서 가장 중요한 인물이다. 다재다능했고 여러 분야에서의 예술적 성취를 이뤄 따를 자가 없을 정도였다. 한참 선배였던 레오나르도 다 빈치와 비견됐고, 세간에서둘의 경쟁을 부추겼다. 〈다비드상〉, 〈천지창조〉, 〈피에타〉 등 수많은 역작이 있다.

미켈란젤로는 최초의 현대적 미술가로 평가받는다. 본인이 작품의 모든 부분을 책임졌고, 저작권을 분명히 했다. 이전까지만 해도 제자와의 협업이 많았고, 스승의 명성을 빌리기 위해 본인이 그려놓고 스승의 이름을 사용하기도 했다. 저작권 개념도 없었을뿐더러 예술을 협동의 과정으로 이해했기 때문이다. 미켈란젤로 시대에 미술가의 지위가 크게 향상됐는데, 마치 베토벤 시기에 작곡가의 위상이 높아진 것과 유사하다.

그는 특별히 뛰어난 스승에게서 배움을 얻지는 못했다. 하지만 탁월한 실력으로 일찍부터 성공했고 조토, 마사초, 도나텔로 같은 탁월한 선배들의 작품과 메디치 가문 등이 소장한 고전 그리스 로마의 조각 등을 연구히면서 끊임없이 실력을 연마했다.

레오나르도 다 빈치의 경우 수많은 주제에 관심을 뒀다면, 미켈란젤로는 해부학에 집중했다. 그러한 노력 끝에 그는 당대 어떤 미술가나 조각가도 도달하지 못한 수준으로 인체를 묘사했다. 최고의 예술가들도 꺼리던 자세나 각도를 묘사하는 데 거침이 없었다.

교황 식스투스 4세는 시스티나 예배당의 천장에 그림을 그려달라고 부탁한다. 작은 규모였지만 벽면에는 보티첼리, 기를란다요 같은 거장들의 작품이 그려져 있었다. 처음에는 격렬히 거부했지만 결국 4년간의 수고스러운 작업 끝에 〈천지 창조〉로 더욱 유명한 천장화를 완성한다.

레오나르도 다 빈치는 완성작이 적고 특유의 게으름으로 유명했다면, 미켈란젤로는 엄청난 작업적 욕망과 성실함, 독선적이면서도 독실한 신앙으로 유명했다. 다 빈치는 조각 작업에 흥미를 느끼지 못했고 비판적이었다면, 미켈란젤로에게 조각은 미술과 버금가는 영역이었다. 두 대가가 이탈리아 르네상스의 절정을 이끌 때 젊은 화가 한 명이 등장하는데, 그가 〈아테네 학당〉, 〈성모상〉 등으로 유명한 라파엘로다. 르네상스 시대에는 수많은 화가가 활약했고 보기 드물게 위대한 예술가들이 쏟아져 나왔다.

110

사우디아라비아

아라비아반도에 있는 나라로, 대표적 산유국이자 이슬람 국가다. 서아시아의 많은 나라가 그렇듯 사우디아라비아 역시 현대에 만들어진 신흥 국가다.

사우디아라비아는 와하브 운동과 연관을 맺는다. 18세기 후반 이븐 압둘 와하브는 이슬람 개혁을 주장하며 아라비아반도에 영향력을 행사한다. 그는 알라의 절대적 권위를 강조하며 특정 인물을 예언자나 성자로 취급하는 행동을 다신교로 규정해 가혹하게 비판했고, 동시에 신비주의에 대해서도 비판적이었다. 그의 가르침은 1745년 아라비아의 작은 부족 국가의 지도자 무함마드 이븐 사우드에게 영향을 줬고, 이븐 사우드는 와하브 운동을 전파하기 위해 일대에서 정복 전쟁을 펼치는 등 적극적으로 행동했다.

주변 세력과의 여러 갈등을 벌인 끝에 1902년, 압둘 아지즈가 와하브 운동의 '이맘', 즉 지도자를 자처하며 아라비아 일대를 평정한다. 이라크, 요르단, 예멘 등 주변 국가의 경계선이 확정된 것도 이때다. 사우디아라비아가 탄생한 것이다.

사우디아라비아는 1930년대 산유국이 되면서 급부상했다. 제2차 세계 대전 이후 전 세계의 석유 수요가 많아지면서 급성장했고, 오일 머니를 바탕으로 기간산업이 광범위하게 발전했다. 그에 따라 예멘, 오만 같은 주변 국가는 물론 이집트, 파키스탄 등 이슬람권의 많은 인력이 몰려들어 일자리를 구했다. 이 시기부터 사우디아라비아는 이슬람권의 지도 국가로 활발한 행보를 보인다. 전 세계에 이슬람 신자들을 지원하는 프로그램을 만든 것이다. 미국, 영국 등 선진국에 이슬람 신자가 살고 있다면 대학부터 모스크까지 각종 물적 지원을 아끼지 않았고, 코소보, 체첸, 아프가니스탄 등 이슬람과 관련된 분쟁 지역 문제에도 적극적으로 관여했다. 사우디아라비아식 이슬람교 전파에 매우 적극적임에도 불구하고 미국을 비롯한 서구 국가들과 협조적인 관계를 구축하고 있다.

사우디아라비아의 사회 제도는 매우 보수적이다. '마즐리스'라는 사우디 왕가의 가족회의가 모든 것을 결정하기 때문이다. 이들은 지방의 수장들과 긴밀한 관계를 구축하고, 거의 전 분야에서 월급과 보조금을 지원한다. 오일 머니가 있기 때문에 가능한 시스템이다. 이슬람교 수호에 적극적이지만 독자적인 종교적 영향력을 행사하는 이들에게 극히 엄격하고, 사회 전 분야에 걸쳐 이슬람 가치를 유지하기 위해 무타윈(종교 경찰 제도)을 운영하고 있다.

111 미국의 세계주의

영국, 프랑스 등 유럽의 열강들은 해외 식민지를 개척한 후, 식민지의 여러 이권을 본국에 귀속시키는 형태로 번성했다. 따라서 더 많은 식민지를 획득하기 위한 경쟁이 치열했고, 그로 인해 국가 간 갈등, 끝도 없는 전쟁과 나아가 세계 대전까지 이른 것이다. 한편에서 식민지 체제에 대한 반감은 피압박 민족들의 민족주의를 고양시키고 공산주의의 영향력을 강화했다.

제1차 세계 대전 이후 미국 대통령 윌슨은 민족자결주의를 주창하며 식민주의를 자유 무역주의로 대체하고자 했다. 식민지를 포기하고 아시아, 아프리카 민족의 자유를 허락하면 과도한 민족주의와 공산주의의 영향력이 차단될 테고, 국제기구를 중심으로 안정적이면서 자유로운 세계 무역 체제를 운영하면 서양 열강들의 경제적 우위를 유지할 수 있었기 때문이다. 또 이를 통해 불필요한 폭력과 전쟁을 혁파하고, 평화의 시대가 도래할 것이라 여겼다.

윌슨의 기대는 영국과 프랑스에 의해 무참히 파괴된다. 이들은 전쟁을 일으킨 독일, 오스트리아, 오스만 제국에 막대한 배상금을 요구하고 가혹한 보복을 기했고, 자신들의 식민지는 그대로 유지한 채 패배한 나라들의 식민지만 독립시켰다. 하지만 제2차 세계 대전을 거치면서 영국, 프랑스가 몰락의 길을 걷자, 윌슨의 구상은 프랭클린 루스벨트 대통령의 주도로 재현된다. 대서양 헌장을 통해 탈식민지 체제를 공식화했고, 브레턴우즈 체제를 통해 미국이 주도하는 자유 무역 체제가 확립됐다. 금을 통화 기준으로 삼았으나, 실상 미국 달러를 기준으로 세계 통화를 관리했다. 국제통화기금(IMF), 세계은행(WB) 등을 만들었고, 세계무역기구(WTO)를 비롯한 각양의 국제기구를 통해 달러 주도의 자유 무역 체제를 유지한다.

국제연합(UN)도 만들어지는데, 미국을 비롯한 강대국의 우월한 지위를 인정하고 적절한 무력 사용을 허용하면서 세계 질서를 유지하려 했다. 대부분의 국제기구는 미국 자본으로 유지되기 때문에 미국의 이익과 세계 평화 유지 사이에서 종종 갈피를 잡지 못한다.

112

앙코르 와트

앙코르 와트는 크메르족이 세운 앙코르 왕조가 만든 사원으로, 힌두교와 대승 불교의 요소가 혼재돼 있다. 동서 1,500m, 남북 1,300m의 직사각형 구조로, 해자(성 주위에 둘러 판 못)가 사원을 둘러싸고 있다. 성과 속을 구분하기 위한 것이다. 중앙의 사원은 힌두교 신화에 나오는 세계의 중심, 즉 수미산을 상징한다. 수미산에는 수많은 신과 신선이 살고 있다. 중앙에 탑이 있고 다시 그 주변을 4개의 탑이 둘러싸고 있는데, 이는 힌두교와 불교의 우주관을 상징한다. 뱀신인 수많은 나가(Naga)가 조각돼 있는데, 인도의 왕과 뱀 신의 딸이 결합해 크메르 왕족이 탄생했다는 믿음을 반영한 것이다.

　이곳은 인도 문화의 영향, 인도차이나반도의 고요함이 어우러진 공간으로, 예술적인 유려함과 아름다움으로 관광객이 끊이지 않는다. 멀지 않은 곳에 바이욘 사원이 있는데 당시의 시대상을 이해할 수 있는 중요한 건축물이다.

113

법구경

잠 못 드는 사람에게 밤은 길어라. 피곤한 사람에게 길은 멀어라.
바른 법을 모르는 어리석은 사람에게 아아, 생사의 밤길은 길고 멀어라.
(…) 내 아들이다, 내 재산이다 해 어리석은 사람은 괴로워 허덕인다.
나의 '나'가 이미 없거니, 누구의 아들이며 누구의 재산인고!
(…) 어리석은 사람은 한평생 다하도록 어진 사람을 가까이 섬겨도
참다운 법을 알지 못하나니, 숟가락이 국 맛을 모르는 것처럼.
지혜로운 사람은 잠깐이라도 어진 사람을 가까이 섬기면
곧 참다운 법을 바로 아나니, 혀가 국 맛을 아는 것처럼.

바라문이 물었다.
"그대는 어떤 사람이건대 행색이 보통 사람과 다르구나."
부처님이 대답하셨다.
"나는 자기 자신을 다루는 사람이다."
(…) 활 만드는 사람은 화살을 다루며, 물 대는 사람은 물을 끌고
목수는 나무를 다루고, 지혜 있는 사람은 자기를 다룬다.
(…) 마음은 바른 지혜를 따르고 뜻은 항상 바른 도를 생각해,
오로지 한 마음 진리를 알아 집착을 버림으로써 즐거움을 삼으면,
마음의 때가 다한 지견(知見)을 갖추어 이승에서 이미 열반에 든 것이다.

불교의 초기 경전 중 하나로, 인도의 승려 법구가 구전되어온 부처님의 가르침을 모아 만들었다. 《화엄경》, 《금강경》 같은 후기 대승 불교의 경전은 매우 상징적이며 추상적이기 때문에 충분한 수행과 학문적 훈련이 있어야 해독할 수 있다. 이에 반해 《숫타니파타》, 《법구경》 같은 원시 불교 경전들은 탁월한 깊이에도 불구하고 가르침이 간명하고, 누구라도 이해하기 쉽고 정확하게 쓰였다. 《법구경》은 서양 학자들에 의해 번역될 정도로, 현대에 널리 사랑받는 불교 경전이다.

114 프랑크푸르트학파

문화 산업은 그들의 소비자에게 자신이 끊임없이 약속하는 것을 끊임없이 기만한다. 줄거리나 포장이 제공하는 즐거움을 계속 바꿔가면서 '약속'은 끝없이 연장된다.

(…) 문화 산업은 도취 속에서든 금욕 속에서든 현존하는 고통을 쾌활한 거세로 대체한다. 최고의 계율은 사람들이 어떤 대가를 치르더라도 자신의 욕망을 만족시킬 수 없다는 것이며 그 대신 사람들은 이러한 불가능성을 웃어넘겨야 하고 이러한 웃음으로서 자족해야 한다는 것이다. (…) 소비자는 자신을 영원한 소비자로서, 즉 문화 산업의 객체로서 느끼게 되는 것이 체계의 원리다. (…) 탈출이나 가출은 처음부터 출발점으로 돌아오도록 설계돼 있다. 즐거움은 체념을 부추기며 체념은 즐거움 속에서 잊히고 싶어 한다.

(…) 교양이라는 것이 빈사 상태에 빠져버린 오늘날 대중이 편집증에 걸릴 엄청난 새로운 여건이 조성되고 있다. (…) 오늘날 삶의 질서는 정신의 일관성 같은 것을 위해서는 어떠한 여지도 남겨놓지 않는다. 지식으로 전락한 사유는 중화되거나 특수한 노동 시장에 쓰이는 단순한 전문 지식이 되거나 개인의 상품 가치를 높이기 위한 수단으로 전락한다. 후기 자본주의에 이르면서 결국에는 '어설픈 교양'이 객관 정신이 된다.

– 테오도어 아도르노·호르크하이머,《계몽의 변증법》

1960~1970년대 독일에서는 프랑크푸르트학파가 풍미한다. 이들의 주장을 보통 '비판 이론'이라 불렀는데, 급속한 산업화와 그로 인한 대중문화의 발전, 반지성주의의 대두 등을 신랄하게 비판한 것으로 유명하다. 초기의 산업 혁명이 제품을 생산했다면, 20세기 이후 문화 산업의 발전은 미디어에 종속된 대중을 양산하고 지성과 교양이라는 인간됨의 기본을 파괴한다고 본 것이다. 프랑크푸르트학파는 이들뿐 아니라 마르쿠제, 에리히 프롬 등이 유명한데 국내에서는 에리히 프롬의《소유냐 존재냐》,《자유로부터의 도피》등이 널리 사랑받았다.

115

마라톤 전투

대제국 페르시아의 영향력은 소아시아(아나톨리아반도)까지 미쳤다. 소아시아의 해안가와 그리스반도 일대에는 수많은 폴리스가 있었다. 기원전 560년경에 전쟁이 발발해 480년까지 수십 년에 걸쳐 전개됐고, 그리스의 승리로 막을 내렸다.

본격적인 전쟁은 501년, 이오니아인들의 반란으로 시작된다. 아테네와 에레트리아의 지원이 있었지만, 페르시아의 전력이 압도적이었던 터라 저항은 실패한다. 이후 페르시아는 아테네와 에레트리아를 정벌하고자 한다. 기원전 490년, 페르시아 군대는 주변을 약탈, 파괴하며 아티카의 마라톤 평야에 이른다. 스파르타의 지원은 없었고 작은 폴리스 플라타이아이만 지원했기 때문에, 사실상 아테네 혼자 페르시아와 맞서게 된 것이다. 밀티아데스가 이끄는 아테네 군대는 원정에 지쳐 정비 중인 페르시아군을 상대로 신승을 거둔다. 피디피데스가 40여km를 달려 승전을 전했다고 하는데, 이것이 이후 마라톤 경주의 효시가 됐다.

페르시아는 포기하지 않고, 이참에 그리스 전체를 정복할 계획을 세운다. 600척 규모의 선단과 최대 30만 대군을 구비한 후, 제왕 크세르크세스가 직접 원정군을 이끌고 그리스로 쳐들어 간다. 수많은 폴리스가 항복했고 이 가운데 아테네, 스파르타, 코린토스 등 30여 개의 폴리스가 페르시아에 맞선다. 육지에서는 스파르타의 지휘 아래 테르모필레 고개에서 치열한 격전이 벌어졌고, 그리스 함대는 아르테미시움 근방 해협에서 페르시아 해군에 맞섰다. 육전에서는 패배했지만, 해전에서 페르시아군을 타격한 그리스 동맹군은 이후 살라미스 일대에서 운명의 결전을 벌인다. 크세르크세스는 엘레우시스만 언덕에서 전투를 지켜봤는데, 이 전투에서 페르시아 함대가 전멸당했다. 이후 플라타이아이 전투에서도 그리스 동맹군이 승리를 거두면서 대제국 페르시아는 일대에서 물러난다.

전쟁 승리 이후 아테네는 지중해 최강국의 지위에 오른다. 올리브유, 포도주, 도자기 같은 품목으로 상업과 무역에 큰 성공을 거뒀고, 나아가 델로스 동맹의 공동 금고를 아테네로 옮겼으며, 주변 여러 폴리스를 식민화했다.

하지만 이후의 상황은 참담하게 흘러갔다. 아테네가 이끄는 델로스 동맹과 스파르타의 펠로폰네소스 동맹 사이에 긴 전쟁이 시작된 것이다. 스파르타는 가까스로 아테네를 제압했지만, 이후 코린토스 전쟁이 발생하는 등 상황은 안정되지 않았다. 결국 스파르타를 모방한 테베의 중장 보병 부대가 기원전 371년에 에파미논다스의 지휘 아래 스파르타 군대를 무너뜨린다. 고전 그리스 시대가 막을 내린 것이다.

116

백과사전과
마담 퐁파두르

프랑수아 부셰, 〈마담 퐁파두르의 초상화〉

백과사전의 등장은 계몽주의와 관련 있다. 백과사전은 세상의 모든 지식을 집대성하면 온갖 미신과 비합리적 사고에서 벗어날 수 있다는 믿음 때문에 계몽주의자 드니 디드로가 주도해서 만든 것이다. 디드로가 편찬한 백과사전은 18세기의 모든 지식을 총람했을 뿐 아니라 볼테르, 몽테스키외, 루소 같은 당대의 계몽주의자들이 참여했다는 데 의의가 크다. 자연 과학, 역사학, 천문학 등 당시의 폭발적인 학문적 성취를 모조리 담고자 했으며, 실용 기술에 대한 정보가 상당하다는 점이 눈에 띈다. 빵 굽기, 깃털 장식 만들기, 시계 만들기 등을 공방에 직접 방문해 관찰하고, 그림으로 묘사해 판화 형태로 사전에 실었다.

계몽주의자들과 루이 15세의 정부 마담 퐁파두르의 관계는 유명했다. 그녀는 '마담 탕생'이라는 살롱에서 몽테스키외, 볼테르 등과 어울렸다. 볼테르는 퐁파두르의 연애편지 작성을 도왔고, 퐁파두르는 볼테르에게 아카데미 프랑세즈 자리를 내줘 연금 생활을 가능케 했다.

퐁파두르는 루이 15세의 정부로 궁궐에 들어가 실질적인 여왕 노릇을 했다. 하지만 20년간의 왕실 생활은 그녀의 삶을 극도로 피폐하게 만들었다. 루이 15세는 그녀가 항상 자신의 곁을 지키기를 원했기 때문에 그녀는 외동딸이 죽어가는 병상을 지키지도 못했다. 죽음을 극도로 두려워한 루이 15세는 퐁파두르의 아픔을 전혀 위로하지 못했다.

루이 15세는 계몽주의 철학에 부정적이었으나, 퐁파두르는 그렇지 않았다. 백과사전 제작에 지원을 아끼지 않았고, 사전의 장점을 루이 15세에게 적극적으로 알렸다. 퐁파두르의 삶이 풍파를 겪었듯 백과사전 역시 마찬가지였다. 교회와 사회를 비판했기 때문에 발행 정지를 당하기도 했으니 말이다.

117

북미자유무역협정

1994년 미국, 캐나다, 멕시코 간에 맺어진 자유 무역 협정이다. 미국의 자본과 기술, 캐나다의 자원, 멕시코의 노동력이 결합된 대표적인 지역화 정책의 일환이다. 제2차 세계 대전 이후 미국은 여러 국제기구의 설립을 주도하며 국제 자유 무역을 선도했다. 하지만 프랑스, 독일을 중심으로 유럽 연합이 만들어지고, 일본을 비롯한 아시아의 여러 국가가 신흥 경제 강국으로 대두되는 등 미국의 독점적 지위는 위기를 맞이한다. 미국은 세계무역기구를 중심으로 더욱 강력한 자유 무역 체제를 구축하는 동시에 북미자유무역협정(NAFTA)처럼 자국에 유리한 지역화 전략에도 적극적으로 나선다. 아시아태평양경제협력체(APEC), 환태평양경제동반자협정(TPP) 등이 그러한 목적으로 추진되었다.

미국과 멕시코의 경우, 자본과 노동의 조합으로 효과를 보기도 했지만, 농산물 분야에서는 예민한 문제가 많았다. 미국은 오렌지 주스와 설탕, 멕시코는 옥수수와 콩이 그랬기 때문에 이러한 품목에 관해서는 관세 철폐를 유예하는 조항을 뒀다. 북미자유무역협정을 통해 미국의 금융 자본은 물론 일반 시민들까지 멕시코 시장에 직접 투자할 수 있게 됐다. 노동 이민에 관한 조항은 별도로 두지 않았는데, 멕시코인의 불법 이민이라는 골치 아픈 문제를 피하기 위함이었다.

당시 민주당 대통령 후보 빌 클린턴과 텍사스의 억만장자 로스 페로는 공개적인 논쟁을 벌이기도 했다. 빌 클린턴은 북미자유무역협정을 통해 환경 보호와 노동자 권리 등에서 중요한 진보를 이룰 수 있다고 봤고, 로스 페로는 이를 통해 백인 노동자들의 일자리가 잠식될 것이라고 주장했다. 이 협정에는 환경 조항이 구체적으로 명시됐고, 대통령이 된 빌 클린턴이 직접 챙길 정도였다. 국제 무역과 환경 문제가 통합적으로 인지된 중요한 사건이다.

멕시코는 노동력 진출의 이득만 본 것이 아니다. 미국 신용을 보증으로 유럽, 일본 등 각처에서 직접 투자가 가능해졌고, 좀 더 과감한 경제 개혁에 유리한 환경을 구비했다. 미국의 경우, 멕시코의 성장은 불법 이민을 억제하고 남쪽 국경 지대의 안정을 도모하는 방안이라고 판단했다.

118

미터법

미터법은 십진법을 바탕으로 길이를 미터(meter, 기호 m), 질량을 킬로그램(kilogram, kg)으로 사용하는 도량형법이다. 프랑스에서 만들어졌고, 현재 전 세계 대부분의 국가에서 사용되는 보편적인 척도다.

미터법은 '자연에 근거한 보편적 도량형'을 목표로 만들어졌다. 기존의 도량형이 특정 문명권의 관습과 문화의 산물이었다면, 미터법은 계몽주의와 프랑스 혁명의 영향을 받아, 절대적으로 정확하고 보편적이며 불멸하는 척도를 만들고자 한 결과물이다. 정치가 탈레랑이 제안했고, 과학자 라부아지에가 도량형 개혁위원회를 이끌었다. 전자, 자오선, 적도를 기준으로, '척도'라는 뜻의 그리스어 메트론(metron)을 차용했다.

북극과 적도 사이의 자오선을 1,000만분의 1로 나눠서 1m의 과학적, 합리적 기준을 만들었고, 이를 바탕으로 10분의 1, 100분의 1, 1,000분의 1 혹은 1×10, 1×100, $1 \times 1,000$의 원칙을 적용해 cm, km 등의 미터법이 만들어졌다. 기준이 되는 적도, 자오선 등을 측정하기 위해 과학자 들랑브르, 메셍 등이 세계 여행을 떠났을 정도로, 완전한 기준을 만들고자 하는 계몽주의적 열정이 강렬했다. 10여 년에 걸친 노력 끝에 1799년 백금, 이리듐 등으로 미터원기(미터 협약에 의해 1m의 길이를 나타내도록 만들어진 자), 킬로그램원기를 제작했다.

프랑스에서 만들어졌지만 네덜란드가 가장 먼저 법제화했으며, 1875년 17개국 대표가 미터 협약에 가입하면서 세계로 전파되기 시작했다. 처음 목표한 대로 보편적 원칙에 따라 전 지구적으로 편리하게 사용할 수 있는 길이와 질량의 원칙이 확립된 것이다.

영국과 미국은 미터법을 인정하지만 여전히 야드, 파운드 등을 사용하고 있고, 전 세계 대부분의 나라가 가입한 현재에도 나라마다 전통적인 도량형이 면면이 이어져 사용되고 있는 형편이다.

1805년, 1m가 실제보다 0.2mm 정도 짧다는 사실이 밝혀졌다. 메셍이 데이터를 조작했기 때문이다.

119

보로부두르

인도네시아 자바섬 중부에 있는 불교 유적이다. 오늘날 인도네시아는 말레이시아와 맞닿은 수마트라섬, 수도 자카르타가 있는 자바섬 등으로 이뤄지는데, 과거 여러 왕조가 일대에서 흥망을 반복했다.

7세기 수마트라섬에는 스리위자야 왕조, 자바섬에는 샤일렌드라 왕조가 발전하는데, 샤일렌드라에 의해 보로부두르가 만들어졌다고 보고 있다. 앙코르 와트와 더불어 오랫동안 잊혔다가 현대에 와서 재발견된 곳이다.

보로부두르 유적은 수많은 불탑이 중첩돼 쌓여 있는 구조로, 정방형 공간이 다섯 층, 원형 공간이 세 층, 그리고 최정상으로 나뉜다. 층마다 회랑이 만들어져 있고, 원형 공간에는 72개의 불탑이 있으며, 최정상에는 종 모양의 탑을 쌓았다. 벽면의 부조, 종탑 안에 불상 등이 가득한데, 각각의 예술성은 물론 전체적인 구성도 매우 특별하다. 불교에서 진리를 추구하는 과정이 단계별로 묘사돼 있다.

120 인도네시아

인도네시아는 수마트라섬, 자바섬을 중심으로 이뤄진 동남아시아의 섬나라다. 네덜란드에 오랫동안 지배받았고 이후 수카르노, 수하르토의 권위적인 통치 아래 있었다.

네덜란드는 자바섬의 바타비아(오늘날 자카르타)를 중심으로 동인도 회사, 네덜란드 무역 회사를 세우며 일대의 무역을 주도했다. 네덜란드의 식민 정책은 수마트라섬과 자바섬을 상이하게 변화시켰다. 자바섬의 경우, 안정적인 농경 사회를 유지하지만, 수마트라는 19세기 초반 수출용 농산물과 임산물의 산지인 동시에 직물이나 기계류 등 각종 외국 상품이 범람하는 시장의 기능까지 떠맡는다. 광범위한 상업 경제가 뿌리내리기 시작한 것이다. 담배, 야자, 차, 고무를 생산하는 각종 플랜테이션 농장도 등장한다.

현대적인 인도네시아 독립운동은 1920년대부터 본격화됐다. 1927년 수카르노가 주도하는 가운데 인도네시아국민당(PNI)이 만들어졌고, 인도네시아정치연합(GAPI)으로 발전하면서 인도네시아 민족주의 운동의 구심점이 된다.

태평양 전쟁은 인도네시아인에게 기회였다. 일본군이 네덜란드를 무너뜨리고 이곳을 점령했기 때문이다. 일본은 현지인들에게 어느 정도 자치를 허용했고, 일본이 패망하자 1945년 8월 17일 수카르노가 독립을 선언한다. 하지만 네덜란드가 과거의 식민지를 회복하고자 몰려들었고, 5년간의 격렬한 싸움 끝에 끝내 독립에 성공한다.

수카르노는 터키 공화국을 세운 무스타파 카말에게서 큰 영감을 받았다. 거국 내각을 구성해서 공산주의자부터 이슬람, 농민들까지 포괄했지만, 군부의 지원을 받았고 권위주의적인 통치를 지향했다. 그는 '나사콤'이라는 독특한 통치 이념을 제시했다. 민족주의, 공산주의, 이슬람을 종합하되 국가 주도형 계획 경제 체제를 만들고자 한 것이다. 하지만 정책은 그다지 효과적이지 못했고, 국가 재정은 파탄에 이르렀다. 1965년 군부 쿠데타가 발생했고, 수하르토가 권력을 장악한다. 하지만 그 또한 권위주의적인 통치를 자행하며 여러 문제를 일으켰다. 그의 장기 집권 끝에 인도네시아 경제는 붕괴했고, 1998년 수하르토는 쫓겨난다. 수카르노와 수하르토는 정치와 종교를 분리해 이슬람교의 정치적 영향력을 제어하려고 노력했다.

121

니체

인간의 삶 전체는 비진리 속에 깊이 잠겨 있다. 이 원천으로부터 개개인이 삶을 끄집어내려고 하면 그때에는 반드시 자신의 과거에 혐오감을 갖게 되고 현재 자신이 가진 동기가 명성과 마찬가지로 무의미하게 여겨진다. 그래서 미래와 그 행복에 대한 정열에 조소를 던지고 멸시하지 않을 수 없게 되는 것이다.

어떤 당(黨)에 자기 동지들에게 반대하지 못할 정도로 겁 많고 줏대 없는 한 사람이 있었다. 그는 자기 패거리의 악평을 받는 일을 죽는 것보다 더 두려워했고 한마디로 가련하고 무기력한 영혼을 가졌기 때문에 사람들은 닥치는 대로 그를 이용하고 온갖 일을 다 시켰다. 그들은 이것을 알고 있었기에 방금 말한 대로인 그 성격을 기반으로 그를 영웅으로, 그리고 결국은 순교자로 만들어버렸다. 이 줏대 없는 자는 내심으로는 늘 부정했으면서도 입으로는 언제나 긍정해 자기 당의 견해를 위해 죽게 돼 단두대 위에 이르게 돼서도 그 모양이었다. 제 옆에서 오랜 동료가 말과 눈초리로 그를 억누르며 서 있었기 때문에 그는 단정하게 죽음을 견뎠다. 그래서 그때부터 그는 순교자로, 그리고 위대한 인물로 칭송받게 됐다.

- 니체,《인간적인 너무나 인간적인》

니체(1844~1900)에 대한 학자들의 해석은 제각각이다. 생철학자로 분류하기도 하고 실존주의 철학의 선구자라고도 한다. 그는 크리스트교를 약한 자가 강한 자를 구속하는 노예 정신에 찌든 종교로 봤고 초인을 예찬했는데, 이러한 태도가 히틀러 등에게 영향을 줬다고도 한다. 또 매우 비관적이고 절망적이며 역설적인 주장을 했지만, 기실 희망을 예찬한 21세기적 철학자라고도 한다. 각 주장이 틀린 말은 아니지만 맞는 말이라고도 할 수 없을 정도로 니체는 다면적인 성격을 가진 인물이고 각양의 방식으로 재해석되는 인물이다. 이성과 합리성에 근거한 논리적 철학을 비판하며, 비이성, 비논리성 등 새로운 철학의 전복을 꿈꾼 인물로《차라투스트라는 이렇게 말했다》라는 책이 유명하다.

122 그라쿠스 형제의 개혁

카르타고의 멸망과 그리스 점령으로 로마의 모든 상황이 바뀐다. 광대한 영토에는 소수 귀족이 경영하는 대농장 라티푼디움이 만들어졌고, 이는 노예 노동이라는 새로운 경제 환경을 촉발한다. 노예가 생산을 담당했기 때문에 값싼 농산물이 생산됐고, 대부분 평민이었던 자영농은 몰락의 길을 걷는다. 그리스 일대를 점령한 것도 엄청난 사회 변화를 촉발했다. 그리스를 비롯한 동방은 오랫동안 정교한 상업 경제를 발전시켜온 터였다. 자연스럽게 해외 무역의 중요성이 대두됐고, 무역과 상업이라는 복잡한 돈벌이가 로마의 단순한 농업 경제에 타격을 가하기 시작한 것이다.

결과적으로 로마의 귀족들은 큰 혜택을 입었다. 수천 명의 노예가 귀족을 받들었는데 심지어 마사지 전담 노예, 샌들 전담 노예까지 뒀다. 평민들은 일자리를 잃었고, 기원전 1세기경 100만에 달하는 로마 시민 중 3분의 1이 곡물 무상 배급으로 생계를 유지했다. 이 와중에 노예 검투사 스파르타쿠스의 반란이 일어나기도 했다.

그라쿠스 형제의 개혁은 이러한 사회 혼란에 대한 문제의식에서 촉발됐다. 기원전 133년 호민관 티베리우스 그라쿠스는 토지 보유의 상한선을 시민 한 명당 300에이커, 자녀 한 명당 150에이커씩 추가하는 형태로 설정하고, 나머지 토지를 빈민에게 나눠 주는 법안을 발의하고자 했다. 귀족들은 격렬히 반발했고, 결국 몽둥이로 무장한 선동대를 만들고 사람들을 부추겨서 티베리우스 그라쿠스와 지지자들을 무참히 때려죽였다.

하지만 10년이 못 돼 그의 동생 가이우스 그라쿠스가 더욱 집요한 개혁을 시도한다. 그는 호민관으로 재선되면서 더 다양하고 효율적인 법안을 제정했다. 테베레 강가에 공영 곡물 창고를 만들어 곡물가를 안정시켰고, 지방 총독들의 권한을 강화해 귀족들의 탈법 행위를 단속했다. 또 평민들에게 더 강력한 법적 권리를 보장했으며, 무엇보다 로마의 시민권을 제국 안에 있는 다양한 정치 세력에게 확대했다. 귀족들은 가이우스 그라쿠스를 공화정의 위협자로 규정했고, 호민관을 견제하기 위해 집정관의 권력을 극대화하는 법안을 통과시켰으며, 결국 가이우스 그라쿠스와 3,000명이 넘는 광범위한 추종자들을 살해하는 만행을 벌였다.

이후 로마의 공화정은 혼돈을 거듭한다. 벌족파와 평민파, 즉 귀족과 평민의 대립이 훨씬 강화된 것이다.

123

표현주의

뭉크, 〈절규〉

20세기 초반에 등장한 미술 사조. 자연주의와 르네상스 시대의 전통을 거부하고자 했는데, 표현주의의 기원을 설명할 때 보통 19세기 후반 고흐와 고갱의 작품을 꼽는다. 표현주의는 인상주의와 대척점에 있다고 인식할 때 이해하기 쉽다. 인상주의 화법이 색채, 색조, 질감에 초점을 뒀다면, 표현주의는 이러한 방식을 거부하며 새로운 화법을 창출했다.

캐리커처 같은 만화가 표현주의와 가장 맞닿아 있다. 사물이 지닌 그 자체의 모습 혹은 자연스러운 인상이 아닌 작가가 표현하고 싶어 하는 부분을 위해 여타의 것들을 왜곡하고 궁극에는 새로운 스타일을 만들어내기 때문이다.

대표적인 작가는 에드바르 뭉크다. 그는 현실을 왜곡하는 것을 넘어 내면의 정서 자체를 도화에 그렸으며, 극히 부정적이고 혼돈스러운 모습을 고스란히 드러낸다. 그는 격정, 고통, 혼돈, 우울 등 당시 대부분의 미술가가 외면하던 주제를 그림에 담았다.

표현주의는 귀스타브 쿠르베나 장 프랑수아 밀레가 추구한 사실주의와도 다르다. 쿠르베나 밀레가 노동자와 농민의 현실을 있는 그대로 묘사하며 그들이 처한 현실 자체에 관심을 가졌다면, 표현주의는 좀 더 내면적이며, 현실 자체보다는 현실에 대한 작가의 내적 상태에 집중하기 때문이다.

124

하나님의 나라

> 교회는 사회 안에서 생동적이고 비판적인 역할을 수행해야 한다. 교회는 항상
> 모든 기존의 사회가 가지고 있는 한계들을 증언해야 한다. 교회의 존립은 바
> 로 이 비판적 역할을 수행하고 못 하는 데에 달려 있다. (…) 그리하여 전적으
> 로 영적인 일에만 전심하노라고 주장하며 정치 문제에 개입하는 것을 경멸하
> 는 교회들이 실제로는 보수주의의 아성이 되고 있다.
>
> — 볼프하르트 판넨베르크,《신학과 하나님의 나라》

하나님의 나라, 천국 혹은 신국에 대한 개념은 크리스트교 신학 사상에서 가장 중요한 개념이다. 통상 사람이 죽으면 가는 곳이 천국 혹은 지옥이라 생각하지만, 성경에서 이런 내용을 찾기 어려울뿐더러 크리스트교 신학에서도 이런 식의 사고 방식은 극히 제한적이다.

천국은 크리스트교의 유일신 여호와 하나님의 활동과 그 결과를 의미한다. 구약에서 모세가 히브리인들을 데리고 이집트를 탈출해 나라를 세우거나 다윗이 블레셋을 비롯해 다신교를 숭배하는 주변 민족과의 싸움에서 승리한 후 이스라엘 왕국을 세운 것 혹은 예수가 제자와 신자로 된 공동체를 만들거나 부활 후에 재림을 약속한 것은 모두 유일신 여호와 하나님의 활동이자 그로 인한 결과다. 따라서 하나님의 나라, 천국은 죽음 이후나 먼 미래에 올 환상적인 것일 수도 있지만, 역사 가운데 신자들이 실천하는 운동이나 교회 공동체를 의미할 수도 있다. 로마의 철학자이자 교부 아우구스티누스는 이러한 사상을 《신국론》이라는 작품에서 체계화했다. 그는 창조, 타락, 구원이라는 직선적인 시간 개념을 도입하면서, 역사에서 시작과 종말을 설계했다. 오랜 기간 로마 가톨릭과 종교 개혁가들은 교회야말로 지상에 임재한 하나님의 나라라고 설파하면서 신앙의 정체성을 유지하고자 노력했다. 현대 사회에서 이러한 논의는 다양한 형태로 발전했다. 미국의 흑인 신학, 라틴아메리카의 해방 신학, 한국의 민중 신학은 '억압받고 고통받는 이들이 해방되는 과정'을 하나님 나라로 봤다.

125

검역과 격리

검역과 격리는 무역로를 통해 발생하는 전염병을 막기 위한 수단으로 등장했다. 1348년 베네치아는 위생위원회를 만들어 감염된 선박, 상품, 선원들을 항구 외곽에 가둘 수 있도록 했고, 1485년에는 보건위원회를 창설하고, 격리 시설에 관한 자세한 규정을 만들기도 했다. 당시 베네치아는 지중해 무역의 거점으로, 동방의 물품이 이곳을 통해 유럽으로 전파됐다. 즉, 베네치아가 유럽의 전염병 전파를 막는 최전방이었다는 의미다.

15세기 대항해 시대 이후, 무역로와 항구를 통한 전염병 전파는 심각한 문제였다. 예를 들어, 1518년 카리브해 섬에는 천연두가 창궐해 중앙아메리카로 번졌고, 다시 볼리비아와 미국으로 퍼졌다. 같은 시기 폐렴, 인플루엔자, 홍역, 발진티푸스가 스페인인들의 탐험 활동을 통해 이들과 교역하는 원주민들 사이에 번져나갔다. 서아프리카에서 끌려온 흑인 노예들로 인한 말라리아와 여타의 기생충도 문제였다. 17세기에는 황열병이 유행했는데, 바베이도스에서는 1649년 9월 한 달 동안 6,000여 명이 죽었다. 황열병은 근처 세인트 크리스토퍼섬으로 퍼져 나가, 1년 반 동안 지역 주민 3분의 1이 전염병으로 죽는 등 인근 지역에 빠른 속도로 전파됐다. 같은 시기 사탕수수 농장의 성장은 이집트 모기 유충을 대서양 곳곳의 항구로 전파하는 원인이었다. 결국 이 시기에 국가적인 차원의 검역과 격리 관련 입법이 도모되고, 18세기 초반 유럽 대부분의 국가가 관련 법률과 위원회를 마련한다. 검역과 격리 조치는 전염병 확산을 막는 가장 효과적인 수단이었지만, 그로 인해 무역과 상업에서 막대한 피해가 발생할 수밖에 없었다. 18세기에도 전염병의 원인을 정확히 알 수 없었기 때문에 전염론자와 반전염론자 간의 격렬한 논쟁이 벌어지기도 했다. 뇌물이나 압력을 통해 검역과 격리를 피하는 부정행위도 문제였다.

벤저민 러시의 경우, 환기만 잘하면 전염되지 않기 때문에 오히려 격리가 전염병의 온상이 됐다고 봤으며, 자유를 억압하는 제도에 격렬하게 반발했다. 그는 전염 경로의 차단보다 기상 조건이나 독기 등을 문제 삼았고, 의사 찰스 콜드웰은 격리 조치를 "미신과 편견"이라고 비판했다. 무역과 상업을 통해 큰 이득을 보는 상인이나 자본가가 반전염론자들의 진정한 후원자였다. 결국 경제적 이해관계가 중요한 문제였던 셈이다.

126

예루살렘

예루살렘은 고대 히브리 왕국을 세운 다윗의 왕도다. 다윗이 여러 부족을 통합하면서 새롭게 만든 도시이기 때문에 상징적 의미가 크다. 하지만 아시리아와 바빌로니아에 의해 멸망한 이후 2,000년간 유대인의 나라는 존재하지 않았다.

　시온주의 운동은 유대인의 역사를 바꿔놓았다. 유럽인들의 오랜 박해에 맞서 자신들의 고향, '젖과 꿀이 흐르는 가나안 땅', 모세와 다윗이 세운 조상들의 땅으로 돌아가자는 운동이 19세기 말에 본격화된 것이다. 테오도어 헤르츨이 쓴《유대 국가》가 대표적인 사례다. 영국 정부는 유대인을 도왔다. 밸푸어 선언을 통해 유대인의 팔레스타인 정착을 공식화했는데, 이는 서아시아 지역에서 영국의 영향력을 확보하기 위한 수단이었다. 또 미국, 러시아 등 전 세계에 퍼져 있는 유대 자본을 확보하려는 의도도 있었다. 토지 매입, 군대 창설, 정치 기구 설립 등 영국의 광범위한 지원 아래, 1939년에는 이미 50만 명의 유대인이 250개의 정착지를 만들면서 일대에서 활발하게 활동했다. 또 독일 나치의 등장은 이러한 경향을 가속화했다. 제2차 세계 대전이 끝난 후, 1947년 영국은 팔레스타인 통치를 포기했고, UN은 일대를 유대인 국가와 팔레스타인 국가로 분할하는 것을 승인했다.

　1948년 전쟁이 벌어졌고, 유대인의 국가 이스라엘이 승리를 거둔다. 이집트의 가자 지역까지 장악했고, 팔레스타인인 70여만 명을 쫓아냈다. 이스라엘과 주변 아랍 국가의 충돌은 계속됐다. 미국은 이스라엘을 지원했고, 소련은 아랍 국가를 후원했다. 아랍 국가들은 이스라엘과 교역을 중단했고, 수에즈 운하를 막아 이스라엘을 경제적으로 고립시키고자 했다. 1956년 이스라엘은 영국, 프랑스와 함께 이집트를 공격했고, 지리한 국경 분쟁 끝에 1967년 6일 전쟁이 발발하고 이스라엘의 전방위적 성공으로 끝난다. 이스라엘은 이집트 가자 지구, 시나이반도, 요르단강 서안 지구, 시리아의 골란고원을 빼앗았고, 예루살렘을 수중에 넣었다. 2년 후에는 이집트와 포격전을 벌였고 1973년에도 전쟁을 벌였다. 결국 1979년 이스라엘이 시나이반도를 반환하면서 이집트와의 갈등이 종결됐고, 이집트 역시 이스라엘 문제에서 발을 빼게 된다. 이스라엘의 승리였고, 팔레스타인인들에게는 고독한 투쟁의 서막이 열린 것이다. 동시에 예루살렘은 국제 분쟁의 상징이 돼버렸다. 유대교, 크리스트교, 이슬람교의 성지임에도 말이다.

127

다이카 개신

7세기 중반, 일본 역사는 격동한다. 나카노오에 황자 주도로 소가씨를 물리치고 천황 중심의 권력을 확고히 했으며, 율령이 반포됐고, 백제 부흥군을 지원하기 위해 한반도에 군사를 보내기도 했다.

6세기 후반 이래 천황가와 귀족 가문 소가씨를 중심으로 지배 체제가 확립되지만, 소가씨의 영향력이 막강했다. 소가노 우마코, 소가노 에미시 등이 조정의 실권을 장악했기 때문이다. 이를 못마땅하게 여긴 나카노오에 황자는 645년 7월 후지와라노 가마타리 등과 함께 정변을 일으킨다. 외국 사절을 맞으러 왔던 당대의 권력자 소가노 이루카를 암살하고, 군사를 이끌고 소가 집안을 공격해 일족을 참살하고 권력을 장악한다. 이후의 정국은 나카노오에 황자가 주도했다. 그는 삼촌을 천황으로 추대하고, 고토쿠 천황 시대를 열었다. 이때 일본 역사상 최초로 '다이카 (大和)'라는 연호를 선포했고, 각종 개혁안을 발표한다. 하지만 실권은 나카노오에 황자에게 있었으며, 이후 자신의 어머니를 잠시 천황으로 세운 이후 본인이 즉위하니 그가 덴지 천황이다.

당시 한반도는 격동기였다. 신라와 당나라가 연합해 660년 백제를 멸망시켰는데, 덴지 천황은 원병을 파견해 백강 일대에서 백제 부흥군을 후원했지만 나당 연합군에 완패한다. 이후 혹시나 모를 나당 연합군의 일본 침략을 염두에 두고, 쓰시마섬에는 가네다성, 다자이후 북쪽에는 오노성, 아스카 일대에는 다카야스성을 축조했다. 덴지 천황은 친백제 노선을 유지했고, 망명해 온 백제인들을 우대했다.

덴지 천황 사후에도 격변은 계속됐다. 덴지 천황은 애초에 동생 오아마 황자를 후계자로 낙점했으나 이후 자신의 아들 오토모 황자로 후계자를 바꾸려 했다. 덴지 천황 사후 삼촌과 조카의 권력 쟁탈전이 벌어졌고, 결국 오아마 황자가 승리한 후 덴무 천황이 됐다. 그는 '일본'이라는 국호를 처음 사용했고, 천황을 신격화했으며, 당나라, 통일 신라와의 관계를 회복하려고 노력했다. 또 '팔색성'이라는 기준을 통해 중앙 귀족의 위계를 정리했다. 일련의 과정을 통해 2관 8성제라는 시스템이 자리를 잡는데, 중국식 율령 제도를 수용해 독자적인 시스템을 만든 것이다. 하지만 나카노오에 황자를 도운 후지와라 가문이 크게 번성했고, 9세기 이후 이들의 권세는 천황을 위협한다. 일본식 중앙 집권 체제의 한계가 뚜렷했던 것이다.

128

묵자

성왕이 집을 짓는 것은 삶을 편리하게 하기 위한 것이었을 뿐 보고 즐기기 위한 것이 아니었다. 의복이나 허리띠와 신을 만드는 것도 몸에 편리하게 하기 위한 것이었지, 기괴한 꾸밈을 위한 것이 아니었다.

(…) 옷을 짓는 원칙은 겨울에는 비단옷을 입어 편하고 따뜻하게 하고, 여름에는 굵고 가는 베옷을 입어 편하고 시원하게 하는 데에 그쳤다. 성인께서 의복을 마련하실 적에는 몸에 맞고 살갗에 조화되게 하는 것으로 만족했지, 화려하게 보이게 해 어리석은 백성들에게 뽐내려 하지 않았다.

(…) 음식은 기운을 높이고 허기를 채워주며 몸을 튼튼히 하고 배를 부르게 하는 것만으로 충분했다. 그래서 재물을 절약하고 자신들을 보양하는 데 있어서도 검소해 백성들은 부유해지고 나라는 태평해졌다.

－《묵자》

    이 내용은 언뜻 보면 당연한 이야기처럼 보이지만, 신분제 사회이던 당시에는 충격적인 주장이었다. 묵자는 유학자들에게 학문을 배웠으나 이후 묵가라는 독자적인 종교 집단을 창시했다. 묵가는 겸애, 보편적인 사랑을 주장했고 공동체 전체의 이익을 강조했다. 가족 공동체를 우선시하며 의로움과 이로움을 구별하는 유학자들의 차별적인 태도를 비판한 것이다. 또 제사나 음악 같은 예식 비용을 돈 낭비라고 여겼고 검약을 강조했다. 유학자들에게 제사는 예법의 절정이고 백성을 교화시키는 핵심 수단이었는데, 묵가는 '절용', '절장' 등을 주창하며 사치를 삼가고 생산에 힘쓰며 소비를 줄여야 한다고 주장했다.

    또 약소국을 구하기 위해 무리를 끌고 가서 직접 성을 수비해 나라를 구하는 모습도 보였다. 묵가는 철저하게 '비전'과 '비공'을 주장한 집단이다. 전쟁에 반대하고 강대국의 약소국 침략에 저항한 것이다. 하지만 진시황에 의해 중국이 통일되면서 자연스럽게 묵가 사상은 설 자리를 잃는다.

129

종교 개혁

로마 가톨릭이 구교와 신교로 분리된 사건. 마르틴 루터, 장 칼뱅 등이 주도했으며 북유럽과 영국을 중심으로 신교가 정착했다. 영국의 신교도 중 일부는 미국으로 건너가 정착했다.

교회 개혁에 대한 열망은 중세 후반으로 갈수록 심화됐다. 영국에서는 위클리프가 이끄는 롤러드파, 독일 보헤미아 지방에서는 후스가 이끄는 신앙형제단이 강력하게 교회 개혁을 요구했다. 이들은 성직자가 아니었다. 평신도들이 직접 성경과 크리스트교 신앙을 탐구하는 시대가 된 것인데, 토마스 아 켐피스 같은 이들을 중심으로 경건주의 운동이 확산되기도 했다. 하지만 로마 가톨릭은 후스를 화형에 처함으로 교회 개혁에 대한 요구를 정면으로 거부한다.

이후 로마 가톨릭의 타락은 계속됐다. 특히 성 베드로 성당 등 교황과 교회의 위신을 높이기 위한 자금 모금은 큰 문제를 일으켰다. 이른바 면죄부 판매다. 면죄부를 사면 그간의 죄를 용서받을 수 있고, 자신의 죄뿐 아니라 이미 죽은 가족의 죄도 사면할 수 있다는 것이었다.

그리고 1517년 마르틴 루터가 비텐베르크 성당 대문에 〈95개조 반박문〉을 내걸면서, 세계 종교사에서 찾아보기 힘든 격렬한 종교 개혁이 일어난다. 면죄부를 배격하고, 교황권과 위계적인 사제 제도를 전면 부인했다. 하나님을 믿는 모든 사람이 사제의 중재 없이 직접 기도하고 주도적으로 신앙생활을 할 수 있다는 의미였다. 이들은 별도의 교회를 만들었고 성인 숭배, 마리아 숭배 같은 중세 교회의 특성을 모두 부인했다. 장 칼뱅은 성경의 우월성을 강조하며 오랜 기간 쌓여온 교회의 전통을 부인했다. 루터파는 독일을 중심으로 북유럽에 퍼져 나갔고, 칼뱅파는 스위스, 네덜란드, 프랑스, 영국에서 번성했다. 칼뱅파는 영국에서 청교도, 스코틀랜드에서는 장로파 등으로 불렸는데, 미국 크리스트교 발전에 중요한 역할을 한다.

130

베르나르 뷔페

"미술이 세상을 즐겁게 할 필요는 없다."

　프랑스의 화가인 베르나르 뷔페(1928~1999)는 독일 나치에 점령당한 파리에서 10대 시절을 보내며, 전쟁의 혹독함과 궁핍함을 온몸으로 경험했다. 들라크루아, 드가, 모네, 르누아르를 배출한 파리 국립고등미술학교인 에콜 데 보자르에 입학하지만 자퇴한다. 그는 1946년 18세의 나이로 데뷔에 성공했고, 이듬해에 개인전을 열었으며 20세에는 '생 플라시드 갤러리'에서 비평가상을 받는 등 이른 나이에 큰 성공을 거둔다. 20대는 영광의 나날이었다. 피카소에 비견되는 화가로 평가받으며 국제적인 명성을 누렸기 때문이다.

　"피카소? 그는 훌륭한 예술가이지만, 나에겐 아무 의미 없습니다. 마티스는 그냥 장식가일 뿐이죠." 패션 디자이너 이브 생로랑, 배우 브리지트 바르도 등과 함께 꼽힐 정도의 유명 인사였던 뷔페다운 인터뷰였다.

　수평선과 수직선. 그는 강하고 예리한 직선에 의지해 독특한 선묘법을 선보였다. 추상화 열풍에도 불구하고 구상화, 실제로 존재하거나 충분히 상상 가능한 사물을 그리는 화법으로 높은 경지에 도달했다.

　그의 그림은 이상과 희망을 상실한 인간상, 전쟁의 공포와 사회적 불안 등 20세기 중반 프랑스를 풍미한 실존주의적 감성과 맞닿아 있다. 대표적인 실존주의 문학가 알베르 카뮈의 《이방인》의 삽화를 그렸고, 프랑수아즈 사강이 쓴 《독약》의 일러스트를 담당했다.

131

이란

현대 이란은 페르시아를 계승한 나라다. 고대 페르시아 제국으로 크게 흥기했고, 조로아스터교의 발상지이기도 하다. 하지만 현재는 대부분 이슬람을 믿고 있다. 중세 기간 여러 제국의 영역이었고, 사파비 왕조를 세우기도 했다.

현대 이란의 역사는 극적이다. 이란은 위치상 북쪽으로는 중앙아시아, 남쪽으로는 페르시아만을 마주하는 요충지이기 때문에 영국과 소련의 이권 다툼이 격렬했다. 1919년 '영국·페르시아 조약'을 통해 이란은 영국의 지배를 받게 된다. 이 시기 소련은 이란 공산당과 분리주의 운동을 적극적으로 지원했다. 결국 소련의 도움으로 영국과의 불평등 조약 폐지에 성공한다.

1925년 이란은 레자 칸의 주도로 독립한다. 이때 세워진 나라가 팔레비 왕국으로, 레자 칸은 이란의 '샤(왕을 의미하는 페르시아어)'가 된다. 팔레비 왕국은 철저하게 서구화를 지향했다. 서구식 교육 제도를 도입했고, 이슬람 세력을 통제하고자 했다. 기존의 종교 교육 대신 테헤란 대학을 설립하고, 각양의 근대식 전문학교를 세웠으며, 행정력과 국방력을 강화하고자 했다. 프랑스, 벨기에, 미국, 독일 등 여러 나라의 지원을 받으며, 근대적인 재정 인프라도 확충했다. 1908년 석유가 처음 발견됐는데, 제2차 세계 대전 당시에는 석유 수송로 확보를 위해 영국과 소련이 경쟁적으로 뛰어들어 팔레비 왕국의 지배력을 약화시켰다. 제2차 세계 대전 종전 이후 이란은 미국의 지원을 받는다. 냉전이 본격화됐고, 소련을 견제하기 위해 미국이 이란을 지원한 것이다. 미국은 군사 원조의 대가로 석유를 요구했고, 이란 북부의 분리주의 운동 세력을 몰아냈다.

외국 자본의 석유 침탈은 1950년대 이란의 정치 사회에서 중요한 화두였다. 국민전선을 이끌던 모사데크는 국민의 지지를 등에 업고 앵글로-이란 석유 회사를 국유화하는 등 강력한 석유 민족주의 정책을 추진했다. 하지만 서구 국가들은 이란 석유 불매 운동으로 대응했고, CIA의 지원으로 모사데크는 축출당한다.

1970년대 이란은 또 한 번의 대변혁을 맞이한다. 아야톨라 루홀라 호메이니를 중심으로 이슬람 혁명이 촉발됐기 때문이다. 1971년 호메이니는《이슬람 정부》라는 책을 썼는데, 왕정 제도, 서구화 정책은 모두 이슬람 경전의 뜻을 위배하는 것이므로 이슬람 중심의 새로운 사회를 건설해야 한다고 주장한다. 정교일치를 외친 주장으로, 이는 이란의 민족주의를 자극하며 혁명에 성공한다. 그로 인해 서구화 정책은 모두 철폐됐으며, 여성들이 누리던 기회는 말살됐다.

132

벤츠와 포드

19세기 중엽 종래의 증기 기관, 즉 외연 기관에서 내연 기관으로의 중요한 기술적 진보가 이뤄진다. 외연 기관은 연료와 보일러, 연료와 엔진, 보일러와 엔진이 분리된 구조로, 열역학의 발달에 따라 좀 더 효율적인 기관, 연료의 폭발이 곧장 에너지로 전달되는 내연 기관의 발전을 가능하게 했다. 내연 기관의 개발은 여러 난항을 겪었다. 작은 실린더에서 일어나는 효율적인 폭발과 그로 인해 발생하는 에너지가 피스톤 운동으로 구동되는 문제부터, 공기와 연료의 적절한 혼합 과정이 연속적으로 일어나야 하는 문제, 점화 작용 이후 발생하는 행정 운동의 타이밍 등 난해하기 짝이 없는 기술적 문제를 풀어야 했기 때문이다. 여러 발명가의 노력에 따라 4행정 주기의 피스톤 운동을 하는 엔진이 개발됐는데, 고틀리프 다임러, 빌헬름 마이바흐는 1883년에 분당 600~900회 회전이 가능한 엔진 개발에 성공한다. 비슷한 시기 카를 벤츠 역시 독자적인 전기 점화 시스템을 만들어낸다. 유럽에서 내연 기관이 성공을 거두는 사이, 미국에서는 제임스 패커드에 의해 H 모양의 기어 장치가 개발됐다.

자동차 개발에 결정적 전기를 마련한 이는 미국인 헨리 포드였다. 그는 '대량 생산'이라는 개념을 구조화하면서, 자동차 생산에서 경이적인 변혁을 이뤄냈다. 1912년 그가 세운 하일랜드파크 공장에서는 컨베이어 벨트 시스템을 통해 자동차 제조의 전 과정이 하나로 통합됐다. 이렇게 만들어낸 자동차가 '모델 T'였다.

생산 공정은 많은 변화를 가져왔다. 자동차 한 대를 조립하는 시간은 초기 12시간 30분에서 2시간 40분으로 단축됐고, 이를 통해 막대한 비용 절감을 도모하고 소비자는 더욱 싼 가격에 차를 구매하게 됐다. 1908년 850달러에 팔린 모델 T는 8년 후에는 360달러까지 하락했고, 6,000대 정도 팔리던 차는 57만 대까지 생산이 늘었다. 대량 생산이 대량 소비를 선도한 것이다. 컨베이어 벨트로 구동되는 첨단 시스템에서 숙련 노동은 의미가 없었다. 대부분 미숙련 노동자가 쉽게 배울 수 있는 단순 반복 작업이 주를 이뤘는데, 그럼에도 포드는 노동자의 임금을 획기적으로 높였고 유럽의 이민자, 흑인들을 고용했다. 이를 통해 노동자의 소득이 향상했고 다시금 자동차 판매 시장이 넓어지는 선순환 효과가 일어났다. 포드의 혁신을 '포디즘'이라 불렀는데, 생산 방식에 큰 변화를 초래했다.

133 오사카

오사카성

도쿄, 교토, 오사카는 일본의 대표적인 도시다. 도쿄가 현대 일본의 수도이고, 교토가 전통문화를 상징하는 곳이라면, 오사카는 저명한 상업 도시다.

오랜 기간 무사 정권이 유지되면서, 농업과 상업에서 큰 진전을 이룬다. 그리고 에도 막부 시대가 되면 그러한 경향은 절정에 도달하며, 특히 대규모 도시가 발전한다. 오사카는 서일본, 호쿠리쿠 등의 물자가 모이는 곳이었고, 전국의 쌀과 특산품을 저장하는 곳이기도 했다. 온갖 상품의 집산지였던 오사카는 번에서 관리를 파견해 직접 관리했고, 전국의 물산은 오사카를 통해 유통됐다.

상업이 발전한 일본에서는 각종 직업군이 등장한다. 땅을 구해서 집을 짓는 '지가리(地借)', 점포를 임차해 장사하는 '다나가리(店借)' 소상인, 일용직 행상이 셀 수 없이 많았고, 숙박과 식사를 제공하는 '하타고(旅籠)', 숙박과 조리 도구, 땔감만 제공하는 '기친야도(木賃宿)', 차를 마시는 '자텐(茶店)' 또한 곳곳에서 번성했다.

현대에도 오사카는 크게 번성했다. 제국주의 시대 때 식민지 조선에서 많은 이가 강제 동원되거나 일자리를 찾아 일본으로 건너간다. 최대 200만이 넘는 조선인 노동자들이 일본 각지에서 살다가, 태평양 전쟁으로 제국주의 일본이 패망하면서 대부분은 고향으로 돌아갔다. 하지만 약 50만~60만 명 정도가 여러 이유로 일본에 남게 됐고, 그중 일부는 오사카에서 번성한 파친코 산업에 투신해 크게 성공한다. 파친코, 야쿠자는 자이니치(재일조선인)와 교차되는 단어이기도 하다.

오사카 사람들의 호방한 성격은 일본에서도 유명하다. 좀처럼 자기 생각을 드러내지 않고 타인의 일에 간섭하기를 극도로 꺼리는 일본 문화에서 오사카는 예외적이기 때문이다. 감정을 잘 드러내고 낯선 사람과의 소통에 불편함을 못 느끼는 오사카인의 정서는 오히려 한국인과 비슷하다. 도요토미 히데요시가 세운 오사카성이 유명하다.

134 일본의 역사

일본 역사는 4세기경부터 본격적으로 발전한다.

4세기경이 되면 야마토 정권이 성립하는데, 백제와의 문화 교류가 국가 성장의 중요한 동력이었다. 쇼토쿠 태자가 이끄는 아스카 문화는 야마토 정권기의 문화 번성을 상징한다.

그리고 645년 다이카 개신이 일어난다. 쇼토쿠 태자 사망 후, 소가씨 일파가 권력을 장악하는데 나카노오에 황자가 후지와라노 가마타리의 지원을 받아 소가씨 일파를 무너뜨린 것이다. 나카노오에 황자는 덴지 천황이 되는데, 연호를 다이카로 하고 수도를 오사카로 옮기는 등 천황 중심의 집권 체제를 만들고자 했다. 이때 당나라의 율령 제도를 도입했지만, 후지와라 가문이 막강한 세력을 펼치는 등 천황 중심의 통치 체제는 지속되지 못했다.

8세기에는 수도가 나라 지역으로 옮겨지고, 헤이조궁 같은 궁궐이 건립되는 등 근 100년간 나라 시대가 열린다. 이때 처음으로 일본이라는 국호를 사용했고《고사기》,《일본서기》같은 고유의 역사서와《만엽집》같은 시가집이 편찬됐다. 견당사를 통해 중국 문화를 적극적으로 수용하기도 했다. 일본 불교를 대표하고 세계에서 가장 큰 목조 건물로 평가받는 도다이지(東大寺)도 만들어졌다.

하지만 8세기 말 헤이안쿄로 천도한 이후, 일본 문화는 다시 한번 중요한 변화를 겪는다. 견당사를 폐지하고, 일본 고유의 문화가 강조됐기 때문이다. 이 시기를 헤이안 시대라고 하는데, '국풍 문화'가 발전했으며 가나 문자가 만들어졌다. 무라사키 시키부의《겐지 이야기》같은 대표적인 일본 고전 문학도 탄생했다.

헤이안 시대 말기에는 각자 세력을 강화하기 위해 무사들을 대거 고용했고, 결국 고용된 무사들이 권력을 장악해 '무가 사회'라는 일본 특유의 정치 제도가 등장하니, 이를 막부라고 한다. 12세기 말 미나모토노 요리토모는 가마쿠라 막부를 개창했다. 14세기가 되면 아시카가 다카우지가 무로마치 막부를 세우는데, 명나라와의 교류에 적극적이었다. 이후 센코쿠 시대라는 혼란기를 거쳐, 1603년 도쿠가와 이에야스에 의해 에도 막부가 수립됐다.

135

한비자

군주에게 권력이 집중되는 것을 방해하는 다섯 가지 상황이 있다.

첫째, 신하가 군주의 눈과 귀를 가리는 것이다.

둘째, 신하가 나라의 재정을 장악하는 것이다.

셋째, 신하가 군주의 허락 없이 마음대로 명령을 내리는 것이다.

넷째, 신하가 마음대로 백성들에게 선행을 베푸는 것이다.

다섯째, 신하가 개인적으로 동지들을 모으는 것이다.

신하가 군주의 눈과 귀를 가리면 군주는 그 지위를 잃게 되고 신하가 나라의 재정을 장악하면 군주는 덕을 잃게 되며 신하가 마음대로 명령하면 군주는 행정의 통제력을 잃게 되고 신하가 사적으로 패거리를 이루면 군주는 거느릴 무리를 잃을 것이다. 이러한 것들은 군주가 남김없이 모두 손에 쥐고 있어야지 신하들에게 넘겨주어서는 안 된다.

－《한비자》

한비자(기원전 약 280~기원전 233)는 법가의 완성자로 평가받는 인물이다. 법가의 선구적인 인물로 상앙이 있는데, 공자와는 정반대의 주장을 펼쳤다. 단순하고 엄격한 법 집행을 강조했고, 농사와 상업 인구 증가와 군비 확충을 통한 부국강병을 목표로 했다. 또 전통은 바뀔 수 있으며, 혁신적인 사고를 통해 세상을 바꿔야 한다고 봤다. 상앙은 유학자들을 조롱했고, 진나라 효공을 도와 나라를 흥성하게 했다.

상앙에 비해 한비자는 약소국인 한나라 출신에, 젊은 시절 동료였던 이사의 모함을 받아 꿈을 펼치지 못한 채 비극적으로 생을 마감했다. 하지만 문장력이 탁월해 장문의 저술을 남겼고 법은 물론 군주의 리더십과 책략을 강조하던 당대의 학풍을 수렴해 법가의 길을 열었다. 한비자의 사상은 종종 마키아벨리의《군주론》과 비교되며, 국가 운영, 리더십 등 다양한 방면에서 지적 촉매제 역할을 하고 있다.

136 북유럽의 르네상스

이탈리아에서 시작된 르네상스는 15세기 중반 이후 북유럽으로 확산된다. 남부에서의 르네상스와 북부에서의 르네상스는 성격이 다르다. 이탈리아의 르네상스는 그리스 로마 고전의 부활을 지향했지만, 여전히 귀족적이고 종교적인 성격이 강했다. 하지만 북유럽에서는 그리스 로마 고전에 대한 관심보다 현실 사회와 교회 문제에 대한 비판적 인식이 강했고, 농민들의 일상적인 삶과 그간 발전해온 영어, 독일어 같은 토착 언어에 대한 관심 등 새로운 주제로 창의적인 성과를 올렸다.

북유럽 르네상스를 주도한 대표적인 인문주의자는 에라스뮈스와 토머스 모어다. 에라스뮈스는 중요한 저작을 많이 남겼는데,《우신예찬》이 대표적이다. 성직자라는 미명 아래 감춰진 무모함과 무식함, 이들을 무작정 믿고 따르는 민중의 한심함을 비판했다. 에라스뮈스는 비평가에 머무르지 않았다. 그는 진지하고 경건했기 때문에 크리스트교인의 관점에서 윤리적이고 경건한 삶이 무엇인지 집요하게 추구했고, 크리스트교 평화주의에 관한 저술을 남기기도 했다. 무엇보다 정확한 헬라어 신약 성서 복원에 성공하면서, 성경 연구에 새로운 가능성을 열었다. 에라스뮈스는 루터의 종교 개혁에 공명했으나 끝내 참여하지 않았다.

토머스 모어가 남긴《유토피아》는 이상 사회에 대한 구체적인 고민을 담은 작품이다. 이상 사회란 도덕적 기강이 있을 뿐 아니라, 사회 경제적으로 평등하고 동등한 삶을 누려야 하는 곳임을 역설했다. 토머스 모어는 "양들이 사람을 잡아먹고 있다"라며 당시 영국에서 전개된 인클로저 운동을 비판했다. 이는 울타리를 쳐서 사유지를 확대하며 목축 산업을 발전시키는 방법으로, 농민들이 토지에서 쫓겨나는 등 여러 문제가 많았기 때문이다.

북유럽 르네상스에서 가장 인상적인 것은 '국민 문학'의 등장이다. 셰익스피어는 영어로 4대 비극을 썼고, 세르반테스는 스페인어로《돈키호테》를 남겼다.

미술 분야에도 큰 성과가 있었다. 네덜란드의 반 에이크 형제는 유화라는 장르를 개발했고, 네덜란드의 브뤼헐은 농민들의 일상생활을 그리기 시작했다. 그간 종교화나 귀족의 초상화가 집중적으로 그려진 것을 생각하면 브뤼헐 역시 미술사에 중요한 변화를 불러일으킨 셈이다.

137 낭만주의

외젠 들라크루아, 〈사르다나팔루스의 죽음〉

18세기 말부터 19세기 중반까지 낭만주의가 전 유럽을 풍미했다. 낭만주의는 계몽주의, 신고전주의 같은 이전 시대의 주류 사조를 격렬하게 거부했다. 인간의 이성과 합리성에 대한 신뢰, 그리스 로마 문화에 대한 숭배가 한 시대를 풍미했다면 낭만주의는 이러한 경향에 반발하고 근본적인 측면에서 저항했다.

《레 미제라블》,《파리의 노트르담》등 문학 분야에서 걸출한 작품을 쏟아낸 빅토르 위고는 이러한 경향의 대표 주자였다. 그는 이전의 엄격한 형식을 거부했다. 세계를 직접 체험하며 얻는 작가 자신만의 통찰과 감정적 성찰을 중요시했고, 고전적인 아름다움을 넘어 추악함, 기괴함 같은 새로운 감각에 관심을 기울였다.

외젠 들라크루아는 〈사르다나팔루스의 죽음〉을 통해 낭만주의 미술의 극치를 선보였다. 아시리아의 훌륭한 통치자 사르다나팔루스와 그를 따른 첩의 비극적인 죽음을 전혀 새롭게 해석한 것이다. 여성들의 죽음에 냉담한 국왕을 그리면서 기존의 통념을 거부했고, 스토리도 새롭게 구성했다.

서유럽의 합리주의를 뛰어넘고자 한 독일 철학의 심오한 내적 세계도 낭만주의에 큰 영향을 받았다. 작가 개인의 창조성도 낭만주의와 밀접한 관련을 맺는데 J. M. W. 터너의 〈눈보라: 항구 어귀에서 멀어진 증기선〉, 카스파르 프리드리히의 〈안개 바다 위의 방랑자〉 등이 대표적인 미술 작품이다.

138

주먹 도끼

주먹 도끼는 오늘날 구석기 시대의 대표적인 유물로 분류된다. 수십만 년 전부터 인류는 돌을 활용했다. 돌끼리 부딪치게 하거나 큰 바위에 작은 돌을 충돌시켜 단면이 날카로운 석기를 만들어 활용했다.

1797년 영국의 존 프레어는 혹슨에서 인부들과 벽돌을 만들다 오래된 돌도끼와 동물의 뼈를 발견한다. 지질학에 식견이 있던 그는 지층을 파고 들어가 주먹 도끼를 비롯한 여러 석기와 멸종된 코끼리의 뼈까지 찾아낸다. 그는 금속을 사용하기 이전 시대의 유물을 발견했다고 주장했는데, 이것이 사실로 받아들여지기까지는 반세기 이상이 필요했다. 그때까지는 선사 시대를 이해할 수 있는 체계적인 학문적 성과가 없었기 때문이다.

이후 물길을 연구하던 운하 전문가 윌리엄 스미스는 지층에 대한 획기적인 생각을 전개한다. 대지에 광범위한 퇴적층이 있다는 것을 발견했기 때문이다. 그는 '지층 스미스(Strata Smith)'라는 별명을 얻었는데, 지층이라는 개념이 정식화된 것이다. 비슷한 시기, 오랜 기간 지층 활동이 지구에서 반복적으로 이뤄졌고 지금도 이뤄진다는 주장인 '동일 과정설'이 제기됐고, 영국의 지질학자 찰스 라이엘은《지질학 원론》에서 당시로서는 혁신적인 이론을 공식화했다.

연대를 확인할 수 없는 다양한 형태의 석기와 이미 멸종된 동물의 뼈가 벨기에, 프랑스 등에서 계속 발굴됐고, 이러한 유물 확보와 지질학의 발전이 결합해, 결국 역사 시대 이전의 선사 시대, 구석기 시대와 신석기 시대가 공식화된 것이다.

139

수용소

그자들이 예순다섯이나 된 노쇠한 이 몸을 때리기 시작했소. 바닥에 엎드리게 하더니 꽈배기처럼 꼰 고무 채찍으로 내 발바닥과 척추를 때렸다오. 그러고는 의자에 앉혀 내 다리를 위에서부터 세차게 때렸소. 채찍에 맞은 다리 부위에 넓게 멍이 생기고 나니 다음 날부터는 붉으락푸르락 노랗게 멍든 그 자리에 또다시 채찍질했지. 차라리 죽는 편이 이보다 참기 쉽겠다는 말이 내 입에서 절로 나옵디다. 결국 빨리 처형대로 오르길 바라는 마음에 나 자신을 비방했소.

이는 소련의 저명한 연극 연출가 프세볼로트 메이예르홀트의 탄원서다. 스탈린이 이끈 인류 최초의 공산주의 국가 소련은 시작부터 어마어마한 인권 유린을 자행했다. 1925년부터 1953년 인명 피해만 1,200만에서 2,000만 명으로 추정된다. 특히 1937년부터 1938년 사이 대공포의 시대에는 무려 70만 명이 총살당했고, 40만 명이 굴라크(Gulag)라 불린 시베리아 수용소에 보내졌다. 제2차 세계 대전 때는 250만 명의 소수 민족이 강제로 이주해야 했고, 1940년대 말부터 스탈린이 사망할 때까지는 집요하게 반유대인 정책이 추진됐다.

난 손끝부터 팔꿈치까지 피가 묻어 있네. 이것이 내 영혼을 짓누르는 최악의 일이라네.

스탈린의 뒤를 이은 소련 서기장 흐루쇼프의 회고로, 그는 참혹한 파국을 잊지 않고 참회하고자 노력했다. 1956년 2월 흐루쇼프는 스탈린을 공개 비판했고, 수용소에 보내진 이들의 귀환을 허락했다. 하지만 살아남은 자들의 고통은 계속됐다. 뿔뿔이 흩어진 가족들의 재회는 쉽지 않았다. 숙청 과정에서 생존을 위해 아내는 남편을 버렸고, 수용소 생활로 망가진 아내를 남편이 버렸다.

더구나 흐루쇼프 실각 이후 브레즈네프가 집권했는데, 그는 열정적인 스탈린주의자였다. 《이반 데니소비치의 하루》, 《수용소 군도》 등 당대 현실을 고발한 솔제니친은 국제적인 명성에도 불구하고 1974년 소련에서 추방당했고, 브레즈네프 집권 기간 동안 생존자들은 침묵해야 했다. 1991년 고르바초프가 집권하면서 비로소 희생자들의 공식 복권이 선포됐다.

140

홍콩

영국은 포르투갈이나 네덜란드에 비해 아시아에 늦게 진출했지만, 프랑스 같은 막강한 경쟁자와의 싸움에서 승리했다. 인도를 지배했고, 미얀마에서 말레이시아까지 수중에 넣으면서 동남아시아의 주요 거점을 확보한다. 그리고 1840년 아편 전쟁을 통해 오늘날 홍콩 일대를 할양받는 데 성공한다.

영국인들이 보기에 홍콩 일대는 천혜의 항구였다. 주변 수심이 깊고 태풍 피해로부터 상당히 자유로웠기 때문에 쾌속선과 군함을 정박하기에 이상적이었다. 로열 자키 클럽, 자딘 매디슨 상회 등이 영국의 보호와 면세 혜택을 누리면서 진출했다. 홍콩은 입지 조건은 물론 중국과 동남아시아를 잇는 지역적 조건으로 인해 빠르게 상업 도시로 성장했다. 나오로지 가문은 스타페리라는 선박 회사를 세웠는데, 오늘날에도 홍콩의 야경을 빛내고 있다.

중국의 혼란이 지속돼 홍콩은 난민 수용소 역할도 했다. 청나라 말기 태평천국 운동, 1930년대 국공 내전, 1949년 중화민국의 몰락, 1958년 중국에서 벌어진 대약진 운동으로 인한 대기근, 1960년대 중반 문화 대혁명으로 인한 광기 어린 살육전 등 온갖 중국 근현대사의 풍파를 피하기 위해 수많은 사람이 홍콩으로 넘어가거나 홍콩에서 보내온 돈이나 식량으로 연명했다. 덕분에 1950년대에는 180만 명, 1960년대에는 320만 명, 1980년대에는 620만 명으로 인구가 빠르게 성장한다. 냉전 시기에는 영국과 미국의 후원 가운데 빠르게 성장했고, 1989년 냉전이 붕괴하면서부터는 중국의 개혁 개방 등과 맞물려 다시 한번 성장했다. 홍콩은 1980년대에 일본 못지않은 엄청난 경제적 성공을 거두는데, 로든 우, 리자청, 바오위강 등 걸출한 기업가들이 등장했다.

1980년대 중반, 중국의 부상으로 홍콩 반환 논의가 활발하게 전개된다. 그로 인해 1984년부터 약 10년간 60만여 명의 홍콩인이 서구 국가로 망명한다. 1997년, 홍콩의 특별한 지위를 인정하며 50년간의 자치권을 보장한다는 전제로 홍콩은 중국에 반환된다.

141 왕안석의 개혁

송나라 재상 왕안석의 개혁은 '신법'이라 불렸고, 송나라의 근본적인 사회 모순을 고치려던 과감한 시도였는데 이를 두고 여전히 다양한 논쟁이 벌어진다.

개혁은 당파 싸움으로 변질됐다. 왕안석과 같은 입장의 사람들을 '신법당', 이에 반대하는 사람들을 '구법당'이라고 했는데, 구법당과 상인 등 당시 지배 계급의 조직적인 반발로 인해 개혁은 실패하고 만다.

왕안석은 1069년 신종의 부름을 받아 신법을 주장했다. 그는 농민, 중소 상인, 수공업자 등 광범위한 사회 하부 계층의 경제 사회적 처지를 개선하는 것이 곧 국가의 번영이라 믿었다. 그는 '청묘법(농민에 대한 저리 금융 정책)'을 실시해, 고리대의 늪에 빠졌던 영세 농민에게 활로를 만들고자 했다. 그러나 반발이 드셌다. 사마광을 비롯한 구법당은 국가의 경제 개입의 문제점을 지적하고, 관료와 중앙 권력의 영향력 확대에 따르는 문제를 우려했으며, 고리대를 통해 이득을 얻던 각지의 지주들은 현장에서 다양한 수법으로 청묘법 시행을 막았다.

하지만 왕안석의 개혁은 오히려 확대됐다. 그는 과거제를 개혁해 법률 과목과 경전에 대한 이해를 높이며 시문 창작의 비중을 낮췄다. 또 보갑제를 실시해 기존의 낡은 부역 제도를 개선하며, 체계적으로 군수 물자와 군사력을 확보해 점증하는 북방 민족의 위협에 대응하고자 했다. 국가는 합리적인 조세 정책, 적극적인 사회 개혁을 통해 농민의 삶에 안정을 기하고, 그 대가로 농민을 체계적으로 훈련시켜 치안과 국방 문제를 해결하려 했다. 또 균수법을 실시해 대상인과 조합의 영향력을 제어하고, 소상인과 농민에게 유리한 형태로 상공업 구조를 바꾸려 했다.

하지만 개혁은 오래가지 못했다. 개혁의 든든한 후원자 신종이 1085년에 죽었고, 고태후가 섭정하는 가운데 사마광 등에게 권력을 이양해 신법을 모두 폐지한 것이다. 1086년에 왕안석과 사마광이 모두 죽었지만 이 둘을 계승한다면서 개혁과 반개혁 논쟁이 계속됐다. 하지만 왕안석에 비견되는 탁월한 개혁가는 등장하지 않았고, 당쟁이 지속되는 가운데 송나라는 기존의 사회 문제를 고치지 못하고 북방 민족에 시달린다.

142

사대부

부자가 되려고 좋은 토지를 살 필요가 없나니

책 속에 천 석의 쌀이 놓여 있도다

편안히 살려고 호사스러운 집을 지을 필요가 없나니

책 속에 황금으로 만든 집이 지어져 있도다

(…) 아내를 얻으려고 좋은 중매 없음을 한탄하지 마라

책 속에 옥 같은 여인이 나타날 것이다

남아로 태어나 평생의 뜻을 이루고 싶거든

유교 경전을 창 앞에 두고 부지런히 읽으라

이는 송나라 황제 진종의 시다. 동서양을 막론하고 지배층을 통상 귀족이라 부른다. 이들은 일반 민중을 제어할 수 있는 무력 수단과 압도적인 경제력, 무엇보다 혈통에 근거한 권위를 자랑한다.

하지만 중국 송나라에서는 '사대부'라고 불리는 독특한 지배층이 등장한다. 이들은 평소에 유교 경전을 깊이 탐독하는 '독서인'이고, 그러한 인문 교양 능력을 바탕으로 '과거제' 시험을 통해 관료가 된다. 대체적으로 중소 지주 집안에서 사대부를 배출했지만, 경제적으로 넉넉해도 과거에 합격하지 못하면 결코 사대부가 될 수 없었다. 물론 경제적으로 미천해도 과거에 합격해 유능한 관료적 역량을 뽐내면 최고위직 관리가 될 수 있었다. 독특한 능력제 사회가 만들어진 셈인데, 송나라 때는 2대에 걸쳐 한 집안에서 과거 합격자가 나오지 못할 정도로, 사대부가 되기란 쉽지 않았다.

그렇다고 중국에서 신분제가 사라진 것은 아니었다. 여전히 황제가 존재하며, 혈통이나 권력을 자랑하는 지배층과 그렇지 못한 피지배층이 존재했다. 하지만 국가를 운영하는 주체는 충분한 지식과 경륜을 겸비한 사대부들뿐이었으니, 당시로서는 다른 문명권에서 찾아볼 수 없는 예외적인 지배 구조였다고 할 수 있다. 이들은 명청 대에는 신사층, 조선에서는 양반층이라 불렸다.

143

삼두 정치

로마의 군사 지도자들이 만든 정치 체제. 삼두 정치는 두 차례 진행됐다. 첫 번째는 카이사르, 폼페이우스, 크라수스, 두 번째는 옥타비아누스, 안토니우스, 레피두스에 의해서였다.

그라쿠스 형제의 개혁이 실패한 이후 로마는 더욱 혼란에 빠진다. 귀족들은 기득권을 포기하려 하지 않았고, 로마 사회는 뚜렷한 대안을 모색하지 못했다.

폼페이우스는 동방 원정에서 큰 성공을 거뒀다. 팔레스타인부터 시리아 일대까지 소아시아의 핵심 지역을 점령한 것이다. 카이사르는 갈리아(오늘날 프랑스 일대)를 점령하고 이집트 정치에 개입해 소아시아 지역에서도 성공적인 군사 원정을 펼쳤다. 그가 남긴《갈리아 전기》는 당시 시대상을 보여주는 중요한 기록이다.

귀족이 이끄는 원로원이 폼페이우스에게 힘을 실어줬고, 그는 이를 통해 야심만만하던 카이사르를 제거하고자 한다. 기원전 49년 카이사르는 로마로 진군했고, 파르살루스 전투에서 폼페이우스에게 승리를 거두며 권력을 독점한다. 그는 "왔노라, 봤노라, 이겼노라"라며 엄청난 군사적 성공을 이어갔다. 하지만 카이사르가 황제가 될 것을 우려한 브루투스 등은 그를 암살한다.

카이사르 암살 이후 그의 후계자들 사이에서 치열한 권력 투쟁이 전개된다. 옥타비아누스는 카이사르의 먼 친척이었고, 일찍이 그가 후계자로 점찍은 인물이었다. 안토니우스는 카이사르의 핵심 참모 중 한 명이었다. 안토니우스는 마지막 공화정의 수호자 키케로를 살해하고, 이집트로 건너가 클레오파트라를 끌어들여 동맹군을 결성한다. 클레오파트라는 카이사르와 내연 관계였고, 이어 안토니우스의 연인이 된다. 옥타비아누스는 이런 측면을 적절히 활용하며 명분을 취했다. 외국 여왕의 침공으로 로마인들의 애국적 열정에 불을 지른 것이다. 결국 옥타비아누스의 후원자 아그리파가 이끄는 로마 해군이 안토니우스와 클레오파트라의 동맹군을 무찌른다.

옥타비아누스는 현명했다. 그는 카이사르처럼 노골적으로 권력욕을 드러내지 않고, 프린켑스(첫 번째 시민)를 자처하며 공화정의 수호자처럼 행동했다. 하지만 옥타비아누스는 권력 투쟁의 최종적인 승리자로, 임페라토르, 아우구스투스 같은 황제의 칭호를 받았다. 로마가 황제가 이끄는 제국이 된 것이다.

144

휘종

〈오색앵무도권〉

송나라 8대 황제로, 중국 역사에 예술적 탁월함으로 기억되는 황제. 뛰어난 화가이자 탁월한 서예가였다. 그는 '수금체'라는 독특한 필체를 창안했고, 화원을 만들어 화가에게 관직을 하사했다. 엄청난 수집광이었는데 미술 작품만 6,000점 넘게 보유했다. 의학책을 저술했고 궁중 음악, 의례, 교육 제도 등 다양한 분야를 개혁하고자 했다.

휘종은 도교에 깊이 빠져들었고 자신을 신선으로 착각했다. 당시에는 휘종을 그린 그림을 숭배하는 신소파라는 도교 분파도 있었다.

그는 문화 예술을 향한 열정에 자신의 모든 것을 쏟아부었다. 심지어 항저우에 있는 봉황산을 본떠 만세산이라는 인공 산을 만들었는데, 산 둘레가 5,590m에 봉우리가 138m였고, 이국적인 나무들과 기암괴석, 폭포와 시냇물, 절벽과 산마루는 물론 곳곳에 다리와 정자가 있었다고 한다.

그는 이런 방식으로 국고를 탕진했고, 결국 금나라의 공격 앞에 무력했다. 1126년 금나라가 수도 개봉(오늘날 카이펑)을 포위했고, 휘종 자신과 아들 흠종이 붙잡혀 평민으로 강등됐다. 어마어마한 규모의 미술품, 천문 관측 기기, 옥새와 구정 같은 황제의 상징물, 황제와 황후의 금은보화, 300만 근의 금괴, 800만 근의 은괴, 150만 필의 비단, 5,400만 필의 명주 등이 수천 대의 수레에 나뉘어 휘종 등과 함께 금나라로 옮겨졌다. 이후 송나라가 화북 지방을 빼앗기고 양쯔강 남쪽으로 내려가면서 남송 시대가 개막했다.

〈도구도〉, 〈오색앵무도권〉 등의 작품이 유명하다.

145 아크나톤과 종교 혁명

살아 계신 아텐이여, 생명의 기원이시여! 당신께서는 지평선 위로 아름답게 떠올랐습니다. 동쪽 지평선 위로 솟아오를 때 당신께서는 온 땅을 당신의 아름다움으로 물들였습니다. 당신께서는 은혜롭고 위대하며 빛을 발하며 온 땅을 굽어봅니다.

(…) 세상은 당신의 뜻에 따라 당신의 손으로 만들어졌습니다. 당신이 솟아오르면 그것은 살아나고 당신이 저물면 그것은 죽습니다. 당신은 생명 그 자체입니다. 만물은 당신을 통해서만 생명을 얻기 때문입니다.

－《아텐 송가》

이 글은 신에 대한 뻔한 찬양처럼 보이지만, 인류 역사상 최초의 '종교 혁명'과 관련 있다. 기원전 1352년, 고대 이집트에서 아멘호테프 4세가 즉위한다. 그는 당시의 보편적인 다신교 관행을 거부하고 최초로 유일신교를 만든 인물이다. 이집트 다신교 최고의 신은 태양신 '라'였는데, 라의 상징은 매 혹은 매의 머리를 한 남자였다. 하지만 아멘호테프 4세는 라가 아닌 '아텐'을 섬길 것을 주장한다. 아텐은 태양 그 자체로, 그 빛은 땅을 향해 내리비치는 유일한 힘이다. 상징을 없애고 태양 그 자체를 섬겨야 하며 태양의 빛이 세상에 미치는 유일한 힘임을 강조한 것이다. 아멘호테프 4세는 스스로 이름을 아크나톤으로 바꾼다. '아텐에게 이익이 되는 사람'이라는 뜻이다. 그는 아텐 이외의 신을 부정했으며, 아텐으로 인한 생명 자체를 경외할 뿐 그 이외의 잡다한 가치는 모두 부정하면서 다신교 사회 이집트를 단숨에 일신교 사회로 바꾸려 했다.

더구나 그는 통상적인 파라오와 전혀 달랐다. 가정적이었고 아내 네페르티티와 금실이 좋았으며, 지극히 인간적이며 평범한 민중들과도 어울리고자 했다. 이때를 아마르나 시대라고 불렀는데, 기득권의 저항이 엄청났다. 사제 집단은 노골적으로 종교 혁명에 반대했고, 귀족들은 군사적 이익에 관심 없는 파라오에 대항해 반란을 일으키기도 했다. 결국 아크나톤 사후 이집트는 다신교 사회로 복귀한다.

146

수영

인류는 일찍부터 물에서 헤엄치는 기술을 습득했지만, 수영이 역사에서 특별한 가치를 부여받은 적은 찾아보기 힘들다. 지중해를 활보하던 그리스인들의 올림픽 경기도 육상 경기로 채워졌는데, 해양 기술에서 수영은 부수적이었기 때문일 것이다.

수영이 스포츠로 자리 잡은 것은 19세기 중반 영국에서였다. 1958년 영국 브라이튼 호텔 등에서 시작한 수영 클럽은 아침 6시에서 8시 사이에 모임을 했고, 그때까지는 전용 수영장이 없었기 때문에 바다에서 진행됐다. 1860년대에는 회원이 수십 명에 달했고, 클럽을 위한 전용 시설도 갖추게 된다. 1870년대 여러 수영 클럽이 등장했고, 100야드, 150야드, 200야드 식의 경기가 이뤄지기 시작한다. 중산층 이상의 사람들이 모여 곳곳에서 클럽을 만드는데, 화려하기로 유명했던 쇼어햄 서식스 리조트 연례 축제를 비롯해 크리스마스 수영(Christmas Day Swim), 피어 투 피어 레이스(Pier to Pier Race) 등의 행사가 인기를 끌었다. 1895년에는 브라이튼 노스로드에 최초의 수영 목욕탕이 개장했고, 비슷한 시기에 수구도 수중 스포츠로 자리 잡는다.

20세기 중반이 되면 수영, 수구, 다이빙, 싱크로나이즈드 스위밍 등 다양한 장르가 발전하는 것은 물론 여러 정기 대회가 자리를 잡는다. 피에르 드 쿠베르탱이 주도한 올림픽 경기 개최는 수영에도 큰 영향을 줬다. 1896년 14개국 241명의 선수가 아테네로 몰려들어 기량을 뽐냈다. 수영의 발전은 19세기 빅토리아 시대 영국의 시대정신을 반영한다. 술, 도박, 매춘 같은 잘못된 생활 방식을 버리고, 고대 그리스 로마의 우아한 문화를 추종하는 동시에 건전한 크리스트교 생활 양식을 추구한 것이다.

이후 수영은 아마추어와 프로의 영역이 구분되며 상업적인 스포츠 분야로 발전해나간다. 공산주의 국가의 운동선수들이 오직 승부를 목표로 직업적인 훈련을 거듭하며 올림픽 경기에 참가한 것도 한몫했다. 아마추어 클럽 문화는 여전히 유럽 등에서 유지되고 있지만, 마이클 펠프스 등 프로 선수의 엄청난 성공도 세계적인 주목을 받는다.

147

만국 박람회

산업 혁명의 성과는 19세기 중반 '만국 박람회'라는 행사로 절정을 이뤘다. 오늘날 진행되는 수많은 산업 전시 행사는 만국 박람회의 축소판이라고 봐도 무방하다. 1851년 런던에서 '만국 산업품 대전시'라는 이름으로 국가적인 행사를 치른후, 만국 박람회가 서양 열강들이 이룩한 기술 문명의 위용을 자랑하는 국제 무대가 됐다. 프랑스 만국 박람회는 파리에서 1855년, 1867년, 1878년, 1900년에 진행됐고, 영국은 1851년, 1862년 런던에서, 오스트리아는 1873년 빈에서, 벨기에는 1885년 앤트워프에서, 1897년 브뤼셀에서, 스페인은 1888년 바르셀로나에서 성대한 행사를 개최했다.

만국 박람회가 계속 화제가 된 것은 행사 때마다 엄청난 신기술이 소개됐기 때문이다. 1855년에는 수백 마리의 말과 견주는 강력한 '증기 기관', 1시간에 2,000잔의 커피를 만드는 커피 머신, 그리고 세탁기, 재봉틀, 사진기가 등장했다. 1867년 만국 박람회에서는 가스가 주목받았다. 무려 13km에 달하는 가스관에 5,000개의 가스램프가 이어져 전시장을 온종일 밝혔다. 1878년에는 전구가 소개되고, 1889년에는 '철의 시대'를 상징하는 에펠탑이 세워졌다.

1900년 파리 만국 박람회는 공전의 인기를 누렸는데, 4월 15일부터 12월 12일까지의 행사 기간 동안 5,500만 명이 넘는 인원이 관람했고, 전 세계 여행객이 파리에 몰려들었다. 입장료 외에 각 전시장의 입장권을 별도로 사야 했고, 전시 내용을 정리한《나침반 가이드북》,《1900년 파리, 만국 박람회 안내서》같은 책자가 큰 인기를 끌었다. 파리 만국 박람회에서는 '전기'가 주제였고, 410m가 넘는 전기 궁전을 지었다. 직경 1m 50cm의 천체 망원경이 설치된 과학 궁전에 사람들이 몰려들었고, 엑스레이, 자동차, 무빙워크가 엄청난 관심을 끌었다. 전기 자동차가 개발돼 전시 품목에 포함돼 있었다. 1851년 최초의 런던 만국 박람회에서는 유리와 강철만 소재로 삼은 '수정궁'을 지었는데, 돌이나 나무를 건축에서 배제한 최초의 사례다. 이는 강철 시대의 도래를 의미하는 것으로, 이후 모든 박람회에서 화려하고 웅장한 최첨단 건축 기법을 선보였다.

미국에서도 몇 차례 박람회가 진행됐고, 1893년 시카고 만국 박람회에는 중국, 일본, 조선도 참여했다.

148 오다 노부나가

오다 노부나가, 도요토미 히데요시, 도쿠가와 이에야스는 일본 전근대사에서 가장 유명한 인물들이다. 오다 노부나가는 센고쿠 시대를 통일한 혁신가였고, 지략이 출중했던 도요토미 히데요시는 통일 사업을 마무리한 후 조선을 침공한 인물이다. 도쿠가와 이에야스는 온갖 어려움을 겪으며 끝내 앞의 두 영웅이 죽은 후 최종적인 승리자가 돼 에도 막부를 세웠다.

센고쿠 시대의 혼란상을 극복하고 일본을 통일한 인물은 오다 노부나가다. 당시 일본에는 네덜란드 상인을 통해 조총 같은 신무기가 소개됐고, 포르투갈 선교사들에 의해 로마 가톨릭이 전파되고 있었다. 오다 노부나가는 이러한 흐름을 창조적으로 활용했다. 오다 노부나가는 강력한 사원 세력을 견제하기 위해 선교사들의 활동과 가톨릭 신자 보호에 적극적이었다. 그 결과 가톨릭 신자가 1582년 규슈에서만 12만 명, 기나이 지방에서는 2만 5,000명에 이르렀고 선교사들이 세운 교회와 학교, 병원도 있었는데 모두 오다 노부나가 덕분이었다. 이때 포르투갈풍의 복장과 식습관이 무사들 사이에서 크게 유행했다. 또 당시 천태종의 총본산이던 엔랴쿠사를 불태우고, 불교 종파 중 하나인 니치렌종을 없애는 등 적극적으로 사원 세력을 탄압했다.

그의 혁신적인 행동은 전투에서도 나타난다. 1575년 나가시노 전투에서 그는 다케다 가쓰요리가 이끌던 기병 부대를 격파하는데, 비결은 '데포'라 불린 화승총에 있었다. 기병 부대를 막기 위해 여러 장애물을 설치하고, 발포 간격이 긴 데포의 한계를 극복하기 위해 열을 세워 연발 시스템을 구축하는 등 당시로는 기상천외한 수법으로 전통적인 전법을 무너뜨렸다. 서양에서 수입된 기술을 바탕으로 창의적인 전법을 구사한 것으로, 이후 일본의 전투 방법은 질적으로 변화한다.

잇키(농민 봉기)를 주도한 민중과의 싸움에서는 잔혹한 태도를 보였는데, 잇코 잇키(一向一揆)를 진압할 때는 몇만 명의 남녀를 칼로 죽이거나 불태웠다.

오다 노부나가는 새로운 지배 질서를 구축하는 데 여념이 없었다. 새로운 형태의 도시를 만들고, 엄격한 토지 관리를 실시했으며, 거대한 아즈치성을 건설했다. 1582년경에는 대부분의 지역이 복속됐다. 하지만 가신 아케치 미쓰히데가 교토의 혼노지에 머물고 있던 오다 노부나가를 배신하고 살해했다.

149 크리스트교

기원 초기 예수의 등장은 로마 제국은커녕 지중해 동부 일대에서도 관심 주제가 아니었다. 더구나 예수는 본격적인 포교 활동이 시작된 지 3년이 되지 않아 십자가에 처형됐고, 그의 작은 공동체는 쉽게 붕괴됐다. 하지만 베드로를 비롯한 예수의 제자들은 공동체를 재건하여, 그들만의 종교 생활을 이어갔다. 바울은 세 차례 전도 여행을 통해 소아시아, 그리스, 로마에까지 크리스트교를 전파했다. 하지만 이때만 해도 신도 수백에 지나지 않는 작은 종교 공동체에 불과했다.

하지만 공동체는 단단하게 결속됐고, 무엇보다 가난한 신자들을 돕는 열정적인 구제 행위로 영향력이 꾸준히 성장했다.

로마 황제 네로, 디오클레티아누스 등은 자신들의 정치적 목표 혹은 종교에 대한 혐오감 때문에 신도들을 박해했다. 베드로와 바울은 십자가에 거꾸로 매달려 죽었고, 많은 신도가 콜로세움 경기장에서 사자의 밥이 됐다.

하지만 300년경 콘스탄티누스의 등장으로 상황은 180도 바뀐다. 콘스탄티누스는 전투를 준비하던 중 "이 징표로 승리하라"라는 신의 목소리와 계시를 접했다. 그리고 병사들의 방패에 징표를 그려 넣게 한 후, 밀비우스 다리 전투에서 승리를 거두고 황제가 됐다. 일부 역사학자들은 신흥 종교의 영향력을 흡수, 활용하기 위한 전략적인 선택이었다고 하지만, 당시 로마 제국에서 크리스트교인의 수가 5% 미만이었던 점을 감안하면 설득력이 크지 않다. 이후 콘스탄티누스는 크리스트교를 공인한다.

크리스트교가 성장함에 따라 신앙에 대한 합리적 설명, 특히 그리스 철학에 따르는 이성적인 논증이 요구됐다. 여러 신학자가 등장하고 신학적 갈등도 발생하는데, '삼위일체설 논쟁'은 교회사에서 가장 중요한 사건이다. 이는 예수가 인간인가 하나님인가를 두고 아리우스파와 아타나시우스파가 격렬히 투쟁한 것으로, 콘스탄티누스도 이 논쟁에 적극적으로 개입했는데 결국 아타나시우스파가 승리한다. 이로 인해 성부(하나님), 성자(예수), 성령은 모두 동등하고 동일한 본질로 이뤄졌다는 주장이 교회의 정통 교리로 자리 잡게 됐으며, 아리우스파는 이단이 됐다. 현재 삼위일체설은 분파와 상관없이 크리스트교의 정통 교리로 자리 잡았다.

150

헬레니즘 시대

마케도니아의 왕 알렉산드로스의 별칭은 '폴리오르케테스'였는데, 도시 약탈자란 뜻으로 그리스인이 붙였다. 알렉산드로스 대왕의 군사적 업적은 경이로운 수준이었다. 그리스 지배를 확고히 한 후 곧장 소아시아로 넘어가 다리우스 3세의 페르시아와 전쟁을 벌여 승리를 거둔다. 약 10년 만에 소아시아 전체는 물론 이집트와 메소포타미아 일대, 나아가 오늘날 인도 북부인 아프가니스탄 일대까지 모두 점령했다.

알렉산드로스는 곳곳에 잘 정비된 도시를 건설했는데, 그리스 문화와 근동의 문화를 융합시키기 위해서였다. 자신을 따르던 장군들과 장교들에게 페르시아 귀족 여성과 결혼하도록 강제하기도 했다. 하지만 기원전 323년 알렉산드로스는 열병에 걸려 한 달을 앓다가 급사한다. 그의 나이 33세였다. 원정 도중 몸을 혹사했고 과음에 부상이 겹쳤는데, 후사가 없었고 일설에 따르면 죽기 전에 "가장 강한 자에게"라는 말을 남겼다고 한다.

이후 알렉산드로스 휘하의 장군들은 격렬한 권력 투쟁을 벌였고, 누구도 완벽한 승리를 거두지 못하면서 제국은 여러 개로 쪼개졌다. 이집트부터 히브리, 페니키아 일대에는 프톨레마이오스 왕조가 들어섰고, 페르시아에는 셀레우코스 왕국이, 그 밖에 그리스와 발칸반도에는 안티고노스 왕국 등이 들어섰다.

알렉산드로스가 만들고 그의 후계자들이 이어간 그리스, 이집트 근동을 아우르는 세계를 통상 헬레니즘 세계라고 부른다. 이전까지는 볼 수 없었던 다양한 문화와 문명이 충돌하면서 '세계'에 대한 인식이 생겨났고, 세계 시민주의적인 태도가 등장한다. 한편 워낙 권력 쟁투가 심하고 각종 협잡이 난무했기 때문에, 일신의 안위를 구하는 개인주의가 대두하기도 했다. 금욕을 강조하고 자연의 본질을 깨달으려 한 스토아학파와 온전한 정신적 쾌락을 추구하는 에피쿠로스학파가 등장한 것도 이 시기다.

하지만 헬레니즘 세계가 이전과 다른 새로운 세계라고 할 수는 없다. 그리스 문화와 근동 문화의 결합은 주로 도시에서 나타났고, 농촌을 비롯한 대부분 지역에서는 각자의 문화가 유지되고 번성했다. 또 새로운 형태의 종교가 등장하거나 회의주의적인 태도, 관능과 격정에 사로잡힌 예술품들이 만들어지는 등 복잡다단한 시대였다고 보는 편이 정확할 것이다.

151

파르테논 신전

그리스 아테네의 아크로폴리스에 있는 신전으로, 고전 그리스 문화유산을 상징한다.

파르테논 신전은 도시 국가 아테네의 전성기를 이끌던 페리클레스의 작품이다. 페리클레스는 델로스 동맹에 참여한 여러 폴리스의 기부금을 아테네로 가져와 공공사업에 투자했다. 명분은 페르시아의 페르세폴리스에 비견되는 화려한 도시를 건설하겠다는 것이었다. 페르시아와의 전쟁이 끝난 지 얼마 되지 않고 그리스 대표단이 직접 페르세폴리스를 방문한 후에 벌어진 일이다. 실제 목적은 대규모 공공사업을 통해 아테네 경제를 발전시키고, 페리클레스 개인의 지지를 확보하려는 데 있었다.

사업 계획은 웅대했다. 대리석, 구리 등 고급 재료를 사용해 아크로폴리스 전역을 좀 더 화려하게 치장했고, 새로운 도로 체계를 도입하는 등 대규모 건설 사업의 일환으로 파르테논 신전도 지어졌다.

신전의 기둥에는 엔타시스 기법을 사용했다. 중앙을 볼록하게 하는 배흘림 기법으로 오목하게 보이는 시각의 왜곡을 방지한 것이다. 파르테논 신전은 규모와 웅장함에도 불구하고, 애초에 감상을 목적으로 한 작품은 아니었다. 163m에 걸쳐 신전 외벽을 장식한 띠 모양의 부조 '프리즈'는 지나치게 높은 곳에 새겨져 있어 제대로 감상하기 어려웠고, 지붕을 장식한 조각상을 입체적으로 감상할 방법이 없었다. 프리즈는 현재 영국 대영 박물관이 소장하고 있고, 그리스 정부에서 반환을 요구하고 있는 실정이다.

152 메소포타미아 문명

초기 인류 문명의 발상지

티그리스강과 유프라테스강 사이에서 발원한 문명. 기원전 약 3,000~3,500년 사이에 흥기했는데, 이집트 문명과 더불어 인류 최초의 문명에 속한다. 이 지역은 두 강이 흐르는 매우 비옥한 지대였고, 라가시, 우루크, 우르 같은 도시 국가들이 등장했다. 도시 국가 간의 경쟁이 치열했고 지형이 개방적이었기 때문에 이민족의 침략도 잦았다.

메소포타미아 일대는 석재가 귀하고 진흙이 많았다. 진흙을 이기고 말려 벽돌을 만들었고, 벽돌로 각양의 건물과 웅대한 신전을 건축했다. 현재는 지구라트라는 거대한 신전이 여럿 남겨져 있는데, 기록에 따르면 우루크의 경우 벽돌로 쌓은 신전의 표면을 백색으로 칠했다고 한다. 5,000년 전에 화려하고 웅대한 백색 신전이 만들어진 것이다.

이들은 쐐기 문자를 발명했다. 갈대로 첨필(尖筆)을 만들고 진흙으로 서판을 만들어, 적당히 눅눅할 때 기록을 남긴 후 불에 구웠다. 당시에는 단단한 토판이 책이었던 셈이다. 〈길가메시 서사시〉, 〈함무라비 법전〉 같은 것들이 이런 문자와 기록 문화유산의 결정체였다. 또 이들은 60진법을 창안했다. 메소포타미아인은 숫자가 세상의 비밀을 담고 있다고 봤다. 60진법은 시간을 계산할 때 유용한 동시에 원을 측정하는 방법이었다. 1시간은 60분의 원으로 표현할 수 있고, 하루는 60분이 24번 반복되어 이뤄진다. 이런 식으로 계산하면 1년은 360일이 되는데, 5일은 신을 찬양하는 축제 기간이라 여겼다. 이들은 60을 기준으로 각양의 숫자를 계산했고, 4,320,000이라는 숫자를 신성하게 여겼다. 대홍수가 발생하기 전까지 하늘에서 내려온 10명의 왕이 인간계를 다스린 시간으로, 당시 신화적인 세계관과 수학 발전이 결합돼 나타난 현상이다. 바퀴 활용에 능했고, 맥주를 좋아했으며, 지극히 현세적인 문화를 누렸다.

기원전 1792년 집권한 함무라비는 메소포타미아 일대를 통합해 구바빌로니아 제국을 세웠다.

> 어떤 사람이 다른 사람의 눈을 멀게 만들었다면 그 사람의 눈도 멀게 해야 한다. 만일 신분이 같은 사람의 치아를 부러뜨렸다면 가해자의 치아도 부러뜨린다. 평민의 치아를 부러뜨렸다면 은화 3분의 1미나를 지불해야 한다.

함무라비 법전에 나오는 내용이다. 징벌적·신분 차별적 성격이 강하지만 법으로 정의를 이루겠다는 발상으로 만들어졌다.

153

메데인 카르텔

거대 마약상 파블로 에스코바르가 만든 거대한 마약 조직. 1990년대 들어 콜롬비아는 마약 산업의 중심지가 된다. 이전까지는 볼리비아, 페루 등에서 코카 잎을 생산했고 이를 콜롬비아 마약 밀매상이 수입·제조했다면, 1990년대 이후 볼리비아와 페루의 코카 잎 생산이 줄면서 콜롬비아에서 생산까지 도맡게 된다. 2000년대가 되면 콜롬비아는 60만 톤에 달하는 독보적인 코카 잎 생산 국가가 된다. 이 생산량은 미국인 전체의 소비량의 75%에 달했다.

콜롬비아 정부와 거대한 마약 카르텔의 충돌은 격렬했다. 경찰, 검사, 법관, 정치인은 물론 1990년 대선 당시 대통령 후보 4명이 사살당할 정도로 마약 카르텔의 테러는 무시무시했다. 심지어 경찰 정보원을 죽일 목적으로 아비앙카 항공사 비행기를 폭파하기도 했다. 에스코바르는 자신의 출신지인 메데인에서 엄청난 자선 사업을 벌였으며, 정치인이 되려 했고, 마약으로 벌어들인 엄청난 돈으로 법관과 경찰관을 매수했다. 정부와의 협상 끝에 자발적으로 교도소에 들어가는데, 실상 교도소를 가장한 호화 리조트였고, 이곳에서 그의 마약 사업이 계속됐다. 하지만 그는 탈옥했고, 미국 CIA까지 개입된 끝에 1993년 사살당한다.

에스코바르가 죽었다고 마약 카르텔이 사라지지는 않았다. 칼리시의 마약 카르텔이 활약했고, 이 조직이 무너지자 또다시 수십 개의 카르텔이 등장했다.

상황은 엉뚱하게 번지기도 했다. 콜롬비아무장혁명군(FARC)이라는 반정부 게릴라 조직은 마약 밀매상과 거래하고, 직접 코카, 대마, 양귀비를 재배하기도 했다. 카를로스 카스타뇨의 경우, 일대의 주민들과 함께 민병대를 조직했고, 일대의 마약상, 갱단들과 전투를 벌이며 지역에서 준독립적인 세력으로 활동했다. 1990년대 살인 발생률이 인구 10만 명당 90여 명에 달했는데, 1950년대에 비해 3배 이상으로 증가한 것이다. 2002년에는 잉그리드 베탕쿠르 피랍 사건이 콜롬비아를 뒤흔들었다. 녹색산소당 대표 베탕쿠르는 매력적인 외모로 어필했고, 남성들에게 비아그라를 나눠 주며 콜롬비아의 활력을 주장하는 등 세간의 화젯거리였다. 그녀는 콜롬비아무장혁명군이 유명 인사를 납치하는 행태를 수차례 비판했는데 본인이 인질이 되고 말았다. 2008년 7월 2일 군대가 투입돼 그녀와 미국인 3명, 콜롬비아인 11명을 구출하는 데 성공한다. 납치된 지 6년 반 만의 일이었다.

154

뉴턴

16~17세기는 과학 혁명의 시대로 평가받는다. 코페르니쿠스, 케플러, 갈릴레이가 혁명을 주도했고, 뉴턴이 완성했다.

시작은 아리스토텔레스와 프톨레마이오스의 과학적 견해에 대한 근본적인 의심이었다. 이들은 천동설을 주장했는데, 지구와 하늘의 별이 근본적으로 다른 물질이며, 모든 별이 완벽한 원형을 그리고, 우주의 중심이자 고정돼 있는 지구 주위를 돈다고 봤다.

코페르니쿠스는 1543년 《천체의 회전에 관해》를 출간한다. 그는 지구가 태양을 중심으로 돌고 태양계의 중심도 아니라고 봤다. 극히 번잡하고 복잡한 수학 계산을 통해 간신히 유지되던 프톨레마이오스 체계의 기본 사고를 부정한 것이다. 케플러는 한 걸음 더 나아간다. 수학은 신의 언어이고, 수학을 통해 우주를 설명할 수 있다고 믿은 그는 행성이 태양 주위를 원형이 아닌 타원형으로 운행한다고 봤다. 이는 케플러 제1법칙으로, 타원형 궤도의 운행을 수학적으로 입증한 것이다. 또 그는 제2법칙에서 행성의 속도는 태양과의 거리에 따라 차이를 보인다고 주장했다. 이 또한 종래의 천동설 사고에 철퇴를 가한다.

17세기 초반 등장한 갈릴레이는 앞선 선구자들의 창조적인 사고를 입증했다. 그는 망원경을 발명하고 달을 관찰했으며, 태양의 흑점은 물론 목성의 위성을 발견했다. 목성 주위를 도는 위성이 있다는 것은 천동설의 근간이 무너졌음을 의미한다.

연이은 엄청난 과학적 업적은 뉴턴에 의해 종합됐다. 그는 스펙트럼을 발명해 빛의 색깔을 정확히 분별하는 등 광학 분야에 중요한 기초를 놓았다. 또 과학은 수학적이어야 한다는 원칙을 좀 더 체계적으로 완성했다. 그는 《자연 철학의 수학적 원리》라는 책을 썼는데, 우주와 천체의 원리를 수학적으로 설명할 수 있음을 분명히 했으며 무엇보다 중력이 만물에 작용한다는 만유인력의 법칙을 입증했다.

한편에서는 윌리엄 하비, 로버트 보일 등이 실험을 통한 과학 발전을 선도했다. 하비는 해부를 통해 혈액의 순환을 증명했고, 보일은 온도가 일정하면 기체의 압력과 부피는 반비례한다는 법칙을 밝혀냈다.

17세기 과학 혁명은 종래의 세계관을 낱낱이 파괴했다. 과학과 실험, 발명과 혁신의 시대로 진입한 것이다.

155

한나라

기원전 202년 진나라 멸망 이후, 초패왕 항우와 싸워 이긴 한고조 유방이 세운 나라. 외척 왕망이 한나라를 멸망시키고 '신'이라는 나라를 8년에 세웠으나, 광무제 유수가 한나라를 부흥시켰으니 이를 후한이라고 한다. 한나라는 220년에 황건적의 난으로 멸망한다. 국가의 흥망성쇠가 로마 제국의 전성기와 비슷하다.

한고조 유방은 한나라를 세운 후 군현제를 폐지하고 군국제를 실시했다. 중앙은 황제가 다스리고 지방에는 주나라가 실시한 봉건제를 부활시킨 것인데, 진시황의 가혹한 군현제의 폐단을 막기 위함이었다. 하지만 7대 황제 한무제에 의해 군현제가 복원됐고, 이후 중국 역사에서 봉건제는 사라진다.

한나라 때도 흉노가 문제였다. 한고조는 흉노를 정벌하려다 고초를 치렀고, 한무제는 실크 로드를 개척하려 한다. 한무제는 고조선을 멸망시키고, 베트남을 정벌하는 등 대외 정책에서도 큰 성공을 거둔다. 균수법, 평준법 등을 실시해 상인 세력을 통제하면서 중앙 집권을 강화했다. 장건이 실크 로드를 발견한 것도 이때의 일이다.

한나라를 타도하고 신나라를 세운 왕망이라는 인물은 독특하다. 외척이고 대귀족이었음에도 불구하고 토지 국유화, 노비 매매 금지 같은 이상주의적인 통치를 시도했다. 한나라는 통상 '호족 사회'라고 한다. 추천제인 '향거리선제'로 관리를 선발했는데, 제도를 악용해 호족이 관직을 독점하고 토지 소유를 확대해 농민을 예속시키는 등 이후 문벌 귀족으로 발전한다.

대개 한나라 때 중국의 전통문화가 만들어졌다고 본다. 특히 유교와 도교의 발달이 두드러졌다. 건국 초기에는 황로학이라는 도교 계통의 학문이 크게 흥기했다. 신화적인 고대의 제왕 황제와 도가의 창시자 노자의 사상에 기초했기 때문에 붙여진 이름이다. 하지만 한무제 때 동중서라는 대유학자를 중심으로 유학 사상이 발전했으며, 그의 건의로 유교가 국교가 된다. 분서갱유 등으로 인한 피해가 컸기 때문에 유실된 경전을 복원하고 경전의 내용을 해석하는 훈고학이 이때 크게 발달했다. 도교는 민중 사이에서 널리 퍼졌는데 '태평도', '오두미도' 같은 이름으로 등장한다. 신선을 받들거나 미래의 일을 예언하는 참위 사상 등이 발전했다. 한나라를 멸망시킨 황건적이 도교의 한 분파다.

156 아옌데와 피노체트

1960년대 이후 라틴아메리카의 칠레는 강력한 사회 개혁의 열망에 사로잡힌다. 당시 칠레는 대부분의 라틴아메리카가 그렇듯 심각한 사회 모순에 직면해 있었다. 소수 가문이 부를 독점하고 산업 구조가 미국에 종속돼 극단적인 부익부 빈익빈 상태였다. 칠레의 경우, 1960년대에는 15개 거대 그룹이 나라 경제를 좌지우지했다. 에드워즈 가문은 13개의 기업을 비롯해 상업 은행 1개, 금융 투자 회사 7개, 보험 회사 5개, 2개의 출판사를 소유했는데, 당시 시중에 유통되는 일간지의 절반을 출간했다.

1970년대 초반, 강력한 국민적 지지를 받으며 아옌데가 집권한다. 그는 '합법과 비폭력에 기초한 사회주의'를 추구했다. 집권 후 구리 회사를 비롯한 주요 산업 부문을 국유화했고, 물가 동결, 임금 인상 같은 강력한 조치를 취했다. 하지만 개혁 정치는 곧장 기득권층의 반발에 부딪힌다. 미국과의 관계가 뒤틀렸으며, 경제를 장악하던 소수 가문이 집중적으로 아옌데 정권을 공격했다.

결국 1973년 육군 총사령관 피노체트가 쿠데타를 일으키면서 아옌데의 개혁은 물거품이 된다. 쿠데타와 군부 집권 과정에서 엄청난 인권 유린이 발생했다. 1973년부터 1990년 사이에 사망자 혹은 실종자가 2,279명, 불법 체포, 구금 및 고문은 2만 7,255명에 이르렀다. 피노체트는 칠레의 재건을 선언하면서 정당과 의회를 해산했고, 시민권 통제, 노동조합 활동 금지, 파업이나 단체 교섭 금지 등 극단적인 조치를 자행했다. 무엇보다 피노체트 정권은 신자유주의적인 정책을 거듭 시행했다. 160여 개의 국영 기업, 3,500여 개의 농장 및 광산, 16개의 국영 은행을 모두 민영화했고, 국가 중추 산업인 구리 산업에도 1983년에 외국인의 직접 투자를 허용했다. 노동 구조를 유연화하기 위해 해고를 합법화했고, 국민 주택 건설, 의료 보험, 공교육 시스템 등 그간 구축된 사회 복지의 근간을 모두 해체했다.

1988년 피노체트 체제는 극적으로 몰락한다. 민주화에 대한 열망이 대단했고 이를 국민 투표로 돌파하려고 했으나, 54.6%의 국민이 반대하면서 물러날 수밖에 없었다. 피노체트는 이러한 위기를 변형된 헌법 체제를 통해 유지하려 했다. 국가안전보장이사회(NSC)를 설립해 대통령이 통제할 수 없는 새로운 권력 기관을 만들고, 스스로 종신 상원 의원이 돼 국가안전보장이사회를 주도한 것이다. 이를 통해 군부는 지속적으로 힘을 발휘하는데, 2000년대 이후 꾸준한 노력을 통해 칠레의 왜곡된 사회 구조는 상당히 개선된다.

157 콜롬비아

남아메리카 북부에 위치한 콜롬비아는 커피 생산 국가로 유명하다. 스페인의 식민지였지만 독립에 성공했고, 미국에 파나마 일대를 빼앗겼지만 커피 무역이 활발해지면서 경제적으로 크게 성장했다. 1850년 200만 명이던 인구도 2000년에는 4,000만 명이 넘을 정도로 성장한다.

초기에 비교적 안정적이었던 콜롬비아도 라틴아메리카의 수많은 나라처럼 지독한 정치 혼란에 빠진다. 1940년대, 호르헤 엘리에세르 가이탄은 적극적인 자유주의 개혁가였다. 중산층 이하의 입장을 대변하면서 인기를 끌었으나, 1948년 4월 9일 보고타에서 총격을 당해 숨진다. 이 사건은 보고타 봉기로 발전했고, 1960년대 중반까지 극렬한 정치 폭력을 낳는다. 그 결과 정당 간, 계층 간, 계급 간 대립으로 무려 20만 명이 죽었다. 군사 쿠데타도 발생했다. 1953년 군 총사령관 구스타보 로하스 피니야는 자신을 경질하려던 라우레아노 고메스 대통령을 몰아내고 권력을 장악한다. 그의 행보는 독특했다. 자유주의자들을 대거 사면해 정치 폭력을 완화했고, 여성의 지위를 향상하고자 했다. 여성 장관, 주지사를 임명했으며 여성의 선거권을 보장하고 경찰직도 여성들에게 개방했다. 기존의 보수당과 자유당에 대비되는 제3정당을 만들고자 했던 것이다.

하지만 로하스의 도전은 오히려 과두 정치라는 새로운 문제를 만들었다. 오랜 경쟁 정당이던 보수당과 자유당이 연합해 국민전선을 만들었기 때문이다. 원내 다수를 차지하는 두 정당이 통합하면서 국민전선이 권력을 독식했고, 그만큼 중산층 이하의 다수 대중이 정치에서 소원해졌다. 더구나 국민전선이 주도하는 여러 정책은 그다지 성공적이지 못했기 때문에 민심이 이반했다. 과두 체제의 등장, 민심 이반, 사회 혼란, 경제 위기 등은 게릴라의 등장으로 이어졌다. 1962년에는 공산당과 대학생이 결합해 민족해방군(ELN)을 만들었고, 1966년에는 콜롬비아무장혁명군(FARC)이 출범한다. 민족해방군은 1973년 결정적인 군사적 패배를 당하기도 했지만 농촌을 기반으로 재결성돼 1980년대에는 미국 기업의 송유관을 공격하는 등 활동을 이어갔다. 콜롬비아무장혁명군은 1990년대 이후 가장 강력한 게릴라 활동을 벌였다. 1985년에는 대법원에서 정부군과 게릴라 사이에 충돌이 발생해 대법관 12명, 게릴라 41명 전원, 그 밖에 변호사와 시민 다수가 사망하는 참사가 일어나기도 했다.

158

소식

거대한 강은 동쪽으로 흘러
물결은 모조리 쓸어낼 듯
역사를 주름잡은 영웅들
옛 보루의 서편
사람들은 말한다
삼국 시대 주유의 적벽이라고
사방으로 뻗은 바위 구름을 찢고
성난 파도 강둑을 할퀴며
거대한 눈덩이를 말아 올린다
강산은 그림 같건만
피고 진 호걸들 그 얼마나 많았던가

　송나라 대문호 소식(1036~1101)의 〈염노교, 적벽에서 옛일을 떠올리다〉라는 시다. 한때 천하를 좌지우지하던 이들의 모습은 오간 데 없고, 산과 바위와 물만 남아 있는 정취를 보며 인생사의 무상함을 노래한 작품으로, 오늘날까지 유명하다. 당시 소식 일행이 둘러본 적벽은 실제 적벽 대전이 있었던 곳은 아니다.

　소식은 송나라를 대표하는 시인이자 학자, 중국 문학사에 중요한 인물이기는 하지만 그의 인생 역정은 순탄치 않았다. 파촉 출신인 그는 당시 강력한 개혁을 추진하던 왕안석과 신법당을 비판했고, 나름대로 독자적인 방향을 제안했음에도 구법당으로 분류됐다. 왕안석과 신법당의 개혁을 두고 사사건건 충돌했으며 다툼은 평생을 갔다. 거란과 여진을 견제하는 데 고려를 활용하는 문제를 두고도 왕안석은 적극적인 데 비해 소식은 고려도 오랑캐라고 생각하며 극렬히 반대했다. 북송 시기에는 정이, 정호 등 성리학자들이 등장했는데, 그들과도 갈등을 빚었다.

159

파나마 운하

중앙아메리카 파나마 지협을 통과하는 운하다. 하나로 연결된 아메리카 대륙에서 파나마 운하의 등장은 의의가 크다. 대서양과 태평양을 가로지를 때, 이전처럼 남아메리카 최남단을 거칠 필요가 없어졌기 때문이다.

애초에 파나마 일대는 콜롬비아의 영토였다. 프랑스는 19세기 후반 콜롬비아 정부의 승인 아래 운하를 건설하려 했고, 미국의 지원 아래 니카라과(중앙아메리카 중부에 있는 공화국) 역시 비슷한 시도를 했으나 모두 실패했다.

20세기 초반 미국은 콜롬비아의 내전을 빌미로 군대를 파병해 오늘날 파나마 일대를 점령했다. 콜롬비아는 이를 주권 침해로 여기며 격렬히 반발했다. 하지만 당시 대통령 시어도어 루스벨트는 프랑스 기술자 필리프 뷔노 바리야를 사주해 파나마 지역민의 봉기를 부추긴다. 결국 봉기는 성공했고 파나마는 독립 국가가 됐다. 뷔노 바리야는 신생 정부의 지도자가 됐고, 미국과 파나마는 파나마 운하 폭 16km 일대에 대한 지배권을 미국에 영원히 양도하는 조약에 서명했다. 파나마 운하는 1970년대 후반 미국 카터 대통령에 의해 파나마에 반환됐다.

비슷한 사례로는 수에즈 운하가 있다. 이곳은 지중해, 홍해, 인도양을 연결하는 이집트의 영토로, 프랑스와 영국이 일대를 두고 격렬한 경쟁을 벌였다. 대서양을 통해 아프리카 남단을 거친 후 인도양으로 갈 필요 없이 곧바로 지중해에서 인도로 이르는 길이 열린 것이다. 프랑스와 영국이 실권을 유지하다가 1950년대 이집트가 국유화했다. 세계 무역이 보편화되고 해군력이 중요시되는 현대 역사에서 두운하는 중요한 지리적 거점이다.

160

벌

아시아, 아프리카 등 구대륙에서 벌은 다양한 포식자들의 위협으로 이동 생활을 했고, 열대 지역일수록 공격적인 벌들의 생존 확률이 높았다. 이에 반해 신대륙에는 유럽인들이 발견하기 전까지 훨씬 다양한 벌들이 서식하고 있었다.

양봉 기술은 고대 이집트에서 시작된 듯하다. 벽화에 그려져 있고, 양봉을 위해 이집트 꿀벌을 만들기도 했다. 이집트를 비롯해 고대 근동 지방에서는 양봉 기술이 널리 퍼졌는데, 3,000년 전 인공 벌통이 이스라엘 지역에서 발굴되기도 했다. 신대륙에서는 침이 없는 벌을 길렀는데, 브라질 일대에서만도 250종이 넘었다고 한다. 17세기 이후 유럽인들에 의해 구대륙의 양봉 기술이 도입됐는데, 원주민들은 벌을 '백인의 파리'라고 불렀다.

벌에 영적인 의미를 부여하는 전통은 동서양을 막론하고 오래됐다. 슬로바키아 일대에서는 크리스마스이브에 벌꿀을 바른 후 마늘 조각을 얹은 '오플라트키'라는 얇은 과자를 먹는데, 여기서 벌꿀은 '달콤한 해'를 상징한다. 유대인들은 율법을 처음 배운 어린이에게 꿀에 묻힌 히브리 문자를 핥게 한다. 배움의 가치를 느끼게 하는 행위라고 한다. 중동 지역에서는 결혼식 때 신부와 신랑이 꿀과 레몬을 서로 먹여줬다. 다산을 상징하는 여신 아르테미스를 묘사할 때 벌집이 함께 그려졌는데, 사제들을 벌, 사제들의 공동체를 벌집이라고 불렀다. 마야 문명의 무당들은 꿀을 채취할 때 죽은 벌을 나뭇잎으로 싼 후 묻어줬다고 한다.

벌이 생산하는 꿀뿐 아니라 벌집에서 추출하는 밀랍도 활용도가 높다. 양봉 기술이 그만큼 중요했다는 말인데, 서양 중세에는 성인 숭배와 밀접하게 관련을 맺기도 했다. 성 베네딕토, 성 암브로시우스, 성 발렌티노, 성 베르나르도 등은 모두 양봉의 수호성인들이었다. 성 도미니크는 벌의 수호성인인데 6세기경 아일랜드에 꿀벌을 처음 도입했기 때문이고, 성 카를라미는 질병 치료에 벌꿀과 밀랍을 사용했다고 한다. 불가리아에서는 7월 8일이 성 프로코피우스를 기리는 양봉가의 날로 지정돼 있다.

현대에도 벌은 중요한 생산 자원이다. 화장품, 약제, 양초, 윤활유, 광택제, 크레용 등 다양한 제품에 밀랍이 사용되며, 심지어 지뢰 탐지를 위해 벌을 활용하는 연구나 로봇 벌을 개발하는 프로젝트도 진행되고 있다.

161

도쿄

도쿄는 과거에 에도라 불렸으며, 이곳에 막부의 여러 관청과 시설과 다이묘, 하타모토(가신), 고케닌(무사) 등 무사 집단의 저택이 들어서 있었다. 또 이들을 수행하는 일족의 거주지, 무사 생활을 뒷받침하는 상인, 수공업자, 각종 직업군이 몰려 있었다.

오사카를 포함한 도시의 번성은 유곽 문화를 낳았다. 에도의 요시와라(吉原), 교토의 시마바라(島原)와 기온(祇園), 오사카의 신마치(新町) 등은 에도 시대 3대 유곽지였고, 에도의 경우 유녀가 3,000명이 넘었다. 극장, 찻집, 목욕탕, 음식점, 전국의 중소 도시와 역참에서도 온갖 쾌락적인 문화와 성매매업이 크게 번성했다. 유곽은 돈으로 흥취를 즐기는 곳이었기 때문에 신분적 제약을 받던 조닌(상인)들의 안식처였으며, 무사들이 파산하는 곳이기도 했다.

한편 임진왜란 당시 포로로 잡혀 온 조선인 유학자 강항이 후지와라 세이카에게 성리학을 전했고, 에도 막부 당시에는 하야시 라잔이 막부의 의례를 정비하는 등 유교 사상이 영향을 미치기도 했다. 유시마 성당에서는 유학이 연구됐고, 오규 소라이, 이토 진사이 같은 저명한 학자들도 연이어 등장했다. 하지만 에노 막부에서 유학의 영향력은 극히 제한적이었고, 쾌락과 성애를 탐닉하는 일본인의 문화에는 거의 영향을 주지 못했다.

이하라 사이카쿠라가 《호색일대남》이라는 소설을 썼는데, 주인공 요노스케가 7세부터 60세까지 경험한 온갖 성적인 이야기가 가득 담겨 있다. 3,742명의 여자, 725명의 남자와 관계를 맺고 세상의 모든 유녀를 상대한 후, '호색호'라는 배를 타고 여인들만 사는 섬을 찾아 항해를 떠났다는 이야기다. 철저한 쾌락주의, 번창하는 화류계를 대변하는 통속 소설의 등장이었다.

호색가를 이상적인 귀족상으로 보거나, 쇼군의 시중을 들기 위해 소년이 눈썹을 밀고 주홍빛 화장을 하거나, 남녀 혼욕, 남색 등 각종 성애 문화가 창궐한 것은 일본 문화의 독특한 측면이다. 심지어 '진언종'이라는 불교 종파는 성애와 애욕에 도취되는 것을 열반에 이르는 길이라고 봤다.

162

칭기즈 칸

몽골 제국을 세운 인물로, 본명은 테무친이다. 칭기즈 칸(1162~1227)이 이끄는 몽골인의 등장은 유목 세계의 격렬한 사회 변동을 배경으로 한다. 유목 집단 사이의 빈번한 전쟁, 철 생산지를 둘러싼 각축전 등이 수백 년간 전개됐다. 이러한 갈등에서 몽골인들은 가장 후진적이었다. 그들은 '에르구네 쿤'이라는 협곡에서 벗어나지 못했지만, 그곳은 철이 풍부하게 생산되는 곳이었고 이는 몽골인 성장에 큰 이점으로 작용했다.

칭기즈 칸 역시 젊은 시절 큰 고난을 겪으면서 성장했다. 부친 예수게이가 사망하자 친족이 그의 가족을 버렸고, 칭기즈 칸이 장성하자 후환을 없애려고 공격해 포로 신세를 전전하기도 했다. 하지만 칭기즈 칸은 탁월한 능력과 새로운 인맥을 통해 세력을 확보한다. 콩기라트부의 도움을 받았고, 아버지의 의형제 옹 칸과 자무카의 지원을 받았다. 주변 유목 집단을 복속하고, 친족들의 도전을 분쇄하고, 의형제 자무카와의 결전에서 승리한 후 테무친은 '칭기즈 칸', 즉 몽골 제국의 왕이 됐다.

그는 천호제를 조직해 유목민의 군사화를 촉진했다. 95개의 천호를 조직하고, 이를 지휘할 88명의 천호장을 임명했다. 천호는 각각 백호와 십호로 나뉘었고, 각 단위에는 백호장, 십호장 등의 지휘관이 있었다. 유목 집단의 수장들은 천호제에 편제됐으며, 광대한 유목 사회가 하나의 군사 제도로 통합된 것이다. 95개의 천호는 다시 3개의 만호로 묶였으며, 좌익 만호는 만주, 우익 만호는 중앙아시아, 중군 만호는 몽골 초원에 배치됐다.

거대한 군사 제국을 유지하기 위해서는 결국 중국 침략이 핵심일 수밖에 없었다. 따라서 금나라와의 충돌은 필연적이었다. 화북 일대에서 어마어마한 약탈이 감행되는 가운데, 1218년 중앙아시아로 보낸 사신단이 몰살당한 것을 계기로 북인도의 강대국 호라즘과 전쟁을 벌인다. 약 6년간의 싸움으로 호라즘 왕국이 멸망했고, 중앙아시아와 서아시아 일대의 여러 정치 세력은 몽골의 휘하에 들어간다. 당시 몽골군 중 일부는 흑해 일대에서 러시아 군대를 격파하는 등 서방 원정에서 큰 성과를 올렸지만, 애초에 그곳을 점령할 의지가 없었기 때문에 철수한다. 하지만 칭기즈 칸의 뒤를 이은 몽골의 칸들은 서아시아의 이슬람 세계를 정복했고, 동유럽까지 진출했다.

163

마쓰오 바쇼

너무 울어
텅 비어버렸는가
매미 허물은

잎 등지고 핀
동백나무의 꽃
냉정한 마음

보리 이삭을
의지해 부여잡는
작별이어라

떠나는 가을
손을 벌렸구나
밤송이

마쓰오 바쇼(1644~1694)는 17자의 언어유희로 불리던 하이쿠를 예술로 승화한 시인이다. 하이쿠는 5자, 7자, 5자로 이어지는 짧고 간명한 시를 말한다. 에도 시대 때 유행했고 여러 분파가 있을 정도로 활발했지만, 재치 있는 글재주 정도로 여겨졌다. 바쇼가 활동한 17세기 후반에는, 격식과 지성을 중요하게 여기던 데이몬파와 규칙을 벗어나 자유로움을 추구한 단린파가 주류를 이뤘다.

바쇼는 이미 30대 초반에 명성을 얻었는데, 37세가 되던 해에 에도를 떠나 후쿠가와의 작은 오두막으로 거처를 옮긴다. 40세가 넘은 후부터는 10여 년간 일본 전역을 돌아다니며 방랑자의 삶을 계속했다. 1,100여 편의 하이쿠를 남겼는데 방랑 여행 가운데 얻어진 것들이고, 하이쿠는 바쇼를 통해 일본의 독특한 문학 장르로 발전한다.

164

로마의 황제

공화정 로마는 카이사르와 옥타비아누스를 거치면서 제국으로 발전한다. 로마의 황제들이 보여준 모습은 로마 제국의 운명을 넘어 향후 서양 역사의 진로를 결정지을 정도였다. 로마 제국이 무너진 후에도 샤를마뉴 대제의 서로마 제국, 오토 1세의 신성 로마 제국 등 '로마'와 '황제'라는 관념은 중세 내내 중요한 정치적 도구로 작용했다.

카이사르는 황제가 되지 못했지만 황제정의 기초를 마련했고, 서양 역사에 중요한 영향을 미쳤다. 우선 현재 세계가 사용하는 그레고리우스력은 거의 카이사르에 의해 만들어진 것이다. 그리스 천문학자들의 도움을 받아 1년을 365일로 정하고 율리우스력을 만들었는데, 'July(7월)'는 그의 이름 율리우스 카이사르에서 따온 말이다. 율리우스력은 1582년 약간의 수정을 거쳐 현재의 그레고리우스력이 됐다.

그는 그라쿠스 형제의 개혁을 일부 받아들였다. 스페인, 갈리아같이 새롭게 점령한 지역에 사는 이들에게 시민권을 부여했고, 황무지를 평민이나 은퇴한 병사에게 제공하면서 사회 모순을 수정해나갔다. 특히 갈리아를 점령하면서 제국의 농업 생산력에 큰 활력을 가져왔다. 갈리아는 오늘날 프랑스 일대로, 현재도 유럽에서 농업이 가장 발전한 곳이고 중세부터 현대까지 서양 역사의 중심지다.

옥타비아누스, 즉 로마의 첫 번째 황제인 아우구스투스 역시 현명한 통치자였다. 제국 전역에 시민권을 확대하고, 실질적인 자치권을 부여하는 데 힘썼다. 새로운 화폐 제도, 경찰·소방을 비롯한 공공 기구를 도입했고, 낡은 조세 제도를 개혁하고 새롭게 얻은 영토에 로마의 자유민을 이주시키는 등 제국의 안정을 위해 노력했다. 또 군대를 재정비했으며, 스위스, 오스트리아, 불가리아 등을 정복했다. 한편에서는 로마 제국의 윤리적 풍토를 건강하게 유지하기 위해 가족의 가치와 성도덕을 강조했고, 사생활이 부정했던 딸 율리아를 외딴섬으로 추방했다.

아우구스투스 사후 일정한 혼란기가 있었지만, 5현제 시대에 네르바, 트라야누스, 하드리아누스, 안토니누스 피우스, 마르쿠스, 아우렐리우스라는 유능한 황제가 약 100년간 연이어 등장하면서 로마 제국은 절정기에 도달했다. 100년경이 되면 로마의 영토는 오늘날 영국부터 흑해, 메소포타미아까지 확대된다.

165

숫타니파타

탐내지 말고 속이지 말며, 갈망하지 말고 남의 덕을 가리지도 말며, 혼탁과 미혹을 버리고 세상의 온갖 애착에서 벗어나, 무소의 뿔처럼 혼자서 가라.

처자도 부모도 재산도 곡식도, 친척이나 모든 욕망까지 다 버리고, 무소의 뿔처럼 혼자서 가라.

(…) 눈을 아래로 두고 두리번거리거나 헤매지 말고, 모든 감관(感官)을 억제해 마음을 지켜라. 번뇌에 휩쓸리지 말고 번뇌의 불에 타지도 말고, 무소의 뿔처럼 혼자서 가라.

전에 경험했던 즐거움과 괴로움을 내던져버리고, 쾌락과 우수를 떨쳐버리고 맑은 고요와 안식을 얻어, 무소의 뿔처럼 혼자서 가라.

소리에 놀라지 않는 사자와 같이, 그물에 걸리지 않는 바람과 같이, 흙탕물에 더럽히지 않는 연꽃과 같이, 무소의 뿔처럼 혼자서 가라.

자비와 고요와 동정과 해탈과 기쁨을 적당한 때를 따라 익히고 모든 세상을 저버림 없이, 무소의 뿔처럼 혼자서 가라.

(…) 믿음은 종자요, 고행은 비이며, 지혜는 내 멍에와 호미, 부끄러움은 괭이자루, 의지는 잡아매는 줄, 생각은 내 호미 날과 작대기입니다. 몸을 근신하고 말을 조심하며, 음식을 절제해 과식하지 않습니다. 나는 김매는 일로 진실을 삼고 있습니다.

(…) 노력은 내 황소이므로 나를 안온(열반)의 경지로 실어다 줍니다. 물러남 없이 앞으로 나아가 그곳에 이르면 근심 걱정이 사라집니다. 이 밭갈이는 이렇게 해서 이뤄지고 단 이슬의 과보를 가져옵니다. 이런 농사를 지으면 온갖 고뇌에서 풀려나게 됩니다.

최초의 불교 경전《숫타니파타》의 내용이다. 상좌부 불교에서 중요하게 여기는 경전으로, 붓다의 가르침을 운문 형식으로 정리한 모음집이다. '숫타(sutta)'는 팔리어로 '경전'이라는 뜻이고, '니파타(nipāta)'는 모음집이라는 뜻이니 '부처의 가르침을 모은 책' 정도로 보면 된다. 기원전 3세기 이전에 만들어졌고, 중국에서는 3세기 중엽에 번역된 것으로 추정된다. 상좌부 불교의 대표 경전인《아함경》보다 먼저 만들어졌다고 본다.

166 정통 칼리프 시대

이슬람 제국의 발전

이슬람의 창시자 무함마드의 사망 이래 칼리프(무함마드의 계승자라는 의미)의 시대가 도래한다. 칼리프는 무함마드 같은 예언자는 아니지만, 무함마드의 뜻에 따라 이슬람교를 보존하고 이슬람 세계를 지켜나갈 의무가 있는 존재다. 무함마드 당시 이미 아라비아 일대에서 군사적 성공을 거둔 이슬람 세력은 칼리프 시대를 맞이해 서아시아와 북아프리카, 이베리아반도에서 엄청난 군사적 성공을 거둔다.

당시 지중해에서 가장 강력한 세력은 비잔틴 제국이었다. 이슬람 세력은 634년 아즈나다인 전투에서 비잔틴 제국을 격파한 후, 636년 다마스쿠스, 638년 예루살렘, 641년 시리아와 메소포타미아 일대를 장악한다. 같은 시기 알렉산드리아, 트리폴리 등 북아프리카의 핵심 도시를 장악했고, 이집트 전역을 손에 넣는다. 고작 10년의 기간 동안 시리아와 이집트를 정복하면서, 일대에서 비잔틴 제국의 영향력을 제거했다. 그럼에도 불구하고 발칸반도, 그리스반도, 아나톨리아반도를 장악하던 비잔틴 제국은 굳건했다.

하지만 비잔틴 제국의 경쟁 국가인 사산조 페르시아는 그렇지 못했다. 637년 카디시야 전투에서 수도 크테시폰을 점령당하면서 단숨에 왕조가 무너지고 만 것이다. 칼리프는 641년 모술, 644년 이스파한, 아제르바이잔, 654년 호라산 등을 점령하면서 사산조 페르시아 전역을 수중에 넣는다. 군사 원정은 끝나지 않았다. 7세기 중반부터 8세기 초까지 새로운 군사 원정이 계속되면서, 북아프리카와 이베리아반도가 이슬람의 영역이 된다. 이 시기 캅카스, 사마르칸트 등 흑해부터 중앙아시아 일대까지 영토를 확장하는데, 660년, 668년, 717년 대규모의 군대를 파견해 비잔틴 제국의 수도 콘스탄티노플을 점령하려던 시도는 모두 실패한다.

엄청난 군사적 성공은 이슬람 제국의 내부를 요동치게 했다. 제국을 어떻게 통치할 것인가, 제국에 사는 수많은 이민족을 어떻게 대우할 것인가, 이슬람 전파와 개종 사업은 어떻게 진행할 것인가 등 온갖 난제가 쌓여 있는 상황에서 정통 칼리프로 등극한 알리가 암살당한 후, 우마이야 가문이 권력을 장악한다. 세습 칼리프 혹은 우마이야 왕조 시대가 열린 것이다.

167 베스트팔렌 조약

제국의 모든 공국은 (…) 법률을 만들고 해석할 권한, 전쟁을 선포할 권한, 세금을 매길 권한, 병사들을 징집할 권한, 영지 내에 새로운 요새를 건설하거나 강화할 권한이 있다. (…) 무엇보다 제국의 모든 공국은 자체의 보전과 안전을 위해 외국과 자유롭게 동맹을 맺을 권한이 있다. 다만 그런 동맹이 황제, 제국, 제국의 평화 그리고 이 조약 내용을 해치는 것이어서는 안 된다. 또 각자 황제 및 제국과 맺은 맹세와 어긋나도 안 된다.

신교와 구교를 가리지 않고, 이 조약에 서명한 당사자들은 이 조약의 내용을 반드시 지켜야 한다. (…) 누가 이 조약의 내용을 어기는 일이 있다면, 피해자는 가해자에게 직접 보복을 자제하고 우호적인 이웃들의 중재를 호소하거나 재판 절차를 밟아야 한다. (…) 3년의 조정 기간을 거쳐도 피해가 보상되지 않는다면, 이 조약에 서명한 당사자들이 모두 힘을 합쳐 피해자의 편에서 가해자에게 보복해야 한다.

30년 전쟁의 결과로 맺어진 베스트팔렌 조약(1648)의 일부다. 베스트팔렌 조약은 국가 간 주권 평등의 원칙, 내정 불간섭의 원칙 등 근대 국가의 외교와 국제 관계에 관한 중요한 원칙을 담고 있다. 각 국가는 법률, 세금, 선전 포고 등 내정에 관한 독자적인 권리를 존중받는다는 내용과 외국과의 동맹, 동맹 국가 간의 원칙 등을 규정하고 있다. 특정한 국가가 왕성한 무력 활동을 통해 다른 나라를 점령하는 방식이 아닌 국가 간 균형과 협력을 도모한다는 점도 주목할 부분이다. 이러한 방식은 현재의 국제법이나 외교 관계에 그대로 적용되고 있다.

168

도자기

물이 새지 않으면서 잘 깨지지 않고 가벼운 그릇을 만들고자 하는 인간의 욕망은 선사 시대부터 시작됐다. 흙을 이겨 그릇 모양으로 만든 후, 나뭇가지나 지푸라기 등을 모아 노천에서 불로 구웠다. 이런 방식으로는 통상 500~600도의 온도에서 굽는 게 최선이었다. 따라서 그릇은 물에 취약하고 쉽게 깨질 수밖에 없었다.

좀 더 좋은 그릇을 만들기 위한 노력은 세계 각지에서 전개됐지만, 그다지 성공적이지 못했다.

중동 지방에서는 일찍부터 고대 문명이 발전했고, 히타이트에서 철기를 개발했다. 청동기와 철기를 다루기 위해서는 1,000~1,100도 정도의 불을 다룰 수 있어야 했는데, 일찍이 이 수준에 이른 것이다. 하지만 온도를 그 이상 높일 수 없었고, 무엇보다 중동 일대의 흙은 1,100도 이상을 견디지 못했다. 따라서 도기를 제작하는 정도에서 만족할 수밖에 없었다.

모든 난관을 뚫고 자기 생산에 성공한 나라는 중국 송나라였다. 중국은 오름 가마 등을 이용해 불 온도를 1,300도까지 올렸고, 대규모로 도사기를 생산할 수 있는 시설을 구축했다. 무엇보다 고령토의 발견이 핵심이었다. 고령토는 높은 온도의 불을 견딜 수 있고, 오히려 높은 온도에서 잿물이 고여 그릇 표면이 반들반들해지는 유리질 현상이 일어났다.

중국인들은 청동기와 옥을 좋아했다. 상나라 이래 각양의 청동기가 만들어졌고, 여러 보석 중 특히 옥을 좋아했다. 두 도구는 모두 푸른빛이나 초록빛을 띠었는데, 중국인들은 이런 색감을 좋아했다. 송나라 때 만들어진 청자는 청동기와 옥기가 지닌 영롱한 비취색으로, 청동기나 옥기보다 가볍고 가격이 싼 데다 활용도가 높아 크게 각광받았다.

송나라 청자의 등장은 도자기 역사의 분기점이었다. 이 기술은 당시 고려에 전파돼 상감 청자라는 새로운 경지를 이루기도 했는데, 당시 세계적으로 중국과 고려만이 자기 기술을 가지고 있었다. 이후 원나라 때는 백자가 유행했고, 서역에서 코발트가 소개되면서 비로소 도자기 표면에 유약으로 그림을 그리는 청화 백자가 만들어진다.

중국산 도자기에 세계가 열광했다. 기존의 실크 로드를 통해 서역으로 전파되기도 했지만, 취안저우를 시작으로 동남아시아, 인도, 중동을 잇는 해상 실크 로드를 통해 좀 더 엄청난 규모로 세계에 팔려 나갔다.

169

야율초재

1220년 칭기즈 칸이 이끄는 몽골 군대는 서아시아를 휩쓸고 지나갔다.

수많은 사람이 성에 피신했으나 결국 문이 열리고 말았다. 몽골군은 어마어마한 사람들을 들판으로 끌고 갔고, 그중 소수의 기술자와 노예로 부릴 사람들만 솎아낸 후 남녀노소를 모두 학살했다. 기록에 따르면 그 수가 130만 명에 달했다는데, 정확한 숫자는 아니지만 그만큼 몽골군의 약탈과 파괴가 가공했다는 반증이다.

금나라와의 싸움에서도 결과는 마찬가지였다. 오늘날 허베이성 바오딩 일대인 보주를 함락했을 때도 몽골군은 수십만을 학살했는데, 시체가 성벽과 같은 높이였다고 한다. 금나라는 수도를 카이펑으로 옮겼고, 이후 하북 지대는 몽골군에 의해 더욱 가혹하게 짓밟혔다. 당시 기록에 따르면 786만 호가 100만여 호로 줄 정도로 몽골의 침략은 끔찍했다.

초기 몽골의 야만적 행태를 교정하는 데 큰 역할을 한 인물이 야율초재 (1190~1244)였다. 그는 거란족 출신의 금나라 관료였는데, 우연한 기회에 칭기즈 칸에게 발탁됐다. 그는 정복지에 대한 관대한 정책, 제도에 근거한 합리적인 통치를 주장하며 몽골 통치 정책의 문명화를 도모했다. 학살의 풍습을 강경하게 반대했고 점령 지역, 특히 중국 대륙을 목장으로 만들려 한 유목민의 신념을 거듭 비판했다. 또 사대부를 등용해 유교 정치를 꾀하기도 했다.

결국 몽골은 야율초재의 건의를 상당 부분 수용했으며, 여러 분야에서 중국 문화를 받아들였다. 하지만 당시 유목 민족의 문명화는 중국화를 의미했고, 중국화를 수용한 유목 민족들은 대부분 중국 문화에 흡수되면서 정체성을 상실하고 말았다. 무력은 강력한 데 반해 문화 수준이 빈곤하던 유목 민족들의 딜레마였던 셈이다.

170

모세

> 나는 1945년에 벨기에의 전쟁 포로수용소에 투옥됐다. 히틀러의 제3제국은 붕괴됐다. 독일 문명은 아우슈비츠의 유대인 학살로 파멸됐다. 나의 고향 마을인 함부르크는 폐허로 변하고 말았다. (…) 나는 이 예수께서 우리의 곤경 가운데서 우리와 함께하시는 신적인 형제라는 사실을 파악했다. 그는 포로들과 버림받은 자들에게 희망을 가져다주신다.

독일의 개신교 신학자 위르겐 몰트만의 글이다. 몰트만은 크리스트교 신앙의 정수를 신에게서 오는 '희망'으로 봤다. 몰트만의 관점은 제2차 세계 대전이라는 절망적 상황에서 종교란 무엇인지 성찰한 결과이기도 하고, 당시 희망을 철학의 주제로 삼은 에른스트 블로흐의 영향도 있었다.

몰트만은 예수의 행적을 통해 희망의 근거를 설명하지만, 크리스트교의 경전인 성서에서 좀 더 우선적인 인물은 모세다. 모세는 광야에서 불이 붙었으나 타지 않는 떨기나무를 보는 가운데 신의 계시를 경험한다. 그는 절대 권력자 파라오와의 다툼에서 승리를 거둬, 당시 노예 계급이던 히브리 민족을 이끌고 이집트 탈출에 성공한다. 오랜 광야 생활을 거친 후 모세의 뒤를 이은 여호수아의 지도 아래, 히브리 민족은 조상의 땅 가나안(오늘날 팔레스타인)에 정착한다. 파라오를 굴복시켰던 열 가지 대재앙, 바닷물이 갈라진 홍해의 기적, 시나이산에서 받은 십계명 등 유명한 일화가 이때 등장한다.

출애굽 사건은 그 자체로 특별한 이야기다. 고대 사회에서 노예 계급이나 유목민은 극히 소외된 계층으로, 신이 이들을 위해 절대 권력자나 지배 계급과 싸워 "젖과 꿀이 흐르는 땅"으로 인도한다는 발상 자체가 유일무이했기 때문이다. 모세와 그의 행적은 '토라(모세 5경)'에 기록됐고, 구약 성서의 핵심을 이뤘다.

171

중세

서로마 제국 멸망 이후부터 근대 사회가 등장하기 이전까지의 서유럽 사회를 말한다.

서로마 제국의 멸망은 극도의 사회 혼란으로 이어졌다. 로마 제국이 보여준 다양한 사회적 자원이 모두 상실된 채, 북쪽에서는 게르만족이, 남쪽에서는 이슬람 세력이 쳐들어왔다. 고트족, 반달족 등 수많은 게르만족은 로마 제국의 영내에 수많은 왕국을 세웠고, 그로 인한 정치·사회적 혼란이 심각해졌다. 한편 북아프리카부터 이베리아반도까지는 이슬람 문명권으로 편입되었다.

혼란스러운 상황이 계속되는 가운데, 가톨릭교회는 유일하게 사람들을 보호하고 사회를 안정시키기 위해 노력한 세력이었다. 게르만족의 침공에 맞서 도시를 지키며 평화 협상을 주도했고, 이 와중에 성자의 신비스러운 능력이 발휘되거나 십자가만 짊어진 사제단이 목숨을 걸고 게르만족을 설득하는 등 숱한 설화와 미담이 쌓인다. 결국 프랑크족은 가톨릭 선교사들의 노력으로 크리스트교를 받아들였고, 이후 여러 게르만족이 이단 아리우스파에서 정통파 가톨릭을 수용하면서 사회가 안정된다. 800년 샤를마뉴 대제의 서로마 제국 부활을 알리는 황제 대관식이 상징적인 사건이었다.

수백 년에 걸친 혼란기 가운데 가톨릭은 유럽인들의 정신적·문화적 안식처가 됐고, 게르만족은 기존의 로마인들과 뒤엉켜 중세 사회의 주인공이 됐다. 이 와중에 로마 제국의 바깥이었던 독일 일대가 중세 사회의 활동 무대로 편입된다.

8세기 말부터 11세기 초까지 북유럽의 바이킹들에 의한 공세가 시작되는데, 장기적으로 이들의 침략은 중세 사회에 큰 이득이 됐다. 일정 정도의 혼란에도 불구하고 이들은 이른 시점에 가톨릭교회를 받아들였으며, 유럽 사회의 구성원이 됐다. 스칸디나비아반도를 중심으로 한 북유럽은 물론 동유럽과 러시아 일대까지 바이킹이 정착했고, 그 결과 유럽 세계가 팽창했다. 중세 유럽은 11세기 이후 번영기를 누렸다. 언제까지가 중세였는지에 대해서는 정의하기 어렵다. 13세기에 절정기를 보낸 후, 흑사병, 르네상스, 종교 개혁, 절대주의 등 복잡다단한 과정을 거쳐 근대 사회로 발전했기 때문이다.

172

걸인도

주신(周臣)은 16세기 명나라 때 저명한 화가다. 그는 남송의 화가 이당의 영향을 받았고 당인, 구영 같은 뛰어난 화가를 배출했다. 그는 많은 작품을 남겼는데 특히 걸인, 병자, 떠돌이 같은 소외된 인물을 소재로 한 작품을 남겼다. 동아시아 회화의 역사에서 극히 다뤄지지 않던 주제였지만 당시 흔하디흔한 민중의 모습이었다.

173
우마이야 왕조

세습 칼리프 시대라고도 한다. 우마이야 왕조 때 이슬람 제국은 이베리아반도, 북아프리카, 서아시아, 중앙아시아 일대를 장악하는 최대 판도를 이뤘다. 정통 칼리프 시대는 오래가지 못했다. 아부 바르크, 우마르, 우스만, 그리고 알리까지 이어졌는데, 그중 우스만이 우마이야 가문이었다. 우스만은 메카를 기반으로 활동하면서 중앙 권력을 강화하고, 종교 지도자로서 위상을 높이고자 애쓰는 과정에서 여러 반발에 직면해 결국 656년 암살당한다. 이후 알리가 집권하는데, 그는 암살 세력의 후원을 받았다. 이를 두고 이슬람 제국은 격렬한 파벌 투쟁에 들어간다. 우마이야 가문의 무아위야는 알리에게 도전했고, 시핀 전투에서 충돌할 만큼 갈등이 심각했다. 제국의 리더십이 이완되자 곳곳에서 반란이 일어났고, 이 와중에 알리는 카와리즈파에 의해 암살된다. 결국 무아위야가 칼리프로 인정받고, 이후 우마이야 가문이 칼리프를 세습하게 된다.

우마이야 왕조의 등장은 이슬람 세계에 또 다른 갈등을 불러일으켰다. 수니파, 시아파, 카와리즈파 등 이슬람 세계가 분열됐기 때문이다. 수니파가 우마이야 왕조를 인정했다면, 시아파는 알리가 적법한 계승자였다고 주장하면서 우마이야 왕조에 협력하기를 거부했다. 카와리즈파는 칼리프의 세습이 아닌 선출 과정을 거쳐야 한다고 주장했다.

또 다른 문제도 심각했다. 우마이야 왕조가 집권했음에도 파벌 투쟁이 그치지 않았고, 무엇보다 거대해진 제국의 이민족을 어떻게 다룰지가 심각한 주제로 떠오른 것이다. 이민족의 종교를 존중할 것인가, 아니면 이슬람을 받아들이게 할 것인가. 받아들이지 않으면 어떻게 통제할 것인가 같은 복잡한 문제가 산적했다. 우마이야 왕조는 일찍부터 이슬람을 받아들인 아랍인들을 우대하는 정책을 유지했다. 아라비아반도의 부족이나 상인 집단에서 도시를 건설하고 집단 거주하는 거대한 군사 공동체로 발전했기 때문에 이들의 특권을 보장하는 것이 곧 제국의 이익이라고 판단했다. 하지만 바로 이러한 측면, 비아랍계, 비이슬람계에 대한 억압적 태도에 대한 반발이 우마이야 왕조를 무너뜨리고, 아바스 왕조의 시대를 열게 했다.

현재 예루살렘에는 바위의 돔이 만들어져 있다. 고대 유대인의 성전이 건축됐던 곳으로, 압드 알말리크가 다스리던 때에 이슬람의 성지로 편입돼 지어졌다.

174

토지

> 조서를 내려서 천하의 토지를 골고루 나눠 줬다. 남자 15세 이상은 농사지을
> 땅 40묘를 받고 부인은 20묘를 받는다. (…) 백성들의 나이가 많아져 70세가
> 넘거나 사망했을 때는 땅을 돌려받는다. 뽕나무밭은 남자 1인당 20묘를 받는
> 다. 뽕나무를 심기 부적합한 토지는 장정에게 1묘의 땅을 줘서 법에 따라 느릅
> 나무나 대추나무를 심는다.
>
> -《위서》

　동아시아 전통 사회에서 토지만큼 중요한 문제는 없었다. 농사를 짓기 위해서
는 땅이 필요했고, 땅에서 소출되는 곡식은 먹거리이자 세금 징수의 과정을 거쳐
국가 재정이 됐기 때문이다. 동시에 땅은 부의 원천이기도 했다. 농민 소유의 땅은
자영농으로 자립해서 살 수 있는 기반이었고, 귀족이나 지배층은 농장을 확대하
거나 토지를 확보해 농민들에게 소작을 주면서 막강한 부를 획득할 수 있었기 때
문이다. 따라서 농민들이 자기 토지를 보유하고 생산된 곡식으로 세금과 먹거리를
충당하는 안정적인 경제 구조를 창출하는 것이 국가 운영에서 핵심 요소였다. 하
지만 귀족 입장에서 토지 지배권을 높여 자신의 권력을 강화하는 것 또한 절박한
문제였기 때문에, 토지 문제를 둘러싼 황제와 귀족, 백성 간의 갈등이 빈번했다.

　귀족의 토지 지배를 억제하기 위한 정책은 끊임없이 나왔다. 중국의 전설적인
왕조 하·상·주나라에서는 '정전제'를 실시했는데, 토지를 공평하게 분배하는 것
을 이상으로 삼았다. 맹자는 정전제를 강조했고, 토지 분배, 자영농 육성, 귀족 계
급의 통제, 안정적인 국가 운영은 오랫동안 동아시아 국가의 통치 원리로 각광받
았다. 삼국 시대 위나라의 조조는 둔전제를 실시했다. 정복지의 토지를 농민들에
게 분배해 그들의 경제적 기반을 마련했고, 유사시에 농민들은 군인 역할을 했기
때문에 둔전제는 조조의 국가 운영에 크게 기여했다. 당나라는 균전제를 실시했
다. 구분전과 영업전으로 토지를 구분해, 결혼한 부부에게는 구분전을 지급하고
그 대가로 세금과 군역 등의 의무를 지웠다.

175

난징

중국 남서부의 대표 도시로, 현재는 장쑤성의 성도다. 중국 역사에서 난징은 오랫동안 강남의 중심지였다. 강남은 양쯔강 이남 지대를 말하는데, 난징은 이미 전국 시대 초나라 때부터 '금릉'이라는 이름으로 등장한다. 한나라 말기에 등장한 오나라의 지배자 손권이 난징을 '건업'이라 부르면서 수도로 삼았다. 이후 난징은 북방 민족의 침략에 맞서기 위한 피난처 역할을 한다. 5호 16국 시대, 즉 흉노족과 선비족을 비롯한 북방 민족들이 대거 남하하자, 한족은 난징을 수도로 삼고 양쯔강 이남에서 세력을 유지했다. 송·제·양·진 같은 나라들이다.

난징은 원나라 때 다시 중요성이 부각된다. 주원장을 비롯한 홍건적이 중국 남부에서 흥기해 난징을 장악하고 양쯔강을 방어선으로 삼은 후, 몽골인이 세운 원나라를 무너뜨리기 시작했다. 주원장은 원나라를 북방으로 몰아내고 난징을 수도로 명나라를 세운다. 주원장의 아들 영락제는 수도를 베이징으로 옮겼지만, 정화를 사령관으로 임명해서 대규모 해외 원정대를 만들 때 난징이 거점지였다. 청나라 말기, 난징은 다시 한번 반란 세력의 중심지가 된다. 광저우 일대에서 홍수전의 태평천국군이 무리를 만들어 난징으로 진격했고, 이곳을 거점으로 청나라와 격전을 벌였기 때문이다. 쑨원은 신해혁명에 성공해 중국 최초의 민주 공화국인 중화민국의 수도를 난징에 뒀고, 장제스도 이곳을 거점으로 중국 전역을 통치했다.

1937년 중일 전쟁이 발발하면서 일본군은 난징을 집중 공격했고, 치열한 저항에도 불구하고 결국 난징을 빼앗는다. 이후 수개월에 걸쳐 30여만 명의 시민이 무고하게 학살되는 난징 대학살이 일어난다. 현재는 난징 대도살 기념관을 조성해당시의 비극을 고발하고 평화를 추모하고 있다.

난징 대학살 같은 끔찍한 사건이 일어났음에도 불구하고, 난징은 중국의 어느 도시보다 빼어나고 우아하다. 베이징과 더불어 유일하게 수도 '경(京)'이라는 글자를 쓰고 있으며, 자연조건부터 도시 경관까지 무엇 하나 뒤처지지 않는다.

명나라를 세운 주원장의 무덤 명효릉과 현대 중국의 국부 쑨원의 무덤 중산릉은 서로 가까이 위치하는데, 규모와 아름다움 모두 경탄을 자아낸다.

176

무사

> 화살에 맞아 이제는 더 못 견디겠다고 느꼈는지 칼을 왼손으로 옮겨 쥐고 스스로 목을 잘라, 자른 목을 깊은 구덩이 속에 감추고 그 위에 가로누워 쓰러졌다.

14세기 일본에서 쓰인 《태평기》의 내용이다. 군공을 세우지 못하고 죽어간 무사의 비통한 한을 표현한 글로, 이런 글을 '군기 문학'이라고 한다. 이와 비슷한 정서의 글은 수없이 많다. 《헤이케 모노가타리》라는 작품에서는 미나모토노 요리토모에게 패배한 다이라 기요모리의 최후를 장엄하게 묘사한다. 다이라 기요모리는 전투에서 패배하고 고열에 시달리면서도 끝까지 패배를 인정하지 않고 치열하게 싸우다 죽는다. 무사로 태어나 큰 성공을 꿈꾸지만 모두 성공할 수는 없으며, 때로는 아무런 공도 세우지 못하고 허망하게 죽을 수도 있고, 크게 성공했지만 지위를 유지하지 못해 무너질 때도 있다. 비참한 실패에도 불구하고 고고함을 유지하고, 운명에 끝까지 저항하면서 당당하게 죽음을 선택해야 한다.

이러한 세계관은 벚꽃, 원령, 할복 같은 일본만의 독특한 문화를 발전시켰다. 아름답지만 바람이 불면 꽃잎이 휘날리고, 비가 오면 단박에 시드는 벚꽃을 무사의 인생이라고 봤다. 또 현세에서의 패배를 인정하지 않고 원령이 돼 끝까지 상대를 괴롭히거나, 장엄한 죽음의 기회를 누리기 위해 스스로 칼을 들고 복부를 가르는 할복 문화가 모두 무사들의 전투 문화에서 기인한다.

무사마다 개성 있는 화려한 갑옷을 입고 검을 숭상하며, 무사의 책임감과 무사 간의 결속력을 강조했다. 일본의 검은 칼날이 길고 깊게 휘어진 모양에 외장이 화려했기 때문에 해외에서도 소장품으로 가치가 높았다.

무사가 언제나 이런 미덕으로 살았던 것은 아니다. 충성의 대가로 토지를 받았는데, 이러한 주종 관계가 유지되지 못하면 언제든지 배신할 수 있었다. 몽골 침략 이후, 가마쿠라 막부가 쇠퇴하고 무사의 생활이 어려워지자 기존의 지배 체제를 거부하고 세금을 내지 않거나, 장원의 재산을 약탈하는 등 무사도는 지켜지지 않았다. 이들을 '악당'이라 불렀다.

177

구법승

중국의 위진 남북조 시대는 동아시아 불교 전파에 가장 중요한 기간이었다. 중국의 화북 지역을 점령한 5호 16국은 불교 수용에 적극적이었다. 불교를 통해 지배자의 권위를 유지하고, 유교를 비롯한 중국 전통 사상의 영향력을 감소시키는 등 북방 민족이 주도하는 새로운 사회상에 적합한 신흥 사상이었기 때문이다.

구마라습은 중앙아시아의 오아시스 국가 쿠차에서 수행한 인물이다. 그는 후진을 세운 요흥의 초청에 따라 401년 중국 장안에 들어온 후 국가의 후원을 받으며 대대적인 번역 사업을 펼쳐 300권이 넘는 39종의 불경을 번역한다.

구마라습과는 반대로 중국의 승려들이 목숨을 걸고 인도 유학길에 오르는 경우도 늘었다. 법현은 399년부터 13년간 중앙아시아와 인도 곳곳을 여행하면서 불교를 배웠고, 해상 실크 로드를 통해 귀국했다. 귀국의 여정은 혹독하기 그지없었다. 스리랑카를 거쳐 폭풍우를 뚫고 오늘날 인도네시아 일대에 도착하고 다시 5개월을 기다린 후 광저우로 가는 배에 몸을 실었다. 하지만 배는 항로를 이탈했고, 70일간 망망대해를 떠돈 끝에 중국 산둥반도의 칭다오에 정박하게 된다.

당시는 실크 로드를 통한 무역이 활발해지던 때였다. 중국산 비단, 부채 등이 고가에 팔렸기 때문에 승려들 역시 다량의 비단을 소지하고 화폐처럼 활용했다. 상인들도 승려들을 후원했고, 승려들도 대규모 상단의 이동에 의지해 고단한 여행길을 견딜 수 있었다. 소설 《서유기》에 나오는 삼장 법사도 실존 인물인 현장을 모델로 한다. 《서유기》는 고원과 사막, 설산을 넘어야 하는 극히 어려운 중앙아시아 여행길 덕분에 만들어진 작품이다. 현장은 인도에서 불교에 대한 깊은 깨달음을 얻고 돌아온 후, 당나라 불교 발전에 중요한 역할을 했다. 동아시아 불교 전파를 이야기할 때 구마라습과 현장이 언급되는 이유가 거기에 있다. 현장은 《대당서역기》를 지었고, 그가 귀환하던 날 당태종 이세민이 마중을 나왔으며, 그의 불경을 보관하기 위해 대안탑이라는 큰 탑을 세우기도 했다.

구법승을 중심으로 한 불교 교류는 한반도, 일본까지 확대됐다. 당나라 승려 감진은 불교를 전파하고자 일본에 갔고, 신라의 구법승 의상, 혜초 등은 당나라로 유학을 떠났다.

178

대항해 시대

15~16세기, 포르투갈과 스페인이 주도한 신항로·신대륙 발견의 시대. 이를 통해 유럽인들은 인도, 동남아시아, 남중국, 일본에 이르는 광대한 무역 루트를 확보했고, 한편에서는 아메리카라는 어마어마한 규모의 신대륙을 발견한다.

　포르투갈은 처음부터 인도 항로를 목표로 하지 않았다. 지중해에서 외떨어진 약점을 극복하고자 모로코에 카사블랑카라는 도시를 세워 설탕 생산을 도모했다. 나아가 이들은 이슬람이 장악한 아프리카 금광과 노예 무역에 관심이 많았다. 포르투갈은 항해 왕자 엔리케의 정력적인 노력 아래 모로코에서 사하라 서편 그리고 오늘날 세네갈부터 앙골라에 이르는 서아프리카 전역, 특히 가나, 나이지리아, 가봉 등이 있는 기니만 일대를 수중에 넣었다.

　엔리케 사후 해상 제국을 향한 포르투갈의 노력은 가속된다. 1483년 콩고강 하구에 도달한 후 1488년 바르톨로뮤 디아스가 아프리카 남단에 도착한다. 워낙 폭풍우가 심했기 때문에 정박하기 어려워서 처음에는 '폭풍의 곶'이라 불렸는데, 이후 '희망봉'으로 고쳐 불렀다. 희망봉에 도달한 포르투갈인들은 인도양을 통해 인도에 도달하려는 계획을 세운다. 1497년 바스코 다 가마 일행은 이슬람 항해사 이븐 마지드와 함께 인도 캘리컷(오늘날 코지코드)에 도달한다. 1500년 이후 포르투갈-인도 정기 항로를 구축했고, 1509년 오스만 함대를 격파하고 동방 무역 거점의 일부를 폐쇄했으며, 1510년에는 인도 서쪽 고아에 포르투갈 군대를 주둔시켰다. 다음 해에는 동남아시아 항로의 핵심 거점인 말라카를 장악해, 1515년 비로소 중국 남부 해안에 도달한다. 포르투갈은 신항로 개척을 통해 후추를 비롯한 동방의 산물을 독점했고, 이후 새로운 무역 루트를 둘러싼 경쟁의 시대가 도래한다.

　포르투갈의 성공에는 여러 요인이 있는데, 기술적인 부분도 간과할 수 없다. 15세기 내내 배는 50톤에서 200톤으로, 돛대 기둥은 2개에서 3개로 커졌고, 삼각돛은 물론 사각 돛까지 다는 배가 만들어졌다. 또 아스트롤라베(천문 관측의), 사분위 같은 위도를 계산하는 도구와 도구를 활용할 수 있는 표준 목록표, 나침반, 항해용 시계 등이 만들어지거나 사용됐다.

179

두보

날 저물어 석호 마을서 자게 됐더니
관리들이 한밤중 장정을 잡아간다
할아버지는 흙담 넘어 도망을 치고
할머니는 문 밖에서 관리를 맞이한다
관리의 고함 소리 어찌 저리 거센가
할머니 울음소리 어찌 저리 가련한가
할머니 나서서 하는 말 귀 기울여보니
'세 아들놈 업성으로 출정했답니다
한 놈이 인편에 편지를 보냈는데
두 놈이 며칠 전에 전사했다 하오
산 놈도 겨우 목숨 부지하고 있고
죽은 놈은 이미 모든 것이 끝났지요
(…)
흐느껴 우는 소리 들려오는 듯
날이 밝아 내 갈 길 다시 나서다 보니
할아버지 홀로 남아 이별을 고한다

- 〈석호의 관리〉

두보(712~770)는 당나라 때 시인으로, 이백과 비견되는 중국 최고의 시인이다. 하지만 두보는 이백과 대조된 삶을 산 것으로 유명하다.

10대 때 문인으로 두각을 나타냈고 대륙 곳곳을 여행했는데, 20대 초반 과거에 낙방했다. 다시 과거에 응시했으나, 재상 이림보가 "재야에는 인재가 남아 있지 않습니다"라며 단 한 명도 합격시키지 않아 또다시 떨어지고 말았다. 이후 10여년 간 장안에서 미관말직을 얻어 분주히 생활하면서 당시 온갖 사회 모순에 눈을 떴고, 이백과 다르게 사회성이 강한 시를 남긴다. 753년 흉년이 들어 자녀가 굶어 죽기도 했다. 안사의 난 때 황제를 따라나서 관직을 얻었으나 쉽사리 좌천됐고, 이후에도 말직과 방랑 생활을 반복했다.

180

미노스 궁전

미노스 궁전 벽화

그리스반도와 아나톨리아반도 아래에 있는 크레타섬은 이집트의 선진 문명이 유럽에 전파된 곳으로 유명하다. 그리스 신화에는 크레타섬에 미노타우로스라는 괴물이 살았다는 내용이 나온다. 왕비 파시파에와 타우로스(수소) 사이에서 태어난 자식으로, 미궁에 살면서 재물로 바쳐진 소년과 소녀를 먹고 살았다. 결국 아테네 왕자 테세우스가 그를 무찌른다.

신화를 역사로 만든 인물은 아서 존 에번스라는 인물이다. 전문적인 식견을 가진 부유한 아버지 밑에서 자란 에번스는 '미친 영국인'이라는 별명이 있을 정도로 한때 발칸반도에 빠져 지냈고, 오스트리아에서 언론인으로 일하기도 했다. 그는 1884년 옥스퍼드 애슈몰린 박물관 관장이 된 후 25년간 자리를 지켰는데, 실제로는 지중해 지역에서 대부분의 시간을 보내며 지질 연구, 유물 수집에 집중했다. 그는 미케네 문명을 연구하는 과정에서 크레타섬에 주목했고, 크노소스 언덕 밑에 두 가지 문자 체계를 가진 문명이 있음을 직감한다. 그는 큰돈을 들여 크노소스 일대를 사들였다. 크레타인의 독립운동을 지원했고, 현지인의 지원을 받아 1990년에 발굴에 나섰다.

발굴은 경이로운 과정을 거쳤다. 둘째 날에 벽화와 미로를 발견했으며, 발굴 초기부터 수천 점의 유물이 쏟아져 나온 것이다. 한 달 만에 옥좌와 목욕탕을 발굴하는 쾌거를 이뤘고, 1만㎡가 넘는 미노스 궁전이 세상에 드러났다. 곳곳에 성난 황소가 그려진 벽화, 부조, 조각상이 있었으니, 이번에도 신화가 완전히 틀린 셈은 아니었다. 에번스는 문헌 기록도 없는 상황에서 잊힌 문명의 고리를 독자적으로 발견한 것이다.

181

여성 참정권

> 지금까지 아주 많은 변화가 이뤄지면서 노동자들의 투표권과 관련해서는 많은 진전이 있었습니다. 하지만 여성 관련 입법은 예나 지금이나 사실상 교착 상태에서 벗어나지 못하고 있어요. (…) 어떤 미혼모는 자신이 낳은 사생아를 제대로 돌보지 않은 죄로 치안 판사들 앞으로 불려 갔어요. 가정부 일을 다니느라 아이를 유모에게 맡긴 딱한 처지의 미혼모였죠. (…) 치안 판사단은 그 미혼모에게 급여를 얼마나 받는지, 아버지는 누구이며 그 아버지가 아이의 양육에 도움을 주는지는 묻지 않은 채, 자식을 유기한 죄만 물어 3개월 형에 처했습니다. (…) 남성 유권자와 남성 입법자들은 남성의 욕구를 우선시하며 여성의 욕구는 무시하고 있습니다. 여성이 투표권을 얻기 전까지는 앞으로도 이런 현상이 계속될 것입니다.

에멀라인 팽크허스트의 연설이다. 20세기 초반 영국에서 가장 뜨거운 화두 중 하나는 여성 참정권 문제였다. 19세기 중반 차티스트 운동을 통해 재산세를 내지 않는 성인 남성 노동자들의 보통 투표권 요구 주장이 활발했고, 한편에서는 메리 울스턴크래프트, 존 스튜어트 밀 등의 선구적인 노력으로 여성의 권리 문제 또한 꾸준히 제기됐다. 에멀라인 팽크허스트는 여성 참정권 역사에서 중요한 역할을 했다. 1897년 여성 참정권협회국민동맹이 결성돼 격렬한 여성 참정권 운동을 펼쳤으나 뜻깊은 성과를 내지 못했다. 에멀라인 팽크허스트와 그녀의 딸 크리스타벨은 이 단체를 탈퇴하고, 여성사회정치동맹, 여성자유연맹을 연이어 결성하며 좀 더 과격한 투쟁을 펼쳐나간다. 남성들이 주도하는 정치 연설회에 난입해 방해하는 등 다양한 형태로 소란을 피우면서 여권 운동을 주도했는데, 경찰에 의해 폭력적으로 진압당하거나 구속당하는 등 여러 어려움을 겪었다. 1913년에는 에밀리 데이비슨이 여성 참정권을 부르짖으며 경기 중인 승마장에 난입해 사망하기도 했다.

하지만 여성들이 참정권을 확보하게 된 계기는 놀랍게도 제1차 세계 대전의 여파였다. 물자 생산에 동원되면서 여성의 사회적 역할이 증대됐기 때문이다.

182

크락 자기

중국 도자기는 세계적으로 큰 인기를 끌었다. 중국산 도자기는 기존의 금속 제품, 유리 제품을 밀어내고 세계 각지의 상류층을 매료시켰다. 여러 모방 상품이 나왔고, 이슬람 왕실에서는 아예 주문 생산 방식을 통해 이슬람 문양이 들어간 자기를 사용했다. 심지어 종교 사원에서 상징물로 중국의 청자를 사용하기도 했다.

유럽에서는 중국의 청화 백자를 '크락 자기'라고 불렀다. 식기로 사용하는 것을 넘어 아예 '도자기 방'을 만들어서 화려한 금박 철제 장식물 사이에 수백, 수천 점의 청화 백자를 차곡차곡 전시하기까지 했다. 독일 샤를로텐부르크성의 도자기 방이 대표적이다. 영국의 헨리 8세, 엘리자베스 1세, 스페인의 펠리페 2세 등은 도자기 컬렉션을 가지고 있었는데, 이러한 열풍을 '시누아즈리(Chinoiserie)'라고 불렀다. 이슬람의 술탄들도 이와 비슷한 방을 만들었다.

중국의 자기 제조 기술은 여러 경로를 거쳐 세계에 전파된다. 중세까지만 해도 송나라, 고려 정도만 제작이 가능했다. 임진왜란 이후 일본 역시 자기 생산 국가가 된다. 끌려간 조선 도공 이삼평 등이 자기 생산에 성공한 후 발전을 거듭했고, 유럽에 소개돼 큰 인기를 끌었다.

유럽은 18세기 초반, 비로소 중국산 자기 재현에 성공한다. 예수회 선교사 당트르콜이 중국의 대표적인 자기 생산지 징더전에 방문해 제작 공정을 상세히 알아냈고, 독일의 마이센 공방에서 뵈트거 등이 비로소 도자기 생산에 성공했다. 이후 유럽식 자기 생산이 본격화되는데, 네덜란드의 델프트 자기가 대표적이다. 금빛이 나는 청동제를 자기에 접합하거나 유럽적인 주제를 그린 청화 백자 혹은 기존 중국 도자기에서는 볼 수 없던 새로운 모양의 도자기가 대량 생산됐다.

183 측천무후

중국 역사에서 유일무이한 여성 황제. 690년에 주나라를 세웠다. 측천무후 (624~705)는 당태종의 후궁이었다. 태종이 죽은 후 승려로 출가했다가, 태종의 아들 고종의 눈에 띄어 그의 후궁이 됐다. 며느리였던 양귀비를 아내로 삼은 6대 황제 당현종의 일화와도 유사하다. 고종의 총애를 받던 측천무후는 숱한 경쟁에서 승리하면서 황후가 됐고, 고종이 병약해지자 그를 돕는다는 명분으로 정치에 간섭하기 시작한다. 황후로 책봉된 후 경쟁에서 밀려난 왕황후와 소숙비에게 잔혹하기 그지없었다. 한 달간 빛이 없는 방에 가두고 곤장을 100대 이상 때린 후 수족을 자르고 옹기 술독에 집어넣는 등 끔찍하게 죽였는데, 이 또한 한고조 유방의 아내 여후의 행동과 유사하다. 유방은 생전에 척부인을 총애했는데, 그가 죽자 권력을 잡은 여후가 척부인의 눈알을 뽑고 귀를 멀게 한 후 팔다리를 자르고 '인간 돼지'라고 부른 후 변소에 버렸다.

측천무후는 수많은 정치적 싸움에서 승리했다. 장손무기, 이의부 같은 조정의 권신들을 제압했고, 고종이 죽자 아들들의 도전까지 물리치며 결국 황제가 된다. 집권 과정에서 많은 사람을 죽였고, 유교 국가에서 여성이 권력을 장악했기에 후대 유학자들의 비판이 대단했다. 하지만 측천무후가 뛰어난 통치자였다는 점은 분명하다. 그녀가 고종에게 '건언 12사'라는 12개의 개혁안을 올렸는데, 고종이 이를 모두 받아들였다. 요역을 면제하고 세금을 감면하는 등 농민들의 부담을 덜었고, 8품 이상 관리들의 봉급을 인상하고 퇴임한 관료들의 대우 보장, 하급 관료들의 발언권 강화 등을 추진했는데, 이는 하급 관료들에 대한 섬세한 배려였다. 가정에서 어머니가 사망했을 때 자식들이 3년상을 치러야 한다고 제안하는 등 여성을 위한 정책도 실시했다.

측천무후는 뛰어난 인재들을 널리 등용했다. 누사덕은 탁월한 무장으로 티베트 일대에서 흥기한 토번과의 싸움에서 큰 승리를 거둔 인물인데, 측천무후 시절에 두 차례나 재상을 지냈다. 서유공은 탁월한 법학자였고, 적인걸은 후대에도 널리 회자될 정도로 청렴하고 뛰어난 관료였다.

184

헤겔

독일의 관념론 철학자. 헤겔(1770~1831)은 칸트의 뒤를 이어 관념론을 한층 발전시켰으며, 아우구스티누스가 이야기한 '시간'이라는 개념을 철학사에 새롭게 부활시킨 인물이다. 역사 철학, 변증법 등 헤겔의 사유 방식은 근대 지성사에 큰 영향을 미쳤으며, 마르크스의 유물론적인 세계관 역시 헤겔에 큰 영향을 받았다.

헤겔은 세계의 본질, 사물의 실재를 이성적 사고를 통해 파악할 수 있다고 봤다. 겉으로 보면 세계는 혼란스럽고 지나치게 다양하고 해석하기 어려울 정도로 복잡하지만, 이성적 관점에서 보면 본질적인 원칙과 경향, 다양성을 포괄하는 통일성, 전체를 아우르는 총체성을 발견할 수 있다. 이 모든 현상은 역사 가운데 일어나기 때문에, 역사를 해석하는 철학, 즉 역사 철학이 헤겔에게는 중요한 문제였다.

헤겔은 변증법을 강조했다. 존재하는 모든 것은 정립과 반정립의 과정을 거친다. A라는 주장이 등장하면, B라는 반론이 나타난다. 결국 A와 B가 갈등한 후 C라는 대안이 등장하지만, C에 대해 또다시 D라는 반론이 등장한다. 이런 식으로 인간의 생각도, 눈에 보이는 현실도, 역시 자체도 끊임없이 일정한 리듬을 타고 무한히 발전한다. 변증법적인 상호 작용이 일어나려면 시간이 걸릴 수밖에 없고, 역사라는 무대가 필요하다. 따라서 헤겔에게 시간과 역사는 매우 중요한 철학 개념이었다.

그는 역사의 합리적 발전을 신뢰했다. 헤겔의 사상은 절대정신, 국가, 유기체 주의 등으로 표현된다. 변증법에 근거한 인간 정신의 성장은, 단순한 감각과 감정에서 이성적 사고를 거쳐 절대정신으로 발전할 것이다. 또 역사는 인간 개인의 무대가 아니라 무수한 사람들이 얽혀서 살아가는 공간이기 때문에, 개인이 아닌 유기체적인 관점에서 국가를 기준으로 살펴봐야 한다. 개인은 전체의 부분이다. 마치 신체의 여러 기관이 각각의 역할을 하며 서로에게 의존하듯 개인 역시 국가라는 유기체의 부분에 불과하다. 따라서 인간은 국가라는 유기체에 의존해 역사의 진보를 달성할 것이다.

헤겔의 사고방식은 독일 철학에서 결정적인 역할을 했다. 우파적인 경향은 주로 국가와 집단을 강조하며 독일 민족의 발전을 주창했고, 좌파적인 경향은 마르크스에 의해 구현됐다.

185

발칸반도

그리스반도 북부에 위치한 곳으로, 동쪽으로는 흑해가, 서쪽으로는 아드리아해와 이탈리아반도가 있다. 남쪽으로는 에게해를 사이에 두고 그리스반도와 아나톨리아반도가 마주하고 있다. 오랜 기간 로마 제국의 땅이었고, 비잔틴 제국이 지배했던 곳이다. 하지만 러시아의 남하, 불가리아의 흥기 등 발칸반도에서는 여러 이민족이 경쟁을 벌였고, 오스만 제국이 들어서면서 16세기 이후부터는 이슬람의 영향권 아래 놓인다. 슬로베니아, 크로아티아 등은 이탈리아, 로마 가톨릭 등 서유럽의 영향을 받았고, 세르비아 등은 러시아의 영향을 받았다. 보스니아를 비롯한 남부에는 이슬람교도가 많은데, 같은 반도 지역임에도 불구하고 다양한 민족과 종교가 경합을 벌여왔다.

20세기 들어 이곳은 유럽의 화약고가 된다. 1912년부터 두 차례에 걸쳐 발칸 전쟁이 벌어지는데, 중부 유럽의 강국 오스트리아·헝가리 제국이 보스니아 헤르체고비나를 병합하고자 했고, 이를 막기 위해 러시아가 세르비아, 불가리아, 그리스, 몬테네그로의 발칸 동맹을 지원했다. 하지만 발칸 동맹은 오스트리아보다 오스만 제국과의 투쟁을 원했기 때문에 싸움이 복잡한 양상으로 번진다. 결국 발칸 동맹과 오스만 제국 사이에 전쟁이 벌어졌고, 발칸 동맹이 승리하면서 크레타섬을 포함한 그리스와 발칸반도 전부를 획득한다. 제1차 발칸 전쟁에서 오스만 제국이 패배한 것이다.

하지만 그 이후 동맹국 간에 전쟁이 발발하는데, 불가리아가 세르비아와 그리스를 공격한 것이다. 제2차 발칸 전쟁으로, 불가리아 홀로 발칸반도의 여러 국가와 오스만 제국을 상대하면서 크게 패한다.

이러한 발칸반도의 복잡한 정세는 결국 제1차 세계 대전의 도화선이 된다. 오스트리아를 중심으로 한 범게르만 세력과, 러시아와 세르비아를 중심으로 한 범슬라브 세력 간의 갈등이 심각했기 때문이다. 제2차 세계 대전 이후 발칸반도는 공산화되고, 유고슬라비아 연방이 수립된다. 티토가 독자적인 공산주의 노선을 천명하며 국가를 이끌었는데, 그의 사후 여러 개의 나라로 분열해 전쟁을 치르는 등 어려움을 겪었다.

186 근대의 아름다움

> 1822년, 멋쟁이라면 불행하고 병든 모습을 보여야 했다. 길게 자란 손톱, 기른 것도 짧게 깎은 것도 아닌, 어느 순간 갑자기 자라버린 듯한 수염, 이처럼 자신에 대한 무관심을 나타내는 것들을 지녀야 했다. 바람에 날리는 머리카락, 심오하고 고귀하며, 방황하는 듯하고 비장한 눈길, 인류에 대한 경멸로 일그러진 입술, 존재에 대한 신비감과 혐오감에 사로잡힌, 바이런 같은 고뇌하는 심장을 지녀야 했다.
>
> - 샤토브리앙, 《무덤 너머의 회상록》

19세기 프랑스의 멋을 단적으로 드러낸 글이다. 하얀 가발을 쓰고, 퀼로트라는 반바지를 입고, 각양의 화장으로 멋을 부리던 중세 귀족풍에 대한 경멸, 혁명이라는 새로운 사회 변혁에 걸맞은 분위기가 그 시대 남자들의 멋을 결정지은 것이다. 근대 이후 미의 역사는 극적인 변화를 보인다. 위생학의 발전 여파도 대단했다. 청결이 모든 미의 기초가 됐고, 각종 세정제에 대한 관심이 높아졌다. '발은 일주일에 한 번, 머리카락은 두 달에 한 번, 칫솔질은 적어도 일주일에 한 번' 하는 식으로 예절과 화장에 대한 새로운 기준이 생겨난 것이다. 마른 체격, 폐결핵 환자의 창백함이 신성시됐기 때문에 다이어트 열풍이 불었다. 여성들은 레몬과 식초만 먹었고, 눈가가 창백해 보이도록 밤늦게까지 책을 읽기도 했다. 19세기 말이 되면 정반대의 경향이 등장한다. 코르셋 등으로 신체를 기형적일 정도로 옥죘고, 화려한 화장술이 유행했다. 더구나 남성들 사이에서 검은색 계열의 정장과 근엄한 분위기가 강조되면서, 반대급부로 여성의 미는 더욱 화려해진다. 보들레르는 극히 인위적이며 환각에 가까운 분위기를 미학적으로 정당화했으며, 고대의 신화, 퇴폐주의 미술, 신비주의 등 각양의 감각이 미적 정당성을 부여받으며 등장했다. 20세기 이후 상황은 좀 더 복잡해진다. 마치 프랑스 혁명 이후 기존 권위에 저항하는 스타일이 유행했듯, 페미니즘의 영향으로 짧은 머리, 바지, 탄탄하고 건강한 몸, 중성적임 등 새로운 여성미가 창출된 것이다. 한편 의학의 발달로 성형 기술이 일반화됐고, 대중문화의 성장, 전문 패션 디자이너의 활약, 고도화된 자본주의 등의 영향으로 수많은 스타일이 유행하다 바람처럼 사라졌다.

187 산치대탑과 간다라 미술

불교는 인도 마우리아 왕조와 쿠산 왕조에서 크게 흥성했다. 마우리아 왕조의 3대 국왕인 아소카 왕은 불교의 이상적인 군왕인 '전륜성왕'으로 불린 인물이다. 불교를 받아들이기 전까지 정복 전쟁을 일삼던 용맹한 군주였는데, 자신의 욕망 때문에 수많은 사람이 전장에 끌려나와 고통받는 것에 죄책감을 느껴 불교에 귀의한 후 백성을 위하며 훌륭히 통치했다.

탑의 전 단계라고 할 수 있는 스투파가 이때부터 제작되는데, 산치대탑이 유명하다. 또 그의 통치 방향과 각종 칙령을 담은 높이 15m, 무게 50톤의 석주를 전국에 세웠는데, 석주 꼭대기에 만들어진 사자상도 인상적이다. 이 시기 소승 불교는 실론섬과 태국 등으로 전파된다. 소승 불교의 동남아시아 전파가 본격화된 것이다.

그 이후 등장한 쿠산 왕조는 북인도부터 중앙아시아 일대에서 발전했다. 카니슈카 왕이 대표적인 군주로, 그 또한 불교의 적극적인 후원자였고 이 시기에 대승 불교가 크게 발전했다. 따라서 대승 불교가 중앙아시아에도 전파되어 중국과 동아시아의 불교 발전에 가교 역할을 했다. 쿠산 왕조 당시 북부 도시 간다라에서는 '불상 제작'이라는 독특한 장르가 발전한다. 원래 불교에서는 사람의 형상으로 부처를 조각하지 않았다. 하지만 그리스 조각 기술이 소개됐고, 그리스의 조각 기법으로 불상을 제작하기 시작한다. 인도 문화와 그리스 문화가 결합하면서 새로운 종교 문화가 발전한 것이다.

서양인의 얼굴 모습, 그리스 로마인의 의복을 입은 간다라풍 불상을 보면 매우 낯설다. 하지만 이러한 불상 제작 기법이 이후 굽타 왕조로 들어서면서 인도화됐으며, 오늘날 동아시아의 대표적인 불교 예술로 발전했다.

188

기사도

중세 기사는 오늘날 미국 애니메이션에서 묘사하는 것과 큰 차이를 보인다. 다양한 사회 집단을 통칭했기 때문에 정형화되거나 표준화된 모습을 상상하기 어려울뿐더러 거칠고 야만적인 전사 집단에 가까웠다. 하지만 중세 사회가 원숙한 단계에 도달하면서 기사도가 요구되기 시작했고, 기사가 갖춰야 하는 덕과 품성, 소양 같은 것들이 강조됐다.

기사도는 가톨릭교회가 야만적인 전사 집단에 강조한 도덕률이다. 교회는 기사들에게 해야 할 것과 하지 말아야 할 것들을 제시했다. 상대측 기사와 포로, 어린아이와 여성에 대한 존중을 강조했고, 교회와 주군에 대한 충성심, 전장에서의 용맹함, 기사로서 지켜야 하는 예절 등을 강조했다. 일종의 문화적 길들이기로, 꽤 효과적이었다.

기사에게 가장 중요한 기술은 '마술', 즉 말을 다루는 기술이었다. 전투에서 생존하기 위해 가장 중요한 수단이었고, 마상 경기가 정례화되면서 그 의미는 더욱 커졌다. 마상 경기를 할 때 지켜야 할 예법은 물론 기사와 말이 갖춰야 할 의복, 장비, 여러 절차에 맞는 행동이 정의된 것이다. 12세기까지만 해도 기사는 비교적 단출한 삶을 영위했다. 말 두 필 정도와 수행자 기사복 한 벌 정도면 충분했다. 하지만 13세기 중반이 되면 말, 의복, 하인의 숫자가 늘어난다. 당시 영국 기준으로 최소 1년에 20파운드는 있어야 했는데, 평민의 소득이 1파운드 정도였으니 기사 행세를 하기 위해 갖춰야 할 경제력이 대단했던 셈이다.

기사도 문화가 발전할수록 귀족 여성에 대한 숭배 문화, 일명 '궁정의 사랑(courtly love)' 개념도 발전했다. 세련되고 예의 바른 사랑, 용맹함과 훌륭함으로 아름다운 여성을 지켜야 한다는 발상이었다. 귀족 여성에 대한 귀족 남성의 숭배 문화는 체스 게임도 바꿨다. 여왕 말(퀸)이 생겼고 여왕 말이 막강한 힘을 발휘하게 된 것이다. 영국 리처드 1세의 어머니였던 알리에노르 다키텐, 프랑스 루이 9세의 어머니인 블랑카 데 카스티야 등은 중세를 대표하는 여성 권력자들이었다.

기사도와 관련해 〈니벨룽겐의 노래〉, 《아서왕 이야기》, 〈롤랑의 노래〉 등의 작품이 남겨졌다.

189

베를린

케테 콜비츠, 〈죽은 아들을 안은 어머니〉

독일의 대표 도시. 베를린은 런던과 더불어 유럽에서 가장 큰 도시에 속한다. 브란덴부르크 공국의 중심 도시였던 베를린은 과거 신성 로마 제국의 대표적인 제후국 프로이센, 비스마르크가 주도한 독일 제국, 제1차 세계 대전 이후 수립된 바이마르 공화국, 히틀러가 이끌던 제3제국의 수도였으며 현대 통일 독일의 수도이기도 하다. 독일 근현대사의 중심지이기 때문에 수많은 일화가 남겨진 곳이다. 제2차 세계 대전 이후 독일은 미국, 소련에 의해 분할됐는데, 당시 베를린은 소련이 관리하는 동독에 위치했다. 하지만 역사적 중요성으로 인해 베를린은 미국 등이 관리하는 서베를린과 동독의 동베를린으로 나뉜다. 동독이 이곳에 장벽을 쌓았고, 1989년 냉전 붕괴 때 장벽이 무너졌다.

베를린에서는 과거 나치의 만행을 잊지 않으려는 여러 노력이 이어지고 있으며, 각종 관련 기념 시설이 있다. 그중 대표적인 공간으로 '노이에 바헤'라는 곳이 있다. 1956년 파시즘과 군국주의의 희생자를 기리는 공간으로, 현재는 '전쟁과 폭정의 희생자들을 위한 독일의 중앙 추모관'이 됐다. 이곳에는 케테 콜비츠 원작의 〈죽은 아들을 안은 어머니〉라는 청동 피에타상이 놓여 있다. 실제로 케테 콜비츠의 아들은 제1차 세계 대전에서, 손자는 제2차 세계 대전에서 전사했기 때문에 피에타상은 많은 것을 생각하게 한다. 케테 콜비츠는 "고통보다는 숙고"를 표현하고자 했다고 한다.

나치는 베벨 광장 중앙에 마르크스, 프로이트, 브레히트, 고리키 등 유대인 작가들과 파시즘을 비판한 수많은 지식인의 책을 2만 권이 넘게 쌓아두고, 5,000명의 학생과 수만 명의 군중이 보는 가운데 불태웠다.

190

진시황

중국 최초의 황제. 기원전 221년 천하를 통일하고, 스스로 황제의 자리에 올랐다. 진시황(기원전 259~기원전 210)의 등장은 중국 역사에 결정적 국면이었다. 그는 전국을 36개의 군현으로 나눴고, 화폐, 도량형, 문자를 통일했으며, 그로 인해 드넓은 중국 대륙이 통일된 국가 체제가 됐다.

진나라는 춘추 전국 시대에 서북 변방에 있던 나라다. 하지만 춘추 시대 목공 때 크게 성장했고, 무엇보다 전국 시대 효공 때 법가의 원조라고 할 수 있는 상앙을 등용해 대대적인 개혁에 나서며 국력이 크게 성장한다. 효공의 손자 소양왕은 명장 백기를 등용해 한·위·조나라를 무력화했으며, 오늘날 쓰촨성 일대를 병합해 영토를 넓혔다. 소양왕의 증손자가 진시황이었으니 진나라는 오랜 기간 꾸준히 성장했던 셈이다.

진시황은 순자의 제자이자 법가인 이사를 재상으로 삼았고, 기원전 230년부터 차례차례 주변 국가를 정복해나간다. 천하를 통일한 이후, 자신을 높이기 위해 '왕'이 아니라 '황제'라는 칭호를 사용했다. 민간의 병기를 몰수했으며, 전국 36군에 관료를 파견했다. 기존의 화폐를 철폐하고 반량전을 만들었는데, 둥근 모양에 가운데 사각형 구멍이 뚫려 있는 동아시아의 전통적 동전이 이를 기원으로 한다. 이사의 건의를 받아들여 문자도 전서체로 통일했다. 그는 다섯 차례 전국을 순행했고, 각지에 비석을 만들어 자신의 업적을 기록했다. 또 태산에 올라서는 '봉선 의식'을 행해 천자의 위상을 드높였다. 이후 한무제와 후한 광무제가 봉선 의식을 행하며, 이 의식은 황제의 특별한 예식으로 정착됐다.

천하를 통일한 진시황에게도 근심거리가 있었으니 북방의 흉노족이었다. 그는 명장 몽염에게 30만 대군을 주어 흉노 정벌에 나섰고 만리장성도 만들었다. 새롭게 만든 것은 아니었고, 제후국이 만든 것을 보수하고 하나로 이었다. 당시에는 토성이었고, 현재의 것과 위치도 다르다. 현존하는 석성은 명나라 때 새로 만든 것이다.

진시황은 대상인 여불위의 아들이었다는 이야기도 전해진다. 의약 서적, 점술서, 농업 기술 서적을 제외하고 수많은 서적을 불태웠으며, 수도 함양에서 유학자 460명을 구덩이에 매장했다. 그 유명한 '분서갱유' 고사다. 평생 불로초를 찾아 헤맸지만 50세에 죽었고, 오랜 기간 가혹한 통치를 일삼았기에 기원전 206년 진승·오광의 난을 필두로 진나라는 역사 속으로 사라진다. 그가 죽고 4년 만의 일이다.

191

베버

베버(1864~1920)가 보기에 자본주의는 단순한 상업의 발달, 시장과 무역 발달, 호사스러운 물질만능주의와는 다른 것이었다. 돈을 중심으로 경제 행위가 활발해지는 현상은 인류사에서 보편적이었다. 중국 당나라의 수도 장안(오늘날 시안)의 인구는 100만이 넘었고, 상업의 요람이자 부자의 천국이었다. 유럽에서도 상업과 무역의 중심지이자 탐욕스러운 상인들의 음모가 횡행한 곳은 베네치아를 비롯한 지중해의 도시들이었다. 이곳에서도 자본주의는 발전하지 않았다.

그렇다면 무엇이 인류를 자본주의 사회로 나아가게 했는가. 베버는 문화적 요소에서 해답을 찾았다. 세속에서 신의 뜻을 실천해야 한다는 칼뱅파 청교도들의 금욕적·도덕적 열정이 공교롭게도 자본주의 발전에 중요한 윤리적 틀거지를 제시했으며, 그로 인해 영국, 미국이 자본주의의 선두 국가가 됐다는 것이다.

베버의 주장은 이후 엄청난 학술 논쟁을 불러일으켰지만 그만큼 중요한 학문적 업적으로 인정받았다. 막스 베버는 통상 마르크스와 더불어 사회학의 창시자로 불린다. 베버, 파슨스, 뒤르켐 등은 사회학에서 기능론적 관점으로 분류되기도 하는데, 비단 사회학뿐 아니라 역사학, 정치학 등 근대 학문에 지대한 영향을 미쳤다.

그는 역사 발전에서 일어나는 '합리화 과정'에 주목했다. 인류는 신화적이고 카리스마적인 세계에서 합리화된 세계로 발전한다. 합리화 과정 가운데 '관료제'가 대표적이다.

192

냉전

1945년 연합국의 승리는 제2차 세계 대전 미국과 소련이 주도하는 새로운 세계 체제의 서막이었다.

　이란과 그리스 문제를 두고 두 나라의 갈등은 심각해져갔다. 영국이 두 지역에서 자신들의 제국주의적 이권을 보존하는 동시에 공산주의 세력의 확산을 막고자 했는데, 미국이 이를 지지하면서 소련과의 관계가 소원해진 것이다. 한편 동유럽의 공산화는 가속화됐고, 두 진영 간의 오해와 반목은 계속됐다. 미국은 외교 정책 원칙인 '트루먼 독트린'을 발표하며, 그리스, 터키 일대에서의 공산화를 저지하겠다는 뜻을 공식화했다. '공산주의는 가난을 먹고 자란다'라는 믿음 아래 마셜 플랜을 실시해 대규모의 자금을 서유럽에 지원하면서 경제 부흥을 주도했다. 조지 프로스트 케넌의 봉쇄론에 근거한 전략이었다. 1949년 미국은 북대서양 조약 기구를 만들어 미국과 서유럽을 잇는 군사 동맹 체제를 구축했고, 소련도 이에 대응해 바르샤바 조약 기구를 창설한다.

　기술 경쟁도 대단했다. 미국에 이어 소련이 핵무기 개발에 성공했고, 1961년 유리 가가린을 태운 보스토크 1호는 최초로 우주 비행에 성공한다. 1969년 미국이 개발한 아폴로 11호는 달 착륙에 성공했는데, 우주 경쟁에서 미국의 우위를 입증하려는 시도였다. 이 시기에 쿠바 핵 위기가 발생했고, 베트남 전쟁에 미국이 개입한다. 동남아시아로 공산화가 확산되는 것을 막으려는 시도였지만 실패한다.

　1980년대 들어, 소련을 비롯한 공산주의 진영은 체제 유지의 한계에 다다른다. 결국 1989년 베를린 장벽 붕괴로 상징되는 동유럽의 민주화가 도래한다. 폴란드, 헝가리를 비롯한 동유럽의 공산주의 정권이 무너졌으며, 자유 진영인 서독이 헬무트 콜 총리의 주도 아래 동독을 흡수 통일한다. 이 시기 소련의 고르바초프는 페레스트로이카, 글라스노스트라 불리는 개혁 개방 정책을 추진했으나 결국 군사 쿠데타로 실각한다. 소련은 러시아를 비롯한 여러 공화국으로 분리됐다.

193

큐비즘

20세기 초반 파블로 피카소와 조르주 브라크 등이 시도한 미술 사조. 현실과 상상, 구상과 추상의 경계를 넘나들며 유럽적인 것과 비유럽적인 것, 예술적인 것과 상업적인 것 사이에서 새로운 예술적 성취를 추구한 과정으로 이해할 수 있다. 피카소의 〈아비뇽의 처녀들〉, 〈세 여인〉, 브라크의 〈술병과 생선들〉, 〈바이올린과 물병〉 같은 작품들이 대표적이다.

19세기 후반 유럽의 미술은 요동치고 있었다. 사진기의 발명, 인상주의의 등장 등으로 화법 자체에 큰 변화가 일어났고, 특히 폴 세잔의 예술적 성취가 후대 예술가들에게 큰 도전이 됐다. 짧은 붓 터치를 평행하게 지속해서 마름모 형태의 작은 면을 구성하는 파사주 기법 등이 크게 활용됐다. 또 식민지 아프리카의 전통문화도 생경한 자극이 됐고, 직관과 생명의 역동성을 강조한 철학자 앙리 베르그송의 사상도 큰 영향을 미쳤다. 종래에는 유기적으로 표현한 선, 면, 빛과 그림자 등이 모두 독립적으로 표현되는 등 큐비즘은 화법에서 큰 혁신을 이뤘다. 수많은 영역의 경계를 부수며 예술가의 창의적인 작가 정신에 기반한 현대 미술이 본격화된 것이다.

194 아시리아와 페르시아

기원전 7세기 고대 근동 지역은 아시리아의 강력한 도전으로 기존의 낡은 세계가 철저하게 파괴된다. 이전까지만 해도 메소포타미아, 이집트, 페니키아, 히브리 왕국 등으로 나뉘어 교류와 전쟁을 반복하는 수준이었다. 하지만 아시리아의 등장은 기존의 질서를 바꿔놓는다. 우르, 바빌론 같은 페르시아만 일대부터 타르수스, 비블로스, 예루살렘 등 비옥한 초승달 지대, 테베, 멤피스 같은 이집트의 주요 도시까지 모두 아시리아에 점령당했기 때문이다.

아시리아는 철기로 무장한 압도적인 군사력을 자랑했다. 이미 기원전 9세기에 일대에서는 찾아볼 수 없던 다양한 공격 무기와 긴 방패로 무장한 상비군을 10만 이상 보유한다. 말이 끄는 두 바퀴 전차에는 궁수 둘과 방패를 든 병사 둘이 타는데, 전차와 궁수가 결합한 형태는 당시에는 혁신적인 전투 방식이었다. 투석기, 공성, 탑 등 성벽을 무너뜨릴 수 있는 대규모 장비를 만들었고, 중무장한 기마 부대가 전장을 종횡무진했다. 아시리아의 군대는 잔악하기로 유명했는데, 점령지에서 포로를 태워 죽이거나 신체를 절단하거나 심지어 살가죽을 벗기기도 했기 때문이다.

아시리아 이후 근동 지역은 과거로 돌아가지 못한다. 페르시아라는 새로운 제국이 등장해 근동 지역은 물론 인도 북부에서 오늘날 그리스, 불가리아, 루마니아 일대까지 더 큰 제국을 건설한다. 하지만 페르시아는 아시리아와 같은 공포 정치를 거부했다. 메소포타미아 일대를 점령한 키루스 2세는 바빌로니아에 끌려온 히브리인들이 고향에 돌아가 그들의 공동체를 건설하게 허락했고, 여러 피정복 민족에게 자치권과 종교적 자율성을 부여했다. 그의 아들 캄비세스 2세는 이집트를 정복했고, 다리우스 1세 때가 되면 수도 페르세폴리스를 중심으로 최고 전성기를 맞이한다. 그리고 방대한 제국이었기에 새로운 행정 시스템을 도입한다. 제국을 20개의 행정 구역으로 나눠 '사트라프'라고 불린 총독을 파견했다. 화폐와 도량형을 통일했고, 나일강에서 홍해에 이르는 운하도 건설했으며, 페르시아 고원이나 시리아 사막 근처에는 관개 시설을 개선해 농업 발전을 장려했다. 무엇보다 2,500km가 넘는 '왕의 길'을 만들어 제국의 도로망을 정비했는데 그로 인해 최초의 우편배달부, '왕의 눈과 귀'로 불린 정보국이 만들어지기도 했다.

195

인권 선언

국민의회를 구성하는 프랑스 인민의 대표자들은 인권과 시민권을 승인하고 선언한다.

제1조. 인간은 자유롭고 평등하게 태어나서 생활할 권리를 가진다. 사회적 차별은 오로지 공동의 이익을 위해서만 가능하다.

제2조. 모든 정치적 결사의 목적은 시효에 의해 소멸될 수 없는 인간의 자연적인 권리를 유지하는 데 있다. 이 권리는 자유, 재산, 안전 및 압제에 대한 저항권이다.

제3조. 모든 주권의 근원은 본질적으로 국민에게 있다.

제16조. (…) 권력의 분립이 제정돼 있지 않은 사회는 헌법이 없는 사회다.

제17조. 소유권은 신성불가침한 권리이므로 합법적으로 확인된 공공의 필요가 명백히 요구하고 정당한 사전 배상의 조건하에서가 아니면 결코 침탈될 수 없다.

프랑스 혁명 당시 발표된 〈인간과 시민의 권리 선언〉 선언 중 일부다. 위 내용에는 현대 사회의 핵심 원리가 담겨 있다. 우선 이 선언은 국민의회의 구성원, 즉 프랑스 인민 대표들에 의해 만들어졌다. 왕권신수설을 비롯해 국왕이나 종교의 절대적 권위가 아닌 아래로부터의 동의에 기초한다. 인권 선언은 오늘날 헌법과 유사한 의미를 지니는데, 제16조에서는 헌법의 핵심을 '권력 분립'으로 규정한다. 계몽주의자 몽테스키외 등이 제안한 삼권 분립 사상이 반영된 것이다. 권력의 기초는 인민이고, 권력 행사는 남용을 방지하는 형태로 운용돼야 한다고 봤다.

제17조는 두고두고 논란이 된다. 소유권을 신성불가침의 권리로 규정했기 때문이다. 프랑스 혁명을 주도한 부르주아 유산자 계급의 입장이 반영된 구절이라고 할 수 있다. 하지만 혁명은 민중의 참여로 완성됐고, 자코뱅파를 비롯한 급진파는 제17조를 극복하고자 치열하게 투쟁한다. 신분제를 무너뜨린 후 경제적 계급 격차라는 새로운 문제를 두고 기나긴 투쟁이 시작된 것이다.

196

연대 측정법

짧게는 수만 년, 길게는 수백만 년에 이르는 선사 시대에 대한 관심은 연대 측정법이라는 과학 기술의 발전에 큰 도움을 받았다. 방사성 탄소 연대 측정, 나이테 연구, 칼륨 아르곤 측정법 등이 대표적인 방법이다.

윌러드 리비라는 미국의 화학자는 우주 광선이 대기 중의 질소와 결합해 14C라는 방사성 탄소가 생긴다는 사실을 알았다. 동식물은 살아 있는 동안 방사성 탄소를 흡수한다. 따라서 나뭇조각이나 뼈에 남아 있는 방사성 탄소를 측정하면 과학적인 연대 측정이 가능한 것이다. 리비와 그의 동료들은 이집트 파라오 조세르, 스네프루의 무덤에 사용된 목재를 표본 삼아 기원전 2800년(오차 범위 280년)을 도출했다. 역사 연구에서 또 한 번의 비약이 이뤄진 것이다.

물론 방사성 탄소 연대 측정법에는 문제가 있었다. 절대 연도가 아니라 방사성 탄소 연대일 뿐이고, 당시의 대기 상황, 지구의 자기장, 태양의 활동 혹은 생물체의 특성에 따라 방사성 누적량이 달라졌기 때문이다. 이를 보완하기 위해 나이테 연대 측정이 등장했다. 카리브해의 산호 화석, 그린란드나 남극 등 극지대의 얼음 코어 등에서 나이테 연대를 측정해 방사성 탄소 연대 측정의 한계를 보완했고, 이후 가속 질량 분석기(AMS) 등이 등장하면서 훨씬 정교한 형태의 연대 분석이 가능해졌다. 하지만 방사성 탄소 연대 측정법은 약 5만 년 정도만 분석할 수 있을 뿐 그이상은 불가능하다.

따라서 그 이상의 연대를 측정하기 위해 칼륨 아르곤 연대 측정법이 활용되고 있다. 바위에 들어간 방사성 칼슘이 방사성 아르곤으로 붕괴하는 시간을 분석하는 지질학적 방법으로, 탄자니아 올두바이 협곡, 에티오피아 하다르 등 아프리카의 초기 인류사 연구에 유용하게 사용됐다.

과학의 발전이 고고학과 역사학 연구에 큰 영향을 미친 것인데, 학문 간 통섭의 과정은 이렇게 역동적으로 진행되고 있다. 생태학과 역사학의 만남, 지리학과 역사학의 만남 등 각양의 전문적 연구가 결합하며 현대 학문은 맹렬하게 진보하고 있다.

197

신해혁명

1911년 청나라가 멸망하고 동아시아 최초의 민주 공화국인 중화민국이 들어선다. 1840년 아편 전쟁, 1851년 태평천국 운동 이래 청나라는 국가 주권을 지키기 위해 고군분투했다. 특히 1864년 태평천국 운동을 진압한 후 이홍장을 중심으로 양무운동이라는 광범위한 개혁 정책이 추진됐다. 양무운동은 '중체서용'의 정신, 즉 중국의 정체성을 유지하되 서양 문물을 받아들여 근대화를 추진한다는 정책이었다. 근대식 공장과 조선소를 설립하고 유학생을 세계로 파견하는 등 약 30년간 치열한 노력이 계속됐다. 하지만 1884년 베트남 지배권을 두고 프랑스와의 전쟁에서 패했고, 다시 1894년 조선을 두고 일본과의 싸움에서 패하면서 양무운동은 실패한다. 이후 입헌 군주제가 논의됐지만, 결국 신해혁명으로 청나라가 무너진다.

중화민국의 등장은 동아시아 역사에서 중요한 의미를 지닌다. 1868년 메이지 유신으로 근대화에 성공한 일본은 천황 중심주의를 표방하고 제국주의 국가로의 발전을 도모하는 등 보수적인 행태를 반복했다. 하지만 중화민국은 민족주의에 기반한 민주 공화정을 표방했기 때문에, 중국뿐 아니라 조선, 베트남 등 주변 국가의 독립운동가들에게 큰 영향을 미쳤다.

하지만 신해혁명 이후 중화민국은 한층 곤란에 빠진다. 당시 총통이던 위안스카이는 황제가 되고자 했으며, 일본은 '21개 조 요구'를 들이밀며 노골적으로 침략을 감행하기 시작했다.

이 와중에 천두슈, 후스를 중심으로 '신문화 운동'이 일어난다. 잡지 〈신청년〉을 발간하면서 활동을 펼쳤는데, 기존의 유교적 전통문화를 비판하며 누구나 쉽게 배울 수 있는 간소한 한문인 '백화문' 사용을 주장하는 등 좀 더 근본적인 영역에서 사회를 혁신하고자 했다. 반일 감정의 고조, 신문화 운동을 통한 학생과 젊은이들의 의식 고취, 1919년 조선에서 일어난 3.1 운동의 영향 등이 겹치면서, 같은 해 중국에서 5.4 운동이 일어난다. 베이징 대학생들을 중심으로 격렬한 저항 운동이 펼쳐졌고 운동의 여파는 전국적이었다.

5.4 운동은 신해혁명 이후 혼란에 빠진 중국 사회에 새로운 계기를 마련했다. 신해혁명을 주도한 쑨원 등은 중국 남부 광둥성에서 새롭게 기반을 마련하며 재기에 나섰고, 특히 천두슈, 리다자오 등을 중심으로 중국 공산당이 만들어진다.

198

중간 계층

시민 혁명과 산업 혁명으로 인한 19세기 근대 사회의 등장은 사회 계층의 성격을 완전히 바꿨다. 지배층은 혈통이나 권위가 아닌 국민의 지지로 정치권력을 획득했고, 과거에는 상인이나 수공업자 정도로 불리던 이들이 자본가 혹은 기업인이라는 이름으로 사회 최정상부에 군림하게 됐다.

산업 사회가 본격화되자 중간 계층이 등장했고 이들의 비율은 급속도로 늘어난다. 고도로 발전한 사회 조직의 중간 관리자, 기업이나 전문 기관에서 일하는 전문직 혹은 사무직 노동자들이 이들이다. 중간 계층은 전근대 사회에서는 찾아보기 힘든 집단으로, 생활 방식이나 문화 측면에서 전적으로 새로운 존재였다.

중간 계층은 대부분 도시 중심가나 교외에서 살았다. 이들은 도시와 공장에서 핵심 업무를 담당했기에 도시 중심가의 비교적 좋은 건물에서 생활하거나, 여유가 있으면 공장의 매연과 악취에서 벗어날 수 있는 교외에 거주지를 마련했다. 여러 개의 방이 있었고 가구를 비롯한 각종 생활 도구에 하인들까지 보유했다. 도시에는 이들이 일하는 정부 기관, 기업, 금융 기관뿐 아니라 박물관, 음악당, 백화점, 공원 등 다양한 유흥 시설이 들어섰고, 교외에는 경마장, 온천, 해수욕장, 리조트 등 부대시설이 들어섰다.

이들은 매우 근면한 집단이다. 노동을 신성시하고 자기 관리에 엄격하며 가족 부양에 열심이다. 남자들은 검은색이나 군청색의 소박하고 단정하지만 근엄하고 예의 바른 양복을 선호했다. 화장과 화려한 옷으로 자신을 치장하던 귀족들의 문화와 철저히 대조됐다. 여성들은 남편을 내조하고 자녀들을 돌보는 가운데 훌륭한 어머니가 돼야 했다. 유모나 하녀들도 관리해야 했다. 이 시대에 '이상적 가정', '모성애와 육아' 같은 개념이 고도로 발전한다.

새뮤얼 스마일스의 《자조론》 같은 성공을 위한 자기 계발서도 이때 등장해 크게 성공했고, 일부이지만 사회에 도전하거나 남성성에 도전하는 여성들이 등장하기도 했다. 크림 전쟁에서 이름을 알린 간호사 나이팅게일이나 남장을 하고 시가를 피우던 소설가 조르주 상드 등이 대표적이다.

199

황화론

지금 유럽은 그 이름도 유명한 '황화(黃禍)'를 적극적으로 몰아내고 있다. 여러분은 이 위협을 이해할 필요가 있다. 전문가들이 말했다시피, 동아시아 국가들은 이기심으로 인해 인구가 쪼그라든 우리의 국토를 어느 날 거대한 메뚜기 떼처럼 습격할 것이다.

중국의 인구는 두려울 정도로 증가하고 있다. 언젠가 그들은 지나치게 많은 인구로 우리를 집어삼킬 것이다. 지난날 벌어졌던 대규모의 침입은 모두 아시아에서 발원하지 않았던가. 아틸라를 생각해보라!

아틸라는 5세기 초반 훈족의 제왕이다. 루마니아의 트란실바니아를 근거지로, 남쪽으로는 비잔틴 제국, 서쪽으로는 여러 게르만족의 나라를 침공했다.

위 내용은 1898년 1월 16일자 프랑스 신문 〈르 프티 주르날〉에 실린 것으로, 황화론, 황인종에 의한 침략을 두려워하는 내용이다. 당시 상황을 따진다면 어처구니없는 주장이다. 1840년 영국은 아편 전쟁에서 중국을 상대로 승리했고, 제2차 아편 전쟁 또한 영국과 프랑스의 승리였다. 1884년 프랑스는 베트남 지배권을 두고 청나라와 다퉜는데, 프랑스 해군은 중국의 남양 함대를 일방적으로 무너뜨렸다. 1시간 안에 남양 함대의 모든 배가 침몰했으며, 프랑스 해군은 오발 사고 등으로 단 5명이 전사하는 수준이었다.

그럼에도 불구하고 유럽인들은 아시아인을 대단히 경계했다. 이후 1900년 의화단 운동, 1904년 러일 전쟁 등으로 인해 황화론에 대한 우려는 더욱 커진다. 유럽 언론들은 중국인들의 폭력 행위를 과장되게 보도했고, 특히 일본이 러시아를 이긴 것에 큰 충격을 받았다. 하지만 황화론은 반유대주의, 인종주의같이 별 근거 없는, 강자에 의한 약자 혐오에 불과하다.

200

잡극

중국 원나라 당시 유행한 문학 양식. 공연으로 큰 성공을 거뒀는데 〈비파기〉, 〈서상기〉가 대표적인 작품이다.

원나라 때 중국의 문학은 빠르게 발전한다. 과거 시험을 볼 수 없었던 사대부들이 대거 참여했기 때문이다. 이전까지 사대부들은 과거 시험을 목적으로 했고, 경전에 대한 이해, 시문학이나 서예 같은 전통적인 문화 예술에 심취했다. 하지만 몽골이 세운 원나라에 의해 과거제가 폐지되고 관료로 진출할 기회를 잃으면서 당시 문화적 소양을 가졌던 인물 중 상당수가 문학계에 진출한다. 따라서 원나라 때 문학이 크게 융성하는데 이를 '원곡'이라고 했고, 원곡 중 희곡 장르였던 '잡극'에서 큰 성취가 있었다.

장르도 다양했는데, 군신 잡극(왕실 이야기를 다룬 것), 탈박 잡극(무술 공연), 규원 잡극, 녹림 잡극(강호의 협객을 소재로 함), 신불 잡극으로 분류된다. 잡극에는 다양한 인물이 등장한다. 수공업자, 스님, 도사, 심지어 상인과 기생도 소재가 됐다. 종래의 신분 질서가 무너지면서 민중 문화가 문학의 소재로 끌어올려진 것이다.

관한경의 〈속세에서 구출하다〉의 주인공은 기생이다. 부유한 상인 주사는 여성들을 농락하는 재미로 살았는데, 어느 날 기생 송인장을 알게 된다. 열심히 구애한 끝에 그녀를 손에 넣었지만 이후 마음이 돌변해 갖은 박대를 한다. 이 사실을 안 또 다른 기생 조반아는 송인장을 유혹해 자신과 살 것을 전제로 송인장에게 이혼 증서를 써 주라고 한다. 이혼 증서를 획득한 조반아는 송인장과 탈출했고 이에 격분한 주사가 이들을 관아에 넘긴다. 하지만 이혼 증서 때문에 주사가 60대의 곤장을 맞고 여러 특권을 잃게 된다는 이야기다. 그가 쓴 또 다른 작품 〈진주에서 쌀을 팔다〉는 관료의 전횡을 다뤘다. 흉년이 들어 조정에서 유득중과 양금오를 파견해 곡물 창고를 열고 백성을 구제하라고 명령했는데, 이들은 오히려 이를 기회로 여겨 곡물 가격을 높이고 백성을 가렴주구했다. 이에 항의한 장창고라는 노인을 때려 죽였고, 결국 이를 알게 된 포증이라는 관료가 이들을 처벌하고 원수도 갚는 이야기다.

잡극은 총 네 마당으로 이뤄졌고, 말(末), 단(旦), 정(淨), 축(丑)이라는 네 배역이 있었는데, 중년 남자로 분장한 말이나 여자 주인공으로 분장한 단이 홀로 극을 이끌었다.

201

파란색

서양사에서 파란색의 역사는 독특하다. 고대 사회에서는 전혀 선호되지 않는 색이었다가 시대의 변화에 따라 가치가 비약적으로 높아졌기 때문이다. 그리스 로마 고전 사회에서 파란색은 특별한 의미가 없었다. 붉은색, 흰색, 검은색이 상징적인 색깔로 활용됐기 때문이다. 고대 도시 폼페이의 벽화를 분석해보면 파랑은 기껏해야 바탕색 정도로 쓰였음을 알 수 있다. 이집트를 비롯한 고대 근동 지역에서 파란색이 녹색과 더불어 악을 몰아내는 부활의 색이었던 것과 대조된다.

이러한 경향은 중세 시대에 들어서도 마찬가지였다. 흰색은 순결, 검은색은 금욕과 회개, 빨간색은 그리스도의 피, 순교 등을 상징하면서 여전히 중요한 색이었고, 그 밖에 여러 색이 활용됐음에도 불구하고 파란색은 여전히 무관심의 영역이었다.

하지만 중세 전성기 이후 파란색은 극적으로 중요해진다. 1140년 생드니 수도원의 스테인드글라스 제작 과정에서 새롭게 만든 영롱한 청색이 각광받기 시작한 것이다. '생 드니의 청색', '샤르트르의 청색', '르망의 청색' 등으로 불리며 12세기 후반부터 스테인드글라스에서 빨간색을 밀어내기 시작했다. 같은 청색이지만 이전과는 색감 자체가 다르다. 이 시기에 파란색이 성모 마리아의 색으로 정착되는데, 중세 말 성모 마리아 숭배 열풍과 더불어 파란색의 지위도 격상됐다. 경건왕 루이 9세는 프랑스 왕 최초로 청색 옷을 입었고 이것이 이후 유럽 국왕의 옷이 된다. 19세기 이후 성모 마리아가 로마 가톨릭에서 높은 지위를 얻으며, 순결과 처녀의 상징인 흰색이 마리아의 상징이 된다. 파란색의 지위가 박탈당한 것이다.

그렇다고 파란색의 인기가 시들해지지는 않았다. 종교 개혁을 거치면서 개신교도들이 검은색을 비롯해 감색, 회색 등 어두운 계열의 색을 경건의 상징으로 여겼고 짙은 파란색도 관심받았다. 무엇보다 뉴턴이 스펙트럼을 발명한 후 빛의 색감이 정확히 밝혀졌고 따라서 파란색과 녹색은 과학적 기초 위에서 중요한 색으로 대접받기 시작했다. 또 페르시안 블루 같은 새로운 염료 기법의 탄생으로 파란색은 다시 한번 매력을 인정받는다. 바로크 시대 이후 귀족들은 옅은 색감을 좋아하기 시작했는데, 이 또한 파란색이 다양한 매력으로 대중에게 다가갈 기회를 제공했다.

파란색은 프랑스 혁명 당시 대유행했고, 18세기 이후 현재까지 가장 사랑받는 색깔로 군림하고 있다.

202

슬럼

슬럼, 빈곤은 현재 세계적으로 심각한 문제다. 과거에는 한 나라 안에 하층민이 존재하고 그중 일부가 극빈층이었다. 전근대 사회에서는 귀족을 비롯한 권력자들이 사회의 부의 대부분을 차지했기 때문에, 중산층이 적고 인구의 대부분이 하층민인 피라미드 구조였다. 하지만 시민 혁명과 산업 혁명을 거치면서 민주주의와 경제 성장에 성공한 나라들에서 중산층의 규모가 커졌고, 사회 구조가 마름모꼴로 바뀌었다. 하층민과 극빈층의 숫자가 극적으로 줄어든 것이다.

하지만 이는 대단한 착시 효과였다. 국제 무역이 발전하고, 자본주의가 세계화되면서 선진국과 후진국 사이의 경제 격차가 심각해졌고, 후진국에서 광범위한 슬럼 및 도시 빈민 문제가 발생했다. 통상 슬럼가, 빈민굴이라는 말을 쓰지만 이는 정확한 표현이 아니다. 예를 들어 필리핀 마닐라 일대의 슬럼가에는 2010년 기준으로 50만 명 이상이 살고 있으니 '슬럼시'라는 말이 적합할 것이다.

광범위한 국제적 빈곤은 각양의 문제를 일으키고 있다. 위생 문제, 치안 문제 등 빈민들이 감당해야 하는 문제부터 빈민으로 인한 사회 문제, 크게는 개선되지 않는 국가 간의 경제 격차 등 온갖 심각한 일들이 동시에 벌어지고 있다. 난민 문제도 마찬가지다. 가난에서 탈출하고자 국제 난민이 되는 경우는 동남아시아, 인도, 아프리카 등에서 광범위하게 일어나고 있다. 예를 들어, 소말리아 난민들은 작은 보트에 의지해 예멘으로 탈출한다. 이들은 해적뿐 아니라 경찰선에 의해서도 끔찍한 대우를 받는다. 해적은 밀입국선을 발견하면 기관총, 로켓포를 활용해 난민을 살해하고 금품을 빼앗는다. 경찰선이 다가가면 선원들이 난민들을 강제로 바다에 몰아넣는다.

슬럼 문제는 지역별 차이를 띤다. 아시아권의 슬럼가는 공동체적 성격이 강하다. 수십에서 수백이 군집을 이루는데, 남자들이 구걸해서 먹을 것을 마련해 오면 여성들은 함께 먹을 식사를 준비한다. 버려진 거리의 아이들 역시 이러한 슬럼 공동체의 여성들에 의해 양육된다. 불교나 유교의 문화적 영향력 때문일 것이다. 이에 반해 아프리카는 좀 더 심각하다. 빈민 공동체는 존재하지 않는다. 남성들, 남자아이들식으로 군집이 형성되고, 여성들 혹은 여자아이들의 군집은 존재하지 않는다. 여성들의 경우, 범죄 조직에 의해 조직적으로 성매매 업소로 팔려 가기 때문이다.

203

포에니 전쟁

서부 지중해를 배경으로 로마와 카르타고가 벌인 전쟁. 로마가 승리를 거두며 유럽 문명의 새로운 구심점이 됐다.

로마가 이탈리아반도에서 성장하고 있을 때, 오늘날 튀니지 일대에서는 페니키아의 식민 도시로 출발한 카르타고가 성장하고 있었다. 로마와 카르타고는 100년이 넘는 기간 동안 세 차례 큰 전쟁을 치렀다.

기원전 264년에 제1차 포에니 전쟁이 발발했는데, 이탈리아반도 앞 시칠리아섬의 중요한 항구 메시나에 대한 지배권 때문이었다. 23년간 전쟁을 벌였고, 승리한 로마는 처음으로 시칠리아를 식민지로 거느린다. 기원전 218년에는 제2차 포에니 전쟁이 발발한다. 스페인 일대를 두고 다퉜는데, 카르타고의 명장 한니발의 활약이 대단했다. 코끼리 군단을 이끌고 알프스를 넘어 로마를 직접 포위했기 때문이다. 로마를 궁지에 몰아넣었지만 한니발은 결정적 승리를 거두지 못했고 로마를 함락하지도 못했다. 물자 부족, 주변 정치 집단의 거부감 등 여러 문제가 겹쳤는데, 로마 사령관 스키피오 아프리카누스기 기꾸로 카르타고가 상악한 북아프리카를 침공하면서 상황이 단숨에 역전됐다. 결국 스피키오는 카르타고 인근 자마에서 한니발의 군대를 무너뜨린다. 제2차 포에니 전쟁 역시 로마가 승리했고, 스키피오는 아프리카의 정복자로 불렸다.

하지만 로마는 카르타고의 존립을 용납하지 않았다. 수많은 배상금을 물리고 엄청난 영토를 빼앗음에도 불구하고 카르타고가 다시 성장하자, 로마는 카르타고의 멸망을 목표로 세 번째 전쟁에 돌입한다. 기원전 149년 로마는 명분 없는 전쟁을 시작했고, 카르타고의 성벽을 파괴한 후 엄청난 학살극을 벌인 후, 살아남은 5만여 명의 카르타고인을 노예로 팔았다. 공교롭게도 제3차 포에니 전쟁을 승리로 이끈 인물은 스키피오 아프리카누스의 손자 스키피오 아이밀리아누스였다.

로마는 카르타고를 물리치면서 시칠리아섬, 사르데냐섬, 코르시카섬 등 서부 지중해의 중요한 섬을 장악했고, 오늘날 스페인과 포르투갈의 영토인 이베리아반도 전역, 북아프리카의 주요 거점을 모조리 점령한다. 지중해에 대제국 로마가 등장한 것이다.

204

고다이고 천황

가마쿠라 막부는 중국의 송나라, 한반도의 고려와 교역하면서 크게 번성했다. 규슈를 본거지로 서해를 왕래했는데, 쿠빌라이 칸이 이끄는 몽골의 침략은 이러한 흐름에 쐐기를 박았다. 쿠빌라이 칸은 고려를 끌어들여 대규모 원정군을 편성해 두 차례 침략한다. 당시 가미카제(神風)라고 불린 엄청난 폭풍우로 인해 원정군은 패배했지만, 여파는 심상치 않았다. 침략을 막아낸 이후 막부는 무사들에게 특별한 보상을 해줄 수 없었고, 이것이 문제가 됐다. 전공을 세우면 토지를 하사받는다는 원칙이 깨졌기 때문이다. 더구나 호조씨가 막부의 실권을 장악하고 전횡하면서, 정치 불안은 심화됐다. 이 와중에 고다이고 천황이 막부 타도를 목적으로 두 차례 군사를 일으킨다. 하지만 실패해 오키섬에 유배당한다. 정치 혁신을 외친 고다이고 천황의 거병은 무사들의 반란을 자극한다. 더구나 1333년 고다이고 천황이 오키섬에서 탈출하고 반란이 커지자, 호조 다카도키 일족이 집단 자살하면서 150년간 유지되던 가마쿠라 막부는 무너진다. 결국 고다이고 천황이 집권해 '겐무 신정'을 펼치며 천황 중심의 지배 체제를 복구하고 각종 개혁을 추진했다. 하지만 무사 세력은 여전히 막강했고, 천황의 개혁은 무사들의 이해관계와 충돌했다. 결국 아시카가 다카우지가 무사들을 규합해 고다이고 천황에게 반기를 든다.

아시카가 다카우지는 고다이고 천황을 진압하라는 가마쿠라 막부의 명령을 수행하던 중 입장을 바꿔 교토 일대를 점령하고 고다이고 천황을 지원하며 막부의 멸망을 이끌어낸 인물이다. 같은 시기 일본 동북부에 웅거하던 닛타 요시사다가 군대를 끌고 직접 막부의 수도 가마쿠라를 공격해 큰 공을 세우면서 고다이고 천황의 신임을 얻는다. 아시카가 다카우지가 닛타 요시사다와의 싸움에서 승리를 거뒀고, 고다이고 천황을 잡아 폐위시킨다.

하지만 고다이고 천황은 포기하지 않았다. 1336년 교토에서 탈출하는 데 성공했고, 요시노에 정착해 자신이 정통 천황이라고 주장했다. 결국 교토를 중심으로 아시카가 다카우지가 이끄는 무로마치 막부와 천혜의 요지 요시노를 기반으로 한 고다이고 천황 세력이 대립하는데, 이를 일컬어 남북조 시대라고 한다. 50여 년의 갈등 끝에 1392년 무로마치 막부의 3대 쇼군 아시카가 요시미쓰에 의해 남북조가 통일되면서 무로마치 막부의 시대가 열린다.

205

주희

학자가 기질에 지거나 습관 때문에 빼앗기는 것이 있다면 다만 자신의 뜻을 꾸짖어야 한다. 마음이 신중하면 외부의 가벼움을 이길 수 있고 터득한 것이 깊으면 유혹이 보잘것없음을 알 수 있다. 학문할 때 말없이 스스로 깨닫는 것이 자득하는 것이다.

적은 악이라도 반드시 제거하면 선(善)의 본성을 이루고 악을 철저하게 살피지 않으면 비록 선하다 해도 완전하지 못하기 마련이다.

세상일 가운데 가장 큰 걱정거리는 남의 비웃음을 두려워하는 것이다. 수레 끄는 말이 없거나 거친 음식을 먹고 거친 옷을 입거나 가난하고 천한 데 거하게 되면 모두 남이 비웃지 않을까 두려워한다. 일반 사람들은 살아야 할 때 살고 죽어야 할 때 죽으며 오늘 많은 봉급을 받다가도 내일은 버리며 오늘 부유하고 귀하다가도 내일 목마르고 굶주리더라도 개의치 않고 오직 의로움만을 따라야 한다는 인간의 도리에 대해서는 아무것도 모른다.

위의 《근사록》은 성리학을 완성한 주희(1130~1200)가 앞선 성리학자들의 글에서 모범이 될 만한 것들을 모아 만든 책이다. 성리학은 송나라 때 발흥한 새로운 유학이다. 한나라 이후 유학이 국가의 학문이 되자 많은 사람이 이를 과거 시험 과목으로 이해하고 출세 수단으로 활용하고자 했다. 또 도교, 불교가 크게 호응받으며 번성했다. 특히 불교는 고도의 철학적 사유를 통해 설득력 있게 대중에게 다가갔다.

북송 때 주돈이, 정이, 정호 등 뛰어난 학자들이 등장해 새로운 유학 운동을 전개한다. 이들은 학문이 도덕적으로 훌륭한 인간이 되는 것, 즉 성인군자를 목표로 해야 한다고 했고, 이기론(理氣論) 같은 철학적 사유의 기틀을 놓았다. 이러한 노력은 남송 때 주희를 통해 집대성된다. 주희는 이기론, 심성론 등 유학 사상을 철학적으로 체계화했다. 성리학자는 만물이 '이'와 '기'로 이뤄진다고 봤다. 이는 '도덕성'을 의미하고, 기는 '존재하는 모든 것'을 말한다. 즉, 세상에 존재하는 모든 것은 본질상 '기덩어리'이고, 이것들은 모두 '도덕성'을 내포한다는 말이다. 쉽게 말해 인간이 '기'라면, 인간됨이 '이'라고 할 수 있다.

206

런던

영국이 세계 제국으로 발전하면서 수도 런던도 그에 걸맞게 바뀌어갔다. 해외 무역의 성과는 산업 혁명과 식민지 개척으로 이어졌고, 프랑스, 독일부터 미국, 러시아, 일본까지 후발 산업 국가의 발흥이 이어지자 해운과 금융 등을 통해 국제 무역의 중심지 역할을 했다. 20세기 초반 영국은 전 세계에서 들어오는 1차 생산물의 집산지였고, 상품의 중개와 매매는 물론 주식, 어음, 대출 등 신용의 중심지이기도 했다.

물자만 몰려든 것이 아니었다. 세계 각지에서 이민 행렬이 이어졌고, 이민자 집단이 계속 바뀌면서 런던은 그야말로 코즈모폴리턴이 되었다. 제1차 세계 대전 이전에는 유대인들의 이민이 활발했다. 20만 명 이상의 유대인들이 이곳에 정착했는데, 빈곤의 대명사였던 이스트엔드에서 살림을 꾸렸다. 주로 동유럽에서 건너온 유대인들은 의류, 제화업에 종사하면서 부를 축적해 웨스트엔드로 이주했고, 빈자리는 다시 인도계 벵골인, 카리브해 출신의 흑인들이 차지한다.

당시 유럽에서 런던만큼 다양한 종교를 가진 이들이 모인 곳도 없을 것이다. 프랑스 북부와 네덜란드 신교도들은 이스트엔드 스피탈필드에 모여 주로 견직업에 종사했고, 유대인들은 대부분 유대교를 믿었으며, 인도계 벵골인들은 힌두교와 갈등을 겪던 이슬람교도들이었다.

런던에는 제국주의를 상징하는 온갖 조형물이 세워졌다. 나이츠브리지가와 브럼턴가의 교차점에는 휴 로즈 장군의 기마상이 있는데, 그는 시리아와 인도에서 큰 공을 세운 인물이다. 템스 강변에는 스핑크스를 거느린 오벨리스크가 세워져 있는데, 알렉산드리아에 있는 것을 옮겨 왔고 '클레오파트라의 바늘'이라고 불렀다. 트래펄가 광장은 이러한 조형의 결정체였다. 중심부에는 나폴레옹을 물리친 넬슨 제독 기념비와 흑사자 네 마리가 있는데, 영국의 영광을 상징한다.

급속도로 발전하며 인구 과밀화 현상을 보인 런던은 도시 재개발은 물론 교외 개발도 활발히 진행했다. 교외 지역 개발은 종교 운동과 가족주의의 영향도 컸다. 부부간의 사랑과 친밀감, 훌륭한 육아 등 가족의 의미가 새롭게 주목받았고, 혼잡스럽고 타락하기 쉬운 도심을 벗어나 경건한 신앙생활을 추구하는 욕구가 영향을 미쳤다.

207

사쿠테이키

연못 안에 섬을 만들 때, 먼저 대지의 조건에 따라 연못의 전체 크기를 결정하라. 대체로 조건이 맞는다면, 가운데 섬의 옆면이 주 건물의 중심과 축선에 맞아야 한다. 이 섬의 뒷면에 악사들을 위한 장소를 마련해야 하며, 그 너비는 7~8장이 돼야 한다. 섬의 앞면은 악사들의 장소가 보이도록 트여야 하고, 중앙 섬에 충분한 공간이 없다면 그 뒤에 다른 섬을 만들어 두 섬을 연결하는 널마루를 깔아야 한다. 악사들을 위한 장소 앞에 섬이 충분히 보여야 하기 때문에 이 임시 널마루는 중앙 섬이 너무 작을 때만 만든다고 들었다.

- 《사쿠데이키》

《사쿠데이키》는 일본에서 가장 오래된 조경술에 대한 기록으로, 정원 만드는 법을 체계적으로 설명하고 있다. 연못과 섬을 만드는 법, 돌을 놓는 법, 섬과 폭포를 만드는 법, 나무를 다루는 법 등을 상세히 기록했고, 특히 물의 흐름을 다루는 것에 신경 쓰고 있다. 여러 금기 사항을 둔 것도 흥미로운 지점이다.

일본의 경우, 9세기 헤이안 시대에 귀족 문화가 발흥하면서 정원 만들기가 선풍적인 인기를 끈다. 귀족의 거처를 마련하면서 아름다운 정원을 짓는 것이 중요한 요소로 부각된 것이다. 《사쿠데이키》도 이러한 목적에 부응하기 위해 등장한 책이다. 버드나무는 대문 옆에 심어야 하고, 귀족의 시선이 머무는 곳에 취향에 따라 매화꽃, 대나무 등 여러 식물을 심어야 한다. 위 내용을 통해 살펴볼 수 있듯 정원은 그저 고즈넉하게 바라보는 공간이 아니다. 악사들이 음악을 연주하며 귀족의 흥취를 돋우는 권력 공간이기도 하다. 함께 잔치를 벌이기도 하고 불교 승려들이 악귀를 내쫓고 음양사는 점을 치는 등 분주한 문화 공간이었다.

'원림'이라는 중국식 정원을 비롯해 동북아시아 각지에서는 독특한 정원 문화가 만개했다. 중국의 경우 기암괴석과 거목이 들어찬 어마어마한 규모의 정원을 만들었다면 일본의 경우 귀족이 주도하는 가운데 중국과는 다른 정원 문화를 발전시켜갔다.

208 페니키아, 팔레스타인, 히브리

이스라엘과 레바논 일대에는 과거에도 작은 나라들이 있었다.

이들 나라는 주변국에 비해 크게 번성하지 못했으나, 인류 역사에 중요한 자취를 남겼다. 페니키아는 한때 이집트의 지배를 받았으나 독립에 성공했고, 여러 상업 도시를 건설하면서 큰 성공을 거둔다. 페니키아의 도시 비블로스는 파피루스의 중계 무역항이었고, 고가의 자주색 염료, 직물, 삼나무, 유리 생산으로 유명했다. 이들은 배를 타고 지중해 전역을 돌아다니면서 새로운 도시를 개척했다. 이탈리아 근처의 시칠리아, 사르데냐뿐 아니라 이베리아반도와 북아프리카 일대에 많은 도시를 세웠는데, 그중 카르타고는 본국보다 훨씬 강한 국가로 성장한다. 페니키아인들이 쓰던 22개의 알파벳으로 이뤄진 편리한 표음 문자는 근동의 여러 왕국뿐 아니라 그리스인, 로마인들에게 전파돼 오늘날 영어 등의 기원이 됐다. 소수의 사제나 귀족이 쓰던 어려운 뜻글자가 아닌 소리글자가 등장하면서, 일대의 문자 사용은 물론 회계나 상업 분야에도 큰 변화가 일어났다.

팔레스타인인에 대해서는 히브리인들의 기록을 통해 간접적으로 확인할 수 있다. 기록을 남기지 않았기 때문에 고고학 유물과 유적으로 가늠할 뿐이다. 히브리인들은 이들이 잘못된 종교를 믿으며, 히브리인들의 정체성을 위협하는 난폭한 민족이라고 묘사했다. 실제로 오랜 기간 두 민족은 치열한 전쟁을 벌인다. 하지만 그만큼 다양한 문화 교류가 있었던 것도 사실이다.

히브리인은 구약 성서를 남겼고, 크리스트교의 탄생과 유럽 문명의 발전에 지대한 영향을 미쳤다. 이를 '헤브라이즘'이라고 한다. 히브리라는 말은 '노예', '유목민' 등의 의미로 쓰였는데, 근동 일대와 이집트의 노예 등을 지칭했다. 모세라는 걸출한 지도자가 신의 부름을 받고 여러 이적을 일으키며 히브리인들과 탈출에 성공했고, 이후 팔레스타인인들과의 치열한 투쟁 끝에 다윗이 왕국을 세우면서 전성기를 맞이한다. 그의 아들 솔로몬 때는 중계 무역 등을 통해 크게 번성하지만 이내 북이스라엘과 남유다로 분열됐고, 아시리아와 바빌로니아에 의해 각각 멸망한다. 작은 민족의 1,000년간 이어진 역사적 경험과 신앙적 체험을 묶은 것이 구약 성서다.

209

성형 수술

성형 수술의 역사는 코와 관련이 깊다. 15세기 말 유럽에서는 성병인 매독이 유행했다. 매독균은 종종 코에 옮아서 코를 무너뜨렸다. 코를 보면 성병에 걸렸음을 누구나 알게 됐으니 수치스러울 수밖에 없었고, 따라서 코가 뭉개진 사람은 도덕적으로 타락했다는 등식이 성립했다. 15세기 말부터 시작된 현상인데, 자연스럽게 코 복원 수술이 유행했다. 이마의 피부를 잘라내 덧붙이는 방식으로, 성형 수술의 초창기 형태였던 셈이다.

대항해 시대와 식민지 개척, 우생학의 발전과 인종주의 등으로 인해 18세기 이후 코는 또다시 성형 수술에서 중요 부위가 된다. 코가 낮을수록 유인원과 가깝고, 따라서 흑인들이 야만적이라는 도식이 성행했기 때문이다. 네덜란드 해부학자 피터르 캄퍼르는 유럽인의 얼굴이 아름다운데 얼굴선이 수평선과 100도를 이루기 때문이라고 주장했다. 과학적이라고 주장했지만 특별한 근거는 없었다. 진화론의 창시자 찰스 다윈 역시 얼굴을 문명과 야만을 구분하는 기준으로 봤다.

한편 유대인의 매부리코 역시 혐오의 대상이었다. 지나치게 길기 때문이라는 이유였는데, 앞선 흑인의 사례와 마찬가지로 실상 과학을 빙자한 유사 과학에 불과했다. 어찌 됐건 여러 과학자와 의사들은 유대인의 매부리코가 미의 관점에서 추하다고 생각했고, 결국 근대 성형 수술은 이러한 코를 적당히 조절하는 데서 시작한다. 귀 수술도 자주 이뤄졌다. 유대인의 귀를 '돌출 귀' 혹은 당시 흔했던 유대인 이름을 빌려 '모리츠 귀'라고 부르면서 경멸했기 때문이다.

19세기 후반 일본에서 유행한 쌍꺼풀 수술도 이러한 경향에 기인한다. 오뚝한 코, 선명하고 뚜렷하고 큰 눈 등이 인기였는데, 백인을 모방하려는 심리가 반영된 것이다. 1945년 패망 이후에는 미군이 주둔하자 유방 확대 수술이 유행했다.

성형 수술은 각 나라가 처한 상황을 반영한다. 아르헨티나 사람들은 유방 확대를 선호하고, 반대로 브라질 사람들은 유방은 줄이고 엉덩이를 확대하는 수술을 선호한다. 성적인 자유분방함, 하층 계급에 대한 구별 짓기, 미의 기준 차이 등 여러 가지가 영향을 준 것이다.

210

시안

> 관중의 땅은 천하의 3분의 1이고 인구는 10분의 3에 불과하지만, 그 부는 10분의 6을 차지한다.

사마천의 《사기》 〈화식열전〉에 나오는 내용이다. 관중 지역은 오늘날 행정 구역으로 산시성 일대다. "관중을 얻는 자가 천하를 얻는다"라는 말이 있듯, 고대 중국에서는 이곳이 천하의 중심이었다.

관중 평원의 중심에는 장안(오늘날 시안)이 있었다. 주나라, 진나라, 한나라, 당나라 등 수많은 중국의 전통 왕조가 모두 이곳을 수도로 삼았다.

최초로 중국 전체를 통일한 진시황은 기원전 212년 새 궁전 아방궁을 짓기 시작한다. 애초에는 중앙에 웨이수이강을 두고, 위아래로 기존의 궁전인 함양궁과 아방궁을 연결할 계획이었다. 은하수와 북극성을 상징한 것으로, 천자가 우주의 중심에 있어야 한다는 상징을 건축으로 구현한 것이다. 심지어 불로초를 구하기 위해 황제의 거처를 숨겨야 한다는 노생의 건의를 받아들여, 모든 궁궐을 구름다리로 이어 거처를 수시로 옮겼다고 한다. 진시황 사후 항우가 아방궁을 불태워버리는데, 워낙 원대한 규모였던지라 기초 공사밖에 못 했다. 진시황릉도 이곳에 있다. 진나라 뒤를 이은 한나라도 이곳을 수도로 삼았는데, 이때부터 장안이라는 이름을 갖게 됐다.

> 구중궁궐 궁문이 열리고 만국의 사신이 황제에게 절을 올린다.

이는 왕유가 남긴 글로, 당나라의 수도 장안성을 찬양한 것이다. 당나라는 대명궁을 지었는데, 후대에 지은 베이징의 자금성보다 5배나 큰 규모였다. 당나라 당시 장안은 인구 100만이 넘는 세계 도시로, 서역의 수많은 상인이 몰려드는 곳이었다. 한나라 때 장건이 실크 로드를 발견했고, 당나라 때는 더 광대한 실크 로드를 직접 지배하기도 했는데 실크 로드의 마지막 도착지가 장안이었다. 당나라 때는 조로아스터교, 마니교, 경교 사원이 세워지기도 했다.

211

무로마치 막부

아시카가 다카우지가 세운 두 번째 무사 정권. 가마쿠라 막부를 이었으나 안정적인 통치를 이어가지는 못했고, 센고쿠 시대를 거쳐 에도 막부로 넘어간다.

3대 쇼군 아시카가 요시미쓰는 남북조 시대의 혼란을 해소하며, 무로마치 막부의 지배력을 강화했다. 그는 일본의 통치자로서는 예외적으로 중국 명나라와의 관계를 적극적으로 도모했다. 중국과 국교를 맺고 명의 연호를 사용했으며, 신하를 자처했다. 견당사 이후 500년 만의 일이며, 황제로부터의 책봉도 극히 이례적이었다.

가마쿠라 막부 때 민중불교가 발전했다면, 무로마치 막부 때는 '잇키'라는 민중 봉기가 성행했다. 1428년 쓰치 잇키가 대표적으로, 장원에 소속된 촌락 공동체가 막대한 세금과 무사의 억압적 지배에 대항해 저항을 시작한 것이다. 덕정 잇키의 경우, 채무 파기, 매각한 토지의 반환 등을 요구했고, 법화 잇키, 잇코 잇키 등은 법화종, 진토진종 등 종교 결사가 중심이었다. 1488년 가가 지역에서는 잇키를 통해 아예 영주를 몰아내고 1세기에 걸쳐 농민이 직접 통치하기도 했다. 하지만 센고쿠 시대 오다 노부나가에 의해 진압되고 만다.

무로마치 막부 시대에는 선종이 발전했으며, 정원, 다도, '노'라고 불린 가면극 등 새로운 미의식이 풍미한다. 깊고 그윽함, 간소함과 차분함, 한적한 정서 등을 중시하는 시대가 도래한 것이다. '노'라는 가면극은 음악극으로, 느린 곡조에 맞춰 상징적 의미의 춤을 췄다. 꽃꽂이도 유행했다. 불교에서 공양의 의미로 하던 것이 귀족의 미적 감각으로 탈바꿈했다. 이 시기 가장 유명한 건축물은 긴카쿠지(금각사)다. 3층의 누각 건물로, 1층은 귀족풍, 2층은 일본풍, 3층은 선종풍 등 한 건물에 다양한 미학을 구현했다. 금각사는 금박으로 덮여 있지만, 은각사(긴카쿠지)는 그렇지 않다. 아시카가 요시마사가 건물을 지은 후 은으로 덮고 싶었으나, 여유가 없어서 하지 못했다는 일화가 전해진다. 은각사 1층은 방 전체에 다다미를 깔았는데, 일본 전통 주택의 시작이라고 평가한다.

무로마치 막부 초기에는 남북조 시대, 말기에는 센고쿠 시대가 이어졌기 때문에 국가의 기강이 크게 해이해졌고 왜구가 창궐했다. 초기의 왜구는 주로 고려와 산둥반도를 비롯한 북중국의 해안가를 침탈했고, 후기의 왜구는 난징부터 광저우까지 주로 남중국을 약탈의 대상으로 삼았다.

212

왕양명

지(知)는 마음의 본체이며 마음으로 자연스럽게 아는 것이다. 아버지를 보면 자연히 효도를 알게 되고 형을 보면 자연히 우애를 알게 되고 어린아이가 우물에 빠지는 것을 보면 자연히 측은한 마음이 생겨난다. 이것이 바로 '양지(良知)'이며 배워서 아는 것이 아니다. 만약 이 '양지'가 발휘돼 사사로운 뜻의 장애를 받지 않을 때에는 그것이 바로 "측은한 마음으로 충만해 무한하게 인자(仁)해진다"라는 것이다. (…) 너의 양지가 바로 너 자신의 준칙(準則)이다. 너의 생각이 나타나는 곳에서 양지가 옳으면 옳다고 알고 그르면 그르다고 알아야지 그것을 조금이라도 속여서는 안 된다. 네가 그것을 속이려 하지 않고 착실하게 그것에 따라 행한다면 선은 보존되고 악은 제거될 것이니 그것은 얼마나 편안하고 즐거운 일인가!

- 왕양명, 《전습록》

명나라의 왕양명(1472~1528)은 중국 역사를 대표하는 사상가 중 하나로 알려졌지만, 1519년 장시성에서 일어난 영왕의 반란을 제압하는 등 탁월한 병법가에 지략가, 행정가의 면모까지 갖춘 인물이다.

그는 한때 독실한 성리학자였으나 한계에 도달한다. 깊은 깨달음에 도달하기 위해 '대나무'를 두고 탐구했으나, 마음의 병만 깊어져 '격물치지' 같은 성리학적 학문관에 근본적인 회의를 품는다.

그는 결국 학문을 닦기보다 자신의 마음을 바라보며 사람됨을 찾아가는 새로운 수양론에 도달하는데, 이를 '용장대오', 즉 용장에 머무르며 내적 혼란 끝에 얻은 깨달음이라고 부른다. 왕양명은 주희의 수행 방법을 조목조목 비판했다. 먼저 공부하고 이후에 실천하는 것, 외부에 존재하는 현상을 탐구하는 것은 모조리 무용하다고 봤다. 깨닫는 것과 실천하는 것은 하나이며, 모든 이에게는 도덕적인 마음이 내재하기 때문에 이에 의지해 행동하면 누구나 성인군자가 될 수 있다고 봤다.

213

아르헨티나

라틴아메리카 최남단 국가인 아르헨티나는 스페인의 식민지로, 비교적 평이하게 독립했다. 1880년경부터 아르헨티나는 빠르게 발전하는데, 곡물과 육류의 대량 수출 덕분이었다. 증기선과 고기를 냉동하는 시스템이 갖춰졌기 때문이다. 대규모 이민 행렬이 아르헨티나로 쏟아지는데, 약 350만 명이 정착했고 그중 절반은 이탈리아 사람들이었다. 여타의 라틴아메리카 지역과 달리 백인종이 다수인 사회로 발전한다.

1930년에 군사 쿠데타가 일어났고, 직업 군인이 국가를 운영한다. 1943년에는 육군 대령을 역임한 후안 페론이 등장한다. 군부와 기업인의 지원을 받은 페론은 뜻밖에도 노동자들의 광범위한 지지를 받으며 사회정의와 공공복지의 가치를 드높였다. 노동자의 실질 임금을 20% 이상 올렸고, 영국, 프랑스 등이 가지고 있던 철도, 항만 시설을 국유화했으며, 1947년에는 외채를 처리한 후 경제 독립을 선언했다. 경기는 호황이었고, 페론은 무난하게 재선에 성공한다. 한편 페론주의자들은 교회를 비판하기 시작한다. 성당에 불을 지르거나 이혼 합법화를 요구하는 등 갈등이 심각했다. 결국 가톨릭과 페론주의자들의 갈등이 문제가 돼 페론은 망명한다.

이후 아르헨티나의 역사에서 군부와 페론주의자들의 갈등은 반복됐다. 군사 쿠데타가 수차례 일어났고, 이들은 권위주의적 통치를 자행했으며, 노조 지도자들을 혹독하게 탄압했다. 1966년 웅가니아 장군은 자신이 주도한 쿠데타를 '혁명'이라 주장했고, 의회를 해산하고, 관료를 직접 통제했으며 외국 자본을 끌어들였다. 군부 통치에 대한 저항도 극단적이었다. 혁명 좌파는 납치와 암살을 투쟁의 수단으로 삼았고, 테러리즘이 횡행했다. 결국 1973년 사회적 대타협의 일환으로 70대의 페론이 돌아온다. 그는 1940년대에 자신의 아내이자 엄청난 인기를 얻고 있던 에바(에비타) 페론을 부통령의 자리에 앉히려다 실패했다. 이번에는 두 번째 아내 이사벨 페론을 부통령에 지명해 성공한다. 페론은 귀국 10개월 만에 급사했고, 이사벨 페론이 대통령이 됐다. 하지만 혼란은 계속됐고, 1976년 또다시 군사 쿠데타가 일어나 이사벨 페론은 가택 연금을 당한다. 영국과의 포클랜드 전쟁, 경제 위기 등이 겹치면서 잔혹했던 군부 정권의 시대는 1980년대 들어 막을 내린다.

214

원반 던지는 사람

미론은 기원전 5세기 그리스의 조각가다. 그가 청동으로 만든 〈원반 던지는 사람〉은 현재 로마 시대에 대리석으로 복제한 작품만 남아 있다. '절제와 조화'를 지향하는 대표적인 그리스 작품으로 추앙받고 있는데, 문헌에 따르면 〈전속력으로 달려가는 단거리 선수를 표현한 청동상〉 역시 걸작이었다고 한다.

고전 그리스 미술에는 남성 누드가 주요 소재로 활용됐다. 많은 폴리스에서 '미남 선발 대회'가 열렸고, 육체미를 남성의 아름다움으로 평가했다. 달리기, 레슬링 등이 권장됐고, 나체로 운동하는 체육관이 만들어졌으며, 플라톤 역시 그러한 체육관 근처에 아카데메이아를 세웠다. 남성의 신체에 대한 이해도가 높았고, 복부 근육부터 대퇴부에 이르는 건장한 인체 묘사가 활발했다.

사실 〈원반 던지는 사람〉은 인체를 고스란히 묘사하지는 않았다. 드러날 수 없는 척추 뼈마디를 뚜렷이 묘사하고, 등과 허리가 하나의 뼈처럼 이어지게 만들었는데, 좌우 대칭과 질서 정연한 모습을 보여주기 위한 시도였다.

그리스 조각 예술은 로마는 물론 인도까지 전파됐다.

215 이집트 문명

그리스의 역사가 헤로도토스는 나일강을 "신이 이집트인들에게 준 선물"이라고 했다. 나일강은 세계에서 가장 긴 강으로, 에티오피아, 수단, 이집트를 거쳐 지중해로 흘러 나가는데, 그 길이가 6,700km가 넘는다. 우기 때 나일강은 범람한다. 하지만 그로 인해 상류에서 엄청난 토사가 밀려 내려오기 때문에, 별도로 비료를 만들거나 힘들여 땅을 깊게 팔 필요가 없다. 농사를 짓기에 천혜의 조건이다. 영국의 역사가 토인비는 나일강의 범람을 보고 '도전과 응전'이라는 개념을 만들었다. 나일강의 범람은 인간에 대한 자연의 도전이다. 인간은 이를 견뎌야 한다. 범람을 이겨내면 토사를 활용해 풍성한 농업 경제를 일굴 수 있다. 그는 자연의 도전이 지나치게 강하면 문명이 싹틀 수 없고, 자연이 지나치게 풍요로워도 문명은 발전하지 못한다고 봤다.

나일강 주변에는 녹지가 형성되는데, 좁게는 수백 미터에서 넓게는 23km 정도다. 그 이상 벗어나면 생존할 수 없는 사막이나 황무지였다. 생존과 죽음의 무대가 정확히 나뉘어 있었고, 이러한 생활 조건은 그들의 문화와 종교에 큰 영향을 준 듯하다.

이집트의 상형 문자는 오랫동안 해독되지 못했다. 하지만 18세기 후반 나폴레옹의 이집트 원정과 로제타 스톤의 발견으로 비밀이 풀린다.

피라미드는 이집트 문명의 상징과 같다. 고왕국 시대 파라오 조세르를 위해 이모텝이 지은 것을 시작으로 더욱 크고 정교한 피라미드를 짓기 위한 노력이 계속됐다. 피라미드가 무엇을 의미하는지 완벽하게 알 수는 없지만, 죽음과 내세에 대한 신앙, 태양신 숭배와 엄청난 파라오의 권력이 결합된 산물이라는 것은 분명하다. 원래는 외벽 전체를 흰 석회석으로 덮었고, 꼭대기에는 금박 입힌 돌을 놓았다. 중세 시대에 카이로가 이슬람의 수중에 들어갔는데, 도시 건축과 요새 확충을 위해 피라미드의 석회석을 사용했다.

이집트 문명은 기원전 3500년경부터 기원전 332년까지 무려 3,000년 이상 지속됐다.

216

바나나

라틴아메리카 일대에는 오랜 기간 플랜테이션 농업이 번성했다. 백인 지배자들이 거대한 농장을 짓고 원주민이나 흑인 노예들을 끌고 와 단일 농작물을 생산한 방식으로, 사탕수수, 커피, 바나나가 대표적인 품종이다. 브라질, 콜롬비아 같은 세계적 커피 생산 국가 외에도 코스타리카, 과테말라, 엘살바도르, 니카라과, 온두라스 역시 유명한 커피 생산국이다. 커피는 신선한 고원에서 생산되기 때문에, 농민들에게는 비교적 유리한 품종이다. 지주의 과도한 토지 점탈을 피할 수 있기 때문이다.

바나나의 경우는 전혀 다르다. 1899년 미국에 '유나이티드 프루트'라는 회사가 만들어진다. 대규모 무역 운송 능력이 있는 회사였는데, '프루테라'라는 이름으로 중앙아메리카 바나나 사업을 독점한다. 유나이티드 프루트는 카리브해 연안의 토지를 엄청나게 사들였고, 교통망을 지배했으며, 부두와 항구 시설, 심지어 전신 회사까지 설립했다.

중앙아메리카의 바나나 사업은 철저하게 미국이라는 소비 시장에 의존하는데, 1950년대까지만 해도 생산량의 60~90%가 미국에서 판매됐고, 현재도 40~60%가 미국에 의존하고 있다. 커피와 바나나는 중앙아메리카의 생산에서 절대적 지위를 구축했는데, 이를 극복하기란 쉽지 않다. 미국 기업의 시장 지배력이 극도로 높으며, 원주민들이 이들 기업에 의존해서 돈을 벌고 있다. 농업의 다분화, 새로운 형태의 산업 창출은 만만치 않은 문제다.

217

무선 인가법

1912년 미국 정부가 만든 법. 정부가 발행한 허가증이 있는 사람들만 송신 장비를 소유할 수 있으며, 허가증을 받으려면 정부가 마련한 자격시험을 통과해야 한다는 내용을 골자로 한다.

무선 인가법(Radio Licensing Act)은 정부의 기술 통제 시도가 단적으로 드러난 사건이다. 이미 수십 년 전부터 수신기, 안테나, 송신기 등 각종 무선 통신 도구가 만들어졌고, 동시에 미 해군을 비롯한 정부 기관에서도 이러한 기술을 다양하게 활용하고 있었다. 해군은 무선 통신에 크게 의존했고, 그만큼 도청, 감청, 가짜 명령 전달 등 여러 위험에 노출돼 있었다. 따라서 이러한 문제를 해결하고자 무선 인가법을 만들었고, 정부가 인가 과정에서 특정 주파수, 전송 시간대, 식별 호출 번호 등 여러 기준을 마련해 무선 통신 과정에 개입한 것이다.

사실 무선 통신 기술은 정부의 후원으로 급성장할 수 있었다. 영국의 경우, 해외 식민지를 관리하는 데 통신 기술이 절대적으로 필요했다. 해군성은 무선 통신 산업의 가장 큰 고객이었다.

타이태닉호 침몰 사건은 무선 통신 역사에 전기를 마련했다. 타이태닉호는 주변 배들에 무선 통신으로 조난 신호를 알렸고, 40km 떨어져 있던 배가 구조에 나섰다. 이 사건은 무선 통신으로 각국에 전달돼 신문에 보도됐다. 또 제1차 세계 대전이 발발해 기존의 유선 케이블이 잘려 나가는 비상 상황이 발생하면서 무선 통신 산업은 더욱 번성한다.

결과적으로 미국 정부의 무선 인가법은 절반의 성공에 그쳤다. 무선 통신 기술이 날로 발전해 라디오, 텔레비전, 컴퓨터 등 새로운 매체가 속속 등장했고, 새로운 기술의 등장은 정부가 감당할 수 없는 각양의 현상을 불러일으켰기 때문이다. 더구나 새로운 기술로 엄청난 재산을 축적하는 사업가들이 지속적으로 등장했고, 대자본과 신기술, 야심만만한 기업가 정신은 마이크로소프트, 애플 등 세계적인 기업의 출현으로 이어지고 있다. 여전히 정부는 법을 통해 기술을 제어하고 영향력을 유지하려고 하지만, 기술과 기업의 변화무쌍한 도전 앞에 빈번히 무기력한 모습을 드러내고 있다.

218

수피즘

이슬람 신비주의. 이슬람교가 발전하면서 신학이 발전했고, 다양한 종교학자와 영성가가 등장했다. 종교학자는 '울라마', 영성가는 '수피'라고 불렀다. 이들은 이슬람 종교 세계 영역을 풍성히 했으며, 도덕적·문화적 주체로 강력한 영향력을 행사했다. 이슬람은 《코란》 외에도 무함마드의 언행을 기록한 《하디스》를 경전으로 받든다.

이슬람이 본격적으로 발전하는 8세기에는 법학자들이 대거 등장한다. 이슬람교에 걸맞은 삶을 만들기 위한 노력으로, 의례를 다룬 '이바다트', 사회생활에 관한 지침인 '무아말라트', 공동체 운영 원리인 '이마마' 등을 만들어 예배, 구제 활동, 금식, 결혼을 비롯한 가족 관계, 노예제, 상업 활동 등 각양의 주제를 다뤘다.

신학도 발전하는데, 무타질라파는 그리스 변증법을 받아들여 알라의 유일성을 강조하며 크리스트교의 삼위일체론, 마니교의 이원론, 그 밖에 여러 이교도의 세계관을 집요하게 비판했다.

법과 신학의 발전과 함께 신비주의도 큰 영향력을 행사했다. 이슬람 신비주의 수피즘은 뛰어난 영성가를 많이 배출했다. 하산 알바스리는 《코란》의 가르침에 충성하고 금욕적인 삶을 강조했는데, 그는 '리다(자족)'라는 가치를 중요시했다. 자족을 통해 알라의 권능과 인간의 자유 의지를 조화시키고자 한 것이다. 한편 그는 이슬람 종교 공동체 생활에 헌신했는데, 교육과 설교는 물론 '지하드(성전[聖戰])'에도 헌신적으로 참여해 영토 확장에 매진하며 이슬람의 영광을 높이고자 했다.

수피즘은 《코란》을 반복적으로 읽고 묵상하는 것을 강조했고, 리다를 비롯해 사브르(인내심을 가지고 알라의 의지를 받아들이는 한편 세속적 욕망을 단념한다는 의미), 슈크르(감사), 타와쿨(세속적인 것에 기대거나 희망을 두지 않고 전적으로 알라를 믿고 알라의 의지를 따른다는 의미) 등의 가치를 강조했다.

219

마르틴 루터

1. 우리의 주 예수 그리스도께서 "회개하라(마태복음 4장 17절)"라고 말씀하셨을 때 그분께서는 믿는 자의 삶 전체가 회개하는 생활로 이뤄지길 바라셨다.

2. 이 말씀은 고백 성사, 즉 고해와 속죄가 사제에 의해 집행돼야 한다는 의미로 받아들일 수 없다.

36. 진심으로 회개하는 크리스트교도는 누구나 면죄부가 없더라도 죄와 벌에서 완전히 면제받을 권리를 갖고 있다.

- 마르틴 루터, 〈95개조 반박문〉

비텐베르크 성당 문에 붙인 이 글은 '사제가 신도의 죄를 사해줄 수 있는가', '교황의 면죄부 발행은 정당한가', '크리스트교 신앙의 본질이 무엇인가' 등을 묻고 있다. 사실 반박문을 성당에 붙이는 행위가 특별한 것은 아니었다. 중세에는 여러 신학적 주제를 두고 이러한 방식으로 공개 토론을 했기 때문이다. 하지만 면죄부와 교황권에 대한 반박은 루터 본인도 예상하지 못한 엄청난 사회 변화를 낳았다.

루터는 성경 중심주의와 만인 제사장설을 주장했다. 로마 가톨릭교회는 성경과 교회의 전통, 즉 오랜 기간 쌓아온 교황과 공의회의 결정 사항(미사를 비롯한 성인, 성물, 마리아 숭배) 등 각양의 문화를 중요하게 여겼다. 하지만 루터는 성경을 기준으로 잘못된 문화는 폐기하거나 수정해야 한다고 주장했다. 또 그는 모든 인간이 하나님과 직접 교감할 수 있고, 자신의 죄를 회개하고 신의 도움을 받아 훌륭한 사람으로 거듭날 수 있다고 여겼다.

루터는 자신의 믿음을 실천으로 옮겼다. 그는 의회에 불려가서도 의견을 굽히지 않았다. 그는 독일어로 성경을 번역했고, 수녀였던 카타리나 폰 보라와 결혼했으며, 공교육 제도를 창안했다. 성경을 독일어로 번역한 사건은 문명사적으로 의의가 크다. 기존에 성경은 라틴어로 쓰여 있었는데, 오직 교육받은 사제들만 읽을 수 있었다. 하지만 루터의 번역으로 누구나 성경을 읽을 수 있었고, 독일어도 독일 국민의 언어로 발전한다. 근대 국민 문학, 국민 국가 발전의 밑거름이 된 것이다. 로마 가톨릭이 성직자의 독신을 강조했다면, 루터파는 순결과 결혼, 가족의 가치를 중요하게 여겼다.

220

프랑스 혁명

1789년 프랑스에서 발생한 시민 혁명으로, 신분제를 비롯한 구체제를 타파했으며 인민(people)이 주도하는 새로운 사회를 열었다.

시작은 귀족과 국왕의 갈등이었다. 귀족은 국왕의 절대 왕권을 통제하고 싶었고, 루이 16세에게는 따를 만한 리더십의 본보기가 없었다. 국가 재정은 이미 심각한 단계를 넘어섰다. 결국 귀족의 주도 아래 삼부회가 열렸는데, 제3신분을 대표하는 부르주아들에 의해 상황이 엉뚱한 방향으로 치닫는다.

제3신분은 평민을 의미하는데, 이 중 일부는 법률가, 상인 등 전문적인 능력을 발휘하며 부와 권력을 확대했다. 이들은 귀족의 앞잡이가 되는 것을 거부했고, 독자적으로 국민의회를 조직한다. 국민의회는 테니스코트의 서약을 통해 권력 의지를 분명히 했다. 부르주아가 이끄는 국민의회가 격렬한 정치 투쟁을 벌이는 동안 민중이 들고 일어나 바스티유 감옥을 습격한다. 바스티유 감옥은 절대 왕권을 상징하는 곳이었는데, 민중이 이곳을 점령하면서 혁명은 전국적으로 확산된다.

국민의회는 의외로 온건한 수준에서 혁명을 마무리 짓고 싶어 했다. 영국식 입헌 군주제를 선호했고, 투표권도 재산세를 내는 부유층에게만 허락하는 제한 선거를 원했다. 하지만 지방 농민에게까지 파급된 혁명의 여파는 나날이 강해졌고, 이 와중에 루이 16세가 망명을 시도한다. 결국 급진파였던 자코뱅당이 권력을 장악했고, 루이 16세와 그의 아내 마리 앙투아네트는 처형당한다. 공화국 프랑스가 시작된 것이다. 한편 오스트리아 프로이센 등 주변의 절대 왕정 국가를 대상으로 한 혁명전쟁도 일어난다.

로베스피에르가 권력을 장악하면서 혁명은 한층 급진화된다. 보통 선거, 토지 분배, 봉건적 책무의 무상 폐지 등 민중들의 입장이 반영된 개혁들이 선언되고 추진됐다. 동시에 로베스피에르는 혁명 재판소와 공안위원회를 설치해 귀족은 물론 보수적인 지롱드파와 수많은 정치적 경쟁자들을 감시하고 처단했다. 급진 개혁을 위한 공포 정치를 실시한 것이다. 로베스피에르의 공포 정치는 귀족뿐 아니라 수많은 사람에게 혁명에 대한 거부감을 불러일으켰다.

프랑스 혁명은 신분제를 타파하고 인간과 사회가 지향해야 할 자유, 평등, 박애의 가치를 드높였다. 하지만 혁명 이후의 세계를 만들기 위한 갈등은 더 격렬해진다.

221

겐지 모노가타리

8세기부터 11세기는 일본 고대 문화의 전성기였다. 다이카 개신 이후, 나라와 헤이안 일대에서 천황과 귀족 주도의 문화가 번성한 것이다. 당나라의 장안성을 모방한 헤이조쿄, 헤이안쿄 같은 도성이 만들어졌고, 《고사기》, 《일본서기》 같은 역사책이 편찬되기도 했다. 불교가 흥성하면서 도다이지 같은 훌륭한 절도 건립됐다. 도다이지는 현존하는 가장 오래된 목조 건축물로, 여전히 높은 위상을 자랑한다. 문화적으로는 이중적이었다. 한편에서는 견당사를 파견하는 등 중국 문화를 습득하려는 노력이 이어졌지만, 이에 대한 반발로 견당사가 폐지되고 고유문화를 강조하는 '국풍 문화'가 등장했다. 국풍 문화의 결정체는 '와카'와 '모노가타리'라는 일본 고유의 문학 장르다.

이 시기 일본에서는 '가나 문자'가 등장해 기존의 한자를 보완하며 독자적인 언어 체계가 발전한다. 와카는 가나로 쓴 시로, 귀족 사회에서 선풍적인 인기를 끌었다. 이를 통해 남녀 간에 연모의 마음을 전하기도 했고, 와카에 대한 이해가 교양을 결정지었다. 와카 쓰기 시합도 벌어졌고, 비평학도 발전했으며, 가문마다 독특한 와카풍을 만들기도 했다. 기노 쓰라유키의 《고금 와카집》이 대표작이다.

이 시기 모노가타리라는 장르가 유행하는데, 일본 문학의 시작이었다. 모노가타리는 대부분 궁궐 여성들에 의해 개척됐다. 그중 가장 유명한 인물은 무라사키 시키부로, 대표작은 《겐지 모노가타리》다. 히카루 겐지의 70년간의 사랑 이야기가 54권으로 펼쳐지는 《겐지 모노가타리》에는 미녀, 추녀, 사랑스러운 여자, 똑똑한 여자, 원한이 있어 귀신이 된 여자, 60이 넘은 할머니 등 다양한 여성들이 등장한다. 그리고 겐지는 온갖 여성들과 사랑을 나눈다. 겐지는 어린 시절 어머니를 일찍 여의었기 때문에 어머니와 닮은 여성을 좋아했다. 무라사키 노우에가 어머니와 가장 닮았기 때문에 어릴 때부터 키워서 아내로 삼고 죽을 때까지 함께했다. 겐지는 의붓어머니 후지쓰보와도 사랑을 나눴고, 그녀는 아이까지 낳는다. 또 겐지의 아내 온나 산노미야도 가시와기라는 남자와 간통해 아들을 낳았고, 그 죄책감으로 승려가 된다. 언뜻 보면 온갖 불륜 이야기가 가득 담긴 것처럼 보이지만 실상은 그렇지 않다. 도덕적 판단을 벗어나 사랑의 미, 아름다움 자체에 집중하기 때문이다. 더구나 사랑의 덧없음, 서글픔 같은 어두운 일면조차 아름다움으로 승화하려 했다.

222 러시아

러시아는 슬라브인들이 세운 나라다. 2~4세기 사이 고트족이 남하하고 다시 4~5세기 사이 훈족이 서진한 데 영향을 받아 슬라브족들이 오늘날 동유럽 일대에 정착했다. 가톨릭을 받아들이면서 서유럽 사회에 일찍 편입된 폴란드, 체코, 슬로바키아와 비잔틴 제국의 영향을 받으며 성장한 세르비아, 크로아티아, 슬로베니아, 불가리아 그리고 좀 더 동북쪽에 정착한 러시아가 슬라브인들이 세운 나라다.

하지만 러시아의 등장은 좀 더 복잡한 과정을 거친다. 9세기에서 11세기 사이에 노르만족이 대거 남하했으며, 이들 간의 복잡한 상호 작용을 통해 올레크가 이끄는 키예프 공국이 주도권을 장악한다. 키예프 공국은 일대의 슬라브인과 노르만인들을 복속시켰고, 비잔틴 제국과 경쟁했으며, 소아시아 일대까지 영향력을 행사했다. 블라디미르 공 당시 러시아는 비잔틴 제국과의 교류를 강화했으며, 무엇보다 그리스 정교회를 국교로 받아들인다. 이 시기 그리스 정교회 선교사 키릴로스 형제가 슬라브어에 어울리는 문자를 만들었는데, 그의 제자들이 이를 키릴 문자로 발전시킨다. 비로소 마케도니아, 세르비아, 불가리아, 러시아의 역사가 문자로 기록되기 시작한 것이다.

하지만 번창하던 키예프 공국은 몽골의 침략으로 처참하게 몰락했고, 당분간 러시아 일대는 몽골의 수중에 들어간다. 몽골의 지배를 무너뜨리며 러시아의 새로운 역사를 주도한 나라는 모스크바 공국이었다. 1380년 드미트리 돈스코이는 쿨리코보 전투에서 몽골이 세운 킵차크한국을 물리치는 전과를 올린다. 이후 이반 3세가 집권해 러시아 땅에서 몽골을 영구히 몰아냈고, 주변의 수많은 공국을 지배해 러시아 왕국으로 발돋움한다. 노브고로트 공국과의 여러 차례 싸움에서 승리했고, 트베리 공국, 리투아니아 공국 등을 점령했으며 리보니아 기사단, 카잔한국과의 싸움에서도 승리를 거두면서 러시아를 단일한 지배 체제로 만든다. 같은 시기 비잔틴 제국이 오스만 제국에 의해 멸망하는데, 교황의 주선으로 비잔틴 제국의 마지막 황제 콘스탄티누스 11세의 조카 조에와 결혼한다. 이를 통해 이반 3세는 로마 가톨릭의 지지는 물론 비잔틴 제국의 후계자라는 지위까지 얻는다. 이반 3세는 머리가 둘 달린 독수리 문장을 만들었고, 자신을 '차르'라고 부르게 했다. 황제를 자칭한 것으로, 체계적인 궁중 의전은 물론 비잔틴 황제에게 받았다는 전설적인 왕관 '모노마흐의 모자'도 쓰기 시작했다.

223

개인숭배

스탈린은 설득하고 설명하고 끈기 있게 협력하는 식이 아니라 자기 개념을 강요하고 자기 의견에 절대적 복종을 요구했습니다. (…) 전 세계와 전 시대를 통틀어 자신을 이토록 미화시킨 지도자가 또 있습니까? 이런 식의 찬양이 마르크스 레닌주의의 지도자로서 어울리는 자질입니까? 그렇지 않습니다. 그런 식의 찬양에 마르크스와 엥겔스는 아주 강경한 반대 입장을 취했고, 블라디미르 일리치 레닌도 한결같이 따끔한 비난을 가했습니다.

(…) 차르들조차 본인의 이름을 딴 상을 만든 적이 없습니다. 스탈린이 최고라고 인정한 소련 국가의 가사에는, 공산당에 관한 말은 단 한 단어도 들어가지 않지만 스탈린에 대한 전례 없는 찬양이 담겨 있습니다. (…) 게다가 여러 대기업과 도시의 명칭이 그의 이름을 따서 지어졌는데, 그것이 과연 스탈린 모르게 이뤄진 일일까요? 온 나라에 세워진 스탈린 기념물들이, 다시 말해 '아직 살아 있는 자를 기리는 기념물'이 스탈린 본인 모르게 세워졌을까요? (…) 스탈린그라드에 가본 사람이라면 누구나 봐서 알 겁니다. 거대한 조각상이 세워져 있는데도 그곳을 찾는 발길은 별로 없습니다.

스탈린 사후 소련의 서기장이 된 니키타 흐루쇼프의 1956년 연설이다. 흐루쇼프는 스탈린 개인숭배를 공개적으로 비판했다. 흐루쇼프가 실각한 후 등장한 브레즈네프는 흐루쇼프를 비판하며 다시금 스탈린 숭배를 강화했고, 소련의 마지막 서기장 고르바초프는 흐루쇼프처럼 스탈린을 비판하며 개혁과 개방을 주장했다.

개인을 숭배하는 현상은 인류 역사에 일반적이다. 종교 지도자나 정복 군주에 대한 찬미부터 시작해서, 다양한 형태의 성인 숭배가 전근대 사회에서 횡행했다. 하지만 근대 들어 개인숭배는 정치·사회적인 형태로 변모하기 시작한다. 나폴레옹 같은 강력한 통치자를 숭배하는 보나파르티즘부터 무솔리니, 히틀러 등을 열광적으로 지지하는 파시즘, 나치즘 역시 이러한 유형에 속한다고 할 수 있다. 공산주의의 경우, 지도자와 당을 강조하는 경향이 있기 때문에 개인숭배 현상이 특히 강했다. 소련에서는 레닌과 스탈린, 중국에서는 마오쩌둥 같은 국가 지도자의 위상을 극도로 높이는데, 그로 인한 부작용으로 독재 체제가 강화되고 각양의 방식으로 인권 유린도 벌어진다.

224

재개발

19세기 근대화의 중심지라 할 수 있는 런던과 파리는 포화 상태였다. 끊임없는 난 개발, 주먹구구식 권역 확장 등이 한계에 도달했고, 최악의 생활 환경으로 인해 질 병과 전염병에 극도로 취약했다.

이 시기 런던에서는 대화재가 발생하면서 비교적 원만하게 도시 재정비에 성공 한다. 파리에서는 조르주 외젠 오스만 시장이 재정비를 추진한다. 파리의 모든 건 물, 도로, 인구 현황을 꼼꼼히 파악하여 500분의 1 지도를 만든 후, 새로 내는 도로 를 중심으로 난개발 지구를 조정하고자 했다. 시는 재정비 지역의 토지 소유자, 건 물주들과 오랜 협상을 벌이면서 차근차근 소유관계를 해결했고, 넘쳐나는 노동 인 력을 동원해 공사를 진행했다. 협상과 보상의 과정에 5~10년씩 걸렸다면, 도로, 상하수도 등의 시설 공사는 2~3년 내로 마무리됐다. 당시 대부분의 교통수단은 마차였기 때문에 모래와 유사한 머캐덤(도로를 포장할 때 까는 밤자갈)이 아스팔트 역할 을 했다.

한편 도시 재정비 사업은 사업가들에게 엄청난 부를 선사하고 가난한 시민들을 도시 외곽으로 쫓아내는 결과를 만들었다. 시에는 엄청난 개발비를 부담할 여력이 없었고, 결국 건설사와 투자자의 자본력에 의지했다. 정비 지구를 선정하고 소유 관계를 정리한 후 재개발 자체는 사업자가 감당하고 자금 지원을 해주는 형식이 었던 것이다. 페레 형제가 만든 '크레디 모빌리에' 같은 회사는 정부 지원을 받으 며 리볼비가를 재정비했고, 프랑세즈 광장, 오페라 광장, 샹젤리제 광장, 몽소 지구 등 파리시 전반의 재개발로 엄청난 돈을 벌어들인다. 건설 과정에서의 자금 지원 도 의미 있었지만 재정비 후에 얻는 분양권, 임대료 등이 막대했기 때문이다.

도시 재정비는 다양한 파생 효과를 낳았다. '58가로등'이라는 파리의 유명한 가 스등도 이러한 결과로 만들어졌고, 이 시기에 비로소 상하수도관이 만들어져 자동 급수가 가능해졌다. 초기에는 상하수도가 제한적으로 깔려 있었고 공원의 분수를 중심으로 만들어졌기 때문에, 많은 시민이 분수에서 용수를 구하고 빨래를 해야 했다. 도시 지하에 상하수도, 가스관, 전선 등 여러 시설이 들어선 것도 이 시기였 다. 가로수는 마로니에와 플라타너스가 대부분이었는데, 도시 재정비를 주도한 조 르주 외젠 오스만 시장의 취향이었다.

225

일본 군국주의

1868년 메이지 유신을 통해 근대화에 성공한 일본은 청일 전쟁, 러일 전쟁에서 승리를 거두며 제국주의 열강 중 하나로 입지를 굳힌다. 특히 제1차 세계 대전은 일본에게 큰 기회였다. 앞선 서구 열강들이 전쟁에 몰두하는 동안 각종 물품을 생산, 수출하며 경제적으로 큰 호황을 누렸고, 칭다오 지방에서 독일군과의 충돌을 제외하고는 특별한 교전이 없었기 때문에 군사력을 온전히 보존할 수 있었다. 1920년대 이후 일본은 다이쇼 데모크라시 시대로 진입한다. 다이쇼 천황 치세에 민주주의, 자유주의는 물론 사회주의, 아나키즘 등 다양한 사조가 번성하면서 일본 사회의 이념적 지평이 넓어진 것이다. 또 의회 민주주의가 발전하고 자본주의의 성장이 거듭되면서, 소비문화가 진작되는 등 여러 변화가 일어났다.

하지만 이러한 사회 변화는 극우파 발호에 촉매제가 됐다. 기타 잇키 같은 민간 극우파 사상가가 등장했고, 이시와라 간지 같은 군대 내 극우파도 등장한 것이다. 일본 극우파는 유럽의 파시스트와 비슷한 세계관을 공유했다. 자본주의를 비난하고, 여러 급진적인 사조들을 혐오했다. 이들은 친황주의를 선면에 내세웠으며 일본의 농촌 공동체를 이상 사회로 그리는 등 독특한 면모를 드러내면서 민간은 물론 군부 내에도 깊숙이 뿌리내리기 시작했다.

군대 내 대표적 극우파 이론가 이시와라 간지 중장은《세계 최종 전쟁론》을 출간해 인류의 마지막 전쟁을 예고했다. 최후의 전쟁에 대비하기 위해 영토를 확장하자는 주장으로, 그는 1931년 만주 사변을 일으켜 괴뢰국인 만주국을 세웠다.

1930년대 일본은 혼돈을 거듭한다. 5.15 사건(1932), 2.26 사건(1936) 등이 연이어 터졌고, 결국 군대 내 고위 장교들이 중심이 된 통제파가 민간과 하급 장교가 중심이 된 황도파를 제압하고 전권을 장악한다. 통제파는 나가타 데쓰잔, 오바타 도시로, 도조 히데키 등이 주도했는데, 이들도 세계 최종 전쟁론을 신봉했다. 소련이나 미국을 최종적인 적국으로 설정하고 군비를 강화해 강국이 되고자 한 것으로, 1937년 중일 전쟁을 통해 구체화된다. 유럽에서 제2차 세계 대전이 터지자 일본은 동남아시아를 침략했고, 1941년에는 미국과 태평양 전쟁을 벌인다. 이들의 무모하고 위협적인 도전은 중국과 동남아시아 일대에 막대한 피해를 유발했다.

226 칼 바르트와 본회퍼

칼 바르트(1886~1968)와 본회퍼(1906~1945)는 20세기 크리스트교 역사에서 가장 중요한 신학자이자 목사다. 칼 바르트는 통상 신정통주의 학자라고 하는데, 인간에 대한 낙관적 견해를 부정하고 성경을 도덕 지침 정도로 생각하는 자유주의 신학을 비판했다. "하나님은 하늘에 있고, 인간은 땅에 있다"라는 말이 유명하다. 신적인 것과 인간적인 것의 간극, 성서의 메시지와 인간의 사유가 지닌 차이를 규명하며 현대인에게 여전히 하나님이 필요한 이유를 변증했다. 다음은 그가 쓴 신학 논문의 일부다.

> 성서 안에 하나의 새로운 세계, 하나님의 세계가 있다. (…) 우리가 성서의 내용을 더 깊이 파악하려면 우리 자신을 훨씬 초월해야 한다. (…) 성서의 내용을 이루는 것은 하나님에 대한 인간의 바른 생각이 아니라 인간에 대한 하나님의 바른 생각이다.

칼 바르트는 고백 교회 운동을 이끌며, 히틀러 치하의 독일을 변화시키려고 했다. 본회퍼는 더 적극적이었다. 히틀러 암살을 시도하다가 체포돼 형장에서 죽었기 때문이다. 본회퍼는 성경에 드러난 '공동체의 가치'에 주목했고, 실천하고 행동해야 믿음과 신앙이 깊어진다고 역설했다. 또 과학 기술의 발전으로 종교가 필요 없어지는 시대에 대한 신학적 사유를 전개하기도 했다. "하나님은 인간을 선하게 하지만 강하게도 한다"라고 주장했는데, 이는 다음의 《옥중 서간》에 잘 드러나 있다.

> 행위가 수반되지 않는 기대와 우둔한 방관은 결코 크리스트교적인 태도가 아니다. 행위와 동정 속으로 크리스트교인을 부르는 것은 먼저 자신의 체험이 아니라 그리스도가 고난을 받으신 원인인 형제들의 체험이다.

227

샤를마뉴 대제

로마 교황령
샤를마뉴 대제 즉위 시 영토(768)
샤를마뉴 대제 때의 획득지
샤를마뉴 대제의 세력 범위
→ 샤를마뉴 대제의 외정 방향

북해
앵글로색슨 왕국
슬라브족
대서양
프랑크 왕국
아스투리아스 왕국
베네치아
후옴미아드 왕조
로마
베네벤토 공국
지중해
비잔틴 제국

프랑크 왕국의 발전

서로마 제국을 부활시킨 프랑스 왕국의 국왕. 오늘날 프랑스, 이탈리아, 독일은 물론 동유럽 일대까지 단일한 제국을 건설했다. 게르만족 침략 이후 오랜 혼란을 안정시켰고, 중세 유럽 문명의 기반을 마련했다.

　서로마 제국의 멸망은 보통 훈족(흉노)에서 그 원인을 찾는다. 4세기 중반, 훈족이 흑해 일대로 밀려 들어왔고, 일대의 여러 민족이 다시 유럽 대륙으로 쳐들어오는 등 혼란이 가중된다. 게르만족은 고트족, 반달족, 롬바르드족, 프랑크족 등 다양한 집단을 통칭했는데, 이들은 서로마 제국을 휘젓고 다녔다. 서고트족과 반달족은 410년, 455년에 로마를 약탈했고, 일대를 황폐화했다. 극도의 혼란 가운데 476년 서로마 제국이 멸망한다.

　이 와중에 6세기 초 프랑크족이 세운 왕조가 갈리아(오늘날 프랑스 일대)에 성립한다. 프랑크족의 왕 클로비스는 로마 가톨릭을 받아들였고, 메로빙거 왕조를 개창했다. 클로비스의 뒤를 이은 카를 마르텔은, 730년대 초반에 피레네산맥을 넘어 침략한 이슬람 세력을 투르 일대에서 격파했다. 북아프리카와 이베리아반도를 점령한 이슬람 세력의 북진이 멈춘 순간이다.

마르텔이 죽은 후, 피핀에 의해 왕권은 카롤링거 가문으로 넘어간다. 권력 투쟁에서 승리한 피핀은 교황과 결탁했고, 751년 교황 보니파키우스에 의해 권력을 공인받는다. 그 대가로 피핀은 이탈리아 일대를 장악한 롬바르드족에 대한 원정을 감행하면서 교황을 보호했다.

피핀의 아들 샤를마뉴는 엄청난 군사적 업적을 통해 중세 서유럽 세계를 확장했다. 작센을 포함한 오늘날 독일 일대를 점령했고, 롬바르드족을 물리치며 중부 이탈리아까지 판도를 확대했다. 귀족들을 지방 관료로 파견했고, 화폐 제도도 창안했다. 교회를 존중했고, 글은 못 읽었지만 신부의 성서 암송을 주의 깊게 들으며 신앙을 배웠다. 프랑크 왕국에 남아 있는 여러 이교의 풍습을 없앴고, 피정복민에게 로마 가톨릭을 강요했다.

앨퀸은 샤를마뉴의 궁정 학교에서 카롤링거 르네상스를 이끌었다. 고전 문예를 부흥시키고, 여러 크리스트교 문헌을 정비하는 등 중요한 지적 역할을 감당했다. 800년, 교황 레오 3세는 서로마 황제 대관식을 열면서 샤를마뉴를 공식적으로 황제로 인정했다.

228

살롱

18세기 프랑스에서는 각종 여가 문화가 발전했다. 한편에서는 바로크, 로코코로 상징되는 왕실과 귀족 문화가 번성했고, 다른 한편에서는 계몽주의, 과학 혁명 등 새로운 지적 사조가 등장하면서 산책, 도서관, 살롱 같은 문화가 등장했다.

오늘날 나폴레옹 개선문이 서 있는 곳에는 원래 튀일리궁이 있었는데, 이곳부터 콩코드 광장까지 정원이 조성돼 있었다. 아름다운 궁궐을 배경으로 철 따라 각종 꽃이 피어나고 풍성한 숲이 어우러지기 때문에 많은 사람이 이곳에 몰려들었다. 근처 뤽상부르 공원 역시 유명했고, 루이 14세가 만든 식물학 정원도 인기였다. 알로에를 비롯한 각종 선인장, 오렌지 정원, 오랑우탄 등을 구경할 수 있었다.

도서관도 인기였는데 17세기 이후 대형 도서관이 곳곳에 들어선다. 루이 14세 때 재상을 역임한 콜베르가 만든 왕립 도서관은 최고의 규모를 자랑했다. 26개의 열람실, 6만 5,000권의 책 등이 있었고, 출간된 모든 책은 2권씩 납본하도록 의무화했다. 고대 그리스 로마의 문헌을 4만 5,000권이나 소장한 생준비에브 수도원 도서관, 고서를 다수 소장한 생제르맹 베네딕트 수도원 노서관, 마르틴 루터가 만든 독일어 성경 초판본을 소장한 루이 르그랑 도서관, 각종 성경 사본을 소장한 소르본 대학 도서관이 유명했다. 생자크 거리와 루브르궁 근처는 출판 거리로 유명했다.

살롱 문화도 인기였다. 귀족의 성에 방문하면 둥근 천장이 있는 넓은 현관 혹은 거실 같은 공간이 있었는데, 처음에는 이를 살롱이라 불렀다. 저명한 지식인, 화술 좋은 논쟁가, 외모가 멋지거나 독특한 재능을 가진 한량, 우아함과 손님 접대에 능한 마담 등이 살롱의 주인공들이었다. 살롱마다 분위기가 달랐다. 랑베르 후작 부인의 살롱에서는 도덕 담론이 오갔고, 마담 탕생의 살롱에는 계몽사상가 몽테스키외 등이 드나들며 비판적 사유를 전개했다. 살롱에서는 여러 정기 모임이 열렸는데 마담 조프랭의 집의 경우, 월요일 점심에는 예술가들과의 만남, 수요일에는 작가들과의 만남이 마련됐다. 유명한 마담들은 숱한 염문의 주인공이기도 했다. 마담 데팡은 오를레앙 공의 애첩이자 계몽사상가 볼테르의 연인이었다. 살롱 옆에는 식당, 당구장, 과학실 같은 시설이 마련돼 있어 오락을 즐길 수 있었다. 밤이 되면 귀족과 부르주아, 지식인과 여타의 파리 시민이 오페라 관람에 열광했다.

인류의 역사를 설명할 때 몇 가지 기준이 있다. 우선 선사 시대와 역사 시대로 나눌 수 있다. 선사 시대는 말 그대로 역사 이전 시대를 말하는데, 핵심 기준은 문자 사용 여부다. 문명의 발전에서 문자의 발명은 핵심적이었고, 무엇보다 문자로 쓰인 여러 기록이 남겨진 시대와 그러지 못한 시대는 확연히 구분될 수밖에 없었다. 따라서 선사 시대는 주로 고고학자가, 역사 시대는 역사학자가 연구를 담당한다. 고고학자는 유적과 유물에 근거해 선사 시대를 해석하고, 역사학자들은 문헌 연구를 통해 역사 시대를 분석한다.

역사 시대는 통상 고대, 중세, 근현대로 분류하는데, 단순한 시간순이 아니고 사회 성격을 분석해서 구분한 것이다. 도구를 기준으로 인류의 역사를 분류하기도 하는데, 석기 시대, 청동기 시대, 철기 시대로 분류하는 것이 대표적이다. 청동기 시대에는 문자를 사용하는 문명이 등장했고, 철기 시대에는 문자 사용이 보편화됐기 때문에 선사 시대를 석기 시대, 역사 시대를 청동기·철기 시대로 분류하는 것도 가능하다. 석기 시대는 돌을 활용하는 수준과 그 밖에 여러 생활 양식을 검토해 구석기 시대와 신석기 시대로 나눈다.

역사를 도구 사용으로 분류하는 방법은, 1816년 덴마크의 고고학자 크리스티안 위르겐센 톰센이 제안했다. 그는 석기·청동기·철기 시대로 분류했다. 고고학이 본격적으로 발전하면서 온갖 유물이 땅속에서 모습을 드러냈는데, 이를 해석하고 정리할 기준이 마땅치 않았다. 톰센은 덴마크 역사를 연구하면서 일일이 유물을 목록화하고 각양의 석기를 수집, 분류했다. 톰센은 무덤에서 나오는 부장품에 주목했다. 석기, 도기가 시신과 함께 매장됐다는 사실, 시대나 문화에 따라 매장 방식에 차이가 있고 매장 문화, 매장 유물이 달라진다는 사실, 더구나 청동기, 금 장식품 등이 들어간 무덤과 들어가지 않은 무덤 등을 보면서 인류 역사 연구에 무덤과 도구가 중요하다는 사실을 절감했다. 청동기 시대에는 사회 조직이 발전하고, 청동기를 활용한 무기가 만들질 뿐 아니라, 지배층이 청동 제기를 만들어 자신들의 지위를 신성화하는 모습이 등장한다. 특히 중국의 초기 왕조에서는 어마어마한 수량과 고도의 기술을 자랑하는 청동기가 집중적으로 만들어졌다.

230

인신 공양

멕시코 국기

1521년 아즈텍 제국을 정복한 스페인인들은, 오늘날 멕시코시티 대광장 부근에 태양석을 묻어버린다. 직경 3.5m, 무게 24톤에 달하는 거대한 태양석에는 아즈텍인들의 세계관이 담겨 있다. 세계는 성장과 소멸을 반복하는데, 태양 역시 이미 네 차례 창조와 파괴가 있었다. 첫 번째는 재규어, 두 번째는 바람, 세 번째는 비, 네 번째는 대홍수로 인해 태양이 파괴됐고 현재는 다섯 번째 태양이 있는 세상이다. 따라서 아즈텍인들은 세상의 소멸을 막으려면 인신 공양을 해야 한다고 봤다.

아즈텍 제국의 인신 공양 문화는 상상을 초월하는 수준이었다. 제의는 1년 내내 진행됐는데, 사람들을 잡아다 심장을 꺼내 신에게 바쳤다. 1년에 2만 명 넘게 인신 공양을 했는데, 때에 따라 수도 테노치티틀란에서 수천 명을 한꺼번에 바치기도 했고, 어떤 때에는 포로들이 인신 공양을 위해 며칠 동안 줄을 서서 기다릴 정도였다. 제사장은 신과 같은 복장으로 등장했고, 여러 사람이 잡혀온 사람의 사지를 붙잡은 후에 등에 뾰족한 돌을 찔러 몸을 고정시켰다. 날카로운 흑요석 칼로 심장을 꺼내 그 온기를 태양에 바쳤다고 한다. 예식이 끝나면 심장은 사전에 만들어둔 우상을 향해 던졌고, 사체는 신전 아래로 굴려버렸다. 이 끔찍한 예식을 진행하기 위해 아즈텍 제국은 주변 부족과 끝도 없는 전쟁을 벌이며 포로를 잡아왔다.

아즈텍인들은 멕시코 계곡 텍스코코의 작은 섬에 정착하면서 역사에 등장했다. 그들의 신은 "독수리가 뱀을 물고 선인장 위에 있는 곳에 정착하라"라는 계시를 줬는데 이곳에서 계시를 발견할 수 있었기 때문이다. 이 이야기는 오늘날 멕시코 국기에 그려져 있다.

231

100년 전쟁

1337년부터 1453년까지 영국과 프랑스가 벌인 전쟁. 영국은 복잡한 과정을 거쳐 성장한 나라다. 이미 정착해 있던 켈트족은 로마인들의 공격에 무너졌고, 다시 앵글로색슨족의 침입으로 스코틀랜드, 웨일스 등으로 밀려난다. 이후 노르망디 공작 윌리엄이 영국을 점령하는 등 중세의 복잡한 정치 구도가 영국 역사에 그대로 반영된다.

이에 반해 프랑스는 샤를마뉴 대제가 세운 서로마 제국에서 분리된 이후, 왕국을 면면히 이어왔다. 영국과 프랑스의 경쟁은 치열했다. 영국은 남부 프랑스의 가스코뉴 공국을 보유하는 등 프랑스 영토에서 프랑스 왕보다 많은 영지를 소유하면서 영향력을 확대해나갔다. 영국은 양모 생산지로 유명했던 플랑드르와 긴밀한 관계를 맺었고, 프랑스는 스코틀랜드와 동맹을 맺어 영국을 견제했다. 결국 프랑스 왕위 계승 문제를 두고 1337년 영국 국왕 에드워드 3세가 간섭하면서 전쟁이 발발한다. 전쟁 초반에는 영국군이 우세했다. 흑사병이 발발했고 반란이 일어나는 등 프랑스 왕은 궁지에 몰린다.

하지만 1376년부터 전세가 바뀐다. 새로 즉위한 프랑스 국왕 샤를 5세가 영민한 태도를 보인 반면 영국은 10세밖에 안 된 리처드 2세가 왕위를 계승했기 때문이다. 이 시기 영국은 그간 점령한 프랑스 영토를 대부분 상실한다. 하지만 1415년 영국의 헨리 5세가 또다시 전쟁을 일으켰고, 프랑스 지역을 상당 부분 탈환한다. 그러나 1429년, 잔 다르크가 등장한 이후 프랑스가 전쟁에서 승리를 거둔다.

100년 전쟁은 장미 전쟁의 원인이 된다. 랭커스터가와 요크가를 중심으로 왕위 계승을 둘러싼 격렬한 내전이 벌어졌는데, 결국 헨리 7세가 즉위하면서 혼란이 종식된다. 100년 전쟁을 통해 프랑스 귀족이 몰락했듯, 장미 전쟁은 영국 국왕의 힘을 강화했다. 100년 전쟁뿐 아니라 흑사병, 와트 타일러의 난, 자크리의 난 등 격렬한 농민 반란을 경험했음에도 두 나라는 위기를 극복하고 국왕 중심의 중앙 집권 국가로 발전했다.

232

악비

관을 찌르는 성난 머리칼

난간에 기대서니

오던 비도 그친다

눈을 쳐들고 멀리 바라보며

하늘 우러러 길게 포효하나니

장사의 가슴에 피가 끓는구나

삼십 년 공명이 티끌 같은데

전선 팔천 리 길 구름과 달빛만 스칠 뿐이라

잠시도 한가히 기다릴 수 없나니 검은 머리 어느새 희어졌고

허허로운 슬픔만이 간절하도다

정강의 피맺힌 치욕이어

아직도 설욕하지 못했나니

신하된 자의 애끓는 한

언제면 없어지려나

전차를 몰고 몰아

하란산의 허점을 돌파해보리라

굳센 이 맘, 주리면 오랑캐 살을 씹고

담소하다 목마르면 오랑캐 피를 마시리

진두에 서서 빼앗긴 산하를 모두 수복하고 나면

천자에게 돌아가 조회하리

   중국 역사의 대표적 충신 악비(1103~1142) 장군의 시 〈만강홍〉으로, 그는 송나라 때 인물이다. 금나라의 침략으로 화북 일대를 잃고 양쯔강 남쪽으로 밀려온 가운데 국가의 명운을 걸고 금나라와 결전을 벌이던 악비는 주전파의 대표 주자로, '악가군'을 이끌고 10여 년간의 혈투로 반전의 계기를 마련하고 있었다. 하지만 주화파였던 진회가 금나라와 타협하고자 악비를 비롯한 주전파 인물들을 처형했다.

   이후 악비는 충절의 상징이 됐고, 진회는 매국노의 대명사가 된다.

233

마틴 루서 킹

나에게는 꿈이 있습니다. 언젠가 이 나라가 들고일어나 "우리는 모든 사람은 평등하게 태어났다는 사실을 자명하게 받아들인다"라는 이 나라의 신념을 참뜻 그대로 이행하기를 꿈꿉니다.

나에게는 꿈이 있습니다. 언젠가 조지아주의 붉은 언덕에서 노예의 자식들과 노예 소유주들의 자식들이 형제애의 식탁 앞에 함께 앉을 수 있을 것이라는 꿈을 꿉니다. 언젠가 불의의 열기와 억압의 열기로 숨이 턱턱 막히는 미시시피강마저 자유와 정

의의 오아시스로 거듭나리라는 꿈을 꿉니다.

나에게는 꿈이 있습니다. 악랄한 인종주의자들이 사는 그곳, 연방 정부의 조치를 반대하며 따르지 않겠다는 발언을 내뱉는 주지사가 있는 그곳 앨라배마주에도 언젠가는 흑인 남자아이와 여자아이 들이 백인 남자아이와 여자아이 들과 형제자매처럼 다정히 손잡을 날이 오리라고 꿈꿉니다.

(…) 이것이 우리의 희망입니다. 이것이 제가 남부로 돌아가면서 품고 갈 신념입니다. 이런 신념이 있다면, 우리는 절망의 산을 깎아 희망의 돌을 만들어낼 수 있을 것입니다.

1963년 워싱턴 행진 중 이뤄진 마틴 루서 킹(1929~1968) 목사의 '나에게는 꿈이 있습니다'라는 연설의 일부다. 흑인 여성 로자 파크스가 백인 승객에게 자리를 양보하지 않았다는 이유로 체포됐는데, 이로 인해 앨라배마주 몽고메리에서 버스 탑승 거부 운동이 일어난다. 당시 이 지역의 침례교 목사였던 마틴 루서 킹은 오랜 기간 지독한 차별에 시달려온 흑인 문제를 주도하며, 전국적 규모의 민권 운동으로 확대했다. 그는 성서에 나온 예수의 메시지, 마하트마 간디의 비폭력 운동에 큰 감화를 받았고, 흑인 차별 철폐를 위한 비폭력 저항 운동을 주도했다. 투쟁은 엄청난 폭력적 위협 가운데 힘겹게 진행됐다. 폭력과 테러는 일상적이었고, 수많은 흑인이 잔혹하게 살해됐다. 마틴 루서 킹 역시 수차례 폭탄 테러와 위협을 겪다 결국 테네시주 멤피스에서 39세의 젊은 나이에 암살당한다.

234

드레퓌스 사건

1894년 프랑스의 유대인 장교 드레퓌스를 간첩 혐의로 체포하면서 빚어진 사건.
드레퓌스의 유죄 여부를 두고 프랑스는 격렬한 사회적 갈등을 겪었다.

> 그 유명한 매부리코, 깜박거리는 눈, 옥니, 툭 튀어나온 귀, 편도 모양으로 둥
> 그렇지 않고 네모진 손톱, 긴 상체, 평발, 둥근 무릎, 툭 튀어나온 복사뼈, 흐느
> 적거리며 물렁거리는 위선자에 변절자의 손 (…) 유대인은 역겨운 냄새를 풍
> 긴다. (…) 유대인은 (…) 모든 병의 대상이다. (…) 그들은 우리와 같은 뇌를
> 가지고 있지 않다. 그들의 진화는 우리와 다르고 그들로부터 온 모든 것은 예
> 외적이고 이상하다.
>
> – 에두아르 드뤼몽,《유대인의 프랑스》

당시 프랑스를 비롯한 전 유럽에서 반유대주의가 얼마나 노골적이었는지 알 수
있는 대목이다. 드레퓌스가 체포된 데도 이러한 시대적 배경이 있었다. 프랑스의
군사 기밀이 독일에 흘러 들어가고 있었고, 특별한 증거 없이 단지 유대인이라는
이유만으로 정보 참모국에 있던 드레퓌스가 구속된 것이다. 이후 드레퓌스의 무죄
증거들이 드러났을 때도 상황은 요지부동이었다. 프로이센과의 전쟁에서 패배한
프랑스 군부는 새로운 스캔들로 명예를 실추하고 싶지 않았다. 보수파, 가톨릭 역
시 비슷한 이유로 군부의 판단을 지지했다. 더불어 극우파의 집요한 반유대주의가
강력한 영향력을 행사하면서, 드레퓌스 사건은 여러 의심에도 불구하고 묻혀가고
있었다.

> 진실이 전진하고 있고 아무도 그 길을 막을 수 없음을! 진실은 지하에 묻혀서
> 도 자라납니다. 그리고 무서운 폭발력을 축적합니다. 이것이 폭발하는 날에는
> 세상 모든 것을 휩쓸어버릴 것입니다.
>
> – 에밀 졸라, 〈나는 고발한다〉

조르주 피카르 중령, 오귀스트 쇠레르 상원 의원 등 진실을 지키고 싶어 한 이
들의 양심 고백이 이어졌고, 에밀 졸라의 격렬한 논설도 큰 반향을 일으켰다. 드레
퓌스 사건은 재심이 열렸으나 명백한 증거에도 다시 한번 유죄가 확정된다. 이후
드레퓌스는 대통령 특사로 사면되고 1906년에 비로소 복권되었다.

235

그리스 비극

들라크루아, 〈아이를 죽이는 메데이아〉

기원전 5세기 고전 그리스 시대에는 연극 장르가 크게 발전했고, 희극과 비극에서 중요한 문학적 성취가 이뤄졌다. 아이스킬로스, 소포클레스, 에우리피데스 같은 작가가 유명하다.

대중적으로 알려진 작품 중에는 소포클레스의 《오이디푸스 왕》이 있다. 오이디푸스는 아버지를 죽이고 어머니를 아내로 삼는다는 신탁 때문에 태어나자마자 버려진다. 스핑크스가 내는 문제를 푸는 등 여러 우여곡절 끝에 왕이 되지만, 이 와중에 의도치 않게 아버지를 죽이고 어머니를 아내로 삼았다. 뒤늦게 이 사실을 알게 된 오이디푸스는 스스로 눈을 찌른 후 속세를 떠나는데, 그의 딸 안티고네가 함께 간다. 오이디푸스는 운명을 거역하지 못하지만 운명에 저항하는 그리스의 인간관을 상징한다.

에우리피데스의 《메데이아》도 유명한 작품이다. 메데이아는 이아손과 사랑에 빠져 아버지를 배신하고 남동생까지 죽인다. 하지만 이아손은 두 아이를 낳은 메데이아를 버리고 글라우케와 결혼하려 했다. 메데이아는 고통과 절망 가운데 남편 이아손과 낳은 자식을 죽이고 글라우케와 글라우케의 아버지 코린트 왕까지 죽인다. 비극적인 사랑이 낳은 파국에 관한 이야기다.

위대한 희비극 작가의 탄생은 문학을 넘어 공연 문화의 발전을 일궈냈다. 원형 극장에서는 춤과 노래가 어우러졌고, 극적인 효과를 가미하기 위해 기중기를 개발해 배우를 들어 올리거나 회전 무대를 만들어서 장면 전환을 빠르게 하는 등 각양의 방식이 동원됐다.

236

전족

송나라가 들어서면서 중국에서 여성의 지위는 급격히 악화된다. '삼종지도', '칠거지악' 같은 말이 이때 예법이라는 이름으로 등장한다. 삼종지도는 여성이 지켜야 하는 세 가지 도리로, 집에서는 아버지를, 시집가서는 남편을, 남편이 죽은 뒤에는 아들을 따라야 함을 말한다. 칠거지악은 남편이 아내를 내쫓을 수 있는 여성의 일곱 가지 허물, 즉 시부모에게 불효하고, 자식을 못 낳고, 음란하고, 질투가 심하고, 고질병이 있고, 수다스럽고, 도둑질하는 것 등을 의미한다.

가장 끔찍스럽고 기이한 현상은 '전족'이었다. 어린 소녀 때 발가락 주위를 천으로 동여매 발의 성장을 막는 것으로, 폭 5*cm*, 길이 3*m* 정도의 천으로 엄지발가락을 제외하고 2년간 꽁꽁 동여맸다. 당연히 발은 정상적으로 자라지 못했고, 여성들은 이 과정에 엄청난 고통을 겪었다. 일부는 발가락이 떨어져 나가기도 했는데, 나중에는 통증을 느끼지 않아도 종종걸음으로 걸어 다닐 수밖에 없었다.

놀랍게도 전족은 여성스러움의 기준이 됐다. 전족을 하지 않은 여성들은 '발이 큰 여자'로 분류돼 혐오스럽게 여겨졌고, 심지어 중국 근대 시기에는 사회주의자로 분류돼 처형됐다는 기록도 있다. 명나라 때가 되면 일반 민중 사이에서 전족 문화가 확산된다. 명청 시대 때 수많은 성애 소설에서 전족은 에로틱한 상징물로 다뤄졌다. 흉측해진 발을 묶은 천을 벗기고 애무하는 장면이 당시 남성들에게 큰 자극제가 됐던 것이다.

중국 근현대 여성사의 시작은 전족을 거부하는 것에서 출발한다. 천을 풀고, 따뜻한 물에 발을 넣어 수개월간 고통을 감내하면서 발을 펴는 훈련을 하면 다시 자신의 발을 찾을 수 있었다. 전족에서 벗어나 스스로 걷고 뛰면서 전통 질서를 거부한 수많은 여성은 중국 근현대사를 개척한 주인공들이었다.

237

철도 교통

철도의 등장은 엄청난 충격이었다. 철로가 놓이는 만큼 군대와 물자 유통이 활발해졌고, 그만큼 서양 열강들은 세계를 식민화했다. 대량 생산, 대량 소비를 가능케 하는 지구 단위의 유통 경제도 철도와 긴밀히 관련된다.

철도는 유럽인들의 삶에도 큰 영향을 미쳤다. 철도 교통이 확립되면서 도시 생활에 여러 변화가 일어났기 때문이다. 거주지가 확대되고, 철도 여행을 통한 여가 생활이 보편화됐다. 기차 노선이 확장됨에 따라 파리 교외에는 부르주아의 별장이 세워지기 시작했다. 슈아지, 비트리부터 수십 킬로 떨어진 퐁텐블로까지 부동산 가격이 폭등하기 시작하고 파리의 '근교'가 됐다. 파리에서 한참 떨어진 트루빌, 도빌 같은 한적한 어촌 마을이 고급 휴양지가 되거나, 피레네 산중턱의 루숑, 지중해를 마주한 남프랑스의 니스, 모나코의 몬테카를로 역시 최고의 휴양지가 됐다. 기차 교통이 확대된 결과였다.

철도 교통을 통한 여행이 확산되면서 여행 책자도 인기를 끈다. 《리브레 세》, 《철도 노선 컬렉션》, 《바니에 드 비고르》 같은 여행서가 프랑스에서 불티나게 팔렸다. 기차 교통이 각광을 받으면서 웅장한 기차역 설계에 투자가 몰리기도 했고, 뜻하지 않은 문제들도 속출했다. 난방이나 환기가 제대로 되지 않았기 때문에 산모가 조산하는 일도 있었고, 각종 냄새로 인한 역겨움도 큰 문제였다. 초기에는 기차 안에 화장실이 없었기 때문에 역사의 화장실을 이용했는데, 그곳 또한 지저분하기 짝이 없었다.

도시 교통은 이후 훨씬 복잡하고 섬세하게 발전한다. 전차가 들어섰고 다시 버스와 택시, 자가용이 전차를 밀어냈다. 최근에는 고속 열차의 등장으로 철도 교통이 새로운 전성기를 맞고 있다.

238

충칭

중국 대륙은 영역으로 나눠 설명할 수 있다. 먼저 황허강을 중심으로 한 중원 일대다. 양쯔강 이북 지역인 이곳은 오랫동안 중국 문명의 중심지였고, 시안, 뤄양, 카이펑, 베이징 같은 중국의 역대 수도가 몰려 있다. 고대 사회 농업 발전에 유리한 토양은 물론 문명 발달에 적합한 지형 조건을 갖췄으며, 광대한 땅에서 많은 국가가 흥망성쇠를 거듭한 중국 역사의 중심지다.

다른 한 곳은 양쯔강 이남 지대, 통상 강남으로 불리는 지역이다. 이곳에 전국 시대, 초나라, 삼국 시대, 오나라 등이 들어섰는데, 난징을 중심으로 독자적인 발전을 거듭했다. 위진 남북조 시대와 남송 때 큰 발전을 이뤘고, 현재도 중국 경제의 중심지 역할을 하고 있다.

마지막으로 독자적으로 발전한 오늘날 충칭시와 쓰촨성 일대다. 과거에는 '파촉'이라 불렸고 시기에 따라 익주, 공주 등 다양한 이름으로 불렸다. 중국 서남부 일대로, 땅이 넓고 기후가 좋아 농업이 번성하는 데다 황허와 양쯔강이 남북에서 발원해 여러모로 천혜의 요건을 갖췄다. 충칭시와 쓰촨성 일대는 높고 험준한 산으로 둘러싸여 있어 중원이나 강남 지역에서의 진출이 쉽지 않다. 또 이동이 자유롭지 않아 가파른 낭떠러지나 계곡 일대에 잔도(높은 계곡 사이로 난 도로)가 발달했다.

중국 역사상 재기를 꿈꾼 수많은 정치 지도자가 이곳으로 몰려들었다. 진시황이 세운 진나라가 무너지자 초패왕 항우와 한고조 유방이 자웅을 겨뤘고, 항우에게 패배한 유방이 이곳에 정착했다. 쓰촨성과 충칭시 일대에서 세력을 기른 유방은 항우를 물리치고 한나라를 세운다.

같은 방식으로 한나라 말기 제갈량이 유비에게 천하삼분의 계책을 제시했고, 유비가 이 일대에 촉나라를 세웠다. 쓰촨성의 청두가 촉나라의 수도였다. 결국 위나라를 제압하고 천하를 통일하지는 못했다.

이 일대의 고유한 지역적 특성은 중국 근대사에도 고스란히 발현된다. 1937년 일본의 침공에 맞서 당시 중화민국의 지도자 장제스는 수도 난징을 버리고 충칭으로 거점을 옮긴다. 지형이 험했기 때문에 일본 육군의 추격을 따돌릴 수 있었지만, 일본 공군의 폭격으로 말할 수 없는 고초를 겪었다.

239

수나라

위진 남북조 시대라는 중국의 오랜 분열기를 끝낸 왕조는 수나라다. 하지만 춘추 전국 시대의 오랜 혼란을 종식한 진나라가 단명했듯, 수나라도 수문제, 수양제 두 황제를 배출한 이후 30년 만에 몰락했다.

수나라는 중국 역사상 최초로 과거제를 실시했다. 합리적인 인재 선발 제도를 마련한 것인데, 이후 중국 역사뿐 아니라 동아시아 역사에 심대한 영향을 미친다. 또 중국의 남북을 잇는 대운하를 건설하는데, 만리장성에 비견되는 대공사였다. 위진 남북조 시대 이후 양쯔강 이남 지역의 경제가 급성장하면서 중국의 경제 중심은 북부에서 남부로 옮겨진다. 따라서 남부의 물자를 북부로 옮겨야 했고, 중국 남부 여항(오늘날 항저우)에서 낙양(오늘날 뤄양)까지, 다시 북부 탁군(오늘날 베이징 일대) 까지 잇는 2,500km의 물길을 만들었는데, 영제거, 통제거, 한구, 강남하 등 4개의 운하가 연결된 구조였다. 수나라 때는 관용 수로였지만 당나라부터는 민간에서도 사용했다. 명나라 영락제 때 해외 원정을 위해 대대적으로 정비되었다.

수나라의 두 번째 황제이자 마지막 황제인 양제는 중국 역사의 대표적인 폭군 이다. 양(煬) 자는 '예를 버리고 민심을 멀리하다', '하늘을 거역하고 백성을 학대 하다' 등의 의미를 담고 있다. 당시 수나라 수도에는 대흥성이라는 궁궐이 있었다. 하지만 수양제는 대흥성을 서경이라 칭하고 낙양에 동경을 조성했으며, 근처에 현 인궁이라는 별궁을 짓고 각종 진기한 동식물을 모았다. 200만 명이 넘는 인원을 동원했고 전국에서 자재를 옮겨 왔기 때문에 수많은 사람이 객사했다. 틈만 나면 별궁을 왕래했고, 605년 대운하를 시찰할 때는 수천 척의 배를 동원했으니 민간의 피해가 막대했을 것이다. 대운하 시찰 당시 수양제는 120칸의 방이 있는 4층짜리 용선을 탔고, 그 행렬이 200여 리였다.

수나라 멸망의 결정적 이유는 고구려 원정이었다. 5호 16국부터 남북조까지 중 국 북부가 혼란을 겪고 있는 사이에 한반도 북부와 만주 일대에서 고구려가 크게 세력을 떨쳤다. 수양제는 고구려 원정을 위해 낙양에서 탁군까지 잇는 영제거를 건설해 113만의 대군을 끌고 수차례 원정을 감행했으나 실패했다. 무리한 원정 계 획으로 인해 국가 경제가 휘청거렸으며, 측근들의 반란이 이어졌고, 양제가 암살 되면서 수나라는 무너졌다.

240

홉스, 로크, 루소

사회 계약설은 영국의 시민 혁명을 비롯해, 근대 민주주의 발전에 결정적 영향을 미친 사회 이론이다. 홉스, 로크, 루소가 대표적인 이론가로, 자연권과 실정법, 저항권 사상 같은 여러 원리가 사회 계약설로 도출됐다.

홉스의 경우 경계선에 섰던 인물이다. 그는 자연 상태의 인간은 "만인의 만인에 대한 투쟁" 상태라고 봤다. 자연 상태에서 인간 세계는 일상적인 공포에 짓눌린다. 각자가 자신의 힘을 발휘하며 다른 사람을 억압하는 힘의 세계이기 때문이다. 이러한 일상적 억압과 폭력을 억제하기 위해 인간은 집단적 계약을 맺는데, 모든 권력을 자발적으로 국왕에게 헌납한다. 따라서 국왕이 통치하는 국가가 등장한다. 국왕은 절대 권력으로 수많은 사적 폭력과 억압을 통제하고 해결한다. 홉스는 절대 군주론을 지지했지만 자연법과 실정법을 구분했고, 국왕 권한의 한계를 명확히 하는 등 진일보한 사상을 피력했다.

청교도 혁명과 명예혁명의 전통을 지지한 로크는 홉스보다 급진적인 주장을 펼쳤다. 그는 자연 상태의 인간을 부정적으로 보지 않았다. 오히려 각자 재산을 사유하고 안정된 생활을 유지하는 상태로 봤다. 하지만 분쟁을 비롯한 여러 문제가 발생할 수 있기 때문에, 이를 해결하기 위해 계약을 맺고 군주에게 권한을 위임한 것이다. 따라서 군주가 위임된 권력을 남용할 경우 '저항권'을 발휘해 군주를 교체할 수 있다. 계약의 목표, 군주의 의무, 무엇보다 국민의 저항을 합리화한다는 데서 홉스와 큰 차이를 보인다. 로크는 《통치론》을 통해 왕권신수설을 집요하게 비판했다. 하나님이 아담에게 세상을 통치할 권리를 줬는데, 여기서 말하는 '아담'은 '국왕'이 아닌 '인간 일반'이라고 주장하며 왕권신수설을 전면적으로 부정한 것이다.

프랑스의 계몽주의자 루소는 더욱 급진적인 주장을 펼친다. 루소는 주권을 양도할 수 없다고 봤다. 권력은 국왕이 아닌 국민 스스로 가져야 한다며, 영국에서 발전한 사회 계약설의 한계를 집요하게 비판했다. 루소는 '일반 의지'를 강조했으며, 일반 국민의 일반 의지를 바탕으로 권력이 운용돼야 한다고 강조했다. 자유로운 소농 공동체를 중심으로 작은 단위의 직접 민주주의를 통해 영국식 대의 민주주의를 극복하고자 한 것이다.

241 독일 사회 민주주의

에두아르트 베른슈타인은 독일 사회민주당의 지도자였다. 사회주의의 창시자 엥겔스와 교분을 맺고 평생 사회주의 운동에 헌신한 그는 종래의 입장을 포기하고 새로운 사회주의를 주장한다.

그는 마르크스 이론의 절대성을 부정했다. 자본주의는 마르크스의 예상과 다르게 변화, 성장하고 있었고, 기업과 시장은 마르크스가 생각하지 못한 수준으로 고도화되었다. 단지 마르크스의 뜻을 좇아 당을 조직하고, 노동자의 파업을 주도하며, 폭력 투쟁에 근거한 정치 투쟁을 벌여서는 세상이 바뀌지 않는다고 절감한 것이다.

그는 수정주의를 주장한다. 그의 생각은 이랬다. 사회민주당은 직접적이며 폭력적인 혁명을 포기하고, 점진적이며 평화적인 혁명을 추구해야 한다. 합법적으로 당을 조직하고, 국민의 지지를 얻어 권력을 쟁취해야 한다. 응당 보수파와도 공존할 수 있어야 하며, 합법적으로 얻은 민주적 권리를 바탕으로 법과 제도를 통해 사회주의적 이상을 달성해야 한다.

베른슈타인의 주장은 격한 반발에 직면한다. 카를 카우츠키같이 마르크스 이론을 신봉하는 정통파들은 그의 주장을 이단시했고, 로자 룩셈부르크 같은 인물들은 개혁과 혁명 사이에서 급진적이고 직접적인 혁명을 선택해야 한다면서 그를 개량주의자로 몰았다.

하지만 베른슈타인의 주장은 점차 독일 사회민주당의 주류가 됐으며, 특히 북유럽 정치에 막대한 영향을 미쳤다. 노동자의 권리를 보호하고, 보편적인 사회 복지 제도를 강화하는 인간적인 자본주의 발전에 결정적 계기를 제공한 것이다. 하지만 세계 대전에 협력하거나 식민지를 용인하는 등 애초에 사회주의가 꿈꾼 이상과는 거리가 먼 현실주의적 한계를 보이기도 했다. 최근에는 자본의 국제화에 따른 신자유주의 앞에서 무기력한 모습을 보이고 있다.

242

동기창

동기창, 〈산수〉 화첩

명나라는 중국 회화 역사의 절정기로 평가받는다. 산수화뿐 아니라 새와 꽃을 그린 화조화 분야에서도 수많은 걸작이 등장했다.

화법도 다양하게 발전하면서 화단에 분파가 생기기도 했는데 대진, 오위 같은 인물을 배출한 절파(浙波)가 대표적이다. 절강성의 항저우 일대에서 번성했는데 힘 있는 필묵의 구사가 일품이다. 항저우 인근 쑤저우에서는 오파(嗚波)가 흥기했는데 심주, 문징명, 동기창(1555~1636)을 배출했다.

동기창은 회화에서 정신적 가치를 중요하게 여겼으며, 필묵을 중심으로 한 문인화를 정통으로 삼았다. 그는 '방(倣)'이라는 개념을 강조하면서, 창의적인 방식보다 과서 대가의 진수를 계승하고자 했다.

그렇다고 그가 과거만 답습하려고 했던 것은 아니다. 동기창의 〈산수〉 화첩의 경우, 당나라 왕유의 필법에서 착안했지만, 전혀 새로운 경지의 독창적인 산수화를 만들어냈기 때문이다.

243

인도 국민회의

인도 독립운동사에 가장 중요한 역할을 한 단체는 인도 국민회의다. 사실 이 단체는 영국에 협조적이었고, 심지어 영국인이 주도해 만든 단체이기도 하다. 앨런 옥타비안 흄이라는 인물이 인도에서 30년간 근무하면서 영국인과 인도인의 적극적 협력을 위해 창설을 추진했기 때문이다. 1885년 봄베이(오늘날 뭄바이)의 산스크리트 대학에서 창립한 국민회의는 초기에는 영국 충성파 집단이었다.

하지만 조지 커즌 총독의 벵골 분할안을 계기로 국민회의의 성격이 급변한다. 시작은 단순한 행정 조치였다. 애초에 벵골은 힌두교가 압도적인 주였는데, 벵골이 둘로 나뉘면 동벵골에서 이슬람이 다수가 되기 때문에 힌두교도들이 반발한 것이다. 더구나 힌두교인들이 야만시 하던 아삼인까지 동벵골에 통합되는 형태였기 때문에 분노가 더했다. 인도 지식인들은 이러한 조치가 힌두교와 이슬람교의 갈등을 고조시킨다고 여겼고, 비판적일 수밖에 없었다.

결국 국민회의 내의 급진파가 벵골 분할안에 반발하면서 상황은 급박해진다. 1903년부터 약 2년간 3,000여 회의 항의 집회가 열렸고, 영국산을 거부하고 인도산 제품을 쓰자는 스와데시 운동이 벌어진다. 스와데시 운동은 성공적이었다. 전국적으로 퍼져 나가 영국 상품의 판매량이 급격히 떨어졌다.

민족주의적인 국민 교육 운동도 주창됐는데, 인도의 대표 시인으로 알려진 라빈드라나트 타고르도 열정적으로 참여했다. 인도인에 의한 국민 대학을 만들자는 의견이 모아졌고, 결국 벵골 국민 대학, 벵골 공과 대학 등이 만들어진다. 국민회의의 지도자 아우로빈도 고시가 기존의 좋은 일자리를 포기하고, 보수가 10분의 1 미만이었던 벵골 국민 대학으로 옮길 정도였다.

당시에 가장 뜨겁게 논의된 주제는 '자치'였다. 이 문제를 두고 온건파와 급진파가 갈등을 벌인다. 온건파는 영국의 지배를 인정하는 자치를 주장했고, 급진파는 지배를 벗어난 자치를 주장했다. 결국 1907년 급진파가 국민회의에서 쫓겨나고, 이후 10여 년간 온건파가 상황을 주도한다. 하지만 간디가 등장하면서 국민회의는 완전한 자치, 독립을 주장하는 단체로 다시 한번 변화한다.

244

목욕탕

인류 최초의 문명 중 하나인 인더스 문명의 도시 모헨조다로에는 가로 12m, 세로 7m, 깊이 2.4m에 달하는 대욕장이 있다. 벽돌로 만든 대형 시설로, 방수를 위해 천연 타르를 사용했고 양쪽에는 욕장에 들어갈 수 있는 계단까지 마련했다. 정확한 용도를 파악할 수 없지만 매우 깊기에 단순한 목욕탕이나 수영장보다는 신성한 정화 시설 정도로 추정하고 있다.

근대적인 상하수도 시설과 고도의 위생 관념이 갖추어진 현재 목욕 시설은 세계적으로 일반적이다. 하지만 인류 역사에서 목욕 문화는 지역, 시기, 계층에 따라 제각각이었다. 다만 물을 정화의 도구로 생각하고, 특정한 종교 예식에서 영적인 의미를 부여하는 행위는 어렵지 않게 찾아볼 수 있다. 정통파 유대교인 하시드파, 하레디파 등은 천연수로 목욕하는 것을 중요시했고, 크리스트교의 세례 의식도 이와 유사한 의미를 지닌다.

로마 제국은 목욕탕을 중요한 공공시설로 관리했다. 광장에 거대한 목욕 시설을 만들고 그곳에서 교류했기 때문이다. 또 오늘날 스위스 바덴, 벨기에 스파, 독일 아헨, 알제리 함맘, 리가 등 온천 지역에 스파 시설을 만들기도 했다. 많은 사람이 모여앉아 물로 몸을 적시며 이야기를 나누는 테르마이(공중목욕탕)의 경우, 기원전 33년 170개에서 4세기 말에는 856개까지 늘어났다.

테르마이와 스파, 대중목욕탕과 온천의 부활은 르네상스 시기에 본격화된다. 로마인들의 생활 양식을 따르고자 했던 경향 때문이다. 17세기 영국에서는 온천 시설을 비롯해 상업적인 부대시설을 갖춘 곳이 등장한다. 레밍턴 스파, 턴브리지 웰스, 벅스턴, 스카버러, 첼튼엄 등이 대표적이었다. 18세기부터는 리조트가 등장하는데, 온천 지역보다는 해안가에 많이 만들어진다. 영국의 디에프, 프랑스의 라로셸 등이 대표적으로, 당시 왕실과 귀족들의 적극적인 후원과 투자 때문에 가능했다. 모래사장과 좋은 날씨, 적당한 바람과 아름다운 노을을 감상할 수 있는 해안가 근처에 목욕 및 수영 시설을 갖춘 현대적 리조트의 시대가 열린 것이다.

245

베트남 전쟁

베트남 전쟁은 두 차례 발발했다. 제1차 베트남 전쟁은 호찌민이 이끄는 북베트남과 프랑스의 싸움이었고, 제2차 베트남 전쟁은 미국과의 싸움이었다. 제1차 베트남 전쟁이 식민지를 유지하려던 프랑스의 욕망이 원인이었다면, 제2차 베트남 전쟁은 냉전 문제 때문이었다. 중국이 공산화된 상황에서 베트남마저 공산화되면 인도차이나반도 전체가 공산화가 될 수 있었기 때문에 미국이 개입했고 우려는 현실이 됐다. 외형상으로는 남베트남과 북베트남의 싸움이었지만 베트남에는 민족주의 세력이 부재했으며, 남베트남은 프랑스와 미국의 어용 정권에 불과했다.

북베트남과 프랑스의 싸움은 치열했다. 1950년대가 되면 미국이 본격적으로 프랑스를 지원한다. 1950년 1억 달러에서 1954년 13억 달러까지 원조를 늘렸으나, 프랑스 군대는 홍강 삼각주 방위선에서 패배했고 여러 요새를 빼앗긴다. 이에 대응하기 위해 프랑스는 3만의 병력을 동원해 로렌 작전을 실시했지만, 북베트남의 게릴라 전술에 무력했다. 결국 프랑스는 1953년 디엔비엔푸 전투에서 패배하면서 100년간 지배한 인도차이나반도에서 쫓겨난다.

하지만 북베트남은 남베트남을 점령하지 못했다. 북위 17도 선을 기준으로 남부에 대한 프랑스의 지배권을 인정하는 방향으로 결론 난 것이다. 남베트남에서는 응오딘지엠을 비롯한 여러 독재자가 등장해, 미국의 후원을 받으며 연명을 거듭했다. 호찌민이 이끄는 북베트남은 남베트남 민족해방전선(베트콩, Viet Cong)을 결성했고, 다시금 통일 전쟁을 추진한다. 1964년 8월 2일 미국은 통킹만 사건을 빌미로 북베트남에 본격적인 군사 개입을 시작했다. 이듬해 말이 되면 18만이 넘는 미군, 한국군 2만여 명, 오스트레일리아, 뉴질랜드, 필리핀, 태국 등 미국의 동맹국 군대가 파견되면서 국제전 성격을 띤다. 1968년에는 미군 54만 명, 동맹국의 군대도 7만이 넘는다. 같은 해 북베트남은 구정 공세를 펼쳐 남베트남의 주요 도시를 공격한다. 이 사건을 계기로 미국에서 반전 여론이 고조됐고, 당시 집권한 닉슨 대통령은 육군을 철수시킨다. 하지만 공군의 지원은 계속됐고 결국 1973년 북베트남과 미국은 파리 협정을 통해 합의에 이르는데, 미군의 완전 철수, 베트남의 통일 보장 등을 합의했다. 1975년 베트남은 통일된다.

246

난징 조약

제1조. 영국과 청은 앞으로 영구히 평화와 우정을 누린다.

제2조. 청은 광저우 외에 샤먼, 푸저우, 닝보, 상하이를 개항한다.

제3조. 청은 영국의 편의를 위해 홍콩을 제공하고, 홍콩은 영국의 법률에 따라 통치된다.

제4조. 청은 1839년에 몰수한 아편 대금과 이후 영국인들에게 가한 위협에 대한 위자료로 600만 달러를 배상한다.

제5조. 청은 공행을 폐지하고, 공행의 채무금 300만 달러를 지불한다.

제6조. 청은 전쟁 배상금으로 1,200만 달러를 지불한다.

(…)

제8조. 청은 현재 중국 전역에 감금돼 있는 모든 영국인을 무조건 석방한다.

제9조. 청은 영국에 협조한 중국인을 일절 처벌하지 않는다.

난징 조약은 아편 전쟁 이후 영국과 청나라가 맺은 조약으로, 불평등 조약의 전형이다. 평화와 우호를 빌미로 열강의 입장만 일방적으로 반영했으며, 개항, 영토 할양, 배상금 등을 구체적으로 요구했다. 이후 영국은 후먼 조약을 통해 청나라와의 관세율을 구체화했으며, 최혜국 대우, 치외 법권 등 좀 더 강력한 요구 사항을 관철시켰다. 단발성이 아니라 향후 양국의 경제 관계를 규정했다는 점이 특징이라 할 수 있다. 이는 프랑스, 러시아 등 열강들이 아시아, 아프리카 등을 침탈하는 전형적인 수법으로 활용됐다.

247

히틀러

히틀러의 등장은 그다지 신선하지 않았다. 20세기 초반 파시즘에 대한 열광은 전 유럽적이었고, 히틀러가 강조한 반유대주의 역시 "보통 사람들의 아편"이라고 부를 만큼 광범위했기 때문이다. 반유대주의의 힘은 보잘것없었다. 교육받은 중산층 입장에서 선동 정치에 거부감이 심했고, 유대인들이 이에 적극적으로 대처한 것도 한몫했다. 프랑스는 드레퓌스 사건으로 몸살을 앓았지만 결국 문제를 해결했고, 오히려 팔레스타인에 유대인들의 나라를 세우자는 시온주의 운동이 눈에 띄는 수준이었다.

하지만 제1차 세계 대전 이후 독일의 바이마르 공화국이 무너지면서 상황이 급변한다. 1930년 9월 나치당이 107석을 확보하며 제2당이 됐고, 1932년에는 37.3%를 득표해 230석 제1당이 된다. 사실 과반 이하였고 사회민주당은 물론 기존의 보수당 역시 나치당 같은 극우파를 혐오했기 때문에 히틀러가 총리가 될 가능성은 없었다. 하지만 보수당이 사회민주당을 견제하고자 나치당에 손을 내밀었고, 급변하는 정치 상황 가운데 사회민주당은 의미 있는 활약을 펼치지 못했다. 결국 히틀러와 나치당은 보수당을 등에 업고 권력을 장악한다.

권력을 장악한 히틀러는 일주일도 안 된 시점에 '비아리안족'을 공무원직에서 몰아냈다. 유대인 출신 변호사 1,400명, 판·검사 381명이 자격을 박탈당했고, 1935년에는 유대인 의사 절반이 일자리를 잃었다. 많은 유대인 지식인이 이민을 선택했는데, 세계적 물리학자 아인슈타인도 포함됐다. 히틀러의 최측근 괴벨스는 문화부를 창설해 문화 예술계와 언론인들을 통제했다. 경제 측면에서 히틀러는 집요하고 악랄했다. 할마르 샤흐트의 자문을 받아 유대인 소상공인과 전문직을 집요하게 공격했다. 유대인 소유의 대형 사업체를 공격할 경우, 독일 경제에 문제가 생길 것을 예상한 조치였다. 꾸준한 노력으로 1935년에는 유대인 기업체의 4분의 1이 해체됐고, 1938년에는 유대인의 재산 소유권이 전면적으로 박탈됐다.

그렇다고 히틀러가 유대인 문제에만 관심을 기울인 것은 아니다. 궁극적으로 독일인의 영광이 목적이었고, 과감한 경제 정책을 통해 수렁에 빠진 독일 경제를 구하는 등 여러 성과를 일궈냈다. 하지만 유럽을 상대로 전쟁에 나서면서 이러한 성과는 물거품이 되고 만다.

248

러시아 혁명

1917년 러시아에서 일어난 공산주의 혁명. 레닌이 주도했으며, 인류 역사 최초로 사회주의 국가가 탄생했다. 레닌은 직업적 혁명가와 규율 잡힌 공산당을 강조했다. 공산주의 혁명을 이뤄내려면 강력한 지도력과 투쟁 방식이 필요하다고 봤고, 그 힘의 원천을 혁명가와 당에서 찾은 것이다.

당시 러시아는 차르에 의해 통치됐다. 러시아 정교회가 강력한 전제주의를 옹호했고, 사회는 엄격한 위계질서로 운영됐으며, 농민들의 삶은 비참하기 짝이 없었다. 1905년 피의 일요일 사건은 차르 체제를 위협했다. 빈곤에 시달리는 민중의 평화적 요구에 무차별 학살로 대응하면서 지배 체제가 흔들렸기 때문이다. 설상가상으로 같은 시기 러일 전쟁에서 일본에 패배했다. 그럼에도 상황이 수습됐고, 러시아에서도 산업화가 빠른 속도로 이뤄졌다. 상황을 뒤흔든 것은 제1차 세계 대전이었다. 1,550만 명이 동원된 전쟁에서 165만 명이 죽었고 385만 명이 부상당하고 241만 명이 포로가 되는 등 제정 러시아는 혼돈에 빠지고 만다.

결국 1917년, 2월 혁명이 일어난다. 차르가 전선을 시찰하는 동안 혁명이 일어났고, 노동자와 병사들이 철도 선로를 뜯어내는 등 예상치 못한 저항 가운데 제정 러시아가 붕괴하고 의회가 권력을 장악하게 된다. 당시 의회에서는 자유주의자들이 주도권을 쥐었고, 사회주의자는 케렌스키 한 명뿐이었다. 여러 개혁안을 발표했지만 민중의 삶과 직결된 부분에서 관심을 끄는 조치는 하나도 없었다.

이 와중에 망명 중이던 레닌이 귀국하면서 상황이 급변한다. 그는 4월 테제, 즉 각적 종전, 토지 국유화와 재분배, 노동자 평의회의 산업 시설 지배 등 급진적 주장을 했다. 의회는 케렌스키를 비롯한 온건파 사회주의자들인 멘셰비키에게 권력을 넘겼지만, 상황은 안정되지 않는다. 결국 레닌, 공산주의 혁명가들, 병사와 노동자가 중심이 된 소비에트(통칭해 볼셰비키)가 이끄는 10월 혁명이 발생하고 사회주의자들에게 권력이 넘어간다.

권력을 장악한 레닌은 민주 집중제를 실천했다. 혁명가와 당이 권력을 독점하며 민중의 이해관계를 실현해나간다는 발상이었다. 또 그는 제국주의론을 발표하고 금융 자본가들에 의한 세계 지배의 위선을 폭로했으며, 아시아의 민족 해방 운동도 지지했다. 특히 중국의 혁명가 쑨원을 지원했다.

249

청명상하도

송나라의 번성한 모습을 그린 장택단의 작품으로, 길이가 무려 5.25*m*이다. 이 그림은 송나라의 생활상을 섬세하게 묘사한 풍속화로, 사실적으로 묘사돼 예술사적 가치를 넘어 역사 연구 자료로도 널리 활용되고 있다.

작품은 다양한 주제를 다루는데, 시골에서 이른 새벽 당나귀를 끌고 길을 나서는 남성을 묘사하는 것부터 시작해 활력 넘치는 도시 생활을 묘사한다. 〈청명상하도〉에 묘사된 송나라의 수도 개봉은 그야말로 상업이 번성하는 거리였다. 엄청난 규모의 시장이 형성돼 있어 각양의 음식점, 호객 행위를 하는 상인, 물자를 옮기는 배, 각종 짐을 싣고 돌아다니는 사람들이 그려져 있다. 묘사는 매우 치밀하다. 다리와의 충돌을 피하기 위해 돛대를 눕히는 사공, 앞 사람들에게 길을 비키라고 소리치는 가마꾼, 3층 건물 앞에서 사람들을 모으는 호객꾼, 환자가 앉아 있는 의원 등 각양의 이야기가 동시에 펼쳐진다. 짧은 윗도리에 접어 올린 바지를 입은 농민과 상인, 길게 늘어진 상하의를 걸친 귀족, 승려, 도사, 하급 관리, 학생 등 500명이 넘는 사람들이 묘사돼 있다. 여성은 20명 정도만 묘사돼 있는데 대부분 남자와 함께 있다.

이 그림은 남송 때 그려졌다. 금나라의 침략으로 수도와 화북 지역을 빼앗긴 후 번성했던 과거를 그리워하며 그린 작품이다.

250

조로아스터와
히브리인들의 유일신

조로아스터는 '차라투스트라'라는 그리스어 음역에서 유래한 말로, 통상 기원전 600년경에 활동한 것으로 추정한다. 조로아스터는 '아후라 마즈다'라는 최고신의 존재를 강조했다. '지혜로운 주님'이라는 뜻으로, 빛과 진리, 의로움 등을 구비했으며 어둠과 오류, 죄악 등은 찾아볼 수 없는 존재다. 이에 반해 악과 고통을 주관하는 '아리만'이라는 신은 아후라 마즈다에 대항한다. 세계의 본질은 선한 신과 악한 신의 대립, 선과 악의 대립이라는 이원론적 성격을 지닌다. 이원론적인 세계관은 정신과 육체, 현세와 내세 등 새로운 사고방식의 기초가 됐다. 조로아스터교는 페르시아 제국에서 크게 번성했고, 이후 등장한 사산조 페르시아에서는 국교가 된다. 그들의 경전을《아베스타》라고 한다.

한편 히브리인들 사이에서도 중요한 종교적 변화가 일어난다. 기원전 7세기 북이스라엘과 남유다로 분열된 상황에서 히브리인들은 거대 제국 아시리아와 바빌로니아에 침공당한다. 이때 이사야, 예레미야 같은 선지자들이 등장해 히브리인들의 참회와 개혁을 부르짖는데, 이전과는 확연히 다른 종교적 메시지가 나타난다.

히브리인들은 보편적인 다신교 숭배와는 다른 일신 숭배(하나의 신만을 섬기는 독특한 종교관)를 발전시켜왔다. 그들이 믿는 하나의 신은 '여호와'로, 예언자들은 여호와에 대한 이해를 극적으로 심화시킨다. 여호와는 절대적인 유일신이며 정의롭고 선하며 온갖 악으로부터 히브리인과 세상을 구원하는 존재임을 주장했다. 따라서 히브리인들은 과부와 고아 같은 사회적 약자를 보호하고, 고통받고 억눌린 자들을 해방해야 한다. 그것이 여호와의 뜻이기 때문이다.

히브리인들은 왕국이 멸망한 후 바빌로니아에 끌려가 유랑 생활을 하는 등 민족적 고난을 겪는다. 이 시기 에스겔, 하박국 같은 새로운 선지자들이 등장해 구원 사상을 발전시킨다. 이들은 여호와가 히브리인들을 구원할 것이며, 나아가 이집트인, 아시리아인, 페니키아인, 팔레스타인인도 함께 구원할 것이라고 주장하기에 이른다. 조로아스터와 선지자들의 등장은 종교사에서 가장 중요한 사건 중 하나다. 다신교가 아닌 유일신교 시대의 시작이었기 때문이다.

251

갑골문

> 점을 쳤다. (…) 출산이 잘될 것이다. (…) 왕이 균열을 읽고 말했다. '출산일이
> 정(丁)일이면 좋을 것이다. 만약 경(庚)일이면 오랫동안 행운이 있을 것이다.'
> (…) 31일 후인 갑인일에 출산했다. 좋지 않다. 딸이다.

　기원전 1200년에 쓰인 갑골문의 내용이다. 갑골문의 발견은 고대 중국 역사와 한자의 기원을 알려준 중요한 사건이다. 발견된 계기도 흥미롭다. 1899년 말라리아가 베이징 일대의 주민들을 괴롭혔는데, 사람들 사이에 '용골'이 특효약이라는 소문이 났다. 실제 용의 뼈는 아니었고 소뼈나 거북이 배딱지였는데, 우연한 기회에 유철운이라는 고문자 학자가 이를 알게 됐다. 용골은 황허강 중류의 허난성 안양이라는 곳에서 채굴되고 있었다. 당시 용골은 엄청난 인기였고 반들반들한 것이 잘 팔린다고 여겨졌기에, 그들에게 갑골문은 단지 흠집에 불과했다. 하지만 유철운은 고대 청동기 유물의 표면에 새겨진 명문과 용골의 글자가 유사하다는 사실을 알게 됐다. 이후 많은 학자가 용골을 모았고, 10여 년의 노력 끝에 500자 이상의 문자를 확인했다. 한자의 원형을 알게 된 획기적인 사건이었다.

　학자들이 용골을 찾는다고 하니, 농민들이 가짜 갑골을 제작해 유통하기도 했다. 결국 고고학자들은 용골이 발견된 안양 일대를 조사하는데, 이곳에서 상나라 때 왕릉이 발견되는 등 고대 중국 역사 연구의 신기원이 열린다. 그중에서도 '부호'라는 여성의 묘는 여러모로 인상적이었다. 그녀는 기원전 1200년경 상나라 왕무정이 거느렸던 64명의 아내 중 하나였다. 그녀는 영지와 군대를 거느리고 있었고, 전쟁을 벌여 승리한 후 포로를 제사 재물로 바치는 등 통상적인 고대의 여성과는 전혀 다른 삶을 살았다. 상아기 3개, 뼈바늘 500개, 옥기 500여 기, 화폐로 사용할 수 있는 자안패 7,000여 개는 물론 23개의 청동 악기, 200여 개의 청동 의기, 130여 개의 청동 무기, 16구의 사체도 함께 발굴됐다. 사체는 성인 남성과 여성, 어린아이까지 발굴됐는데, 순장 예식에 따라 무덤 곳곳에 묻혀 있었다. 부호에 대한 기록은 여러 갑골문으로 확인됐기 때문에, 갑골문과 왕릉 발굴로 상나라 당시 사회 문화를 생생히 알게 됐다.

252

참호전

참호는 적군의 침투를 막기 위해 방어선에 판 구덩이를 말한다. 개별 구덩이로 만들 수도 있지만, 방어선 전체를 잇는 긴 선 모양의 구덩이를 파고 그 위에 철책을 비롯한 방어 시설을 만들 수도 있다. 당연히 참호 안에는 무기를 저장하는 공간, 군인들의 생활 공간, 나아가 작전 사령부, 병원 등 각종 시설이 들어섰다.

사실 참호전은 가장 기본적인 방어 방식일 뿐 유별난 전투 방식이라고는 할 수 없다. 오히려 총, 대포, 기관총 등 강력한 화력을 가진 무기를 개발하는 것이 과제였다. 하지만 제1차 세계 대전 당시 참호전은 전쟁의 양상을 바꿀 정도로 중요한 문제가 된다.

서부 전선이 문제였다. 프랑스군과 독일군은 4만여km의 참호를 두고 대치했는데, 참호를 돌파하는 가운데 엄청난 인명이 살상된 것이다. 총기류는 사람을 죽이는 데 효율적인 도구였지만, 참호를 돌파하는 데는 무용했다. 결국 사람이 직접 철책을 돌파해 적의 참호로 뛰어 들어가 적을 사살해야 했는데, 이 와중에 무수한 사람들이 죽었다 솜 전투, 마른 전투 같은 단일 전투에서 수십만 명이 사망했다. 솜 전투에서는 전투 첫날 영국군만 2만 명이 전사하고, 4만 명이 부상당했다. 이후 5개월간의 전투에서는 영국군 40만 명, 프랑스군 20만 명, 독일군은 50만 명의 사상자가 발생했다.

공격도 어려웠지만 방어하는 군대에도 참호전은 고통스러웠다. 습하고 춥고 더러운 데다 평소에는 먼지 구덩이인데 비가 오면 물이 차고 비가 그치면 진흙 구덩이가 돼버렸으니 말이다. 쥐, 이 등 온갖 병균을 불러일으키는 요인이 가득했고, 밤낮을 가리지 않는 적의 포탄으로 부상, 사망뿐 아니라 각양의 정신적 고통이 창궐했다. 공포로 인해 정상적인 전투력을 발휘하지 못하는 병사부터 죽음에 무감각한 병사까지 온갖 정신적 상해가 발생한 것이다.

한편 참호전은 기술 경쟁에 불을 붙였다. 대표적인 발명품이 탱크다. 철책이나 구덩이, 총탄을 모두 돌파할 수 있는 신무기로, 기갑전이라는 새로운 전투 양상을 만들어냈다. 탱크와 탱크가 충돌하는 새로운 전투가 등장했고, 결국 더 많은 자원을 투자해 탱크뿐 아니라 독가스, 화염 방사기 같은 신무기를 대량으로 생산해야 하는 상황에 놓였다. 후방에서는 생산을 책임지기 위해 여성이 동원되는 총력전 체제가 탄생했다.

253

청나라

청나라는 중국의 마지막 전통 왕조다. 만주를 기반으로 누르하치가 여진족을 통합하고 후금을 세운다. 누르하치의 뒤를 이은 홍타이지는 국호를 청으로 바꾸는데, 만주부터 몽골까지 북방 세계의 패자가 된다. 홍타이지는 명나라에 순응적이었던 조선을 정벌한 후 본격적으로 명나라를 공격한다. 당시 명나라는 이자성의 난을 비롯해 혼돈에 빠져 있었다. 결국 만리장성을 지키고 있던 오삼계 등의 장수들이 청나라에 투항했고, 청나라 군대는 여러 반란 세력을 진압하면서 중국을 통일한다.

강희제, 옹정제, 건륭제는 청나라의 전성기를 이끈 황제들로, 중국 역사에서 가장 뛰어난 지도자들로 평가받는다. 오삼계 등 청나라에 협조한 장군들은 중국 남부에서 번왕이 됐는데, 결국 반란을 일으킨다. 이른바 삼번의 난으로, 강희제가 진압한다. 또 명나라 부흥 세력이었던 정성공의 난을 진압하면서 타이완을 중국 역사에 편입시켰고, 남하하는 러시아 세력과 맞서 네르친스크 조약을 체결하며 국경선을 확정 지었다. 옹정제는 강희제 못지않은 통치자였다. 강력한 황제 권력을 바탕으로 관료 집단의 통치를 엄격하게 관리했다. 건륭제는 매우 호전적인 군주였다. 베트남부터 태국, 미얀마까지 광범위한 지역을 정벌했다. 덕택에 중국 영토는 이전과 확연히 달라졌다. 만리장성 이남 지대와 실크 로드 일부만이 중국의 영역이었다면, 건륭제의 원정을 통해 만주, 몽골, 신장 위구르, 티베트가 '번부'라는 이름으로 청나라의 간접 통치를 받으며 편입된 것이다. 건륭제는 선대 황제가 쌓아 놓은 막대한 부를 원정에 쏟아부었고, 전임 황제처럼 국가를 철저하게 운영하지 않았기 때문에 그의 사후 청나라는 위기에 처한다.

몽골이 세운 원나라가 중화 문명의 전통을 무시하고 독단적인 정책을 펼치다가 쉽게 쫓겨났다면, 여진족은 전통을 존중하고, 과거제를 유지했으며 '만한 병용제'를 실시해 한족 관료들도 국가 운영에 참여시켰다. 따라서 한족의 마음을 얻었고, 명나라 때 형성된 지배 계급인 신사층은 여전히 권력을 행사할 수 있었다. 물론 변발과 호복을 강요하거나 명나라를 상기시키는 책이나 여러 활동에 대한 엄격한 금지령도 유지했다.

청나라는 역동적인 문화적 성취를 거뒀다. 《강희자전》, 《사고전서》, 《고금도서집성》 등 수십 년에 걸쳐 수천의 학자를 동원해 어마어마한 학술 편찬 사업들을 벌였고, 이 와중에 엄격한 실증성을 중시하는 고증학이 발전했다.

254

예수

> 예수께서 온 갈릴리를 두루 다니시면서, 그들의 회당에서 가르치며, 하늘나라
> 의 복음을 선포하며, 백성 가운데서 모든 질병과 아픔을 고쳐주셨다.
> (…) 의에 주리고 목마른 사람은 복이 있다. 그들이 배부를 것이다. 자비한 사
> 람은 복이 있다. 하나님이 그들을 자비롭게 대하실 것이다. 마음이 깨끗한 사
> 람은 복이 있다. 그들이 하나님을 볼 것이다.
>
> – 《마태복음》 4장

예수(기원전 약 4~기원후 약 30)는 팔레스타인 지방 갈릴리에서 태어났는데, 가족이 나사렛에서 생계를 이어갔기 때문에 '나사렛 예수'로 불렸다.

예수는 3년 정도 공적인 활동을 했다. 병든 자를 치료하고 여러 이적을 행해 여성, 노인, 어린아이가 포함된 많은 민중이 그를 따랐다. 베드로를 중심으로 제자 공동체가 형성돼 예수를 도왔다. 그는 구약 성서에서 이사야 등이 예언한 메시아가 본인이라고 주장했으며, 다윗 왕국 같은 유대인 왕국의 도래를 부정했다. 과거의 가르침이 모세가 받은 율법에 근거했다면 이제는 자신의 여러 가르침, 특히 '사랑'에 근거한 가르침을 기초로 구약을 재해석할 것을 주장했다.

당시 유대인들은 로마에 지배받고 있었다. 유대인들은 성전을 재건했는데, 성전은 제사장, 장로, 서기관이 지도하는 종교 공동체이기도 했다. 빌라도 같은 로마 총독, 헤롯 같은 토착 지배자들이 권력 다툼을 했고, 엄격한 율법 준수를 추구하는 바리새인, 기존의 종교 전통을 부정하는 사두개인(사제직을 독점하고 유대의 최고 정치 기구인 산헤드린을 장악한 귀족), 로마에 대한 반역을 꿈꾸는 열심당 등 각양의 분파가 활동하고 있었다.

예수는 종교 공동체의 위선을 폭로했고, 여러 분파의 모순적인 주장과 잘못된 행태를 비판했다. 그는 자신이 십자가에 못 박힐 것이며 3일 만에 부활할 것이라고 제자들에게 예언했다. 자신의 죽음과 부활은 모든 인류를 향한 죄의 용서이자 새로운 삶의 지평을 여는 것이라고 주장한 것이다.

예수 사후 예루살렘에는 베드로를 중심으로 예수의 가르침을 추종하는 공동체가 만들어진다. 신자들은 세례를 받고 성만찬에 참여했으며, 죄를 회개했고, 모든 재산을 내놓고, 유무상통하며 함께 생활했다. 가난한 자를 적극적으로 돕고, 포로로 끌려간 성도를 구해오는 등 당시로서는 파격적인 종교적 삶을 살았다.

255

폴리스

기원전 800년경부터 지중해 그리스 일대에는 폴리스가 등장한다. 해안가에 형성된 작은 단위의 도시 국가 형태로, 내륙과 해안 사이에 높은 산악 지대가 존재하는 등 지역적 경계가 분명했던 것도 폴리스 형성에 영향을 준 것으로 보인다. 폴리스하면 그리스를 떠올리지만, 이탈리아 남부 소아시아(아나톨리아반도) 해안가 일대에 걸쳐서도 광범위하게 발전했다. 기원전 550년에는 흑해 연안, 발칸반도, 이집트서부, 이베리아반도와 갈리아 일대까지 지중해 상당 부분이 폴리스 혹은 폴리스가세운 식민 도시로 빼곡했다.

각 폴리스는 저마다 달랐다. 아테네는 상업이, 스파르타는 농업이 발달했다. 인구, 크기, 규모, 정치 체제에서 차이를 보였기 때문에 정형화된 표준은 없었다. 하지만 이들은 자신을 그리스인들이라 부르면서 공동체 유대 의식을 가졌고, 외부인을 바르바로이라고 부르며 경멸했다. 그리스인들은 델포이 신전의 계시를 존중했고, 함께 모여 올림픽 경기를 하며 축제를 즐기기도 했다. 아폴론의 여사제는 유칼립투스 잎을 씹으며 무아의 경지에서 신탁을 진했고, 올림픽 경기는 그리스 최고신 제우스 신전 근처에서 열렸다. 종목 수도 적었고 반칙과 심판 매수가 횡행했지만, 경기가 치러지는 동안 폴리스끼리의 전쟁은 중단됐고 경기 우승자는 큰 명성을 누렸다.

그리스 역사에서 가장 중요한 사건은 중장 보병의 등장이다. '팔랑크스'라는 8열 종대의 밀집 대형이 새로운 전투 방식으로 등장하면서 상황은 단숨에 뒤바뀐다. 둥근 방패와 칼 혹은 짧은 칼로 무장한 중장 보병은, 왼손에 방패를 들고 옆에 있는 동료의 오른편을 보호하면서 진격했다. 마치 탱크나 장갑차처럼 방패로 무장한 집단이 같은 속도로 밀고 들어가 칼이나 창으로 적을 공격하는 전법이었기 때문에 높은 단결력이 요구됐고, 전사들 사이에서 강한 유대감이 형성될 수밖에 없었다. 무엇보다 전쟁에서 귀족과 평민의 구분이 의미가 없어진 것이다.

중장 보병의 등장 이후 귀족과 평민의 갈등이 본격화되는데, 이때 등장한 것이 참주다. 참주는 대부분 귀족 출신의 독재자들로, 평민들에게 권력을 나눠 주고 중장 보병에게 여러 경제적, 사회적 혜택을 주면서 지지를 얻었다. 참주정은 귀족정에서 민주정으로 나아가는 과도기 문화로, 2대 이상 지속되는 경우가 드물었다.

256

피아노

> 이 협주곡들은 아주 쉬운 것들과 아주 어려운 것들을 이어주는 즐거운 징검다리입니다. 지루함 없이 귀에 아주 선명하고 기분 좋게 들어와요. 전문가들만을 만족시킬 악구들이 여기저기 숨어 있어요. 그렇지만 그 악구들을 분석할 능력이 없는 보통 사람들이 들어도 왠지 모르게 그냥 아름답게 들리도록 썼어요.

모차르트가 아버지에게 보낸 편지 중 일부다. 이 편지에서 그는 자신이 만든 협주곡에 피아노가 얼마나 유용하게 활용되는지 설명했다. "전문가들을 만족시키는" 동시에 "보통 사람들이 들어도 아름답게 들리는" 음악을 구사할 수 있는 혁신적인 발명품으로 피아노를 꼽은 것이다.

18세기 피아노의 등장은 음악사의 혁명적 사건이었다. 피아노를 최초로 발명한 바르톨로메오 크리스토포리는 악기를 '운 침발로 디 시프레소디 피아노 에 포르테(un cimbalo di cipresso di piano e forte)'라고 불렀다. '피아노(작게)와 포르테(크게)를 갖춘 삼나무 건반', 즉 여러 소리를 모두 연주할 수 있는 악기라는 뜻이다. 피아노는 낮은음부터 높은음까지 모두 표현할 수 있으며, 동시에 원하는 음을 정확하게 나타낼 수 있다. 현악기로는 불가능하다. 또 음을 세고 강하게 표현할 수 있고, 작고 여리게 표현할 수도 있다. 연주가의 능력과 페달을 적절히 활용하면 무한에 가까울 정도로 여러 소리를 낼 수 있다.

피아노가 등장하기 전에는 하프시코드를 많이 썼다. 하지만 하프시코드는 건반을 아무리 세게 두들겨도 소리에 변화가 없다. 내부의 채가 현을 같은 세기로 뜯기 때문이다. 피아노는 해머가 현을 때린다. 덜시머라는 악기의 방식을 차용했다. 15세기부터 사용한 클라비코드 역시 해머를 활용했으나 소리가 빈약해서 조용한 환경이 아니면 연주 소리를 듣기 힘들었다. 모차르트, 베토벤 등은 천재적인 피아노 연주가였다. 최근에는 보기 드물지만 손과 발을 동시에 사용하는 피아노도 있었다. 피아노는 클래식은 물론 수많은 음악 장르의 중추적인 역할을 하고 있다.

257

아바스 왕조

우마이야 왕조의 뒤를 이은 이슬람 제국. 아바스 왕조의 성공 배경에는 우마이야 왕조의 차별 정책에 대한 반발이 있었다. 우마이야 왕조에게 박해받던 예멘인 분파, 시아파 등이 지원했기 때문이다. 아바스 왕조는 "모든 이슬람은 평등하다"라는 원칙을 강조했다. 아랍어를 공용어로 만들고자 했고 정복 주민의 이슬람 개종을 적극적으로 추진했다. 개방성도 대단했다. 페르시아인이나 네스토리우스파 크리스트교도들을 공직에 등용시켰고, 유대인들은 재정 분야에서 활약했다. 아바스 왕조는 바그다드를 50만 명이 사는 거대 도시로 만들었다. 제국 내의 각종 이민족이 몰려들었고, 적극적인 상업 정책을 통해 코즈모폴리턴 도시가 된 것이다.

한편 시아파 세력은 우마이야 왕조에 이어 아바스 왕조의 적대자로 떠오른다. 애초에 그들이 믿던 정통 칼리프 알리의 후계자가 왕위를 이을 것이라는 믿음으로 아바스 왕조를 지원했는데, 뜻대로 되지 않자 수차례 반란을 일으키는 등 적대적 행동에 나선 것이다. 또 '이맘'이라는 자신들의 지도자가 정치와 사회를 주도해야 한다는 생각을 강화해나갔는데, 나중에는 '마숨(죄도 없고 오류도 없는 진정한 안내자)'이라는 개념까지 등장한다. 시아파에서는 '굴라트'라는 극단주의적 시각마저 나타나는데, 오직 시아파의 이맘만이 진정한 알라의 뜻을 이루는 나라를 세울 수 있다는 믿음이 생겨난 것이다.

아바스 왕조는 거대한 제국을 유지하기 위해 '길만'이라는 튀르크인 노예 군대를 편성한다. 노예 병사들은 바그다드 근처 사마라에 있는 별도의 거주지에서 조직적으로 양성됐다. 하지만 시간이 지나면서 노예 군대는 고위직을 역임하는 등 권력의 중심부에 오르기도 하고, 왕조의 통제를 벗어나 민간인을 약탈하는 등 여러 문제를 일으킨다. 무엇보다 외국인 용병 부대에 대한 자국민의 거부감이 컸기 때문에, 아바스 왕조의 신민과 노예 군대 사이의 갈등이 빈번할 수밖에 없었다. 13세기 들어 아바스 왕조는 파벌 간 갈등, 지방 세력의 할거 등을 통한 분열의 길을 걷는다. 종래의 통일 왕조 시대에서 수많은 군소 왕조의 시대로 바뀐 것이다.

571년 아바스 왕조는 탈라스 전투에서 당나라와의 싸움에서 승리한 후, 중앙아시아를 지배한다. 중앙아시아의 이슬람화가 본격화된 것이다. 이 시기에 중국의 제지술이 이슬람으로 전파됐다.

258

아파르트헤이트

> 흑인은 조직적으로 남아프리카 공화국 시민권을 박탈당하면서 자신이 태어난
> 땅에서 외지인이 돼가고 있습니다.
> (…) 아파르트헤이트의 이념적인 인종 차별적 꿈에 따라 300만 명이 넘는 하
> 나님의 자녀들이 자신들의 집에서 쫓겨나 외지인이 됐습니다. 살던 집은 파괴
> 당하고 반투스탄(홈랜드) 재정착촌에 내버려졌습니다.
> (…) 반투스탄에서는 아버지가 돈을 벌러 떠난 가족이 근근이 비참한 생존을
> 꾸려가는가 하면, 그렇게 떠난 아버지는 운이 좋으면 소위 백인의 도시에 계
> 절노동자로 들어가 그해의 11개월 동안 성별 분리 합숙소에서 비정상적 생활
> 을 하다가 그만 매춘이나 알코올 중독에 빠지거나 그보다 더 심한 비극의 노
> 예가 되곤 합니다.
> (…) 흑인 가족의 삶, 그 심장부를 갉아먹고 있는 이런 암은 정부가 의도한 정
> 책입니다.

데즈먼드 투투 주교가 1984년 노벨 평화상을 받으면서 한 연설이다. 아파르트
헤이트는 남아프리카 공화국에서 인구의 16% 정도를 차지하는 백인들에 의해 수
십 년 동안 조직적으로 행해졌다. 투투 주교는 이를 "히틀러의 광적인 아리아인
우월주의"와 버금가는 행태라고 비판했다. 1948년 다니엘 말란이 이끄는 백인 정
권은 인종 간의 결혼을 금지했고, 인종 간의 공공시설 사용을 분리했으며, 유색 인
종의 참정권 금지, 나아가 흑인 거주지까지 강제로 이전하면서 극단적인 인종 억
압 정책을 추진했다.

이에 저항해 넬슨 만델라, 데즈먼드 투투 등 수많은 이가 투쟁에 나섰다. 만델라
는 1960년 약 70명의 사망자가 발생한 '샤프빌 대학살 사건'을 계기로 기존의 비
폭력 투쟁을 포기하고 폭력 투쟁을 벌이기도 했다. 무려 27년을 감옥에서 보내며
인종 차별과 싸운 후 석방돼 1994년 남아프리카 공화국 최초의 흑인 대통령이 됐
다. 성공회 목사였던 데즈먼드 투투는 요하네스버그 최초의 흑인 주교가 됐는데,
1995년부터 5년간 진실과해해위원회 위원장을 맡아 아파르트헤이트 정책의 상처
를 고발하고, 피해자의 고통을 치유하는 데 중요한 역할을 했다.

259

콘스탄티노플

오늘날 이스탄불로, 330년 로마 제국의 황제 콘스탄티누스가 건설했다. 1,000년 간 비잔틴 제국의 수도였고, 1453년 오스만 제국이 점령한 이후 오랜 기간 오스만 제국의 수도였다.

콘스탄티노플은 위치가 절묘하다. 보스포루스 해협에 건설됐는데, 이곳은 흑해에서 마르마라해로 나아가는 곳에 위치한다. 마르마라해를 통과하면 에게해를 거쳐 지중해로 나아간다. 위치상 여러 해협에 둘러싸여 있어 외적의 침입이 쉽지 않고, 강력한 해군을 유지하면 수비하기에 좋았다. 실제로 비잔틴 제국의 해군은 강력했고, '그리스의 불'이라는 신비한 무기를 가지고 있었다. 타르 계통의 재료로 화약과 유사한 무기를 만들었는데 워낙 극비로 제작됐기 때문에 끝내 제조법이 밝혀지지 않았다.

콘스탄티노플은 3중 성벽도 유명하다. 수많은 이민족이 이곳에 쳐들어왔으나 3중 성벽을 넘지 못했다. 하지만 오스만 제국은 화약 무기로 무장한 거대한 대포를 보유했기 때문에 3중 성벽을 무너뜨릴 수 있었다.

콘스탄티노플은 고대 로마의 전통이 유지된 곳이었다. 비잔틴 제국의 황제와 콘스탄티노플 대주교의 주도로 로마 가톨릭과는 다른 성장을 거듭했다. 비잔틴 제국은 교황의 권위를 인정하지 않았고, 교황 역시 동방 교회에 비판적이었다. 결정적인 계기는 성상 파괴 논쟁이었다. 성인을 숭배하거나 종교 예술품을 만드는 행위를 우상 숭배로 봤고, 이러한 것들을 파괴하려 한 것이다. 725년 비잔틴 제국의 황제 레오 3세는 성상 숭배 금지령을 내렸고, 수십 년간 갈등이 심화된다. 결국 1054년 로마 교회와 동방 교회는 분열된다. 오늘날 로마 가톨릭과 동방 정교회가 시작된 것이다. 동방 정교회는 러시아를 비롯해 주로 동유럽에 뿌리를 내렸다.

콘스탄티노플은 오랜 기간 문명의 요람이었다. 게르만족의 침략으로부터 자유로웠고, 로마 시절에 뿌리내린 수준 높은 문화가 지속됐다. 황제와 신하, 아버지와 아들이 곳곳에서 신학적인 토론을 나눴다는 기록이 있을 정도로 신학, 수도원 등 높은 수준의 크리스트교 정신세계를 유지했다.

주변 세계에 비해 여성의 교육이 체계적이었고, 왕녀 안나 콤네나 같은 여성 지식인을 배출한 것은 물론 여의사까지 있었다.

260

주나라

중국은 전통적으로 자신들의 고대 사회를 '요순우탕문무주공(堯舜禹湯文武周公)'으로 설명한다. 요임금과 순임금은 전설적인 제왕으로, 요와 순은 부자 관계가 아니다. 훌륭한 국왕이었던 요는 순의 뛰어남을 보고 자리를 넘겨줬는데, 이를 '선양'이라고 한다. 혈통이 아닌 덕망으로 왕위가 계승되는 형태로, 유학자들은 이를 이상적인 정치라고 예찬했다.

요임금과 순임금은 치수 사업에 많은 노력을 기울였다. 홍수로 강이 범람하고 농토가 망가지는 것을 해결하는 것이 고대 제왕에게 가장 중요한 책무였다. 순은 곤을 임명해 치수 사업을 시켰는데, 그가 실패하자 그의 아들 우에게 일을 맡겼다. 우는 홍수를 막았음은 물론 강의 물을 끌어와 논에 물을 대는 데까지 성공했다. 이에 농사가 번성하니 순이 우에게 나라를 물려줬다. 우임금은 통상 중국 최초의 국가 하나라의 시조로 불린다.

탕임금은 하나라의 뒤를 이은 상나라를 세운 임금이다. 하나라의 마지막 왕이자 폭군이던 걸을 몰아낸 후 새로운 나라를 세웠다. 상나라는 기원전 1600~1100년경 황허 중류에서 번성했는데, 다량의 갑골문으로 이 시기에 제정일치적 신권 정치가 펼쳐졌음을 알 수 있다. 태음력을 사용했고, 사람을 죽여 무덤에 함께 부장하는 순장 풍습도 만연했다.

상의 뒤를 이은 나라가 주다. 주나라를 세운 인물은 문왕, 무왕, 주공이다. 상나라의 마지막 왕 주왕이 폭군의 길을 걷는 동안, 문왕은 오랫동안 덕치를 펼치면서 세력을 확보했고 상나라의 대부분을 정벌한다. 문왕의 뒤를 이어 무왕이 대업을 완수하는데, 주나라를 세운 후 3년 만에 죽었다. 무왕의 동생 주공은 제위를 탐하지 않고 어린 조카를 도와 문물과 예악을 정비하면서 주나라를 크게 번성시킨다.

주나라 건국은 중국 역사에서 중요한 분수령이다. 이 시기에 비로소 천명사상과 덕치주의가 등장했기 때문이다. 천명사상은 '국왕의 뜻'을 초월하는 '하늘의 뜻'이 따로 있음을 의미한다. 천명은 국왕의 덕치(백성을 위한 통치)를 요구한다. 상나라에서 주나라로 발전하면서 황허 중심의 중국 문명은 영토를 더욱 확장한다. 주나라는 천하를 통일한 후 봉건제를 실시한다. 주나라의 봉건제는 서양의 봉건제와달리 '종법'에 기초해 왕과 제후가 친척 관계가 돼 중앙과 지방을 나눠 통치하는 방식이다.

261

하이데거와 메를로 퐁티

> 우리는 각기 이미 하나의 존재 이해 속에 살고 있다. 동시에 존재의 의미는 어두움 가운데 싸여 있다. (…) 현존재는 그의 그때마다의 존재 방식에서 존재하며 그렇기에 그에게 속한 존재 이해와 함께 하나의 전승된 현존재 해석 속에서 태어나며 그 안에서 성장한다.
>
> — 하이데거, 《존재와 시간》

이 문장은 그저 난해하게 느껴지지만, 서양 철학의 전통적인 사고방식을 뒤흔드는 주장이었다. 기존의 서양 철학은 세계가 고정불변하며, 인간은 이성적 사유를 통해 진리에 도달할 수 있다는 전제를 바탕으로 발전해왔다. 하지만 하이데거(1889~1976)는 그러한 사고방식을 통째로 부정한다. 그는 존재의 '현존성'을 강조한다. 인간이라는 존재는 '시간 위에' 살고 있기 때문에 존재로 기능한다. 그런데 시간도 인간도 고정적이지 않다. 시간은 기준을 어디에 두느냐에 따라 임의적이기도 하고 상대적이기도 하다. 인간도 마찬가지다. 민족이나 국가의 구성원 혹은 개인으로의 인간, 어린이, 청년, 늙은이 등 그 존재 역시 고정적이라기보다는 유동적이며, 해석에 따라 다르게 판단될 수 있다. 그렇다고 무작정 상대주의적으로 자유롭게 해석할 수는 없다. 시간도 인간도 그 자체로 존재하는 것이기 때문이다.

> 심장이 유기체 안에 있는 것처럼 고유한 신체는 세계 안에 있다. 그것은 시각적 광경을 살아 있게 계속적으로 유지하고 생명을 불어넣으며 내적으로 풍부하게 하고 그것과 더불어 하나의 체계를 형성한다.
>
> — 메를로 퐁티, 《지각의 현상학》

메를로 퐁티(1908~1961)는 인간을 "신체 안에 거주한다"라고 표현했다. 메를로 퐁티에게 신체, 즉 사람의 몸은 '지각'을 주관하고 '의식'이 거주하는 장소다. 신체가 지닌 공감각적 능력을 통해 인간은 사고하고 판단하고 행동할 수 있다. 인간은 이성과 같은 인간 내면의 고유한 무언가로 사유하는 것이 아니라 신체로 느끼고 판단하고 사고한다는 주장이다.

262

코르테스와 피사로

스페인의 정복자들. 에르난 코르테스(1485~1547)는 오늘날 멕시코 일대의 아즈텍 제국을 무너뜨렸고, 프란시스코 피사로(약 1475~1541)는 오늘날 페루와 아르헨티나 일대를 장악하던 잉카 제국을 점령했다. 중앙아메리카에서 남아메리카까지 신대륙의 광범위한 지역이 스페인의 식민지가 된 것이다. 중앙아메리카와 남아메리카는 라틴아메리카라고 부른다.

멕시코 남쪽 유카탄반도와 오늘날 과테말라 대부분은 기원전 500년경부터 마야인들이 점령하기 시작했다. 거대한 신전이 있었고, 달력의 발명을 가능하게 한 수학과 천문학의 발전, 그 밖에 다양한 발명과 발전을 거뒀는데 10세기 이후 멸망한다. 뒤를 이어 아즈텍 제국이 등장하는데, 이들은 오늘날 멕시코 중부 계곡 지대에서 번성했으며, 1325년 테노치티틀란시를 세우기도 했다.

코르테스는 부하 550명, 말 16마리를 끌고 1519년 쿠바를 떠나 멕시코에 도착한다. 이후 수백 명의 파견대가 함께했고, 총, 대포, 말, 조직화된 군대의 힘으로 아즈텍 제국의 수도 테노치티틀란을 파괴하고 군주 몬테수마의 항복을 받아낸다. 그간 아즈텍 제국과 싸우던 틀락스칼란인들의 지원도 유효했다.

잉카 제국의 근거지는 오늘날 페루 일대의 쿠스코 계곡이었다. 15세기 이후 안데스산맥 일대에서 세력을 크게 확대했고, 산비탈의 계단식 농업이 유명하다. 관계 시설, 도로 시스템 같은 것을 능숙하게 만들었지만, 바퀴를 활용할 줄 몰랐다. 피사로는 코르테스보다 훨씬 적은 180명의 병력과 30마리의 말을 끌고 잉카 제국에 들어갔지만, 격렬한 내전이 유리하게 작용해 1533년 잉카를 점령한다.

이들의 성공은 엄청난 이민의 불을 댕겼다. 대부분 남성이 건너왔으며 현지 여성과 관계를 맺으면서 메스티소라는 혼혈 인구가 대거 늘어났다. 스페인의 가혹한 식민 통치, 무엇보다 천연두의 전파로 원주민 수는 급속도로 줄어든다. 결국 흑인 노예가 아프리카에서 대거 건너오면서 백인, 혼혈, 흑인 중심의 새로운 라틴아메리카 사회가 만들어진다. 지배자는 '크리오요'라고 불리는 백인들이었고, 19세기 초반 인구의 20%를 차지했다. 이들은 영국과 미국을 등에 업고 독립 항쟁의 주체로 부상한다.

263

스트라빈스키

예술은 그 본질상 구성적입니다. 혁명은 균형의 파괴를 뜻합니다. 혁명을 말
한다는 것은 일시적인 혼돈을 말하는 거예요. 그런데 예술은 혼돈의 정반대입
니다. 혼돈에 자신을 내맡길 때는 반드시 그 사람의 살아 있는 작품들, 그 자신
의 삶 자체에도 즉각적인 위협이 닥치게 마련입니다. (…) 대담함에 한계를 두
지도 않습니다. 그러나 임의적인 것에 대한 경계심에도 결코 한계를 두어서는
안 됩니다. (…) 나는 혁명에서 아무 매력을 못 느낍니다. 혁명이 낼 수 있는
그 어떤 소리도 내 안에 반향을 불러일으키지 못해요. 왜냐하면 혁명과 새로
움은 별개거든요. 새로움은 보란 듯이 제시하지 않으면 동시대 사람들이 인정
하지 않을 수도 있습니다.

조형 예술은 공간 속에서 제시됩니다. 조형 예술의 경우 우리는 먼저 전체적
인 인상을 받고 그다음에 시간을 두고 차츰 디테일을 발견하게 되지요. 그러
나 음악은 흐르는 시간 속에 수립되기 때문에 기억력의 주의를 요합니다. 결
과적으로 회화가 '공간' 예술이라면 음악은 '시간적 순서'의 예술이에요. (…)
소리의 움직임에 질서를 부여하는 법칙은 일정하고 측정 가능한 값이 있어야
만 나올 수 있습니다.

–《음악의 시학》

스트라빈스키(1882~1971)는 현대 클래식의 거장으로, 〈봄의 제전〉을 비롯한 〈페
트루슈카〉, 〈불새〉 등으로 이미 서른 즈음에 세계적인 작곡가가 됐다. 그의 파괴적
이며 창조적인 혁신은 음악계에 격렬한 논쟁을 불러일으켰으며, 작품을 초연할 때
면 격찬보다 웅성거림, 당혹스러움 등이 객석을 가득 채웠다고 한다.

러시아 출신이지만 러시아 음악계와 불화를 겪었다. 러시아 혁명과 세계 대전
으로 인해 미국으로 건너왔고, 〈아곤〉 등으로 노년에 다시 한번 격찬을 받는다. 기
존 음악의 파괴자처럼 느껴지는 스트라빈스키는 의외로 음악의 질서, 규율, 전통,
교의 같은 것으로 음악의 예술성을 강조한다. 결국 창조를 단순한 파괴가 아닌 새
로운 규율의 탄생이라고 본 것이다.

264

아미스타드

> 나의 하물 중에서 폭동을 일으킨 검둥이 80명을 즉시 사살하거나 물에 빠뜨려 죽여야 했다. 그보다 더 나쁜 것은 나머지 하물 대부분이 이 짧은 전투 중에 심각한 총상을 입어 상처가 붓고 곪을 뿐만 아니라 대부분이 치료를 거부하고 심지어는 아문 상처를 새로 벌려서 피를 흘린 끝에, 아니면 감염돼서 죽어버리거나 우리에게 아무런 가치도 없는 존재들이 돼버렸다는 것이다.

19세기 어느 노예 수송선 선장의 회고다. 대항해 시대 이후 유럽 상인들에 의한 노예 매매는 극히 활발한 산업이었다. 신대륙에서 플랜테이션 농업을 벌이던 스페인인들은 노예를 '검둥이 1만 톤'처럼 명수가 아닌 톤수로 기록, 관리했다. 수천만 명의 흑인들이 아프리카 내륙에서 끌려와 해안 도시의 유럽 상인들에 의해 신대륙으로 옮겨졌는데, 수개월 동안 불결한 환경과 끔찍한 폭력을 감내했다. 질병에 걸린 많은 흑인은 대서양 한가운데서 버려졌다.

1839년 아미스타드호에서 벌어진 노예들의 반란은 예외적인 결과를 낳았다. 서아프리카 시에라리온에서 끌려온 셍베 피에 등 53명의 노예가 선상에서 반란을 일으켰고, 선장을 협박해 고향으로 돌아가고자 했다. 선원들이 흑인들을 속이며 뉴욕 롱아일랜드에 도착하지만, 열성적인 활동가들의 지원 아래 흑인들의 권리와 스페인인들의 소유권을 두고 재판이 벌어진다.

노예 제도 폐지론자들은 전직 대통령 존 퀸시 애덤스를 변호인으로 선임했고, 그의 열정적인 노력 덕에 흑인들은 합법적으로 자유를 쟁취하게 된다. 이들은 시에라리온으로 돌아갈 뱃삯을 지불받았고, 끝까지 생존한 35명은 고향으로 돌아갈 수 있었다.

265

시베리아

우랄산맥 동편에서 연해주까지 이르는 광대한 지역을 통칭하는 말. 시베리아 일대
는 자연환경이 혹독해 소수의 원주민을 제외하고는 사람이 거의 살지 않는다. 그
러나 이반 4세 때 러시아가 이곳에 진출하면서 상황이 급변한다. 이반 3세 때 단
일 왕국을 이룬 러시아는, 그때까지는 우랄산맥 서편에 존재하는 유럽의 한 나라
에 불과했다. 하지만 이반 4세 때 러시아 변경에 살던 카자흐 기병대가 선봉이 돼
시베리아에 진출한다. 1630년에는 레나강 일대 야쿠츠크에, 1639년에는 태평양
에, 다시 1648년에는 베링 해협을 통해 신대륙의 알래스카에 진출한다. 당시 시베
리아 일대에 영향력을 행사할 수 있는 국가는 청나라뿐이었다. 결국 두 나라는 무
력 충돌했고, 네르친스크 조약, 캬흐타 조약을 맺으면서 국경선이 확정된다. 러시
아는 시베리아의 모피 산업에 관심이 많았고 따라서 원주민들에게 우호적인 정책
을 펴며 지배력을 강화해나갔다.

시베리아를 장악하며 유라시아 일대의 대제국으로 성장하던 17세기 러시아는
동방뿐 아니라 서방 세계에 대한 영향력도 강화하고자 했다. 절대 군주 표트르 대
제는 발트해를 비롯한 북해에서 영향력을 확보하고 대서양으로 나아가는 정책을
추진했다. 초기 표트르 대제의 도전은 실패의 연속이었다. 1695년 흑해 연안에서
오스만 튀르크에 패했고, 1700년에는 나르바에서 스웨덴에 패배했다. 이 경험을
바탕으로 그는 해군을 만들었고, 비로소 핀란드만의 네바강 하구를 점령한다. 이
곳에 해군 기지와 조선소 등 중요한 시설이 들어섰고, 결국 수도마저 옮겨 이곳을
상트페테르부르크라고 불렀다. 여러 준비 끝에 1709년부터 10여 넌간 스웨덴을
상대로 북방 전쟁을 벌였고, 결국 발트해 연안에 대한 확고한 지배권을 확보한다.
동쪽으로는 시베리아, 서쪽으로는 발트해로 이어지는 유라시아 대제국이 탄생한
것이다. 표트르 대제는 영국, 프랑스 등 서유럽을 모델로 삼아서 개혁에 박차를 가
했다. 심지어 귀족의 턱수염을 강제로 자르고 수염세까지 부과할 정도였다.

제정 러시아는 19세기 내내 영국, 프랑스 등과 경쟁하며 강력한 제국주의 국가
로 발전한다. 시베리아를 통해 중앙아시아와 중동, 중국 북부까지 진출했으며, 제
2차 아편 전쟁을 명분으로 청나라로부터 연해주를 할양받는 등 만주에 대한 영향
력도 확대했다.

266

폭격

> 무서운 광경을 봤다. 불에 탄 어른들이 어린아이 크기로 줄어들었다. 손발의
> 파편, 죽은 사람, 가족 전부가 불에 타 죽기도 했다. 불이 붙은 채로 사람들이
> 뛰어다니고 불에 탄 자동차는 난민, 죽은 구호대원, 군인들로 가득했다. 아이,
> 가족의 이름을 부르며 찾아다니는 사람도 많았고 가는 곳마다 불, 불뿐이었다.
> 화염 폭풍의 열풍이 불타고 있는 사람들을 화염에 휩싸인 집으로 밀어 넣었고
> 사람들은 그곳에서 어떻게든 빠져나오려고 했다.

1945년 드레스덴 폭격 당시의 기록이다. 1차 세계 대전 이후 윌리엄 미첼은 비
행기에서 발사되는 미사일이 거대한 전함을 파괴할 수 있다는 사실을 실험으로
입증한다. MB2 폭격기 편대가 900kg 정도의 폭탄 여섯 발을 싣고, 퇴역 전함 오스
트프리슬란트호를 21분 만에 침몰시킨 것이다. 이후 해전은 거대한 대포를 실은
전함 간의 전투에서 항공기를 실은 항공 모함 전투로 바뀐다. 따라서 섬과 항공 모
함을 잇는 거대한 해상 전쟁이 등장한다.

한편에서는 이탈리아의 줄리오 두에가 《제공권》이라는 책을 통해 무차별 폭격
론의 가치를 설파했다. 전쟁이 총력전 형태가 됐기 때문이다. 공중전과 기갑전, 보
병전을 동시에 수행해야 하고, 후방에서는 대규모 무기 생산이 이뤄져야 했다. 따
라서 전방과 후방의 개념이 사라지고, 오히려 후방의 주요 생산 시설을 대대적으
로 타격하는 폭격의 개념이 중요해진 것이다.

1938년부터 1943년까지 5년여간 일본은 중국에 216회에 걸친 폭격을 감행했
고, 독일도 영국에 무차별적인 폭격을 감행한다. 연합군은 독일의 161개 이상의
도시를 폭격했고, 그로 인해 최소 60만 명 이상의 민간인이 희생됐다. 폭격으로 인
해 민간인 희생자 수가 제1차 세계 대전에 비해 10배 이상으로 늘어났다. 좀 더 멀
리 날아가는 비행기, 좀 더 확실하게 타격을 줄 수 있는 강력한 폭탄이 다양하게
개발됐다.

폭격의 위세는 날이 갈수록 더했다. 한국 전쟁 당시 미국은 1952년 7월 12일 단
하루 동안 미 공군기를 868회 띄웠고, 8월 29일에는 1,080대가 평양 대폭격 작전
을 감행해 북한의 수도 평양을 초토화했다.

267 센고쿠 시대

무사 영주 다이묘가 전국을 할거하며 일본 열도에서 자웅을 겨루던 약 반세기를 '센고쿠(戰國) 시대'라고 한다. 무로마치 막부 말기에 일어난 '오닌의 난'이 계기였고, 오다 노부나가를 거쳐 도요토미 히데요시에 의해 마무리된다. 오닌의 난의 발달은 막부의 후계자 문제였다. 아시카가 요시마사가 동생 아시카가 요시미를 후계자로 내정했다가, 뒤늦게 아들 아시카가 요시히사를 낳는다. 양쪽은 당대의 실력자 호소카와 가쓰모토와 야마나 모치토요를 등에 업고 격렬한 권력 투쟁을 벌이는데, 이는 전국적인 싸움으로 번진다. 호소카와 가쓰모토가 이끄는 24개국 16만의 동군, 야마나 모치토요가 주도하는 20개국 9만 명의 군대가 맞붙어 싸웠고, 전쟁이 쉽사리 끝나지 않으면서 무로마치 막부의 수도였던 도쿄가 황폐해진다. 오닌의 난은 11년 동안 지속되는데, 후계자 문제가 정리되기는커녕 크고 작은 전국의 다이묘들 간의 내분으로 번진다. 이를 '하극상의 시대'라고 한다.

결국 무로마치 막부의 멸망 이후 전국에는 수많은 효웅이 등장한다. 우에스기 겐신, 다케다 신겐, 오다 노부나가 등 가문이 아닌 지역 중심의 새로운 다이묘들이 활약을 펼친다. 각 다이묘들은 경쟁에서 승리하기 위해 자신들의 영지를 적극적으로 개발했다. 특히 광산 개발에 열심이었고 새로운 굴착법도 등장하는데 사도 금광, 이와미 은광이 유명하다. 이와미 은광은 '연은 분리법'이라는 조선의 기술을 수용해 발굴에 큰 성공을 거뒀는데, 은은 당시 동남아시아에 진출한 유럽 상인과의 무역 수단이 됐다.

센고쿠 시대의 영웅 다케다 신겐은 근대 일본 군대에도 큰 영향력을 행사할 정도로 널리 알려진 군사 전략가였다. '구루마(車) 가카리'라는 말이 유명한데, 이는 끝없이 새로운 병력을 활용하며 적의 정면을 무너뜨리던 병법이다. 상당히 위험한 전략이었음에도 매번 성공적이어서 많은 다이묘가 두려워했다. 다케다 신겐의 군대는 '풍림화산'이라는 군기를 걸었다. 《손자병법》에 나오는 말로, '바람처럼 빠르게, 숲처럼 고요하게, 불길처럼 맹렬하게, 산처럼 묵직하게'라는 뜻이다. 그의 성공은 〈신겐가법〉, 〈갑주법도〉 등 55개 조로 된 엄격한 군법과 리더십이 있었기 때문에 가능했다.

268

레닌

한 예로 가장 자유롭고 가장 문명국이라는 미국을 생각해봅시다. 미국은 민주 공화국입니다. 그런데 그 결과는 어떻습니까? 백만장자가 아닌 수백만장자 도 당의 파렴치한 지배 아래 예속돼 전 국민이 노예처럼 탄압받고 있습니다. 국 가의 공장과 회사, 국가의 은행과 부가 죄다 자본가 차지가 된다면, 또 이 민주 공화국이라는 노선에서 수백만 노역자들의 끝 모를 노예화와 벗어날 길 없는 빈곤이 목격된다면 우리는 이런 의문을 던져 마땅합니다. 당신들이 그렇게도 찬미하던 평등과 형제애는 모두 어디로 갔는가?

민주 공화국은 평등과 형제애와는 동떨어져 있습니다! 민주주의의 통치에는 더할 나위 없이 잔인한 강도 무리가 따라붙습니다. 우리는 이른바 민주주의라 는 제도의 실체를 잘 알고 있습니다.

(…) 빈둥거리는 자들, 기생충 같은 자들, 힘들게 일하는 대중의 피를 빨아먹 는 자들이 누리는 혜택을 박탈해야 합니다. 그리고 이렇게 외칩시다. 노동자에 게 모든 것을, 노역자에게 모든 것을!

1918년 8월 30일 모스크바 미켈슨 공장 수류탄 제조장에서 레닌이 연설한 내 용이다. 혁명이 성공한 지 채 1년이 안 되던 시점이었고, 당일에 레닌은 사회혁명 당의 파니 카플란이 쏜 총에 맞아 평생을 후유증으로 고생했다.

혁명으로 집권에 성공한 레닌은 강력하면서도 유연한 정책을 통해 제정 러시 아를 공산주의 국가 소비에트 연방으로 탈바꿈시킨다. 독일과 브레스트리토프스 크 조약을 맺으면서 막대한 영토와 자원을 포기하며 제1차 세계 대전에서 빠져나 오는 데 성공했고, 신경제 정책을 통해 혁명 초기의 경제 혼란을 극복했다. 미국에 대한 레닌의 태도는 이중적이었다. 한편에서는 미국의 성공적 산업화 과정을 배우 고 싶어 했다. 모든 공장과 철도의 '전기화'에 관심이 많았는데, 실제로 1928년에 는 소련 최고경제위원회가 미국의 포드 자동차와 계약을 맺기도 했다. 하지만 레 닌에게 미국은 그럴싸한 민주 공화국에 불과했다. 민주주의를 표방하면서도 노동 자를 비롯한 하위 계급이 자본가로 인해 고통받고 있었기 때문이다.

269

아벨라르와 엘로이즈

엘로이즈: 우리가 함께 맛보던 저 사랑의 쾌락은 제게 무척이나 감미로워 도 저히 후회할 마음이 나지 않으며 기억으로부터 지워 없애버릴 수도 없습니다. 어느 쪽을 보든 그것은 늘 제 눈앞에 다가와 욕망으로 속삭입니다.

(…) 아벨라르: 일찍이 이 세상에서 사랑했고 지금은 그리스도 안에서 더욱 사랑하는 이, 과거에는 육체적 아내였고 지금은 정신적 자매이며 성스러운 서 원으로 동지 된 이여, 주님의 하녀여, 주 안에서 안녕.

아벨라르(1079~1142)와 엘로이즈(약 1100~약 1163)가 주고받은 편지의 일부다. 아 벨라르와 엘로이즈는 '중세의 사랑'을 상징하는 인물들이다. 아벨라르는 중세 스 콜라 철학 발전에 중요한 역할을 한 인물로, 논쟁을 즐겼고 그의 집요한 철학적 신 학 연구는 활동 기간 내내 논란거리가 됐다.

엘로이즈에 관해서는 자세히 알려지지 않았다. 다만 어릴 때부터 수녀원에서 자라다가 교육을 받기 위해 아벨라르를 만난 후 그와 사랑에 빠졌고 이 사실이 크 게 문제가 된다. 결국 그녀의 가족이 아벨라르의 성기를 절단하는 사건이 일어났 고, 이후 엘로이즈는 다시 수녀원에 갇히는데 일생에서 3년 정도 아벨라르에게 교 육받고 그와 사랑을 나누던 시간 동안만 자유로웠다.

동의받지 못한 사랑과 강요된 수녀원 생활이 엉키면서 사건이 발생한 것인데, 이들은 이후 육체적 사랑보다는 신앙적이며 정신적인 사랑으로 자신들을 완성해 간다. 아벨라르는 편지를 통해 크리스트교 신학과 여러 지식을 엘로이즈에게 전 했고, 엘로이즈는 파라클레투스 수녀원에서 그의 가르침을 충실히 이행했다. 아벨 라르는 교회로부터 버림받았기 때문에 시신을 매장할 곳이 없었고, 엘로이즈가 수 도원 묘지에 안장했다. 엘로이즈에 의해 엘로이즈의 수도원 묘지에 안장되는 것이 아벨라르의 생전 희망이었다.

270

홍루몽

중국 청나라 때 조설근이 쓴 장편 소설. 현대까지 중국에서 《홍루몽》의 열기는 뜨거워, 소설의 영역을 넘어 각양의 형태로 연구되는 형편이다. 《홍루몽》을 연구하는 학문을 '홍학'이라고 부르는데, 작품에 대한 해석은 극히 다양하다. 불경과 대조하거나, 음양 팔괘로 줄거리를 분석하거나, 그저 음란 서적에 불과하다는 냉소적인 평까지 있다. '투영파'가 등장하기도 했는데, 작품의 인물들이 역사 속 인물을 '투영'하고 있다는 주장이다.

작품은 총 120편으로 이뤄졌는데 조설근은 80편까지 쓰고 죽었다. 나머지 40편은 고악이라는 문인이 당시 유통되던 여러 판본을 수집, 정리해 추가했다.

강직한 성격의 조설근은 10년이 넘는 기간 동안 《홍루몽》을 썼다. 이 와중에 외아들이 병에 걸려 죽고, 조설근도 그 충격으로 쓰러진다. 병을 치료할 경제적 여력이 없었기 때문에 그 또한 아들의 뒤를 따랐다.

《홍루몽》은 가씨 집안의 이야기로, 가보옥, 임대옥 등의 인물이 등장한다. 이들을 중심으로 황실과 귀족 가문, 상인과 노비들의 이야기까지 다양한 삶을 구체적이며 체계적으로 묘사하고 있다. 각양의 분야에 정통했던 조설근의 다재다능함이 문학을 통해 구현됐는데, 그는 백화문(당나라 때부터 시작된 구어체를 표기하는 방식)을 사용해 누구나 쉽게 읽을 수 있도록 간결하고 평이하게 글을 썼다. 문인들이 일상에서 사용하지 않는 형식으로 글을 지었다면, 백화문은 일상어를 한자로 표현하는 방식이었고, 따라서 《홍루몽》은 누구나 쉽게 읽고 느낄 수 있다는 장점이 있었다.

중국의 근대 지식인들이 신문화 운동을 주장하면서 백화문을 사용하자고 주장한 것도 이에 기인한다. 현대 중국에서 사용하는 간체자 역시 백화문 운동의 산물이라고 평가할 수 있다.

271

셀주크 튀르크

이스파한의 돔

이슬람 세계는 칼리프 시대, 우마이야 왕조, 아바스 왕조로 발전하는 동안 하나로 통일된 거대 제국이었다. 하지만 아바스 왕조의 멸망 이후 이슬람 세계는 수많은 군소 왕국으로 나뉘었다. 이러한 현상을 무조건 나쁘게 볼 수도 없다. 북아프리카, 중앙아시아, 인도 북부 등 여러 곳에 이슬람 왕조들이 생기면서 오히려 이슬람은 여러 곳에서 뿌리내리리며 번성했기 때문이다.

아바스 왕조 이후 가장 눈에 띄는 이슬람 제국은 셀주크 튀르크였다. 튀르크는 돌궐 계통의 유목민을 이야기하는데, 아바스 왕조 때만 해도 그들은 노예로 잡혀와 용병 노릇을 해야 했다. 하지만 이들은 10세기경 이슬람 사회에 정착했으며, 튀르크의 일파인 셀주크인들이 거대한 제국을 세우게 된다. 이들은 바그다드를 정복했고, 지도자를 술탄이라고 칭했다. 과거 아바스 왕조의 영토를 모두 정복하지는 못했지만 이란부터 아르메니아, 아제르바이잔 일대를 점령했고, 무엇보다 비잔틴 제국의 핵심 지역인 아나톨리아반도를 빼앗는 데 성공한다. 1071년 만지케르트 전투에서 셀주크 튀르크는 비잔틴 제국의 황제를 생포했으며, 크리스트교 세계였던 아나톨리아반도를 이슬람의 세계로 만드는 데 성공한다. 이 때문에 십자군 운동이 일어나기도 했다.

셀주크 튀르크는 다민족 노예 군단을 창설했다. 튀르크인뿐 아니라 그리스인, 호라산인, 쿠르드인, 그루지야인 등 점령 지역의 다양한 사람들을 규합해 군사력이 강력한 노예 군단을 만든 것이다. 이들은 대부분 어린 나이에 팔려 와서 궁정에서 자라며 술탄에게 충성을 맹세했다. 이들을 '굴람' 혹은 '맘루크'라고 한다.

셀주크 튀르크의 성공에도 불구하고 이슬람 세계는 통합되지 못했다. 아바스 왕조 당시 번성했던 바그다드는 이전만 못했고, 여러 왕조가 들어선 가운데 이란의 이스파한, 이집트의 카이로, 이베리아반도의 코르도바, 중앙아시아의 부하라, 사마르칸트 등의 도시가 크게 번성했다. 이슬람 예술도 크게 발전하는데, 가즈니 왕조의 미너렛, 이스파한의 돔 양식이 현대 이슬람 사원에 큰 영향을 미쳤다.

272

리우 환경 협약

제3조 협약의 원칙. 첫째, 체결 당사국들은 지금과 미래 세대를 위한 기후 시스템을 보호해야 한다. 그 보호 책임은 형평성과 능력별 적절성에 따라 배분돼야 하며, 개발 도상국도 일정한 책임을 맡아야 한다.

제4조 협약 체결 당사국들의 과제. 모든 체결 당사국들은 기후 변화를 억제할 국가 또는 지역 차원의 정책을 정기적으로 수립하고 집행할 것, 온실가스 통제에 효과적인 기술을 개발할 것, 생물군이나 삼림·해양 등 천연의 온실가스 감축원을 보호하고 확충할 것, 기후 변화에 대한 일반 대중의 경각심을 높이기 위한 교육, 훈련, 캠페인을 추진할 것 등의 과제를 수행한다. 또 부속서 1조에 해당되는 국가들은 각자 1990년 수준으로 온실가스 배출량을 억제하기 위해 가능한 모든 정책적 수단을 사용하며, 협약 발효 6개월 후부터 주기적으로 협의와 정책 공조를 한다.

1992년 브라질 리우데자네이루에서 세계 165개국이 서명한 리우 환경 협약의 일부다. 1970년대 들어 환경 문제가 국제적인 문제로 대두되기 시작했다. 결정적인 계기는 로마 클럽에서 발간한 〈성장의 한계〉라는 보고서였다. 개발주의의 폐해가 전 지구적인 문제로 확산되고 있음을 고발한 것으로, 같은 해 UN 인간 환경 회의에서는 '오직 하나뿐인 지구'를 강조하며 유엔 환경 계획(UNEP)을 설립했다. 산성비 문제, 오존층 파괴 문제 등 각양의 문제에 대한 국제적 합의가 빈 협약, 몬트리올 의정서 등으로 발효됐고, 1988년에는 '기후 변화에 관한 정부 간 협의체(IPCC)'가 만들어지기도 했다. 이러한 노력을 바탕으로 1992년 유엔 기본 협약인 리우 환경 협약이 맺어진 것이다. 하지만 당사국들의 경제적 이해관계, 불성실한 이행 노력 등으로 실천에 난항을 겪고 있다.

273

유격전

전략이 중요하다. 그러나 대다수의 인민이 우리를 도와주지 않았다면 우리는 존재할 수도 없었다. 우리는 인민의 억압자들을 때리는 인민의 주먹에 지나지 않는다.

(…) 대중은 자신들이 당면한 생존 문제의 실질적인 해결에만 관심이 있기 때문에 그들의 가장 시급한 요구를 즉각 충족시켜줄 수 있어야 비로소 유격전이 가능해진다. 이는 착취 계급을 즉각 무장 해제시켜야 한다는 뜻이다. (…) 운동을 통해 현지 대중을 끊임없이 각성, 고무시킴으로써 그들 자신이 끊임없이 새로운 지도자를 배출하도록 하는 데 실패한다면 유격전의 성공을 기대하기 어렵다.

전설적인 종군 기자 에드거 스노가 쓴《중국의 붉은 별》에 나오는 내용이다. 위는 당시 중국 공산당의 군사 지도자였던 펑더화이의 주장으로, 중국 공산당은 유격전을 통해 중국을 공산화하는 데 성공했다.

1917년 러시아 혁명은 레닌, 트로츠키 같은 혁명가들과 병사·노동자 소비에트의 적극적인 정치 투쟁을 통해 성공했다. 노동자를 조직화하며 도시에서 투쟁하는 방식은 러시아 혁명뿐 아니라 유럽 공산주의의 전통적인 전술, 전략이었다. 하지만 마오쩌둥을 중심으로 한 중국 공산당은 전혀 다른 방식으로 투쟁을 주도한다. 농민을 조직화하고, 도시의 배후지인 농촌에 소비에트를 건설하며 유격전을 통해 혁명을 달성하고자 했다.

천두슈, 리리싼, 취추바이, 왕밍 등 마오쩌둥 이전의 중국 공산당 지도자들이 러시아 혁명의 방식을 답습한 것에 비해 매우 파격적인 발상이라고 할 수 있다. 마오쩌둥, 저우언라이, 주더, 펑더화이 등 1930년대 새롭게 부상한 중국 공산당의 지도자들은 무모한 돌격주의나 무책임한 투항주의를 배격했다. 이들은 장제스가 이끄는 민족주의 세력인 국민당에 대항해 근거지를 끊임없이 이동하며 유격전을 펼쳤다. 점령 지역에서는 지주 계급을 타도한 후, 토지 개혁을 실시해 농민들의 성원을 받으며 빠른 속도로 성장했다. 실업, 아편 중독, 매춘, 미성년 노예 제도, 강제 결혼 등 온갖 폐습을 농촌에서 퇴출했고, 노동자와 빈농의 생활 환경을 개선하는 데 진력했다. 공정한 조세 제도, 집단 기업 창설을 통한 일자리 창출, 대중 교육에서 의미 있는 진전을 보였다. 또 함부로 농촌의 물자를 징발하지 않았고 쉴 곳이 없으면 길거리에서 취침할 정도로 농민의 삶을 보호했다.

274

일본 자민당

미국 우선주의, 경제 제일주의, 동아시아에서의 영향력 강화는 일본의 보수 정당 자민당의 핵심 정체성이다. 1955년 보수 정당 자유당과 민주당의 합당해 자민당이 등장한다. 통상 현대 일본의 정치사를 이야기할 때 요시다 시게루와 기시 노부스케를 비교한다. 패전 이후 현대 일본이 형성되는 과정에서 중요한 역할을 한 요시다 시게루는, 미국의 동맹 국가로 경제 개발에 전념하는 것을 목표로 삼았다. 하지만 기시 노부스케는 미국을 우선시하면서도 동아시아의 평화를 명분으로 자위권을 천명하는 적극적인 행보를 시도했고, 결국 안보 조약 개정에 성공한다. 그는 과거 일본 제국주의 시절 만주국에서 활약한 전범 출신이라 역내 패권에 대한 열망이 강했는데, 자위대의 군대 전환, 헌법 개정을 통한 정상 국가화 등 여전히 그와 유사한 생각을 하는 자민당 정치인들이 많다.

한편 자민당은 경제 성장을 주도하며 일본 국민의 지지를 순차적으로 확보해나 갔다. 안보 조약 개정 이후 기시 노부스케가 사퇴하고 이케다 내각이 들어서는데, 기존의 정치 논쟁보다 '월급 두 배론' 같은 경제 성장에 집중했고 엄청난 호경기에 힘입어 장기 집권의 기틀을 마련한다. 1950년대에는 쌀값 통제 정책, 1960년대에는 농업 기본법을 통과시켜 농민들의 이해관계를 보존했으며, 같은 시기 도시민들을 위한 중소기업 우대 정책, 서민 보호 정책을 추진했다. 1973년에는 복지 원년을 선포하며 연금 제도, 건강 보험 제도 등 각양의 정책을 실시해 민심을 얻었다.

일본의 전통적인 야당은 사회당이었다. 농민 조합과 노동조합, 교사 조합을 기초로 만들어진 노동자 정당이었으며, 사회주의적 이상을 목표로 했다. 이미 1950년대부터 시민운동을 주도하면서, 미군 범죄, 미군 항공 모함에 의한 원자력 발전 문제 등 각양의 이슈와 싸우며 일본의 진보적 사회 운동을 이끌었다. 3분의 1 정도의 의석을 꾸준히 차지하면서 개헌을 저지하고 영향력을 행사했다.

자민당은 장기 집권으로 정경 유착, 부정부패 등의 문제가 발생하면서, 1980년대에 지지를 크게 잃는다. 자민당 탈당파와 개혁적인 신당의 등장, 사회당 등이 연립 정권을 구성하여 1990년대 초반에 야당이 됐고, 2009년에는 새롭게 등장한 보수 정당 민주당에 의해 야당이 되는 등 일시적으로 권력을 빼앗겼다.

275

혜능

어느 승려가 "깃발이 움직인다"라고 말하자 다른 승려는 "바람이 움직이는 것이다"라고 했다. 나는 "깃발이 움직이거나 바람이 움직이는 것이 아니라 당신들 마음이 스스로 움직이는 것이다"라고 말했다. 인종은 이 말을 듣고 소스라치게 놀랐다 한다.

어떤 것을 좌선이라 하는가. (…) 밖으로 모든 선악의 대상에 대해 마음에서 생각이 일어나지 않는 것, 이를 일컬어 '좌(坐)'라 한다. 안으로 자기 본성을 꿰뚫어 봄으로써 마음이 부동하는 것, 이를 일컬어 '선(禪)'이라 한다. (…) 어떤 것을 선이라 하는가? 밖으로 보이는 일체의 모습에 사로잡히지 않음을 선이라 하고, 안으로 마음이 흐트러지지 않음을 정(定)이라 한다.

– 혜능, 《육조단경》

달마가 창시한 중국 선종의 6번째 계승자 혜능의 가르침을 적은 경전이다. 혜능은 참선과 깨달음을 중시하는 선종 불교에서 가장 중요한 인물이다. 극도로 사난한 집에 태어나 절에서 노동하며 불법을 공부했고, 큰 깨달음을 얻었다. 선종 5대조 홍인은 그를 후계자로 인정했고, 수많은 제자가 그를 질투했으며, 그에게 배우고자 했다. 6조로 인정받은 이후에도 15년간 사냥꾼 생활을 했으며, 자신을 드러내지 않고 불법을 추구했음에도 뛰어난 선종 승려 인종이 그의 깨달음에 탄복해 제자가 되기를 청했다. 인종은 제자 3,000을 거느렸는데 모두를 데리고 혜능을 모셨다. 40세에 홍인의 뒤를 잇기 위해 돌아온 혜능은 76세에 입적할 때까지 선불교를 가르쳤고, 오늘날 그의 가르침은 '경전'이 됐다.

276

해방 신학

은총은 세계와 인간 안에 살아 있는 하나님의 현존을 의미한다. 하나님이 임
할 때 병자가 치유되고 타락한 자가 구원받고 죄를 지은 자가 의로워지며 죽
은 자가 다시 살아나고 억압당하는 자가 자유를 체험하며 절망에 빠진 자가
위로와 온정을 느끼게 된다.

(…) 은총은 언제나 반(反)은총이라 할 수 있는 것, 즉 만남의 부재, 대화의 거
부, 자기 폐쇄로 위협받는다. (…) 인간은 항상 반은총의 피해를 받을 수 있는
위태로운 존재다. 죄악, 폭력, 파괴 그리고 참혹한 비인간성의 역사는 그 자체
가 세계의 반은총의 역사이며 그것은 자기 폐쇄적인 존재로 구체화된다.

‒ 레오나르도 보프, 《해방하는 은총》

해방 신학은 라틴아메리카 현대사를 배경으로 한다. 20세기 중반이 되면 신학
은 종래의 관념적인 성격에서 벗어나 현실 문제에 대응하기 위한 구체성을 지닌
다. 제임스 콘은 미국에서 흑인 신학의 길을 열었고, 한국에서는 민중 신학이 등장
했는데, 같은 시기 라틴아메리카에서는 해방 신학이 풍미했다. 모두 비유럽권, 백
인이 아닌 유색 인종의 입장에서 크리스트교와 성경에 대한 새로운 이해를 도모
했고, 따라서 유색 인종들이 처한 역사적인 고단함에 관심이 많았다고 할 수 있다.

라틴아메리카는 오랜 기간 정치·경제적으로 미국에 종속됐고, 좌우 갈등, 군사
쿠데타 등 역사적 혼란을 거듭한 지역이다. 종교는 대부분 가톨릭인데, 보수성으
로 인해 사회 문제를 외면하고 기성 권력에 순응하는 태도로 일관했다.

해방 신학은 라틴아메리카 종교의 이러한 문제를 직시했고, 급진적인 서구 사
상을 수용하며 정치·사회적 문제를 해결하려고 노력했다. 보프의 《해방하는 은
총》, 구티에레스의 《해방 신학》 등이 대표적인 저서다.

277

달리의 달러

살바도르 달리, 〈시간의 춤〉

나는 달러를 좋아한다. 그게 뭐 나쁜가? 달
러에 미친 최초의 예술가로 당당히 예술사
에 등극하겠다.

초현실주의 화가로 널리 알려진 살바도르 달리
(1904~1989)의 말이다. 시인 앙드레 브르통이 달리의
상업주의적 경향을 극도로 비판하면서 그의 이름을
교묘하게 비틀었다. 하지만 달리는 〈라이프〉에 실린
〈달리의 달러(Dali's Dollars)〉라는 기사를 품에 안고
사진을 찍는 등 상업 예술로의 전향을 당당하게 선
포했다. 달리는 '상상력의 독립과 자기 광기에 대한
인권 선언'을 발표하며, 자신을 배척하는 초현실주의자들과의 결별을 공개적으로
선언했다.

달리는 츄파춥스 캔디의 로고, 패션 잡지 〈보그〉의 표지, 탄산수 페리에의 광고
포스터, 브라이언사의 스타킹 광고, 가수 재키 글리슨의 앨범 표지 등 각종 상업
예술에 매진했고. 본인이 직접 광고 모델이 되기도 했다. 앨프리드 히치콕의 영화
〈스펠바운드〉에서는 미술 작업을, 〈라이프〉의 사진작가 필리프 홀스먼과는 사진
작업을 함께하기도 했다.

시간의 절대성을 부정한 그의 작품은 여전히 미술사에서 중요한 위치를 차지하
고 있다.

278

발레

17세기 루이 14세의 무용 교사 피에르 보샹은 최초로 '안무'라는 개념을 만든다. 다섯 가지의 다리 자세와 기법을 체계화한 것으로, 그의 제자 라울 오제 푀이에가 구체화한다. 춤추는 동선은 선으로 표시하고 몸동작을 그림으로 표현했다.

발레는 16세기 오페라와 함께 등장했다. 일종의 막간극 형식으로 발레토(balletto, 16세기의 단순한 마드리갈 양식으로 쓰인 춤곡풍의 성악곡), 가면춤, 무언극이 만들어졌고 오페라 중간중간에 등장했다. 같은 시기에 등장한 이탈리아의 희극 배우들은 발레 발전에 중요한 영향을 미쳤다. 어느 정도의 흐름만 있고 나머지는 즉흥적으로 표현하는 고대 희극이 이탈리아에서 많이 재현됐다. 그때 춤과 노래, 풍성한 제스처 등이 배우들을 통해 다양하게 표현됐고 이것이 발레를 비롯한 춤 발전에 크게 기여한 것이다.

한편 프랑스에서는 궁중 발레가 발전한다. 웅장한 규모의 음악 축제를 벌였는데, 도중에 왕과 귀족이 함께 나와 춤추기도 했다. 〈왕비의 희극 발레〉 같은 작품이 유명한데, 주와이외즈 공작과 마르그리트 드 로랭의 결혼 기념 공연은 저녁 6시부터 새벽까지 계속됐다. 루이 14세는 〈밤의 발레〉라는 작품에서 스스로 태양신 아폴론을 맡아 자신의 권력을 뽐냈고, 그로 인해 '태양왕'이라는 별명이 붙었다. 루이 14세는 왕립 무용 아카데미를 설립했고, 각종 발레 양식을 정립하면서 전문적인 무용가와 교수를 배출했다.

18세기에 들어서면서 탁월한 여성 무용수가 등장한다. 마리 살레는 영국에서 큰 성공을 거뒀고, 유명한 작곡가 헨델과 함께 작업했다. 마리 카마르고는 파리 오페라단 최초의 솔로 무용수로, 의상을 짧게 만들어 발의 움직임이 잘 보이게 했다. 또 남자 무용수들만 하던 도약을 완수하면서 발레에 예술성을 더했다.

장 조르주 노베르, 카를로 골도니 등은 발레의 미학을 발전시켰다. 무용수들의 대칭 원칙 폐기, 가면 폐기 등을 주장했다. 꼭 조이는 상의, 망사 치마, 가운데 가르마 같은 발레리나의 전형은 19세기 초반 〈라 실피드〉에서 마리 탈리오니가 한 복장에 기원을 둔다.

279

비누

피어스 비누의 인종 차별적 광고

19세기 우생학과 위생학은 엄청난 위력을 발휘했다. 우생학은 과학적으로 인종 간 우열을 분류하는 등 인종주의를 공식화했고, 위생학은 유럽 문명의 우수함과 아프리카, 아시아의 미개함을 구분하는 도구가 되기도 했다. 도시 위생, 방역 시스템, 개인적 청결함 등은 모두 위생학의 등장으로 발전했는데 그것들을 갖추지 못한 사회를 비하하고 혐오하는 태도를 합리화하는 데 기여했다.

우생학과 위생학이 위력을 발휘하는 가운데 노골적인 혐오 대상은 흑인이었다. 당시 유럽과 미국에서는 검은 감자를 자주 먹어서 흑인을 낳은 아일랜드 여성, 흑인이 그려진 그림을 걸어뒀다가 흑인을 낳은 백인 부부 이야기가《출산지침서》라는 이름으로 버젓이 유통됐다.

1807년부터 판매된 피어스 비누는 피부에 나쁜 영향 없이 미백 효과를 냈기 때문에 큰 인기를 끌었다. 이전에는 미백을 위해 비소, 납 등을 첨가하는 비누가 많았는데, 피어스 비누는 안전하게 피부를 부드럽게 하는 등 효과를 발휘한 것이다. 당시 피어스 비누의 판매 광고는 검은 피부에 대한 혐오가 얼마나 일반적이었는지 알려준다. 비누칠로 흑인 아이의 몸이 백인 아이처럼 하얘질 수 있음을 묘사했기 때문이다. 이런 식의 광고는 비단 피어스 비누뿐이 아니었다. 1889년 골드더스트라는 미국의 유명 세제는 골디(Goldie)와 더스티(Dustie)라는 흑인 캐릭터를 내세워 세탁이 뛰어남을 강조했고, 1940년 유니레버사의 광고 슬로건은 "비누는 문명이다"였다.

위생과 청결함을 넘어 백색에 대한 숭배는 아프리카를 비롯한 유럽의 식민지에 광범위하게 퍼져 나갔다. 유럽이 세계를 식민화하면서 유럽인의 우생학과 위생학은 물론 피부색에 대한 편견까지 함께 팔려 나간 것이다.

280

자금성

자금성은 중국 베이징에 있는 황제의 성으로, 명나라 영락제가 만들었다. 청나라가 들어선 후에도 그 지위가 굳건히 유지됐으니, 약 500년간 중국의 중심지 역할을 한 셈이다. 자금성은 5,000년 중국 역사를 축약한 공간이라고 봐도 무방하다. 장안성을 비롯해 역대 왕조들의 축성 방식의 절정인 동시에 북방 민족의 중국 진출 거점이자, 현대 중국의 중심이기 때문이다.

무려 72만m^2의 규모로, 1407년부터 1420년까지 20만이 넘는 인원이 동원됐다. 성벽의 높이는 10m, 주변 해자는 폭은 무려 50m이다. 엄청난 규모에도 불구하고 성에 들어가는 문은 네 개밖에 없다. 건축에 필요한 자재는 전국에서 구해 왔다. 돌은 베이징 근처 팡산의 채석장, 대리석은 장쑤성 쉬저우, 벽돌은 산둥의 룽커우에서 만들었다. 목재는 쓰촨성, 구이저우성, 윈난성에서 가져왔다. 수천 킬로미터 떨어진 곳에서 물자를 수집했기 때문에, 물자 수급을 원활하게 하기 위해 수나라 때 만든 대운하가 재건되기도 했다.

천안문이 남문으로, 북문인 신무문으로 나아갈 때까지 대칭으로 이뤄진 직사각형 구조다. 천안문을 통과하면 오문을 만나는데, 그 사이에는 큰 광장이 있다. 군사 열병식을 비롯해 중요한 행사가 진행됐고, 양옆에는 황제의 조상을 모신 태묘, 풍요와 번성을 기원하는 사직단이 배치돼 있다. 또 거대한 4개의 누각이 있는데 종과 북이 2개씩 안치돼 있다. 황제가 태묘에 방문할 때는 북을, 사직단에 갈 때는 종을 울렸다. 오문부터 황궁에 이르는 길은 3개의 통로로 이뤄져 있는데, 옥이 깔린 중앙 통로는 특별한 행사를 제외하고는 오직 황제만 걸어 다닐 수 있었다.

자금성에는 수많은 건물이 있는데 단연코 태화전이 중요하다. 황제의 즉위식을 비롯해 결혼식, 탄신 축하식, 중요 절기 기념식, 과거 급제 발표, 법령 발표, 장군 임명 등이 모두 이곳에서 거행됐다. 궁전 전체가 붉은색과 황금색으로 칠해져 있고, 건물을 떠받치는 6개의 중심 기둥에는 전체에 금박을 입히고 용 문양을 새겼다. 용은 황제의 상징이었기 때문에 옥좌와 병풍에도 용 문양이 가득하고, 대부분의 시설에 금박을 입혔다.

281

캄보디아

동북아시아와 달리 동남아시아에서는 여러 왕조가 꾸준히 이어지거나, 한 민족이 지속적으로 나라를 일구며 발전한 경우를 찾기 어렵다. 오늘날 캄보디아 역시 마찬가지다. 이 지역에는 애초에 푸난이라는 나라가 있었다. 푸난인들은 캄보디아인들과는 다른 민족으로 분류된다. 푸난은 나가(토지의 신인 뱀)의 딸 소마가 만들었다고 한다. 나가는 오늘날 캄보디아뿐 아니라 동남아시아 일대에서 광범위하게 숭배됐다. 각종 건축물의 주요 양식, 심지어 지붕 용마루 끝부분까지 나가로 빼곡히 채워져 있다. 일부 학자는 나가라고 불리는 뱀 조각상이 중국으로 전해져 용이 됐다고 주장한다.

푸난은 대략 1세기부터 6세기 사이에 번성했고, 중국 오나라와 국교를 맺기도 했다. 힌두교에 영향을 많이 받아 산스크리트어를 사용했고, 힌두교의 주신인 시바와 비슈누를 섬겼다.

6세기 이후, 오늘날 캄보디아의 원류라고 할 수 있는 크메르인들이 등장해 푸난을 제치고 새로운 장을 열기 시작한다. 자야바르만 2세는 앙코르 왕국을 건설했는데, 시엠립을 중심으로 국가를 발전시켰다. 시엠립은 인도차이나반도와 말레이반도 어디로든 통하는 교통의 요지였다. 캄보디아 일대에는 톤레사프 호수를 중심으로 비옥한 농경지가 광대했다. 이들은 앙코르 와트를 비롯해 여러 신전을 지었으며, 12세기가 되면 베트남, 참파, 미얀마, 말레이 등 주변 지역을 공격하며 세력을 확대했다.

하지만 14세기 이후 태국이 성장하고 17세기 후반 베트남이 발전하면서 사이공 일대를 점령했고, 메콩강 삼각주 지역이 그들의 수중에 넘어간다. 캄보디아가 내륙 국가가 돼버린 것이다. 이때부터 태국과 베트남 사이에서 두 나라에 좌지우지된다.

19세기에는 프랑스가 베트남, 라오스, 캄보디아를 식민화한다. 캄보디아는 제2차 세계 대전 이후 1953년에 완전한 독립국이 됐다. 하지만 해방 이후에도 복잡한 사정은 계속된다. 국가 체제를 두고 좌우 갈등이 이어졌고, 1970년대에는 폴 포트가 이끄는 크메르 루주 세력을 중심으로 무려 200만 명이 학살당하는 등 심각한 인권 유린 사태마저 발생한다. 더구나 크메르 루주 세력을 무너뜨리는 과정에서 베트남군이 캄보디아에 영향력을 행사해 사실상 베트남의 위성국이 되기도 했다.

282

장 칼뱅

장 칼뱅(1509~1564)은 프랑스의 종교 개혁자로, 스위스 제네바에서 신정 정치를 펼치며 종교 개혁을 지도했다.

칼뱅파는 지역에 따라 명칭이 다르다. 네덜란드에서는 고이센, 프랑스에서는 위그노, 영국에서는 청교도, 스코틀랜드에서는 장로파로 불리는데, 루터파가 독일과 북유럽에서 국가 교회로 주류적 위치를 점유했다면 칼뱅파는 대부분 나라에서 소수파였다. 칼뱅에게 큰 영향을 받은 존 녹스는 스코틀랜드에서 정치 혁명을 일으키기도 했다.

루터가 성직자 출신이었던 데 반해 칼뱅은 법률을 공부한 평신도였다. 그는 모국 프랑스에서 종교 개혁을 시도했지만 쫓겨났다. 20대 중반에 《크리스트교 강요》 초판을 출간하는데, 이는 크리스트교 역사에서 가장 중요한 문헌 중 하나다. 초판이 얇은 소책자 분량이었다면, 오랜 기간 증보를 거쳐 1,000쪽이 넘는 대작으로 완성된다.

칼뱅은 스위스 도시 국가 제네바에 정착했고, 이곳에서 종교 개혁을 추진했다. 칼뱅은 루터보다 더 급진적인 개혁가였다. 그는 성경에 명시되지 않은 일체의 교리와 의식을 배척하고 심지어 성가대마저 없애려고 했다. 그 결과 신교는 세례와 성찬식을 제외한 가톨릭의 미사 전통을 모조리 없앴다. 수도원과 수녀원이 폐쇄됐고 성직자 제도도 없어졌다. 모든 신교 교회는 성도들의 자발적 공동체였고 특정 교회가 다른 교회를 지배하거나 지도하지 않았다. 신교 특유의 개교회주의가 등장한 것이다. 크고 웅장하고 화려한 교회는 사라졌고, 아무런 장식도 없는 '사면의 벽'으로 이뤄진 단출한 신교 교회 건물이 등장했다. 루터가 개혁의 길을 열었다면, 칼뱅은 신교의 신학 이론을 체계적으로 다듬고 구교와는 판이하게 다른 제도와 문화를 구체화했다. 칼뱅은 엄격한 금욕주의로 제네바를 통제했다. 춤, 카드놀이, 연극 관람 등 각종 유희를 금지했다.

칼뱅은 예정설을 주장했다. 신이 구원받을 사람을 이미 정했다는 주장으로, 여기서 중요한 것은 '구원받았음을 어떻게 알 수 있느냐'다. 칼뱅은 일상생활에서 신의 뜻을 이뤄가면서 확인할 수 있다고 봤다. 칼뱅의 주장은 특히 상공업자들에게 큰 지지를 받았고, 기업 문화가 발전하는 영국과 미국에서도 환영받았다.

283

비잔틴 제국

대서양

프랑크족

서고트족

슬라브족

카스피해

로마

흑해

콘스탄티노플

비잔틴 제국

안티오크

지중해

알렉산드리아

예루살렘

사산조 페르시아

■ 유스티니아누스 황제 시대 최대 영역
■ 10세기 중엽 영역
← 슬라브족의 진출

동로마 제국이 그리스화되면서 1453년까지 1,000년간 존속하는데, 이를 비잔틴 제국이라 한다. 발칸반도, 그리스반도, 아나톨리아반도를 근거로 오랜 기간 페르시아, 이슬람 세력과 싸우면서 존속했다. 비잔틴 제국은 오랜 기간 이슬람 세력의 동진을 막았고, 그로 인해 서유럽 크리스트교 문명권이 생존할 수 있었다.

비잔틴 제국의 황제 유스티니아누스 대제는 기원전 6세기에 명장 벨리사리우스에게 명해 잃어버린 서로마 제국의 영토를 복원하고자 한다. 533년에는 반달 왕국, 536년에는 이탈리아 점령을 시작으로 565년까지 북아프리카, 스페인 일대와 지중해의 모든 섬까지, 완전하지는 않아도 서로마 제국의 영토를 상당 부분 회복했다. 하지만 원정은 무리하게 진행됐고, 잠시 회복했던 서로마 일대의 지배권은 쉽사리 무너진다.

비잔틴 제국은 부활한 페르시아나 새롭게 흥기한 이슬람 제국과 오랜 기간 격렬한 투쟁을 벌인다. 610년 헤라클리우스 황제는 절체절명의 위기 가운데 비잔틴 제국을 구원했으며, 사산조 페르시아가 지배했던 예루살렘까지 제국의 영향력을 회복한다. 하지만 이슬람의 흥기는 비잔틴 제국을 더욱 곤란에 빠뜨렸다. 사산조 페르시아를 멸망시킨 후, 717년 이슬람 세력은 비잔틴 제국의 수도 콘스탄티노플을 정복하고자 했다. 하지만 이번에는 레오 3세의 영도 아래 다시 한번 이들을 물리쳤으며, 11세기가 되기까지 발칸반도에서 아나톨리아반도로 이어지는 제국을 유지할 수 있었다. 한때는 시리아까지 점령하는 등 제2의 전성기를 맞기도 했다.

하지만 11세기 새로운 이슬람 제국인 셀주크 튀르크가 비잔틴 제국의 핵심 생산 기반인 아나톨리아반도를 빼앗는다. 비잔틴 제국의 황제는 서유럽 크리스트교 국가에 지원을 요청한다. 그러나 베네치아 상인 등 비잔틴 제국과 동방의 산물에 관심이 많은 이들은 십자군을 악용했고, 제4차 원정 때는 수도 콘스탄티노플을 점령하고 1204년 라틴 제국을 세우는 등 비잔틴 제국의 멸망을 가속화했다. 북쪽에서는 러시아, 불가리아 등 새로운 세력이 흥기했고, 영토는 계속해서 축소됐다. 결국 1453년 오스만 튀르크의 술탄 메흐메트 2세에 의해 멸망했다. 비잔틴 제국은 그리스 고전 문화를 보존하면서 이탈리아 르네상스에 영향을 줬고, 러시아인들에게 크리스트교를 전파했다.

284

가부키

에도 막부 시기 조닌 문화의 등장은 일본 역사에서 중요한 의의를 지닌다. 이전까지는 천황이나 귀족, 사무라이 같은 지배층 문화가 주를 이뤘다면, 이 시기 상인계급인 조닌들의 경제력이 크게 향상되면서, 서민들이 직접 문화를 창조하고 유행을 선도한다. 하이쿠, 우키요에, 분라쿠, 가부키 등 새로운 형식의 시, 그림, 인형극, 공연 등이 크게 번성했고, 분야별로 탁월한 예술가들이 등장하면서 독보적인 문화적 성취를 거뒀다. 또 이는 자포니즘이라는 이름으로 유럽에 소개돼 큰 인기를 얻기도 했다.

분라쿠는 인형극으로, 주요 인형마다 세 명의 사람이 인형의 얼굴과 손과 발을 적절하게 조종하며 각종 기교를 선보였다. 아름다운 여성이 갑자기 여우로 변신하거나 밝은 표정에서 어두운 표정으로 갑자기 바뀌는 등 다양한 표현 방식으로 관객들의 흥미를 끌었다.

가부키는 음악, 무용, 기예가 어우러진 공연이었는데, 후대로 갈수록 정교한 서사가 강조됐다. 처음에는 여성 극단이 노골적이고 관능적인 춤이 중심이었다. 하지만 가부키를 '유녀 가부키'라고 부를 정도로 풍기 문란해지자, 막부는 여성 배우의 출연을 금지했다. 그러자 이번에는 15세 이하의 미소년을 여성으로 꾸며 공연했는데 이것도 문제가 된다. 결국 소년티가 나지 않는 청년이 온나가타(女方, 여장 남자 배우)가 돼 성적인 탐닉보다는 인간사의 희로애락을 중심으로 이야기하면서 가부키가 일본의 전통 공연으로 정착한다.

지카마쓰 몬자에몬은 애절한 남녀의 사랑을 주제로 감동적인 작품을 만들어 가부키의 수준을 더했고, 이치카와 단주로, 사카타 도주로 같은 저명한 가부키 배우도 등장한다. 이치카와 단주로의 후손들은 가부키를 계승하면서 현재도 활약하고 있다. '가부키 18번'이라는 말이 있는데, 이치카와 단주로 집안이 만들어온 18개의 작품을 말한다. 일본에서 '18'은 뛰어난 재주를 의미한다. 이치카와 단주로는 특유의 과장되고 용맹한 연기를 펼치기 위해 특수 분장을 개발하기도 했다.

285 동아시아 홀로코스트

> 시아크완 부두에서 시체가 거대한 산을 이루고 있는 것이 어슴푸레 보인다.
> 50~100명에 이르는 사람들이 시체를 끌어내려 양쯔강에 던지고 있다. 시체
> 들은 피로 흠뻑 젖어 있었고 목숨이 붙어 있는 몇몇은 사지를 뒤틀며 신음하
> 고 있다. (…) 방파제에는 진흙탕이 달빛을 받아 반짝인다. 그런데 그것은 진
> 흙이 아니라 피였다. (…) 잠시 후 쿨리(중국인 노동자)들이 시체를 다 끌어내
> 리자 군인들이 이들을 강가에 일렬로 세운다. 타-타-타! 기관총 소리가 들린
> 다. (…) 강물이 이들을 집어삼켰다. (…) 일본인 장교는 여기서 처형된 사람이
> 2만 명 정도 될 것이라고 추정했다.
>
> – 아이리스 장, 《난징의 강간》

 1937년 중일 전쟁 초반에 벌어진 난징 대학살은 인류 역사에서 가장 끔찍한 사
건 중 하나였다. 당시 중화민국의 수도를 점령한 일본군은 피난 가지 못한 시민들
을 대상으로 약탈, 살인, 겁간 등 온갖 끔찍한 일을 저질렀다. 3개월간 대략 30만
명이 죽었다고 추정한다.

 히틀러와 나치에 의한 유대인 학살은 국제적으로 널리 알려졌고, 현대 독일에
서도 심각하게 반성하며 엄중하게 대처하는 문제다. 이에 반해 일본의 군국주의로
자행된 동아시아 홀로코스트는 그다지 알려지지 않았다. 미국이나 유럽인들의 관
심 대상이 아닐뿐더러 피해자들이 대부분 조선, 타이완, 중국, 동남아시아 등 비유
럽권 사람들이기 때문이다.

 일본 제국주의 혹은 군국주의자들에 의한 홀로코스트는 식민지와 점령지에서
오랜 기간 광범위하게 행해졌다. 1923년 간토 대학살을 그 효시로 볼 수 있다. 도
쿄 일대에서 대지진이 일어나서 10만 이상의 일본인들이 죽자, 약 1주일간 분풀이
삼아 인근의 조선인 노동자 1만여 명을 무작위로 학살했다. 일본 정부는 이를 부
추겼고 군경과 민중이 만든 자경단이 조직적으로 학살을 자행했다.

 관동 대학살이나 난징 대학살이 일시적인 대학살이었다면, 이시이 시로가 주
도해 만든 하얼빈의 731부대는 좀 더 조직적이며 끔찍한 일을 저질렀다. 소년병
을 동원해 만주 일대에서 항일 투쟁을 벌인 이들을 잡아 와 각양의 생체 실험을 했
다. 여러 균을 배양해 신체에 주입한 후 병과를 지켜보기도 했고, 모성애를 실험한
다고 어머니와 갓난아이를 뜨거운 방에 집어넣고 온도를 높이기도 했다. 사람들을
십자가에 묶어두고 항공기를 이용해 생체 폭탄을 쏘기도 했다.

286

성 혁명

여성 여러분, 이 나라에서 여성은 성적 대상으로서는 심하게 부각되지만 인간으로서는 잘 보이지 않는 존재입니다.

(…) 현재는 이성 간 대립이 그 어느 때보다 심각합니다. 전위파 연극, 소설, 영화나 TV의 가족 시트콤 저변의 여성 이미지는 어머니가 남성을 못 잡아먹어 안달하거나 괴물같이 표독스러운 모습으로 그려집니다. 아니면 롤리타 이미지나 성적 대상, 그것도 이성애적 욕구만이 아니라 사도마조히즘 욕구의 대상으로 그려지기도 합니다.

(…) 여성들이 자신의 삶과 사회생활을 자유롭게 결정할 수 있어야만 비로소 남성들도 여성들을 사랑하며 온전한 자신으로 살아가는 진정한 자유를 누리게 될 것이라는 얘기입니다. (…) 이런 게 진짜 성 혁명입니다. 소년과 소녀가 잠자리를 갖기에 적당한 나이가 각각 몇 살이며, 남녀의 잠자리에 결혼이 조건이 돼야 할지 말지를 대놓고 싣는 저급한 신문 헤드라인 기사가 성 혁명이 아니라고요! 그딴 건 혁명 축에도 못 낍니다. 진짜 성 혁명은 여성이 수동성에서 탈출하는 것입니다.

미국 여성 운동의 지도자 중 한 명인 베티 프리던의 글로, 그녀는 《여성의 신비》라는 책을 통해 미국 페미니즘 운동에 중요한 전기를 마련했다. 1960년대 미국에서는 흑인 민권 운동, 베트남 전쟁 반전 투쟁, 성 혁명 등 기존의 사회 제도를 뒤흔드는 각종 문화 혁명이 일어나고 있었다. 마약의 합법화, 자유로운 성관계 등이 히피 문화, 록 페스티벌 등과 어우러져 폭발적으로 쏟아졌고 한편에서는 동성애자의 권리, 인디언과 라틴계의 인권 운동 같은 소수자 운동을 비롯해 개인의 사생활권을 강조하는 주장도 대두됐다.

이러한 흐름 가운데 여성 문제도 뜨거운 화두였다. 남성을 배제하는 동성애주의가 급진 사조로 등장하기도 했고, 낙태 합법화를 중심으로 한 여성의 자기 결정권도 격렬한 논쟁의 주제가 됐다. 1960~1970년대의 진보적 물결은 이후 격렬한 보수주의의 저항에 직면한다. 크리스트교적 가치관, 가족을 중시하는 도덕주의의 결집 등이 1980년대 이후 보수 정치의 특징이 된다.

287

광저우

중국 남부의 대표 도시. 행정 구역상 광둥성이 있고, 광저우는 광둥성의 성도로서 정치, 경제, 문화의 중심지 역할을 하고 있다.

광저우와 광둥성 일대는 중국 근대사에 가장 중요한 세 인물을 배출한 곳으로, 홍수전, 캉유웨이, 쑨원이 모두 이곳 출신이다. 홍수전은 태평천국 운동을 이끌면서 중국 남부를 점령해 청나라를 뿌리부터 뒤흔든 최후의 민란 지도자였다. 캉유웨이는 변법자강 운동을 주창했는데, 청나라의 정통성을 인정하면서도 일본과 같은 의회 민주주의를 도입해서 사회를 개혁해야 한다고 주장했다. 쑨원은 청나라를 타도하고 한족 중심의 민족 국가를 건설해야 한다고 주장하며 신해혁명을 이끌었다. 중국 남부에 위치하기 때문에 영국을 비롯한 서양 열강과의 교류가 잦았고, 일대의 수많은 일가친척이 동남아시아는 물론 하와이 등지에 진출해서 화교 사회를 일궜다.

쑨원은 오랜 기간 광저우를 기반으로 활동했고, 소련의 지원으로 황포 군관 학교를 운영하기도 했다. 광저우는 중국 공산당의 역사와도 긴밀하게 관련 있다. 쑨원이 죽은 후 장제스의 주도로 북벌이 진행되는데, 장제스는 공산주의자들을 밀어내고 권력을 독점하고자 한다. 이 와중에 상호 간에 심각한 무력 충돌이 일어난다. 1927년 8월 난창 봉기부터 12월 광저우 봉기까지, 마오쩌둥, 저우언라이 등이 이끄는 중국 공산당은 장제스의 국민당과 치열한 무장 투쟁을 벌이면서 독자적인 근거지를 만들어 간다.

1970년대 후반 권력을 잡은 덩샤오핑은 남순강화의 일환으로 광저우 일대를 돌아보면서 중국의 어려운 경제적 형편에 통탄했고, 이후 개혁 개방을 시도한다. 광저우 일대는 중국의 사회주의 시장 경제라는 독특한 개방 체제에서도 선도적 역할을 했다.

이곳은 베트남의 역사와도 관련 있다. 조타라는 장수가 진시황의 명을 받고 오늘날 광저우 일대를 점령했는데, 이후 진나라가 망하면서 독립한다. 한나라와 갈등하면서 독립적인 세력을 유지했는데, 당시에는 남월왕으로 불렸다. 베트남어로 조타는 찌에우다. 남월은 남비엣을 의미하는데, 고대 베트남 역사와 긴밀하게 관련돼 있다.

288

네루와 인디라 간디

제2차 세계 대전 이후 인도는 독립한다. 간디의 후계자이자 탁월한 지도자 네루는 신생 독립 국가 인도를 자본주의나 공산주의가 아닌 새로운 대안 국가로 만들고 자 했다. 영국식 의회 제도를 받아들였고, 다양한 종교가 공존하는 다원 사회를 지 향하되, 국가가 경제 개발을 주도하고 사회주의적 가치를 투영하는 새로운 모델을 창안한 것이다.

애초에 간디의 강력한 영향력, 힌두교와 이슬람의 지배력으로 인해 인도에서 사회주의의 영향력은 강하지 않았다. 네루도 사회주의를 강조하기는 했지만, 실질 적으로 타타, 비를라 같은 대자본가의 지원을 받았기 때문에 이상과 현실의 차이 가 컸다. 네루는 '봄베이 플랜'을 선언하고 국가 주도의 경제 개발 계획을 발표하 는데, 이 또한 대자본가의 영향력이 막강했다. 네루는 '자민다르'라 불린 지주 그 룹을 혁파하면서 농촌 문제를 해결하고자 했으나, 소수의 공산당 지배 지역을 제 외하고는 실패한다. 또 '빅 푸시 공업 전략'을 추진하며 단기간에 대대적으로 자본 을 투입해 중공업에서 큰 성과를 내려 했으며 수출보다 내수 경제 활성화, 수입 제 품에 대한 대체 산업 성장 등을 추구했다. 인도는 넓은 영토와 많은 인구를 가졌기 때문에 미국이나 소련 같은 나라의 영향력에서 벗어나 독자적인 경제 성장이 가 능하다고 본 것이다. 안타깝게도 1960년대 중반까지 지속된 네루의 대안적 개혁 모델은 큰 성과를 이루지 못했다.

네루의 딸 인디라 간디도 수상으로 취임한다. 그녀는 네루의 이상을 실천하고 자 했고, 식량난을 극복하기 위해 미국의 록펠러 재단의 도움을 받아 녹색 혁명도 주도했다. 인디라 간디의 정책은 많은 부분 실패했고, 여러 문제를 일으켰다. 그럼 에도 1971년 당시 동파키스탄이 독립해 방글라데시가 등장하면서 인디라 간디는 대중에게 열광적인 인기를 누린다. 인도의 지원 가운데 파키스탄의 영토가 대폭 줄어든 데 대한 민중의 반응이었다. 인디라 간디는 일명 '인디라 통치'를 펼쳤다. 이는 지방 세력가들이 민중을 모아서 표를 결집시키고, 그 대가로 혜택을 누리는 브로커 정치를 의미한다. 이러한 방식으로 인디라 간디는 권위주의적 통치를 이어 갔고, 정경 유착, 블랙 머니, 이중 경제 같은 인도 특유의 병폐가 생겨난다.

289

사르트르

사르트르(1905~1980)는 현대 서양 문명의 슈퍼스타다. 문학, 철학, 연극 등 다방면에 재능을 보이고 커다란 업적을 일궜다. 철학서《존재와 무》, 문학 작품《구토》등이 대표작인데, 노벨 문학상을 거부하고 시몬 드 보부아르와 계약 결혼을 하는 등 숱한 일화를 남기며 화려한 인생을 살았다. 사르트르가 보기에 신은 없었다. 따라서 신이 만든 세계도, 세계의 본질이나 의미도 없었다. 존재는 있지만, 존재의 의미는 없다는 말이다. 그렇다면 인간은 위기에 내몰렸는가. 그렇지 않다. 신이 없고, 이미 주어지고 강요된 세계의 본질 따위가 없기 때문에 인간은 자유롭고 무한하다. 물론 사르트르는 극단적 상대주의자가 아니다. 세계는 존재하고 인간으로 세계에 내던져졌기 때문에 인간은 이곳에서 자신만의 독자적이며 독보적인 인생을 살아야 한다.

사르트르는 인간 실존의 개별적 고유성을 강조한다. 그가 보기에 가장 졸렬한 화가는 '전형'을 추구하는 화가다. 무능한 화가는 흔히 떠올리는 여성상, 노동자상, 아랍인상 등의 전형을 추구한다. 하지만 실존의 복판에서 '전형적인 인물'은 결단코 존재하지 않는다. 오직 '한 여성', '한 노동자', '한 아랍인'만이 있을 뿐이다.

사르트르는 상황에 순응하는 것을 반대한다. 주어진 여건을 따져 묻고, 부딪히고, 싸워야 한다. 그래야 자신을 만들어가고 그로 인해 의미와 가치를 누릴 수 있다. 도전적인 삶을 권장하는 것이 아니라 그렇게 도전해야지만 자신이 처한 실존적 상황을 간신히 자각할 수 있는 것이다. 사르트르가 보기에 인간이란 '상황을 바꾸지 않고서는 상황을 볼 수조차 없는 존재'이기 때문이다. 사르트르는 이것도 옳고, 저것도 옳다는 식의 세계관에 반대한다. 그것은 회피이고 안주이며 자신에 대한 거짓말이다. 옳고, 그름을 따지고 사랑하고 증오하고 열광하고 배격해야 비로소 인간의 인간됨이 만들어지기 때문이다.

사르트르는 절대적 윤리를 부정했다. 옳고 그름은 결국 인간의 선택에 달려 있다. 하지만 동시에 그는 인간의 교묘한 회피술인 자기기만을 집요하게 비판했다. 인간은 인간인데, 매장에서 일하는 종업원이 아닌데 자신을 종업원이라고 규정하고, 종업원이라는 직책에 숨어서 자신의 가능성을 포기하며 살아가는 오류를 범한다는 것이다. 그의 사상은 20세기 중반 실존주의라는 이름으로 엄청난 영향력을 행사했고, 수많은 논쟁과 논란을 일으켰다.

290 오스트리아와 프로이센

샤를마뉴 대제가 세운 서로마 제국은 분할 과정을 거쳐 오늘날 프랑스, 독일, 북부 이탈리아 정도로 나뉜다. 프랑스는 단일 왕조가 지속됐고, 북부 이탈리아에는 여러 도시 국가가 할거했다. 반면 독일 일대에서는 좀 더 복잡다단한 역사가 지속된다. 오토 1세가 등장해 마자르족을 물리치고 동유럽까지 점령하는 등 큰 활약을 보이자, 교황은 신성 로마 제국이라는 명칭을 붙여줬다. 이후 신성 로마 제국의 황제는 중세 내내 교황과 대립하면서 강력한 영향력을 행사했다. 하지만 봉건제 사회였기 때문에 제후들은 독자적인 권력을 가지고 있었고, 황제는 매번 제후들과 경쟁하느라 분주했다.

신성 로마제국의 제후국으로 시작해 독립 국가로 발전한 나라가 오스트리아와 프로이센이다. 오스트리아는 17세기 말 합스부르크 왕가라는 이름으로 중동부 일대에서 가장 강력한 제국으로 성장했다. 1718년에는 헝가리부터 트란실바니아, 세르비아 일대까지 영역을 넓혔고, 1722년에는 폴란드의 요충지 슐레지엔을 빼앗았다. 오스트리아의 수도는 빈이었는데, 18세기 빈은 유럽 문화의 중심지이기도 했다. 한때는 네덜란드, 북부 이탈리아의 밀라노 일대, 이탈리아 남부 나폴리, 사르데냐섬이 모두 합스부르크 왕가의 소유였다. 마리아 테레지아(재위 1740~1780), 요제프 2세(재위 1765~1790) 등 절대 왕정이 등장하면서 오스트리아는 한층 강력한 국가로 성장한다.

비슷한 시기에 오늘날 북독일 지역에서 프로이센이 성장한다. 프로이센은 호엔촐레른 가문의 상속지로 시작해 베를린을 거점으로 발전했다. 스웨덴, 폴란드, 프랑스의 경쟁을 활용해 지배권을 다졌고, '융커'라고 불리던 귀족들과 거래했다. 농민을 농노로 격하시키는 권한을 부여하거나 세금 면제 혜택을 주는 등 융커에게 여러 혜택을 베푸는 대가로 강력한 중앙 집권 정책을 추진한 것이다. 프리드리히 대왕 치세가 되면 프랑스, 오스트리아와 견주는 절대주의 국가로 성장한다. 프랑스의 저명한 계몽주의자 볼테르를 초빙할 정도로 계몽주의의 영향을 받았고, 오스트리아 왕위 계승 전쟁, 7년 전쟁 등에서 탁월한 역량을 발휘하며 국력을 향상시켰다.

오스트리아와 프로이센은 프랑스 혁명을 막고자 진력을 다했고, 영국, 러시아와 연합해 나폴레옹을 무너뜨리기도 했다. 오스트리아의 재상 메테르니히는 빈 체제, 즉 혁명 이전 절대주의 군주의 세계를 복원하려고 했으나 실패했다.

291

직물

아르다빌 카펫
(이란, 1539~1540)

천을 짜는 직조술은 인류 문명이 발달한 모든 곳에서 가장 중요한 산업이다. 특히 중국의 비단이 유명해서 실크 로드의 주요 무역품이 되기도 했고, 비잔틴 제국 역시 비단 생산을 통해 지중해 세계에서 강고한 지위를 누렸다.

하지만 직물 생산이 특별히 각광받던 곳은 이슬람 세계다. 뜨겁고 척박하며 이동 생활이 일상적인 곳에서 가장 중요한 생활 품목이었기 때문이다. 터번이나 차도르도 마찬가지다. 예언자 무함마드의 후손은 특별히 초록색 터번을 썼고, 시아파는 터번을 12번 감싸면서 이맘에 대한 충성을 표현했다. 머리에 터번을 두르는 문화는 이슬람 사회에서 보편적이었고, 차도르를 비롯한 각종 베일은 신분, 결혼 여부, 지역에 따라 문양과 크기, 사용 방법 등이 각양각색이었다.

자루, 쿠션, 깔개 등 직물을 활용한 도구가 인기 있었다. 카펫을 깐 후 방석에 앉아서 대화를 나눴고 세탁 가능한 천을 펼친 후 식사했다. 직조 기술이 발전하면서 이슬람 세계의 직물은 극히 다양하고 화려하게 발전했다. 《코란》의 구절을 새겨 넣은 검은색 천막이 만들어졌고, 초록색, 흰색, 붉은색 등 색감이 화려한 천막이 등장했다. 메카를 순례할 때는 하얀 천 두 조각으로 만들어진 솔기 없는 옷을 입어야 했고, 디자인이 단순하고 소박해야 했다. 보풀이 보송하게 드러난 카펫도 유명한데, 직물에 양털이나 명주실로 매듭을 더한 것이다.

화려한 자수를 새긴 직물은 이슬람 지배자들에게 큰 인기였다. 칼리프들은 국영 작업장을 세워 화려한 자수를 새긴 수많은 옷을 생산했다. 하룬 알라시드는 4,000개의 터번, 5,000벌의 목도리, 1만 벌의 셔츠와 튜닉, 1만 벌의 소매가 길고 띠가 있는 긴 옷인 카프탄, 2,000벌의 속옷, 8,000벌이 넘는 겉옷, 1,000벌의 두건이 달린 겉옷, 1,000벌의 외투를 소유했다. 아르메니아산 카펫 1,000개, 주름 휘장 4,000개, 5,000개의 방석, 5,000개의 베개, 1,500개의 비단 파일 카펫, 1,000개의 비단 방석, 1,000개의 능라 방석, 1,000개의 줄무늬 비단 방석, 500개의 타바리스탄산 카펫, 1,000개의 비단 휘장, 300개의 능라 휘장, 100개의 비단 깔개가 있었다고 한다. 그 밖에도 타바리스탄산 베개, 덧베개, 방석이 각 1,000개씩 있었다고 한다.

292

성매매

'매춘'이라 불리는 성매매업은 인류사에서 가장 오래된 직종이자 어두운 부분 중 하나다. 오늘날 세계화된 현실에서 성매매는 국제적인 산업이 되었다. 선진국과 개발 도상국의 화폐 가치가 수백 배 차이 나는 현실은 가난한 나라의 여성들을 부유한 나라로 유인하고 있다. 전쟁이나 재해로 인한 난민의 발생, 부유한 나라에서의 외국인 여성에 대한 수요 등 국제적인 성매매의 이유도 다양하다. 요르단이나 시리아에서 이라크, 팔레스타인 여성들이, 파키스탄이나 이란에서 아프가니스탄 여성들이 성매매에 종사하는데, 그 이유는 난민 문제 때문이다. 국제 행사가 성매매 특수를 불러일으키는 경우도 많다. 월드컵, 올림픽 등은 성매매 수요를 폭발적으로 높인다. 아프리카는 에이즈 문제가 심각한데, 그중 남아프리카 공화국은 15~49세 인구 5명당 1명꼴로 에이즈 환자다. 2010년 남아프리카 공화국에서 월드컵이 개최됐을 때, 성매매를 통한 국제적인 에이즈 확산을 우려하며 대책이 논의되기도 했다.

성매매업은 각 국가나 지역의 사회 상황과도 관련 있다. 캄보디아를 비롯한 동남아시아 일대에서는 중국인 성매매 여성이 높은 대우를 받는다고 한다. 화교, 중국계가 가장 강력한 경제력을 가지고 있는데, 이들이 같은 민족의 여성들을 원하기 때문이다. 흥미롭게도 캄보디아의 경우, 캄보디아 여성보다 베트남 여성들이 인기가 더 좋다고 한다. 베트남 여성들의 피부가 더 하얗다는 이유다. 두 나라가 오랜 갈등 관계였음에도 불구하고 성매매업에서는 다른 현상이 나타나는 것이다.

하얀 피부에 대한 열망은 동남아시아를 넘어선다. 서아시아에서도 백인 여성이 가장 인기이기 때문에 동유럽 여성들이 크게 환대받는다. 서아시아 일대는 이슬람교가 강하기 때문에 성매매에 매우 엄격하게 대처하고 있다. 그래서 요르단 여성은 레바논, 이라크 여성은 요르단 하는 식으로 주변 나라에 가서 성매매를 한다.

인도나 스리랑카 등 아시아 여성은 '가정부'로 인식되기 때문에 가난한 남성들이 성매매하고, 흑인 여성의 경우 흑인 노동자를 제외하고는 실상 성매매업에서 배제된다. 같은 흑인이어도 에티오피아인같이 브라운 계열에 체격이 작은 여성이 인기다. 오랜 기간 백인이 근대 문명을 주도했고 여전히 선진국 대부분이 백인 국가들이기 때문에 나타나는 문화 현상으로 분석할 수 있다.

293

심리 치료

> 과학이라는 망토를 두른 프로이트의 접근 방식은 얼핏 보기에 합리적인 것 같
> 지만, 사실은 오늘날 가장 효과적인 신앙 치유일 것이다.

독일 출신 영국 정신과 의사 빌헬름 메이어 그로스의 1954년 글이다. 프로이트
의 정신 분석학은 인간의 정신과 내면을 이해하는 데 획기적인 사건이었다. 과거
에 부모나 타인과의 관계에서 형성된 기억을 무의식의 영역에서 끄집어내 자각하
는 과정에 격렬한 감정이 분출되기도 하는데, 치료에서 가장 중요한 부분이라 할
수 있다. 하지만 철학자 아돌프 그륀바움은 '전이(transference)' 과정이 아무런 치료
효과가 없다고 봤다.

정신 분석학이 비판받는 이유는 모호한 과학성, 지나칠 정도로 심리 치료에 의
존하는 대중의 태도 때문이다. 《톰 소여의 모험》처럼 한때는 소년들의 모험심으로
여겨졌던 기질이 '주의력 결핍 과잉 행동 장애(ADHD)'로 진단됐는데, 이는 교실에
서 학생들을 가르치는 교육 전문가들의 입장을 반영한 것이다. 미국의 경우, 1995
년 ADHD를 치료한다는 리탈린 처방은 600만 건을 넘었고, 그중 250만 명이 어
린이었다.

《정신 질환 진단 및 통계 편람(The Diagnostic and Statistical Manual Mental of
Disorders, DMS)》 작성에 대한 논란도 격렬했다. 《DMS-Ⅱ》에는 동성애가 질병으
로 분류돼 있었기 때문에 동성애 인권 단체에서 격렬히 반발했으며, 《DMS-Ⅲ》에
대해서는 페미니스트들이 '자기 패배적 인격 장애(피학성)', '후기 황체기 불쾌 기분
장애(월경 전 증후군)' 등을 문제 삼았다. 같은 시기 베트남전 참전 군인들도 트라우
마 문제를 두고 격렬한 주장을 이어갔다. 이는 질환과 질병이 특정 집단의 캠페인
으로 병이 될 수도, 안 될 수도 있다는 것을 반증한 사건이다. 무엇보다 신경 안정
제라는 약물의 등장으로 심리 치료는 크게 위축됐다. 1979년 라파엘 오쉐로프는
약물 치료를 원했는데, 병원에서 심리 치료를 고집했다. 오쉐로프는 7개월간 장기
입원하면서 집중 치료를 받았지만, 상태가 호전되지 않았다. 이후 병원을 옮긴 후
약물 치료로 3개월 만에 정상으로 회복했으나, 아내와 직장을 잃고 만다. 오쉐로
프 사건은 소송으로 이어졌고, 정신 분석학 역사에 치명타를 가했다.

294

백화점

자본주의의 발달과 산업 혁명의 여파는 대량 생산과 대량 소비의 시대를 열었다. 다양한 소비재의 등장은 사람들의 소비 욕구를 자극했으며, 이를 둘러싼 새로운 사업이 등장했다. 길드 같은 전통적 상인 조합이 사라지고, 상인들 간의 경쟁이 일반화됐다. 19세기 초 프랑스에서는 그리스 로마 양식의 고급스러운 인테리어와 철제와 유리로 만든 높은 천장으로 꾸며진 대형 가게 '파사주'가 인기였다. 파사주는 생산과 판매를 전부 책임졌기 때문에 두세 채의 건물을 사용했고, 목 좋은 곳 1층에 매장이 있었다. 2층에는 점원들의 숙소가 있었고, 사무실과 창고도 딸려 있었다.

곧이어 '새로운 상점(Au magasin de nouveautes)'이라고 불린 초기 백화점이 등장한다. 생산과 판매가 분리됐고, 물건을 대량으로 취급했기 때문에 가격이 일반 가게보다 훨씬 쌌다. 정찰제 판매도 이때부터 시작됐으며, 유행에 따라 간판부터 인테리어까지 다양하게 바꿔가면서 철저하게 소비와 판매를 목적으로 한 가게, 백화점이 등장한 것이다. 런던, 파리, 베를린, 빈 같은 유명한 외국 도시의 이름을 간판으로 내건 것도 이때였다.

백화점은 18세기 중반 곳곳에서 등장하는데, 1858년 뉴욕 메이시스 백화점, 1875년 런던의 리버티, 1892년 해롯 백화점이 대표적이다. 층과 공간에 따라 아이템을 분류하고 각 매장에서 전문적으로 특정 소비재를 판매하는 시스템을 갖추고 다양한 판촉 활동을 한 백화점은 1852년 프랑스의 르봉 마르셰가 최초였다고 본다. 루브르, 프랭탕, 사마리텐, 라파예트 등 현재까지도 저명한 백화점이 19세기 때 앞다투어 등장했다.

백화점의 등장은 새로운 판촉 활동의 시작을 의미한다. 백화점은 계절과 절기에 맞는 판촉 행사를 열었다. 상품에 대한 상세한 정보를 담은 카탈로그도 제작됐는데, 가정용품부터 화장 도구, 외국산 도자기까지 각종 품목을 판매했다.

백화점은 지역별로 차이가 있었는데, 유럽의 경우 화려하기 짝이 없는 웅장한 건축물을 지었다. 에펠탑을 세운 귀스타브 에펠이 르봉 마르셰 백화점의 설계를 맡았고, 프랭탕 백화점 역시 폴 세디유라는 유명 건축가를 동원해 그에 못지않은 건물을 구현했다. 루브르 백화점은 지하도를 만들어서 백화점 지하층과의 거리를 좁혔다. 이에 반해 미국은 외부로 창을 내지 않고 오직 상품에 집중하게 하는 방식을 선호했는데, 일본이 이를 따랐다.

295

당나라

수나라와 당나라의 영역

수나라가 멸망한 후 등장한 당나라는 300년 동안 번성했다. 고조 이연이 나라를 세웠지만 자녀들의 격렬한 투쟁으로, 맏형 이건성 등을 참살한 이세민이 2대 황제 태종으로 등극한다. 이를 '현무문의 변'이라 하는데, 이세민은 어린 시절부터 전장을 누볐으며 수차례 전투에서 큰 승리를 이끌며 아버지를 황제로 만드는 데 혁혁한 공을 세웠다.

당태종의 치세를 기려 이르는 '정관의 치'라는 말이 있을 정도로, 당태종 이세민의 통치는 중국 역사에서 최고의 치세 중 하나로 여겨진다. 그는 율령 체제를 완성하고, 중국식 법질서의 기틀을 잡았다. 또 균전제, 조용조, 부병제 등 수나라 때 실시한 제도를 확고하게 정착시킨다. 백성들에게 토지를 분급해 자영농을 육성하고, 그들에게 세금과 병역의 의무를 지워 국가를 안정적으로 운영하고자 한 것이다. '기미 정책'도 유명하다. 이세민은 돌궐족을 비롯한 북방 민족의 주요 세력을 무너뜨렸고, 도호부, 도독부 등을 설치해 이들을 간접 지배했다. 티베트 일대에서는 당나라와 가까웠던 토욕혼이 무너지고 송첸캄포가 주도하는 토번이 일어나자, 많은 지참금과 함께 문성 공주를 보내 혼인시켰다. 이는 '화번공주 제도'로, 강성한 이민족과의 유대와 결속에 효과적이었다. 당나라는 총 18차례 화번공주를 보냈다.

하지만 당나라는 현종 때 안녹산과 사사명이 주도한 안사의 난으로 심각한 타격을 입는다. 현종은 양귀비에게 빠져 정사를 돌보지 않았다. 당나라는 절도사라는 지방 장관에게 막대한 군권을 줘 변방을 통치하게 했는데, 황제의 리더십이 무너지자 절도사 세력이 발호한 것이다. 안사의 난은 간신히 진압됐고, 이후 당나라는 150년 정도 유지되지만 이전과 같은 활력을 찾아보기는 힘들었다. 결국 소금 밀매 사업으로 큰돈을 번 황소가 난을 일으켰고, 막대한 혼란 가운데 난은 평정되지만 황제를 비호한다며 군대를 궁궐로 끌고 들어간 절도사 주전충에 의해 당나라는 사라진다.

당나라의 문화는 국제적이며 귀족적이었다. 실크 로드를 통한 교류가 한층 강화됐고, 《서유기》의 모델이 된 현장을 비롯한 수많은 승려가 인도를 왕래하며 불교를 발전시켰다. 황실은 도교를 왕실 종교로 승격했고, 서역을 통해 조로아스터교, 네스토리우스교 등 각양의 종파가 소개되기도 했다. 이때부터 율령, 한자, 유교, 중국화된 불교가 한반도, 일본 등에 전파되며 동아시아 문화권이 형성되기 시작했다.

296

체 게바라

몇 년 전 저는 의사의 길로 발을 내딛었습니다. 그리고 의사의 길을 걷기 시작했을 때, 그러니까 의대생 생활을 시작했을 때만 해도 현재 혁명가로서 품고 있는 개념들 대부분은 제 이상과 동떨어져 있었습니다. (…) 저는 여행을 떠나 아메리카 대륙 곳곳을 돌아다니면서 (…) 가난, 굶주림, 질병을 가까이에서 직접 접했습니다. 돈이 없어 아이의 병을 치료해주지 못하고, 계속되는 굶주림과 학대를 견디다 못해 무감각해진 사람들을 눈앞에서 봤습니다. (…) 저는 근본적인 사실을 깨달았습니다. 혁명가 의사가 되거나 아예 혁명가가 되려면 먼저 혁명이 필요하다는 깨달음이었습니다. 이상이 아무리 순수해도 개개인이 따로따로 노력해봐야 헛수고이며, 아무리 숭고한 이상을 위해 평생을 바치고 싶다는 열망에 불탄다 해도 아메리카 대륙 어느 귀퉁이에서 발전을 방해하는 역행적 정권과 불리한 사회적 상황에 맞서 혼자 고독하게 싸워봐야 헛된 노력으로 그칠 뿐입니다.

(…) 쿠바를 지키기 위해 조직되고 있는 새 군대들은 서로 다른 전략을 갖춰야 합니다. 민병대는 인구가 많은 도심지에서 민중을 단결시키는 도구가 돼야 합니다. (…) 자, 쿠바의 미래를 향해 행진합시다.

남미의 혁명가 체 게바라(1928~1967)가 1960년 8월 19일 쿠바의 아바나에서 한 연설이다. 그는 1953년 부에노스아이레스 의학 대학을 졸업했고, 남미 곳곳을 여행한 후에 사회주의 혁명가로 거듭난다. 아르헨티나를 떠나 당시 진보적인 분위기의 과테말라에 정착했으나, 미국의 후원에 힘입은 군사 쿠데타를 목도한다. 그는 게릴라전에 근거한 무장 폭동을 혁명의 수단으로 삼았다. 멕시코로 망명한 후 1955년 피델 카스트로를 만났고, 4년 후 쿠바 혁명에 성공한다. 군사 사령관, 국립은행 총재, 산업부 장관 등 중요한 역할을 맡지만, 1965년 그는 쿠바를 떠난다. 소련에 의지하며 정권을 유지하려 한 피델 카스트로와의 불화도 한몫한 듯하다.

이후 그는 아프리카 콩고에서 혁명 운동을 했지만 실패했고, 남미로 돌아와 볼리비아 혁명에 참여했지만 1967년에 체포, 사살당했다.

297

스페인 내전

1936년 발발한 스페인 내전은 '이념의 격전장'이라 부를 만큼 혼란스러운 유럽의 현실을 반영했다. 1920년대 초, 프리모 데 리베라는 군사 쿠데타를 일으켰고, 그의 아들 역시 극우 정당 팔랑헤당을 이끌었다. 사회주의자들과 아나키스트들은 인민 전선을 결성해 팔랑헤당의 정치 활동을 금지시켰고, 상호 간의 테러도 엄청났다. 1936년 프란시스코 프랑코의 군사 쿠데타는 나라를 둘로 분열시켰다. 군부, 가톨릭, 우파 등은 국민 진영을 결성하면서 프랑코를 지지했고, 아나키즘, 사회주의, 그 밖에 각양의 세력이 기존의 공화국을 유지하기 위해 합류했다.

33개월간 치러진 내전은 40만 명이 넘는 사상자를 낼 정도로 격렬했고 상대에게 가혹했다. 주변 국가는 입장 차이를 보였는데, 영국이나 프랑스 같은 민주주의 국가는 불간섭 혹은 소극적 지원 정도에 그쳤다. 그에 반해 히틀러의 독일, 무솔리니의 이탈리아 등 극우 파시즘 세력이 권력을 잡은 나라에서는 국민 진영에 아낌없는 군사적 지원을 했다. 공화 진영에는 그나마 소련의 지원이 있었다. 하지만 사회주의자들은 소련을 등에 업고 공화 진영의 주도권을 확보하려 했고, 사회주의자들과 아나키스트들이 무력 충돌을 불사하는 경쟁을 하게 된다. 이때 공화 진영을 지원하기 위해 세계 각지에서 수많은 젊은이가 스페인으로 몰려든다. 일명 '국제여단'으로, 유럽 여러 나라는 물론 미국과 멕시코를 비롯한 세계 50여 개 국가로부터 4만여 명의 청년들이 모인 것이다. 이들은 '공화국 스페인'을 지키려 했는데, 말이 통하지 않아 탄환 교환조차 어려웠음에도 불구하고 스페인 내전의 활기를 북돋웠다.

내전 초기 공화 진영은 국민 진영의 군사적 압박과 여러 경제 사회적 어려움에도 불구하고 오히려 활력이 넘쳤다. 모두가 서로를 평등하게 대했고, 부를 과시하는 사람이나 거지가 없었으며, 웨이터는 굽실대지 않았고, 굴종적이거나 격식을 차리는 말투가 사라졌다. 빵이 부족해서 배급하면서도 혁명적인 사회상에 대한 기대 때문인지 희망의 분위기가 넘실거렸다.

하지만 상황은 공화 진영에 불리하게 돌아갔다. 내부 갈등, 심각한 경제 위기와 행정력의 붕괴, 바스크와 카탈루냐 등지에서의 분리주의적 경향 등 혼돈이 계속됐고 무엇보다 국민 진영과의 전투에서 연패한 끝에 패배하고 말았다.

298

알베르 카뮈

참으로 진지한 철학적 문제는 오직 하나뿐이다. 그것은 바로 자살이다. (…) 인생이 살 만한 가치가 있느냐 없느냐를 판단하는 것이야말로 철학의 근본 문제에 답하는 것이다. (…) 갈릴레이는 생명이 위태로워지자 자신이 주장한 진리를 너무도 쉽게 부인해버렸다. 어떤 의미에서는 잘한 일이다. 그것은 화형을 감수해야 할 정도의 진리는 아니었던 것이다. 지구와 태양 중 어느 것이 다른 것의 주위를 회전하느냐는 문제는 아무래도 상관없는 일이다. 말하자면 하찮은 문제인 것이다.

광채 없는 삶의 하루하루에 있어서는 시간이 우리를 떠메고 간다. 그러나 언젠가는 우리가 이 시간을 떠메고 가야 할 때가 오게 마련이다. '내일', '나중에', '네가 출세하게 되면', '나이가 들면 너도 알게 돼' 하며 우리는 미래를 내다보고 살고 있다. 이런 모순된 태도는 참 기가 찰 일이다. 미래란 결국 죽음에 이르는 것이니 말이다. 그는 자신을 사로잡는 공포로 미루어 보아 거기에 최악의 적이 도사리고 있음을 알게 된다. 그는 내일을 바라고 있었던 것이다. 그의 전 존재를 다해 거부했어야 마땅할 내일을. 이러한 육체의 반항이 바로 부조리다.

- 《시지프 신화》

　알베르 카뮈(1913~1960)는 사르트르와 더불어 대표적인 실존주의 문학가, 극작가, 철학자, 저널리스트다. 《이방인》, 《페스트》는 현재까지도 널리 읽히는 유명한 작품이다. 사르트르와는 동지이자 경쟁 관계였다. 사르트르가 인생 후반기에 공산주의를 자의적으로 해석해 새로운 사회 운동을 주도했다면, 카뮈는 공산주의의 전체주의적 성격에 주목하며 비판적 태도를 견지했다. 그가 보기에 인간은 '무의미한 세계에서 의미를 찾는 존재'였다. 인간은 '부조리'한 상황에 처해 있는데, 절망하기보다 그러한 부조리에 '반항'하는 존재로 살아야 한다고 봤다.

299

마르코 폴로

베네치아 상인 마르코 폴로(1254~1324)는 20년이 넘는 기간 동안 실크 로드와 해상 실크 로드를 통해 서아시아부터 중국 원나라까지 기행했고, 그 경험을 바탕으로 《동방견문록》을 남겼다. 이는 아마 세계에서 가장 유명한 세계 여행가의 기록이겠지만, 오늘날 그의 여행에 의문을 제기하는 학자도 많다. 마르코 폴로가 실은 서아시아 일대까지만 다녀왔고, 나머지는 당시 유통된 여러 책을 참고해 이야기를 꾸며냈다는 주장이 있다. 여러 근거가 제시됐지만 이에 대한 반론도 만만치 않은 형편이다.

마르코 폴로의 세계 여행이 가능했던 데는 몽골인의 세계 지배가 결정적이었다. 서아시아와 중앙아시아에 수많은 한국(汗國)이 있었고, 특히 쿠빌라이 칸이 이끄는 원나라의 영향력이 강성했기 때문에 구대륙 대부분이 단일한 통신·도로 체계로 운영됐다. 특히 몽골어로 '잠(jam)'이라고 불린 역참 제도는 규모와 속도에서 비교 불가한 수준이었다. 몽골의 역참제는 제2대 칸 오고타이 때부터 시작됐다. 당시 몽골의 수도 카라코룸부터 중국 사이에는 총 37개의 역참이 30 km 마다 있었으며, 매일 500대의 수레가 식량과 음료를 실어 옮겼다. 아케메네스 페르시아의 '왕의 길'의 역참이 총 111개, 길이가 2,757 km 였는데, 몽골은 중국 방면의 직할 역참만 1,400개에 6만 km 가 넘는 길이였다. 내륙에는 말과 수레가, 바다에는 배, 북방 설원 지대에는 개가 끄는 눈썰매가 상시 대기돼 있었다.

실크 로드, 해상 실크 로드 등을 통한 세계 여행이 마르코 폴로의 전유물은 아니었다. 교황의 친서를 갖고 크리스트교를 전파하고자 했던 카르피니 역시 몽골의 수도를 찾았고 〈몽골의 역사〉라는 보고서를 남겼다. 네스토리우스 크리스트교도였던 랍반 사우마는 내몽골 지역에 살았는데, 서아시아까지 순례했고 다시 비잔틴 제국, 이탈리아 로마, 프랑스, 영국 등을 다녀왔다.

이븐 바투타는 모로코 출신으로, 메카를 비롯한 이슬람 순례를 하던 중 세계를 여행하게 된다. 그는 오늘날 이란, 이라크 일대를 넘어 중앙아시아의 부하라, 사마르칸트, 북인도의 인더스강 일대까지 여행을 거듭했다. 이후 일대의 지배자였던 술탄 무함마드의 명령을 수행하기 위해 인도 남부를 거쳐 중국 베이징에 다녀오기도 했다. 고향으로 돌아온 그는 스페인, 사하라 사막을 관통하는 아프리카 서부를 여행했다.

300

프로작

프로작(Prozac)은 세계적으로 유통되고 있는 대표적 신경 안정제이자 '미용 정신 약물학'을 상징하는 약이다. 1994년 전 세계 약 판매량에서 1등이 위궤양 치료제 잔탁(Zantac), 2등이 프로작일 만큼 신경 안정제는 인기가 높다. '정신을 위한 미용' 이라는 매혹적인 개념을 만든 브라운 대학의 피터 크레이머 교수는 "안녕한 상태보다 훨씬 더 좋게(better than well)" 프로작을 사용하자고 주장한 대표적인 인물이다.

신경 안정제의 선풍적인 인기는 우울증을 비롯한 스트레스를 술이나 약물에 의존해 풀려는 인류사의 오랜 전통과 1970년대 이후 정신 분석학, 심리 치료의 효과에 대한 근본적인 의문이 겹치면서 일어난 현상이다. 1950년대에는 신경 안정제가 인기를 끌게 된다. 체코 프라하에서 의학을 공부한 후 영국으로 망명한 프랭크 베르거는 밀타운(miltown)이라는 약을 개발했다. 이 약은 에콰닐(Equanil)이라는 이름으로도 판매됐는데, '행복한 약', '마음의 평화를 위한 약'이라는 칭송을 받으며 큰 인기를 누렸다. 그 뒤를 이은 약품 바륨(valium)은 1960년대 미국에서 가장 많이 소비됐고, 바륨과 같은 벤조디아제핀 계열의 약이 세계로 1,000여 종 이상 퍼져 나갔다. 바륨의 등장은 현대 의학사의 분수령이 됐다. 공공의 목적으로 진행됐다기보다 제약 회사의 성공과 이윤을 목적으로 만들어졌기 때문이다. 1970년대 공황 장애에 대한 관심이 높아지면서 자낙스(Xanax)가 인기였고, 1990년대 우울증이라는 개념이 전 세계를 관통하자 프로작의 시대가 열렸다. 1990년대 미국에서는 정신과 환자의 절반이 정서 장애일 정도로 불안, 우울 등이 전 국민적인 관심사였다. 이러한 대중 정서에 부응하면서 중독성이 낮고 쉽게 마음의 평화를 얻을 수 있는 프로작 광풍의 시대가 열린 것이다.

프로작을 비롯한 신경 안정제의 등장은 정신 의학계에 심각한 파장을 일으켰다. 프로이트식의 정신 분석학과 각양의 심리 치료에 대한 근본적인 회의감, 약물 치료 중심이 된 새로운 정신 의학의 번성, 과학에 대한 지나친 맹신과 그로 인해 점증하는 약물 의존도, 애매모호한 정신 질병 기준, 좋은 의학은 어떻게 처신해야 하는가 등 광범위한 고민이 쌓이고 있는 형편이다.

301

피타고라스

소크라테스 이전의 그리스 철학자들을 통상 '자연 철학자'라고 부른다. 인간의 문제를 다루기보다 자연의 본질과 원인, 인과 관계, 수학 등에 천착했기 때문이다. 이들의 사고방식은 플라톤, 아리스토텔레스를 비롯한 그리스 철학에 지대한 영향을 줬다. 동시에 서양 문명의 과학 기반을 형성하는 데도 중요한 역할을 했다.

탈레스, 아낙시만드로스, 아낙시메네스 등은 이오니아학파 혹은 밀레투스학파로 불린다. 이들의 고민은 '세계는 무엇으로 구성돼 있는가'였다. 탈레스는 세계가 물이나 습기로 이뤄졌다고 여겼고, 아낙시만드로스는 '대립되는 성질들의 충돌 현상'으로 만물의 근원을 이해하려 했다. 아낙시메네스는 공기가 우주의 근원적 물질이며 생명의 기본 물질이라고 봤다.

"$a^2+b^2=c^2$"으로 널리 알려진 피타고라스학파는 인간 영혼의 불멸성을 믿었으며 윤회, 우주의 생명성 등을 신봉했다. 그들에게 세계는 질서 정연하게 이루어져 있으며, 그것은 수학이라는 언어를 통해 설명할 수 있었다. 세계는 무질서한 연속체가 아니며 질서와 한계를 지닌 정밀한 곳이었다.

헤라클레이토스, 파르메니데스, 엠페도클레스가 등장하면서 그리스 철학은 본격적으로 '운동'의 문제를 고민하기 시작한다.

"같은 강물에 발을 두 번 담글 수 있는가?"

헤라클레이토스가 남긴 말이다. 세계는 운동하고 있다. 세계는 조화롭지 않고, 투쟁이 본질이다. 불이 공기를 잡아먹으면서 발화하듯, 세계는 영원한 투쟁과 격렬한 변화의 장이다. 파르메니데스는 헤라클레이토스의 주장을 정면으로 반박한다. 그의 주장은 추상적이며 논리적이다.

"있는 것은 있지 않을 수가 없고 있지 않은 것은 더 이상 있는 것이 아니다."

그는 변화와 운동을 부정했고 순수한 정신적 사유를 강조했다. 엠페도클레스는 만물이 물, 공기, 흙, 불의 4원소로 이루어져 있다는 다원론을 주장했다.

302

태평천국 운동

홍수전이 주도한 중국의 마지막 민란으로, 난징을 점령했으며 청나라의 수도 베이징으로 진격하기도 했다. 약 16년간 중국 남부를 호령했으나 결국 청나라에 진압됐다. 중국 남부 광저우 출신인 홍수전은 크리스트교 교리서인 《권세양언》을 비롯해 수차례 크리스트교 교리를 접한다. 번번이 과거 시험에 낙방한 그는 심각한 병에 걸려 사경을 헤매는 가운데 환상을 본다. 환상 중에 노인과 또 다른 사나이가 나왔고 그들에게 세상을 구하라는 계시를 받는데, 간신히 건강을 회복한 그는 노인이 하나님이고 또 다른 사나이는 예수 그리스도, 그리고 자신은 중국을 구원할 예수 그리스도의 동생임을 확신하게 된다. 이후 '배상제회'를 결성하는데, '상제'란 중국에서 하나님을 통칭하는 표현으로 하나님을 섬기는 신흥 종파가 등장한 것이다.

초기에는 포교에 어려움을 겪지만, 풍운산 같은 듬직한 동료를 얻으며 교세를 확보하기 시작한다. 홍수전 본인이 하카(광둥 북부에 많이 사는 한족 일파)였는데, 당시 중국, 특히 남부에는 하카 집단이 많았다. 청나라 중기, 인구가 4억 명이 넘게 급증하는 등 사회 변동이 극심함에 따라 토지를 잃고 이곳저곳을 돌아다니면서 생계를 유지하는 집단이 생겼는데, 이들이 하카다. 그리고 지배층인 신사나 일반 농민들은 이들을 천시했다. 하카를 비롯해 청나라의 하층민들이 적극적으로 태평천국 운동에 참여했다.

이들은 광시, 창사, 난창을 거쳐 북상하며 세를 더욱 강화했고, 중국 남부의 중심지 난징을 점령해 그곳을 '천경'이라 개칭하고 태평천국을 세웠다. 태평천국은 신자 공동체를 중심으로 엄격한 계율을 실천했는데, 전족이나 축첩, 아편, 도박 등의 폐습 타파 같은 표면적인 부분부터 토지 재분배, 남녀평등 등 근본적인 사회 구조까지 전통 사회의 여러 문제를 단숨에 극복하고자 했다.

난징 점령 이후, 내부 갈등과 권력 투쟁이 심각해졌고, 증국번, 이홍장 등 한인 신사층의 활약으로 태평천국 운동은 진압된다. 하지만 역사적 의의는 크다. 만주족을 배격하는 민족주의적 태도는 쑨원이 주도한 신해혁명에 영향을 미쳤다. 또 여성 억압을 비롯한 각종 폐습 타파에 대한 열정은 중국 국민당은 물론 공산당에도 큰 영향을 줬다. 태평천국 운동을 진압하는 가운데 이홍장 등은 양무운동이라는 청나라 개혁 운동에 나서기도 했다.

303

브라모 사마지

람 모한 로이가 이끈 현대 인도의 종교 운동으로, 힌두교의 본질을 되찾기 위해 참된 브라만을 추구해야 한다고 주장했다. 1828년 창립돼 브라만의 유일신 속성을 강조하고 여타의 다신 숭배와 우상 숭배를 매우 비판적으로 봤다. 영국의 지배 아래 크리스트교의 영향을 받은 주장이다.

로이는 사회 개혁에도 매우 적극적이었다. 사티(남편이 죽으면 아내를 함께 화장하는 악습), 영아 살해, 유아 결혼, 일부다처제, 무엇보다 카스트 제도의 철폐를 주장했고, 여성 문제에 큰 관심을 기울였다. 그는 영국의 자유주의적 사상에 큰 영향을 받았고, 영국 지배에 호의적이면서도 인도인의 권리를 주장했다.

같은 시기에 활동한 다야난다 사라스바티도 중요한 인물이다. 그는 '아리아사마지'라는 단체를 창설했고, "《베다》로 돌아가라"라는 구호 아래 고대 힌두교의 가치를 드높이면서 크리스트교와 이슬람교를 배격했다. 《베다》라는 고대 인도 경전의 절대성을 강조했고, 서구의 과학 기술 같은 여러 지식은 결국 《베다》에서 기인한다고 주장했으며, 서구 문화에 극히 배타적이었다. 동시에 영국 지배에 대해서도 저항적이었다.

라마크리슈나 파라마한사도 주목해야 할 인물이다. 그는 종교 다원주의를 지향했다. 크리스트교, 이슬람교, 힌두교 등 모든 종교는 결국 외피만 다를 뿐 하나의 본질을 지향한다고 본 것이다. 그는 여러 종교를 이해하기 위해 크리스트교도, 이슬람교도 들과 수년간 함께 생활하기도 했다. 라마크리슈나는 예수, 알라, 힌두교의 신은 이름이 다를 뿐 같은 신이라고 주장했다. 또 1893년 미국 시카고에서 열린 세계 종교 회의에서 베다 철학과 인도 정신문화의 가치를 설파하면서 세계적인 유명 인사가 되기도 했다.

영국의 인도 지배, 급격한 서구화와 근대화, 이슬람교와 크리스트교의 갈등 등 복합적인 상황의 결과라고 할 수 있다.

304

공중 보건

세균학의 발전은 질병에 대처하는 사람들의 생활 문화 전반을 바꿨다. 세균이 존재하고 세균에 의해 병이 전파된다는 사실은 치료제 개발과 세균 번식을 막기 위한 '예방 수칙'의 발전에 큰 영향을 줬다.

19세기까지만 해도 천연두, 콜레라 등을 피하기 위해 검역을 하고, 사람들 간에 거리를 두는 정도가 전부였다. 물과 음식의 오염, 침대, 빗, 칫솔의 공유로 인한 세균 전파에 대해서는 무지했다. 여과되지 않은 물, 공용 바가지나 컵, 부주의한 기침이나 재채기, 식중독을 고려하지 않은 음식 보관은 비일비재했고, 상수원 오염을 신경 쓰지 않고 요강의 오물을 버리거나, 실외 변소를 사용하거나, 노상 배변을 하는 게 일상이었다.

1891년 미국 켄터키주 린던에서는 60여 명의 결혼식 하객이 급성 위장병으로 쓰러지고 신랑을 비롯한 6명이 사망하는 사건이 벌어진다. 신부한테 버림받은 남자의 음모였다고 추정했지만, 상온에 이틀간 놓아둔 치킨 샐러드가 원인이었다.

세균학의 발전과 그에 따른 예방 수칙의 적극적인 보급으로 인해 생활 공간에는 극적인 변화가 생긴다. 화장실에서 화려한 장식이나 목재가 사라졌고, 백자로 만든 변기와 매끈한 타일이 들어선다. 항균 목적의 매끈하고 세척 가능한 제품이 곧장 식당과 세탁실, 부엌과 침실을 점령한다.

19세기 후반에는 가정용 정수기가 팔리기 시작한다. 도시 상수도에 대한 의심 때문이었다. 20세기 초반, 미국에서는 결핵 퇴치를 위해 '보건 십자군'이 등장하기도 했다. 집 안을 깨끗하게 청소하고, 침을 뱉지 말라고 적극적으로 홍보했다. 손 깨끗이 씻기 역시 강조됐다. 장티푸스, 결핵, 콜레라를 옮긴다고 간주되던 파리를 잡기 시작했고, 사람의 입 속에 박테리아가 있다는 사실을 알게 되면서 공공 식수대의 공용 컵이 사라지게 됐다. 길고 거창한 드레스나 외투가 세균 배양처 역할을 한다고 판단해 짧고 위생적인 치마가 권장됐고, 아이 입에 뽀뽀하거나 악수하는 문화도 비판받았다. 그릇 뚜껑을 꼭 덮고, 음식을 냉장고에 보관하는 것도 장려됐다. 일회용 포장재가 대거 등장했는데, 1890년부터 1930년까지를 미국 공중 보건의 황금시대라고 불렀다. 오늘날 기본적인 위생 규칙과 생활 양식이 이 시기에 만들어졌다.

305

라오콘 군상

〈라오콘 군상〉은 '정념과 격정'에 휩싸인 헬레니즘 문화를 상징하는 작품이다. 현재 남아 있는 작품은 로마 시대에 만들어진 대리석 복제품이고, 애초에는 청동으로 제작됐다. 〈라오콘 군상〉은 '트로이 목마' 사건을 배경으로 한다.

트로이의 제사장 라오콘은 선물로 보내준 목마에 창을 던지는 등 그리스인들을 배격했다. 하지만 그에게 저주가 닥쳐온다. 바닷가에서 제사를 준비하는데, 거대한 바다뱀 두 마리가 갑자기 나타나 라오콘과 두 아들을 휘감아 죽인 것이다. 이 광경을 목격한 트로이인들은 신성한 목마를 라오콘이 모독했다고 생각했고, 목마를 성안으로 끌어들인다. 결국 트로이 목마에 숨어 있던 그리스 병사들이 쏟아져 나왔고, 전쟁은 트로이인들의 패배로 끝난다.

〈라오콘 군상〉은 로마인들의 미적 욕구는 물론 애국심에도 영향을 미쳤다. 트로이를 사랑한 라오콘의 용기와 열정이 인정받은 것이다.

오랜 기간 잊혔던 〈라오콘 군상〉은 1506년 발굴됐다. 발굴 현장에는 미켈란젤로도 있었다고 한다.

306

팔레스타인

유대인의 팔레스타인 침략은 1881년에 시작됐습니다. 이주민의 첫 번째 거대
물결이 밀려들기 시작하기 전까지 팔레스타인 인구는 50만 명이었습니다. 대
다수 인구가 이슬람교도나 크리스트교도였고, 2만 명만이 유대교도였습니다.
주민들은 저마다 우리 문명 고유의 특징인 종교적 관용을 누렸습니다.
(…) 분할 결의안에서 식민주의 정착민들에게 팔레스타인 땅의 54%를 부여
해줬는데도 그들은 그 결정에 불만스러워했고, 급기야 아랍 민간인에 대한 공
포의 전쟁이 촉발됐습니다.
(…) 팔레스타인 문제의 뿌리는 바로 여기에 있습니다. 팔레스타인이 내세우
는 명분의 뿌리는 두 종교나 두 민족주의 사이의 충돌이 아닙니다. 두 이웃 간
의 국경 분쟁도 아닙니다. 고국을 빼앗기고 뿔뿔이 흩어져 뿌리를 잃은 채 대
부분 망명 생활을 하거나 난민 수용소에 살고 있는 민족으로서의 명분입니다.
(이스라엘은) 제국주의와 식민주의 세력의 지지를 등에 업고 UN 회원국으로
받아들여졌습니다. 그뿐만 아니라 팔레스타인 문제를 UN의 의제에서 삭제하
고 우리의 명분을 공상적 박애주의자의 자선을 구하거나 자기들 땅도 아닌 땅
에 정착하려 하는 난민의 문제로 알리면서 세계 여론을 호도하는 데 성공하기
도 했습니다.

1974년 UN 총회에서 야세르 아라파트가 연설한 내용의 일부다. 그는 1969년
팔레스타인해방기구(PLO)를 설립했고, 이 단체는 비정부 기구 최초로 UN 옵서버
의 지위를 인정받았다. 유대인들은 유럽에서의 정치·경제적 영향력을 바탕으로
영국 정부를 설득했고, 1917년 팔레스타인 지역에서의 독립 국가 건설을 지지하
는 밸푸어 선언을 이끌어낼 수 있었다. 또 제2차 세계 대전 이후 1948년 미국의
승인을 받으며 이 지역에 이스라엘을 건국한다. 하지만 밸푸어 선언 2년 전, 영국
은 맥마흔 선언을 통해 팔레스타인인들을 위한 독립 국가 건설을 인정했다. 일종
의 이중 계약으로, 유대인들의 입장만 반영한 선언이었기에 오랜 기간 자신들의
땅에 살았던 팔레스타인인들의 입장에서는 날벼락일 수밖에 없었다.

307

에이본 레이디

근대 소비 사회의 정착은 여성의 사회 진출에 중요한 기회를 제공했다. 여성이 백화점, 화장품 등의 소비 주체로 떠오르면서 부유한 여성을 상대하는 점원이 직업군으로 등장한 것이다.

백화점에는 여성 직원들이 많았다. 19세기 중반, 프랑스 백화점 판매원 초봉은 연 600프랑이었고, 물건 판매당 5%의 수당을 받았다. 아침 8시부터 저녁 8시까지 쉬는 날 없이 근무했기 때문에 고됐지만, 당시에는 이 정도 수준의 정규직을 찾기도 쉽지 않았다. 백화점 여직원을 '그리제트(grisette)'라고 불렀는데, 이는 점원뿐 아니라 무희, 성매매 여성을 뭉뚱그려 부르는 표현이었다.

여성 직업 중에는 화장품 방문 판매원도 있었다. 1886년 데이비드 홀 매코널은 미국 뉴욕에 에이본이라는 향수 판매 회사를 창업했다. 당시 많은 회사가 투자금을 요구했다면, 에이본은 그러한 관행을 없앴다. 매출의 40%를 수수료로 요구했고, 할인이나 판매에 대한 재량을 인정해주는 등 당시로서는 파격적인 근무 조건을 내세웠다. 무엇보다 근무 시간을 유연하게 운영할 수 있었기 때문에 가사와 사회생활을 병행할 수 있었다.

에이본 판매원들은 고급스러운 정장을 입고 소비자의 집에 방문했고, 이러저러한 대화를 나누며 편안한 분위기에서 물건을 팔았다. 판매원들도 대부분 가정주부였고, 당시 대부분의 미국 여성이 육아와 가사를 전담했기 때문에 판매자와 소비자 간의 공감대가 클 수밖에 없었다. 또 판매를 위한 대화만 나눈 것이 아니라 가정주부들의 삶을 긍정해주고, 사적인 이야기도 나누는 등 공감에 기반한 판매가 이뤄졌다. 에이본은 크게 성공하는데, 여성 판매자와 여성 소비자라는 새로운 마케팅 영역을 개척했다는 점에서 의의가 크다.

미국에서 큰 성공을 거둔 에이본은 현재 동남아시아를 비롯한 아시아 시장에서 매출을 올리고 있다. 1950년대 이후 미국 여성들이 대부분 사회생활을 시작해 에이본 마케팅의 매력이 떨어진 것이다. 하지만 여전히 제3세계 여성들에게는 경제적 자립의 기회를 주는 좋은 직업으로 평가받는다.

308

성채

성과 요새를 아우르는 말로, 화약 무기가 고도로 발전하기 전까지 대부분의 전투는 성 혹은 요새를 둘러싼 공방전이었다. 공격하는 측은 사다리를 타거나 공성탑을 만들거나 땅굴을 파서 성벽을 돌파하려 했다. 칼, 창, 활 등의 무기는 성벽 앞에 무력했기 때문이다. 최근의 영화적 상상력과 다르게 나무 기계로 만든 발사체는 그다지 효과적이지 못했다. 성벽을 뚫을 만큼 강한 힘도 없었고, 정확한 각도를 계산해 타격하지도 못했기 때문이다.

수비자들은 접근이 어려운 성벽, 주변의 지형과 지물을 잘 활용한 정교한 성벽 구축에 온 힘을 기울였다. 높고 웅장한 성벽은 그 자체로 엄청난 위용을 드러냈는데 내성과 외성을 만드는 등 축성술은 수비전의 핵심 기술이었다. 높은 지형 위에 성채를 짓거나 험악한 산에 의지해 건축하는 것 역시 중요한 방법이었다.

해자(성 둘레에 판 깊은 물웅덩이)를 만들어서 적의 공격을 느리게 하는 방식은 가장 효과적인 수비 전술이었다. 강이나 바다 등 자연 해자를 이용해서 성채를 건설하는 경우도 많았다. 망루(적의 행보를 파악할 수 있는 높은 건축물)를 요새에 건설하는 것도 중요했는데, 성벽, 해자, 망루는 지난 8,000년 동안 동서양 전투의 거의 대부분이었다고 해도 과언은 아니다. 성벽이 무너져서 수비자가 패배하는 경우는 드물었다. 막강한 물자와 오랜 기간의 포위전으로 인한 물질적, 심리적 피폐함, 내부자에 의한 반역 행위가 성문을 열었기 때문이다.

"중국은 성을 건설하고 로마는 길을 만들었다"라는 격언은 역사적 사실과 맞지 않는다. 수도 건설에서 차이를 보일 뿐 결국 적군과 맞서는 최전방 지역에는 각양의 성채가 건설됐기 때문이다. 어지간한 군사력을 소진하지 않고는 무장한 성채를 무너뜨리기는 쉽지 않다. 따라서 권력자의 힘이 강해지면 지배 지역 내에서 성채 건설을 통제하고, 군사의 무력 수준을 관리하는 것이 중요한 통치 행위였다.

309

의화단 운동

"청조를 도와 서양 귀신을 몰아내자(扶淸滅洋)."

의화단 운동의 배경은 '교안'이라는 반크리스트교 운동이다. 1840년 아편 전쟁 이후 개항장을 중심으로 크리스트교 선교사들의 왕래가 빈번해지고, 많은 중국인이 크리스트교 신앙을 받아들인다. 선교사들은 땅을 매입하고 교회를 지었으며 이들을 중심으로 새로운 공동체가 형성된다. 그러나 기존의 전통문화와 상이했기 때문에 반감이 심할 수밖에 없었다. 더구나 서양 열강의 침탈이 진척되면서 크리스트교는 침탈의 상징으로 이해됐고, 그로 인한 물리적 갈등도 빈번하게 일어났다.

의화단의 기반은 산둥반도 일대에 근거를 둔 민중 조직이다. 이들은 권법을 신성시했고, 특정 부적을 복용하면 총알을 피할 수 있거나 총에 맞아도 죽지 않는다는 믿음을 갖는다. 크리스트교와 서양 열강을 배척하는 이들의 과격한 움직임은 결국 산둥에서 베이징까지 중국 북부에 광범위하게 퍼져 나갔으며, 운동을 이끌던 주도 세력이 1900년 봄에 베이징과 톈진에 진출하면서 절정을 이룬다. 이들의 반외세적 태도에 고양된 청나라의 지배자 서 태후는 서양 열강에 선전 포고를 감행한다.

하지만 반격은 거셌다. 서양 열강 8개국은 연합군을 구성했고, 군대는 청나라의 수도 베이징을 점령한 후 이화원을 불태우고 가혹한 약탈을 자행하면서 의화단 운동을 무너뜨렸다. 더구나 사태 수습을 위해 신축 조약이 맺어지는데, 4억 5,000만 냥의 엄청난 배상금을 지불해야 하는 것은 물론 종래의 불평등 조약이 더욱 강화되면서 청나라의 국력은 극도로 쇠락한다.

의화단 운동은 강렬한 배외 의식과 무모한 믿음에 기반했는데, 태평천국 운동이 강렬한 사회 개혁을 지향했던 것과 달리 특별한 의의를 찾기 어렵다.

310

가리발디

19세기 이탈리아는 리소르지멘토(이탈리아 통일 운동)의 열정에 휩싸인다. 이탈리아는 과거 로마 제국의 영광을 뒤로하고, 중세 내내 수많은 도시 국가로 분열됐다. 그리고 근대 들어 프랑스, 오스트리아 등에 지배받으며 큰 어려움을 겪었다. 프랑스 혁명 이후 자유주의와 민족주의의 열풍이 전 유럽을 휩쓰는 가운데 이탈리아는 독일과 더불어 강력한 통일 운동의 분위기에 빠져든다.

통상 이탈리아 통일을 이야기할 때 주세페 마치니(1805~1872), 카밀로 벤소 카보우르(1810~1861), 주세페 가리발디(1807~1882) 세 명을 이야기한다. 마치니는 이탈리아 통일 운동의 선각자 역할을 했고, 카보우르는 사르데냐 왕국의 재상 등을 역임하면서 분열된 이탈리아를 실질적으로 통합했다. 1831년 마치니는 청년이탈리아당을 만들고 통일된 이탈리아 공화국을 세우기 위해 헌신했다. 5만이 넘는 당원이 있었고, 가리발디 또한 청년이탈리아당 출신이었다. 하지만 상황은 여의치 않았다. 프랑스와 오스트리아의 영향력이 강대했기 때문에 몇 번의 봉기는 실패로 이어졌고, 마치니는 망명 생활을 거듭했다. 카보우르는 이탈리아의 신흥 부르주아 세력과 사르데냐 왕국을 기반으로 단계적인 통합 작업에 착수했다. 프랑스 나폴레옹 3세를 끌어들여 오스트리아의 침공을 막아내는 등 외교에서 탁월한 역량을 발휘했고, 의회주의를 신봉했다.

가장 인상적인 인물은 가리발디였다. 1834년 마치니와 함께 혁명에 투신했지만 실패한 후 프랑스로 망명했고, 남아메리카의 우루과이에서 혁명전쟁이 일어났다는 소식을 듣고 참여해 큰 전과를 올렸다. 1848년 프랑스 2월 혁명의 영향 가운데 이탈리아의 통일 운동이 가속화되자, 가리발디는 다시금 마치니와 함께 의용대를 조직해 프랑스가 지배하던 로마를 공격해 공화국을 세운다. 하지만 나폴레옹 3세에게 패해 이번에는 뉴욕으로 망명한다. 1854년에는 이탈리아로 돌아와 카프레라섬에서 살았는데, 시칠리아에서 반란 사건이 일어나자 또다시 통일의 기치를 높인다. 1859년 알프스의용대를 조직한 후 다시 이듬해에 붉은셔츠단을 창설해 시칠리아를 점령하는 데 성공한다. 또 칼라브리아, 나폴리 등 이탈리아 남부 일대를 석권했고, 당시 북부와 중부 일대를 점령하던 사르데냐 왕국의 국왕 비토리오 에마누엘레 2세에게 자신이 점령한 땅을 바치면서 이탈리아를 통일하는 데 큰 공을 세운다.

311 봉건제, 장원제, 농노제

봉건제, 장원제, 농노제는 중세 서유럽의 사회 구조를 상징하는 대표적 제도다. 봉건제는 정치 측면, 장원제는 경제 측면, 농노제는 계급 측면을 드러낸다. 고대 로마 제국이 황제에 의해 체계적으로 통치됐다면, 중세 유럽의 권력은 일원적이지 못했다. 황제, 왕, 대제후, 제후, 영주, 기사 등 각양의 권력자가 존재했고 교황이나 대주교 역시 정치 권력자들이었다. 중세 내내 어떤 나라나 지배자도 권력을 독점하지 못했고, 오히려 권력자들 간의 이합집산이 주를 이뤘다. 왕이나 제후는 영주와 기사의 충성을 확보하고자 영지를 하사하고 영지 운영의 독립성을 보장했다. 그 대가로 영주와 기사는 왕이나 제후에게 충성을 바쳤다. 이를 '쌍무적 계약 관계'라고 한다. 지방마다 독특한 제도와 문화가 혼재할 수밖에 없었고, 권력 경쟁이 심할 수밖에 없는 구조였다.

이때 주고받은 영지를 장원이라고 한다. 장원에서는 자급자족적 경제생활이 이뤄졌다. 로마 제국 시기에는 대농장부터 자영농, 상업 무역 제도가 정비돼 각종 물품이 유통됐다면 중세의 혼란상은 그러한 경제 유통 구조가 불가능하게 했다. 즉, 각 영지에서 농민들이 농사를 지었고 생산물은 장원 내에서 소비됐다. 영지에는 영주의 성이 있고 제분소, 대장간 같은 공동 시설이 있었으며, 영주의 직영지, 농노들의 소유지가 혼재했고 이 밖에 목초지와 산림으로 구성돼 있었다. 공동 시설은 이용료를 지불해야 했고, 농노들은 자신들의 농토뿐 아니라 영주의 땅도 경작해야 했다. 지력을 유지하기 위해 휴경지를 두는 삼포제도 실시했다. 농업 기술이 낙후된 상황에서 땅을 묵히면서 지력을 회복하려고 한 것이다.

왕이나 제후는 기사와 장원을 통해 군사력과 경제력을 유지했고, 기사와 장원이 크고 많을수록 권력이 강했다. 이에 반해 농노들은 생산의 영역을 떠받치고 있었다. 농노는 농민 노예를 의미하는데, 지위가 애매해 붙여진 명칭이다. 이들은 장원에 소속돼 거주, 이전의 자유가 없었다. 직업 선택의 자유도 제한됐고, 각종 부문에서 영주의 통제를 받았다. 일주일에 2~3일은 영주의 직영지에서 일하고, 각종 세금도 물었다. 하지만 이들은 가족과 일정 정도의 사유 재산을 가졌으며, 장원의 공유지를 이용할 권리를 보장받았다.

312

모차르트

"이 소년은 우리 모두를 잊히게 만들 것이다."

18세기 유명한 작곡가 요한 아돌프 하세는 모차르트(1756~1791)가 어린 시절에 만든 음악을 듣고 이런 말을 했다. 모차르트는 오스트리아 출신 작곡가로, 클래식 음악사에서 가장 중요한 인물이다. 하이든, 베토벤과 더불어 고전주의의 대표 인물이기도 하다.

모차르트의 가족은 6세도 안 된 그를 데리고 독일, 프랑스, 영국, 네덜란드, 스위스, 이탈리아 순회공연을 했다. 천재의 탄생이었다. 모차르트는 탁월한 하프시코드 연주자였고, 엄청난 피아노 협주곡을 만들어낸 인물이다. 쇼맨십도 대단했다. 발로도 건반을 칠 수 있는 피아노를 사용하기도 했고, 무엇보다 협주곡, 오페라 등에서 큰 성과를 일궈냈다.

모차르트는 최초의 프리랜서 음악가였다. 당시만 해도 음악가는 귀족의 궁전에서 시중을 드는 낮은 지위에 불과했다. 귀족에게 고용돼 귀족이 원하는 음악을 작곡해야 하는 신세였는데, 모차르트는 이를 거부한 것이다. 그는 오스트리아의 비밀 결사인 프리메이슨 로지(lodge)에 가입했다. 귀족부터 은행가, 상인까지 오스트리아의 영향력 있는 인물들이 많았기 때문인데 무엇보다 이들의 재정적 지원을 기대했다.

그렇다고 모차르트가 프리메이슨을 경제적 목적으로만 대했던 것 같지는 않다. 그가 쓴 오페라 〈마술피리〉의 경우, 프리메이슨의 사상이 확연히 드러나기 때문이다. 당시 선호되던 이탈리아어가 아닌 독일어로 만들어졌다는 점도 특기할 부분이다. 〈피가로의 결혼〉은 1786년경에 완성되는데, 발표 1년 만에 상연이 금지됐다. 정치적 이유 때문이다. 오페라의 남녀 주인공의 신분이 미천한데, 귀족의 음모를 물리치고 귀족을 이긴다는 발상이 문제였다. 결국 모차르트는 대본을 부분적으로 수정할 수밖에 없었다. 당시 오페라 소비층은 귀족이었고, 프랑스 혁명 이전이었기 때문에 모차르트의 자유분방함은 용납될 수 없었다.

313

아방궁과 병마용

병마용갱

중국 대륙을 통일한 최초의 황제 진시황은 엄청난 노동력을 동원해 아방궁과 여산릉(진시황릉)을 짓는다. 아방궁은 위수 남쪽에 새롭게 지은 궁궐로, '아방'은 지명이다. 기존의 진나라 왕들은 함양궁에 살았는데 진시황은 위수를 기준으로 북쪽에 함양궁, 남쪽에 아방궁을 두고 긴 이중 복도로 두 궁궐을 잇게 했다. 거대한 위용을 자랑했는데, 당시의 천문관을 반영한 구조다. 아방궁은 천극(天極, 북극성), 위수는 천한(天漢, 은하수), 함양궁은 영실(營室)이라는 별자리를 상징했다.

진시황은 자신의 무덤인 여산릉도 같은 방식으로 설계했다. 지하 깊은 곳에 묘실을 만들기 위해 세 차례나 지하수층을 뚫고 내려갔으며, 지하에 거대한 방을 만들었는데 신하들의 자리까지 만든 후 각종 보물로 채웠다. 또 도굴 방지 장치를 만들었고, 묘의 위쪽으로는 일월성신이 보이게 하고, 아래쪽으로는 수은으로 큰 하천을 만들었다니 죽어서도 지하에서 천하를 통치하고 싶어 한 것이다. 무려 70여 만 명이 동원됐으며, 돌은 위수 북방에 있는 북산, 목재는 오늘날 쓰촨성과 후베이성에서 가져왔다.

그런데 1974년 여산릉과 약 1.5km 떨어진 지점에서 우물을 파던 농민에 의해 중요한 유적이 발굴된다. 병마용갱(도기로 만든 병사, 병마가 지하 갱도에 배열된 거대한 유적)이 세상에 드러난 것이다. 1호 갱에서는 사실적인 모습으로 만들어진 6,000여 개의 병사용과 32개의 마용이 출토됐고, 다른 갱에서도 독특한 유물이 쏟아져 나왔다. 병마용갱은 문헌이나 구전으로는 알 수 없던 것이 밝혀진 20세기 고고학의 우연한 쾌거라고 할 수 있다. 1980년 여산릉 근처에서는 진시황의 전용 수레를 본떠 만든 청동 마차가 발굴됐는데, 4필의 말이 끌고 있는 모습으로, 3,400여 개의 부품으로 만든 고도로 정교한 부장품이었다.

314

거리의 아이들

> 그는 노상에서 살 때, 매일 밤 강간을 당했어. 몇 명의 남자가 다가와서 그를
> 압박하고 범했지. 그런데 상처를 입었을 때는 강간을 당하지 않았대. 그래서
> 그는 보호 시설에 들어온 후에도 날이 어두워지면 갑자기 자신의 몸에 상처를
> 내려고 하는 거야. 그래서 밤에는 누가 항상 같이 있어줘야 하고, 불도 끌 수
> 없어.

우간다 거리에서 살다가 보호 시설에 들어간 한 남자아이의 일화다. 이런 아이
들을 통상 '거리의 아이들(street children)'이라 한다. 국제적으로 슬럼, 빈민 문제가
심각해지면서 거리에서 홀로 살아가는 아이들의 문제도 심각한 형편이다. 전쟁,
재해, 에이즈, 말라리아 같은 질병으로 부모가 죽거나, 심각한 가정 폭력을 비롯한
정상적이지 못한 가정 형편이 아이들을 거리로 몰고 있다. 거리의 아이들 대부분
은 남자아이들이다. 여자아이들은 대부분 범죄 조직에 의해 성매매 업소 등으로
끌려간다. 남자아이들의 경우 또래끼리 군집을 이루거나 최악의 경우에는 소년병
이 돼 내전의 총알받이가 된다.

거리로 나온 남자아이들은 극도의 위험에 노출되고 상당수는 어린 나이에 죽는
다. 아프리카에서는 약물 중독으로 인한 사망, 만취 상태에서의 사고사, 동성 강간
으로 인한 에이즈 감염 등이 큰 문제다. 정상적인 교육을 받지 못해 강한 폭력성을
띠거나 공격적인 성적 지향성을 보이기도 한다. 수많은 폭력에 노출돼 정신적 외
상도 심하다. 가족에게 버림받은 경험, 눈앞에서 가족이 살해당한 충격, 거리에서
살아가면서 거의 매일같이 폭력과 강간에 시달리기 때문에 중증의 인격 장애를
앓는 경우도 허다하다.

인도에서는 범죄 조직의 관할 아래 끔찍한 구걸 사업이 조직적으로 행해지기도
한다. 갓난아이를 유괴해 6세가 되기 전까지 아이를 성인 걸인들에게 임대한다. 아
이를 데리고 있으면 동정심을 자극해 더 많은 수익을 얻을 수 있어 등장한 기묘한
사업 형태다.

유괴된 아이들이 10대가 되면 신체에 장애를 입힌다. 강제로 시력을 잃게 하거
나 코와 귀를 잘라 내거나 화상을 입히거나 심지어 신체 일부를 절단한다. 하지만
단속이나 처벌은 쉽지 않다. 평생 범죄 조직에서 커온 아이들이기 때문에 오갈 데
가 없고, 대부분 범죄 조직에 적극적으로 순응하기 때문이다.

315

관림

중국 뤄양에 있는 관우의 무덤으로, 도교 신앙의 성지이기도 하다. 관우는《삼국지》에 나오는 유비의 의형제이자 촉나라를 세우는 데 큰 공을 세운 명장이다. 나관중의 소설《삼국지연의》에 그의 활약상이 상세하게 묘사돼 있지만, 상당 부분 허구다. 그는 유비와 함께 난세에 활약했고, 형주를 지키다 손권에게 패배해 죽임당했다. 그의 목은 조조에게 전달됐는데, 평소 관우의 용맹을 아꼈던 조조가 성대히 장례를 치러줬다. 관우가 묻힌 곳이 뤄양의 관림이다.

중국에서 사람의 무덤에 '림(林)'을 붙이는 경우는 산둥성 취푸에 있는 공자의 무덤 공림(孔林)과 관우의 무덤뿐이다. 일개 장수의 무덤이 중국 역사에 가장 중요한 영향을 미친 공자와 비견되는 것은 신기한 현상이다.

관우가 이토록 숭배받게 된 이유는 이후의 정치 상황 때문이다. 송나라 때부터 관우는 국가 신으로 모셔졌다. 거란, 여진, 서하, 몽골 등 송나라 때는 유달리 북방 민족의 힘이 강성했다. 특히 금나라에 화북 일대를 빼앗긴 후 관우 숭배는 강화된다. 1095년 철종은 관우를 현렬왕에 봉했고, 휘종이 1102년 충혜왕, 1108년 무안왕, 1123년 의용무안왕, 효종이 1187년 영제왕 등으로 봉하는 등 시간이 갈수록 죽은 관우의 직위는 계속 높아졌다. 이러한 배경에는 촉한 정통론도 있었다. 종래에는 한을 계승한 나라는 조조의 위나라라고 했는데, 송나라 때 위가 아닌 유비의 촉나라라는 주장이 대두됐다. 조조는 제위를 찬탈했고, 한나라의 계승과 부흥을 표방한 유비를 정통으로 본 것이니 이에 따라 자연스럽게 관우의 위상도 높아졌다. 이때부터 관우의 사당이 전국에 지어졌는데, 몽골이 세운 원나라도 관우를 높였다. 1328년 문종은 관우에게 '현령의용무안영제왕(顯靈義勇武安英濟王)'이라는 화려한 봉호를 내렸다.

명나라 때 관우는 재물의 신이 된다. 명청 대에는 산시 상인들이 크게 성공했다. 중국 전역은 물론 몽골, 동남아시아, 심지어 러시아까지 진출했다. 공교롭게도 관우가 산시 출신이었고 이 때문에 관우는 상인들의 신, 재물과 부귀의 신이 된다. 도교의 발전도 한몫했다. 명나라 말기에는 관우가 정식으로 강태공을 밀어내고 무성(武聖)이 됐으니, 문성(文聖)인 공자와 동등한 자리에 오른 것이다.

316

원나라

몽골 제국의 최대 판도

칭기즈 칸은 엄청난 군사적 승리 이후 얻은 광대한 점령지를 아들들에게 나눠 준다. 첫째 아들 조치는 일찍 죽었기 때문에 그의 아들 바투가 남러시아와 키르기스 초원 일대를 받았는데, 이곳은 후일 킵차크한국이 된다. 둘째 차가타이는 중앙아시아를 받아 차가타이한국을 열었고, 셋째 오고타이는 중앙아시아 천산산맥 북부에 오고타이한국을 세운다. 막내 툴루이는 아버지의 영지를 지키고 가문의 화합을 위해 특별히 영토를 상속받지 않았다. 하지만 툴루이 가문에서 몽케와 쿠빌라이가 연이어 칸의 지위를 계승하며 몽골 제국을 이끌게 된다.

　몽케 칸은 티베트와 중국 남부 운남을 공략하는 남방 원정을 주도하면서, 쿠빌라이에게 중국 경략의 포괄적 권한을 하사한다. 동시에 동생 홀라구에게 아바스 왕조 공략을 지시한다. 홀라구는 바그다드를 거점으로 서아시아에서 번성하던 이슬람 왕조 아바스를 멸망시키고, 일한국을 세운다. 남방 원정도 성공적으로 진행돼 남송은 극도로 고립된다. 하지만 이 와중에 원정에 나섰던 몽케 칸이 사천 땅에서 전염병에 걸려 죽고, 몽골 제국은 후계자 분쟁에 휘말린다.

결국 쿠빌라이 칸이 여러 후계자를 물리친 후 칸이 됐고, 이 시점에 오래 항전하던 고려도 쿠빌라이에게 투항해 그의 업적을 빛냈다. 이후 쿠빌라이 칸은 중국 원정에 성공해 남송을 멸망시킨다. 하지만 광대한 영토를 지배하는 여러 칸들 사이에 갈등이 이어지면서 몽골 제국은 해체 위기에 놓인다. 결국 오고타이 가문의 카이두가 여러 한국의 지도자들을 규합했고, 무려 40여 년간 카이두와 쿠빌라이의 끝없는 전쟁이 펼쳐진다.

쿠빌라이 칸은 이를 진압하지만, 그가 세운 원나라는 몽골, 만주, 중앙아시아 일부, 중국을 지배했고 나머지 지역에서는 여러 한국이 독립적으로 발전했다. 내분 탓도 있었지만 단일한 통치가 불가능한 수준의 광활한 영토, 점령 지역의 문화 차이, 유목 민족 특유의 영토 분배 방식 등 여러 요인이 결합된 결과였다.

쿠빌라이 칸은 몽골 제국의 수도 카라코룸을 버리고 오늘날 베이징 일대인 대도에 정착한다. 그는 중국을 정벌하기 전부터 천막이 아닌 성에 거주했고, 중국 문명에 대한 식견이 높았으며, 수많은 한인 엘리트의 지원을 받기도 했다. 하지만 원나라는 기존의 과거제, 관료제 같은 중국적 시스템을 폐지하고 몽골인과 색목인 중심으로 국가를 운영했다. 몽골 제국에서 파생된 원나라는 그 어떤 중국 왕조에 비해서도 국제적인 성격을 띠었다. 특히 이슬람 과학 기술이 전래됐고, 곽수경 같은 뛰어난 과학자가 배출되기도 했다.

317

간디

인도의 사상가이자 독립운동가. 현대 인도의 아버지로 일컬어지는 인물로, 그의 비폭력 사상은 마틴 루서 킹 목사의 흑인 민권 운동을 비롯해 세계적으로 큰 영향을 미쳤다.

간디(1869~1948)는 런던에서 공부한 후 변호사 생활을 시작했다. 1893년 계약 노동자로 일하며 온갖 고초를 겪는 인도인들을 위해 1년간 계약직으로 남아프리카를 방문했으나, 그곳에서 20년간 인도인들을 위한 변호 활동을 펼치게 된다.

그는 1915년 귀국해 인도의 노동 현실 개선을 위해 강력한 활동을 펼쳐나간다. 간디는 억울하게 고통받던 비하르의 동부 참파란 지방 농민들의 요청에 응해, 고율의 소작료로 이득을 챙기던 영국인 지주들과의 싸움에서 승리한다. 비폭력 투쟁을 통한 승리였고, 그는 이를 '사탸그라하(진리를 추구하는 운동)'라고 규정했다. 그는 구자라트의 케다 지방 농민 문제에도 관여해 세금 불납 운동을 통해 저항 운동을 성공적으로 이끈다. 이 시기 그는 라젠드라 프라사드, 사르다르 발라브바이 파텔 이라는 인재들을 만나게 된다. 프라사드는 인도 초대 대통령, 파텔은 부수상을 역임한 현대 인도 건국의 주역들이다.

간디는 금욕주의와 청빈한 삶으로 일관했고, 가난한 옷차림으로 물레질을 하며 일상을 보냈다. 이동할 때는 3등실에서 민중들과 대화를 나눴고, 하층민과도 거리낌이 없었다. 그는 비폭력에 의지한 사탸그라하를 주장했고, 이를 통해 전쟁과 폭력, 식민 지배와 억압 구조를 극복할 수 있다고 믿었다. 제1차 세계 대전 당시 자치와 독립을 염원하며 영국의 전쟁에 적극 협력한 인도인들은 또 한 번 크게 실망한다. 1919년 제정된 인도 통치법은 가혹하기 짝이 없었고, 영국은 인도의 자치를 인정하지 않았기 때문이다. 간디는 인도국민회의에서 절대적 영향력을 행사하면서 본격적인 독립운동에 나선다. 당시 인도 이슬람교의 지도자는 무함마드 알리 진나였는데, 그와의 협상을 통해 힌두교와 이슬람교의 연대를 도모하며 하나의 인도를 만들어가기 위해 진력했다. 하지만 협상은 실패했고, 강력한 힌두교 세력이 주도하는 반영 운동에 이슬람 세력은 적극적으로 참여하지 않았다.

1947년 인도가 독립하지만 결국 간디의 바람과는 다르게 힌두교 중심의 인도와 이슬람이 주도하는 파키스탄으로 분리된다.

318

북유럽 복지 국가

사회 민주주의라는 개념은 독일에서 시작해 북유럽에서 완성됐다. 폭력적인 수단으로 기존 체제를 타도하는 방식을 거부하고, 노동자 스스로 계급 정당을 조직해 평화적으로 의회에 진출해 사회주의적 이상을 달성하고자 한 것이다.

1920년대 이후 북유럽의 사회 민주주의 정당은 계속 제1당의 지위를 유지하며 각양의 개혁 입법을 추진한다. 1930년대 덴마크의 사회민주당은 보수 정당인 자유당과 '칸슬레르가데 타협'을 맺는데 실업보험법, 상해보험법, 국민보험법, 복지법 등 복지 제도 마련에 중요한 합의를 본다. 이 타협안에는 신규 주택 건설, 공공근로 사업 실시 등 복지 제도를 위한 부수적 내용까지 포함돼 있었다. 같은 시기 노르웨이에서는 농민들과의 이익 조정이 중요한 화두였다. 농민을 보호하기 위해 국가 보조금, 농작물에 대한 국가 보증 같은 여러 조치를 실시하고, 자본가와 기업에 대한 규제를 강화하는 등 노동자와 농민의 연대를 통해 사회 보호를 강화하는 합의에 도달한다. 스웨덴도 재무 장관 에른스트 비그포르스의 주도 아래, 농민당과의 담판에 성공한다. 보호 무역을 통한 농민들의 이권 보호, 정부의 적극적 경제 개입, 노동자의 일자리와 임금 보장에 대한 합의가 이뤄진 것이다. 이른바 '적녹 연합'인데 적색은 사회민주당, 녹색은 농민당을 상징해 붙여진 별칭이다.

노동자 계급 정당인 사회민주당과 여타 민중의 이익을 대변하는 농민당, 중간당 등의 연합은 북유럽 정치 지형도를 크게 바꿔놓았다. 노동자, 농민 같은 일반 국민의 입장이 정부 정책에 우선적으로 반영될 수 있었기 때문이다. 1938년 스웨덴에서는 살트셰바덴 협약이 맺어지는데, 스웨덴의 기업인연합(SAF)과 노동조합 총연맹(LO)이 협상 파트너가 돼 자율적인 노사 관계를 구축하겠다고 선언했다. 사회민주당이 주도하는 개혁 정책에 힘입어, 기업인을 비롯한 자본가들이 종래의 보수 정당이 아닌 사회민주당의 지배 체제를 인정하고, 동시에 노동자와 연대하는 새로운 파트너십을 구축하기에 이른 것이다.

1950년대 이후 북유럽의 사회민주당은 국민 정당으로 거듭난다. 계급 문제가 일단락된 만큼 모든 국가 구성원의 복리 향상을 위한 정책을 추진했고, 무엇보다 '예방적 사회 정책'에 매진했다. 뮈르달 부부의 〈인구 문제의 위기〉라는 논문도 발표되는데, 이는 사회의 변화상을 예측하고 사전에 대응하는 정책 시스템을 구축하는 토대가 됐다.

319 삼국지와 수호지

중국 명나라 때 고전 문학의 완성이 이뤄진다. '4대 기서'라고 불리는《삼국지연의》,《수호지》,《서유기》,《금병매》가 모두 이때 등장했기 때문이다. 그중《삼국지연의》는 역사 소설,《수호지》는 영웅 전기를 대표하는 작품이다.

《삼국지》는 조조, 유비, 손권이 삼국을 정립해 쟁패를 벌이는 가운데, 제갈량, 주유, 관우 같은 탁월한 인재들이 기량을 뽐내지만 누구도 천하를 제패하지 못한다는 이야기로, 오랫동안 중국인들에게 사랑받아왔다. 이미 수나라 때부터 조조, 유비와 관련된 공연이 행해졌고, 원나라 때는 40~50여 종의 잡극이 존재할 정도였다.

《삼국지연의》가《삼국지》를 다룬 최초의 문학 작품은 아니다. 원나라 때《삼국지 평화》라는 작품이 정식으로 인쇄, 출판됐기 때문이다. 하지만《삼국지 평화》는 8만 자 정도 되는 단권 분량이었고, 진수의《정사 삼국지》, 배송지의《삼국지 주해본》등 역사책과 다양한 자료를 참고하여 75만 자에 달하게 쓴 것이 대하소설《삼국지연의》였다. 나관중의 엄청난 문학적 성취로, 70%가 사실이고, 30%는 허구인 '연의 소설'의 모범을 제시했다.

《수호지》의 경우 저자에 대한 논란이 있는데, 나관중이 썼다고도 한다.《수호지》는 영웅의 일대기를 묶은 것으로, 송강, 양지, 무송, 임충, 노지심 등 여러 호걸이 양산으로 모여드는 내용이다. 모여서 무엇을 하는지보다 각 영웅의 개인적인 일화들이 흥미롭다.

《수호지》도 오랜 세월에 걸쳐 등장한 작품이다. 송강이라는 영웅은 실제 북송 말에 농민 봉기를 이끌던 인물이다. 원나라 때 잡극 주제로 다뤄지기도 했는데, 송나라와 원나라를 거치면서 다양한 인물의 이야기, 각양의 민중 문화, 이를 주제로 삼았던 당시 문화 예술인들의 노력이 결합한 산물이《수호지》다.

320

대학

동서양 대학 문화에는 근본적인 차이가 있다. 중국을 중심으로 한 동아시아의 최고 교육 기관은 왕이 관료를 양성하기 위해 만든 국가 기관이었다. 중국 한나라 때부터 태학, 국자감 등의 이름으로 최고 교육 기관이 만들어지기 시작했는데, 한반도나 베트남에도 유사한 이름의 기관이 순차적으로 탄생했다. 이들 교육 기관은 과거 시험과 궤를 같이한다. 유교 경전과 한문학에 정통해야 입학할 수 있고, 입학한 이들이 과거 시험을 본 후 관료가 되거나 관료가 입학해 일정 기간 공부하는 방식으로 운영됐다. 따라서 지적 세계는 관료들이 독점했고, 이는 근대 개항기 이전까지 계속된다.

서양의 대학은 조합이었고, 중세 전성기에 출현했다. 중세 유럽에는 교회, 수도원 등 지적 요람 역할을 하는 다양한 기관이 있었다. 그럼에도 불구하고 대학이 별도로 출현했고, 학교마다 운영 방식에 차이를 보이는 등 한층 자율적으로 성장했다. 파리 대학 등은 교수 조합으로, 말 그대로 가르치려는 사람들이 단체를 결성해 학생을 모집하는 방식이었다. 이에 반해 볼로냐 대학 등은 학생 조합으로 운영됐는데, 학생들이 운영비를 내고 교수를 초빙하는 방식이었다. 파리 대학을 중심으로 한 북유럽, 볼로냐 대학을 중심으로 한 남유럽의 대학 전통이 만들어진 것이다. 재정적으로 어려워 도시 구석의 사창가 2층 건물에 입주하기도 했다. 동양의 교육 기관이 관청과 같은 모습이라면, 서양의 대학은 도시 구석구석에 여러 건물에 나뉘어 있는 이유가 이 때문이다.

13세기에 대학은 대표적 고등 교육 기관으로 명성을 떨치기 시작한다. 볼로냐 대학은 법학으로 유명했고, 파리 대학은 저명한 신학 연구 기관이었다. 옥스퍼드, 케임브리지, 몽펠리에, 살라망카, 나폴리같이 유명한 기관들이 전 유럽에 만들어졌고, 인문학을 가르치는 학부, 법학, 의학, 신학 전공 과정이 있었다. 현재의 대학 학제가 여기에서 기원한다. 파리 대학에는 매년 7,000명, 옥스퍼드에는 2,000명 정도의 학생이 다녔고, 양피지에 필사한 책을 통째로 암기하거나 공개 토론을 통해 복잡하고 추상적인 논변 방식을 익혀야 했다.

321
나스카 라인

라틴아메리카는 마야, 아즈텍, 잉카 문명으로 유명하다. 아즈텍과 마야 문명이 중앙아메리카에서 번성했다면, 잉카 문명은 남아메리카의 안데스 고원에서 번성했다. 하지만 이러한 문명 이전에도 여러 문명이 번성했다.

1930년 항공기 조종사들은 나스카 사막에서 수많은 문양을 발견한다. 거대한 사막 평원에 새, 원숭이, 거미부터 기하학 도형, 심지어 외계인처럼 보이는 인물상까지 100여 개의 그림이 바닥에 새겨져 있던 것이다. 표면의 검은 돌을 들어낸 후 막대기와 손을 사용해 30cm 정도의 깊이로 땅을 판 것으로, 길이가 4m에서 10km에 달할 정도였다. 사막에서 보면 그저 수많은 선에 불과하고 하늘에서 봐야 비로소 제대로 된 모습을 확인할 수 있기에 이를 두고 온갖 추측이 난무했다. 기원전 8세기 정도에 번성한 나스카인들의 도자기, 직조 문양과 일치하는 것들이 많았기 때문에 나스카 문명의 성과 정도로 해석한다.

고도 2,400m의 안데스 고원에 위치한 마추 픽추, 멕시코 중부 고원에서 아즈텍 제국 이전에 등장한 테오티우아칸 문명에서 만든 달의 피라미드, 마야 문명의 피라미드 신전, 모아이 섬의 거석 등 라틴아메리카의 고대 문명에 대한 관심과 각양의 해석은 여전히 뜨겁다.

322

전시 성폭력

무엇보다 심한 것은 남편이 나에게 요구할 때마다 그 감각이 되살아나는 것입니다. 일본인이 한 짓 때문에 나는 지금까지 한 번도 성관계를 즐겁다고 생각한 적이 없습니다.
(…) 아직도 사회는 우리를 경멸하고 있습니다.

일본 제국주의 시대 전시 성폭력 피해자 일본군 위안부들의 회고다. 제국주의, 파시즘, 군국주의, 군사 독재 등 잘못된 국가 권력에 의한 국가 폭력, 전쟁, 내전, 학살 등으로 인한 전시 폭력은 20세기 인류사의 심각한 독버섯이다.

전쟁은 교전 과정에서 수많은 사상자를 쏟아내지만, 점령지에서의 폭력도 그에 못지않게 끔찍하다. 무엇보다 여성들이 큰 피해를 본다. 일본 제국주의는 병사들의 사기 독려를 위해 국가가 주도해 위안소라는 성적 착취 기구를 만들어서 운영했고, 식민지 혹은 점령지에서 여성들을 강제 동원해 성노예 생활을 강요했다.

이런 문제는 제2차 세계 대전 이후에도 지속적으로 반복되고 있다. 1990년대 초반 발칸반도에서 일어난 보스니아 내전 당시 세르비아인들에 의한 집단 성폭력은 세계를 충격으로 몰아넣었다. '카라만의 집'을 비롯한 강간 수용소를 만들고, 보스니아인 여성 포로들을 강제로 끌고 와 끔찍한 집단 성폭력을 자행했다. 피해자 중에는 14세 미만의 어린아이들도 있었다. 이곳에는 이슬람 여성들이 끌려오기도 했다.

콩고 내전은 아프리카 여성들에게 치유할 수 없는 상처를 남겼다. 1990년대 이후 콩고의 내전 문제는 해결의 기미를 보이지 않는다. 1990년대 후반부터 2000년대 초반까지 두 차례 대규모 전쟁이 벌어졌고, 여전히 각양의 문제가 발생하고 있다. 사회 질서가 안정을 찾지 못하는 상황에서 콩고 여성에 대한 성폭력이 광범위하게 이뤄지고 있다. 여성들은 정상적인 교육을 받지 못해 대부분 농촌에서 농부로 살고 있으며, 성폭력을 당하면 피해자임에도 불구하고 남편에게 박대를 당하는 등 2차, 3차 가해를 당한다. 성폭력은 단순히 육체적 고통의 문제로 끝나지 않는다. 평생을 각종 트라우마에 시달리며 끝없는 고통을 감당해야 한다.

323

사성제

삼법인과 더불어 사성제 또한 불교의 핵심 교의다. 사성제는 영원히 변하지 않는 네 가지 성스러운 진리를 뜻하는데, '고집멸도', 즉 고제(苦諦), 집제(集諦), 멸제(滅諦), 도제(道諦)를 말한다. 이는 네 가지 인간 세상의 본질에 관한 불교 고유의 성찰로, 첫째 고(성)제는 현실 세계의 본질이자 결과를 의미한다. '현실은 고통스럽다', '현실은 괴로움 그 자체다'라는 의미로 이해하면 좋다. 인간은 왜 고통스러울까. 대표적으로 생로병사(生老病死)라는 사고(四苦, 네 가지 고통) 때문이다. 태어나기 때문에 고통스러울 수밖에 없고, 원치 않더라도 늙고 병들고 결국에는 허망하게 죽는 것이 인생사의 본질이다. 이에 더해 사랑하는 사람과 헤어지는 고통, 미워하는 사람과 만나는 고통, 구하는 것을 얻지 못하는 고통, 존재 자체에서 생기는 고통 등 각양의 번뇌가 존재한다.

둘째, 집(성)제는 고통의 본질이자 원인에 대한 진리다. 인간은 왜 무언가에 집착할까. 무명(無明)과 애욕(愛慾) 때문이다. 무명은 무지함을 말하는데, 무엇에 집착해야 할지 모른다는 것이다. 근원적인 것들이 아닌 큰 집, 빠른 차, 예쁜 여자, 멋진 남자 같은 쓸데없는 것들에 집착하며 고통을 배가한다. 욕망도 문제다. 뭐가 중요한지 알아도 당장 눈에 보이는 것만 추구하기에 문제가 발생한다는 것이다. 사물이 변한다는 사실을 깨닫지 못하고, 집착하고, 만족하지 못하고, 이루지도 못하는 것이 인간 세상의 본질이라는 말이다. 불교는 세 가지 욕망을 지적한다. 감각적 쾌락을 추구하는 욕망, 오래 살고 싶어 하는 욕망, 죽은 후에 허무로 돌아가고 싶어 하는 욕망이 그것이다.

셋째, 멸(성)제는 고통의 소멸에 대한 진리다. 욕망을 없애고, 온갖 번뇌를 일으키는 모든 것을 버리면 궁극에 '해탈'이라는 큰 '깨달음'에 이른다. 열반은 산스크리트어로 '니르바나'로, '훅 불어서 끄다'라는 뜻이다.

넷째, 도(성)제는 해탈과 열반에 이르기 위해 노력해야 하는 수행의 길을 의미한다. 붓다는 쾌락의 극단과 고행의 극단을 모두 경험했다. 그리고 쾌락도, 고행도 열반을 이루는 데 도움이 안 된다는 결론에 도달했다. 지나치게 쾌락적인 생활과 극단적인 고행에 반대하면서 육신과 정신의 조화를 도모하는 태도를 중요시하는 것이 바로 '중도'다.

324

장거정

명나라의 재상. 송나라의 왕안석과 더불어 중국 역사 최고의 개혁가로 평가받는 인물이다. 그는 목종이 즉위할 때 내각대학사가 됐고, 다음 황제인 만력제 10년까지 장장 16년간 황제의 신임을 바탕으로 강력한 개혁 정책을 추진했다. 장거정(1525~1582)은 불필요한 관직을 없애고, 고성법을 실시해 관리의 근무를 꼼꼼히 평가하는 등 체계적인 행정 개혁에 성공했고, 반계순을 시켜 황허, 대운하 같은 핵심 운송 루트를 개선했다. 무엇보다 엄청난 반대에도 불구하고 전국적인 토지 조사 사업을 실시했다. 이를 '토지 장량'이라 부르는데, 기존의 30%가 넘는 새로운 경지가 국가의 관리 아래 들어오게 된다. 동시에 '일조편법'이라는 새로운 조세 제도를 실시하는데, 이 또한 혁신적이었다. 이전까지 각종 번잡한 세금 제도가 백성들을 괴롭혔는데, 세목을 단일화하고 은을 기준으로 세금을 거뒀다. 따라서 조세 수취는 간소하고 효율적으로 이뤄졌고, 합리적인 세금이 부과되면서 백성들의 삶이 안정됐다. 그가 죽을 때 정부의 창고에는 10년 치 양식이 쌓여 있었고, 국고에는 400만 냥이 넘는 잉여금이 있었다.

장거정은 대외 정책에서도 탁월했다. 사실 명나라는 '북로남왜', 즉 오랜 기간 북으로는 몽골, 남으로는 왜구 때문에 골치를 썩고 있었다. 3대 황제 영락제의 강력한 해외 원정의 성과는 옛말이었고, 위아래로 수차례 위기를 겪었기 때문에 만리장성을 새롭게 돌로 쌓기까지 했다. 장거정은 이성량, 척계광 같은 명장들을 중용했다. 척계광은 구하기 쉬운 등나무를 활용해 단단한 방패를 만들었고, 왜구의 장검에 대항하기 위해 당파(삼지창) 같은 무기를 활용하는 전법을 개발했다. 그는 '척가군'이라는 군대를 이끌면서 왜구의 지긋지긋한 침탈을 막아내는 데 성공한다. 이성량은 요동 일대에서 북방 민족의 도발을 막아냈다.

하지만 장거정이 주도한 개혁은 그가 죽은 후 무너진다. 그는 독단적으로 국정을 운영하는 경향이 강했고 반대파와 타협하지 않았는데, 결국 반대파에서 이를 끝까지 문제를 삼았기 때문에 사후 삭탈관직 등 온갖 모욕을 당했다. 또 당시 황제였던 만력제는 무능하며 태만하기 그지없었다. 장거정이 죽은 후 만력제는 국가 예산을 남용했다. 황자의 결혼 비용으로 2,400만 냥의 은을 썼는데, 당시 국가 1년 수입을 넘는 액수였다. 또 영하(오늘날 닝샤 후이족 자치구)에서 일어난 보바이의 반란, 파주(오늘날 구이저우성)에서의 양응룡의 난, 조선에서의 임진왜란 등을 진압하면서 단숨에 국가 재정이 파탄의 지경에 이르고 만다.

325

스파르타쿠스

로마 노예 반란의 주역. 검투사 출신으로, 도망 노예들을 규합해 로마 제국을 위협했다. 스파르타쿠스(기원전 약 111~기원전 71) 이전에도 노예 반란은 수차례 있었다. 기원전 134년에는 무려 7만여 명의 노예가 시칠리아에서 반란을 일으켜 로마군을 격퇴했다. 스파르타쿠스는 여러 동료와 함께 나폴리 근처 베수비오산으로 탈출하는 데 성공했고, 이곳을 근거지로 수많은 노예를 끌어들여 강성한 세력으로 발전했다. 기원전 73년부터 71년까지 약 2년 동안 수차례 로마의 정예 부대와 싸워 이겼고, 이탈리아반도의 남부 지대를 장악했다. 하지만 모든 노예 반란이 그렇듯 결국 로마 군대에 진압당했는데, 포로만 6,000여 명이었다. 이들은 카푸아에서 로마에 이르는 약 200km의 거리에서 십자가 형틀에 매달려 죽었다.

공교롭게도 스파르타쿠스는 근대 사회주의 운동이 발전하는 과정에서 재해석됐다. 마르크스는 고대 그리스 로마 사회를 노예제 사회로 규정했고, 노예 제도라는 극단적 억압에 저항한 스파르타쿠스는 다양한 이들에 의해 매혹적으로 재해석됐다. 제1차 세계 대전 당시 카를 리프크네히트, 로자 룩셈부르크 등은 스파르타쿠스단을 조직한다. 이들은 독일 사회민주당의 극좌파 세력이었다. 전쟁을 반대하고 사회주의 혁명을 꿈꿨으며, 갈수록 개량적인 태도를 보이는 사회민주당에서 탈퇴해 독일 공산당을 만든 후 베를린에서 체제 전복을 시도했지만 실패했다. 카를 리프크네히트와 로자 룩셈부르크는 체포돼 재판을 거치지 않고 인근 운하 근처에서 임의로 처형당했다.

스파르타쿠스뿐 아니라 종교 개혁기 독일 농민 전쟁 역시 사회주의자들에게는 흥미로운 소재였다. 1525년 독일 농민들이 영주들에게 반란을 일으켰다. 토마스 뮌처 같은 급진파 개혁가는 종교 개혁을 넘어 사회 혁명에 준하는 변화를 원했고, 반란은 독일 전역으로 확대됐다. 하지만 영주들뿐 아니라 종교 개혁을 주도하던 마르틴 루터 역시 농민 전쟁을 반대하고 적극적 진압을 요청할 정도였다. 결국 10만 명 이상이 목숨을 잃었고, 농민 전쟁은 실패한다. 마르크스는 〈독일 농민 전쟁〉이라는 논문에서, 뮌처와 농민 전쟁을 사회주의 혁명의 원초적 형태 혹은 아래로부터의 개혁 정도로 해석했는데 많은 역사가가 영향을 받았다.

326   금병매와 서유기

명나라 때 쓰인 중국의 대표적 소설.《금병매》는 염정 소설,《서유기》는 신마 소설로 분류된다.《금병매》는 '난릉소소생'이라는 필명을 가진 작가의 작품으로, 아직까지도 저자가 누구인지 정확히 모른다.《금병매》는 언뜻 보면 통속적인 성애 소설 같다. 남자 주인공 서문경은 여러 여성과 어울렸는데, 특히 반금련, 이병아, 춘매라는 여성을 좋아했다. 소설 제목도 이 여성들의 이름을 따서 지어졌다. 서문경이 돈으로 관직을 사고, 온갖 나쁜 짓과 음란한 행동을 하다 결국 파국적인 결말을 맞이한다는 내용인데, 배경은 송나라지만 당시 명나라의 사회 현실을 적나라하게 풍자한 작품이다. 치밀한 심리 묘사, 개성 있는 인물에 대한 섬세한 표현, 고도의 상업 문화의 발달, 돈이 최고인 세상에서 벌어지는 암울한 현실과 무의미한 성적 향연 등이 촘촘히 펼쳐진다.

《서유기》는 원나라 때 구처기라는 도사가 지었다고 알려졌지만, 명나라 때 오승은이 지은 작품으로 판명 났다. 손오공, 저팔계, 사오정, 삼장 법사는 41번 마귀와의 싸움에서 이기고, 81번의 고난을 극복한다. 결국 경전을 구하고, 일행 모두가 깨달음을 얻은 것은 물론 삼장 법사를 태운 말 역시 큰 깨달음을 얻어 용이 되었다.《서유기》에는 코끼리 요괴, 사자 마귀, 쥐 요괴, 거미 요괴 등 각양의 요괴가 등장한다. 800리나 불길을 뿜어내 주변에 풀 한 포기 자라지 못하게 하는 화염산, 냄새만 맡아도 360세를 살 수 있는 갓난아기 모습의 인삼, 용왕이 바다를 다스릴 때 쓰던 손오공의 여의금고봉 등 각양의 상상력이 작가의 필체를 통해 구현됐다. 관음보살에게는 "천하에 둘도 없는 노처녀", 석가여래에게는 "요괴의 생질"이라며 농담하고, 주자국에 가서는 말의 오줌으로 약을 만들어 왕의 병을 치료하기도 했다. 손오공은 재기 발랄하고, 저팔계는 우둔한데, 이들이 펼치는 모험담은 유쾌하기 짝이 없다.

《서유기》에 대한 평가는 다양하다. 옥황상제, 요괴, 마귀 등을 부패하고 타락한 관리, 악독한 지주 등에 비유하며 현실 풍자적인 작품으로 해석하기도 하고, 한편에서는 현실에 대한 냉소주의적 작품, 작가의 지적인 유희에 불과한 작품 등으로 보기도 한다.

327

여아 살해

> 강남에서 남편은 가족이 아무리 굶더라도 다른 사람들 앞에서 멋있게 보여야
> 한다. 그는 자신의 사치 때문에 아내와 자식들이 굶주림과 추위에 떨더라도
> 타는 마차나 입는 의복에 인색하지 않다.
> 화북에서는 보통 아내가 집안일을 관장한다. 그녀는 좋은 의복과 값비싼 보석
> 에 돈을 낭비하지 않는다. 남편은 늙은 말이나 병약한 하인으로 만족해야 한
> 다. 남편과 아내 사이의 전통적 차이점은 찾아보기 어려우며, 남편은 가끔 모
> 욕도 참아야 한다.
>
> — 안지추,《안씨가훈》

《안씨가훈》은 중국의 대분열기인 위진 남북조 시대를 배경으로 한다. 양쯔강
이남 강남 지역에서는 기존의 유교 문화가 굳건했다면, 북방 민족이 남하한 화북
지역에는 여성에게 상당한 자유와 권리가 주어졌음을 기록한 것이다. 이러한 기풍
은 당나라 때까지 어느 정도 유지됐다. 하지만 유교적 가치를 강조하는 송나라, 명
나라가 등장하면서 여성 억압은 한층 강화된다. 《안씨가훈》을 쓴 안지추는 '여아
살해'에 대한 기록도 남겼다.

> 나에게 먼 친척이 있는데, 그에게는 첩들이 많았다. 이들이 장차 해산할 때가
> 되면 하인을 보내 지키도록 했다. 진통이 시작되자마자 하인들은 문밖에서 기
> 다리며 창문을 통해서 엿봤다. 여아를 낳으면 즉시 움켜쥐고 가버렸다. 이에
> 모친은 통곡을 하지만, 누구도 구해주지 않았다. 누구라도 차마 그 소리를 듣
> 지 못할 것이다.

안지추는 이를 격렬히 비난했지만, 가문의 번성을 위해 여아를 살해하거나 수
절하는 여성에게 자결을 강요하는 등 끔찍한 여성 학대는 빈번했다. 12세기 이후
에는 첩을 두는 풍습이 확산되는데, 그만큼 여성 매매도 활발해졌다. 인신 매매업
자의 불법 행위는 물론, 돈을 받고 자신의 딸을 팔거나 심지어 아내를 팔아 돈을
버는 남성이 있을 정도였다. 인류사에서 여성 인권은 일반적으로 무시되었고, 문
명이 발전한 곳에서 오히려 강력한 여성 혐오 문화가 등장하기도 한다.

328

음식사

화려한 레스토랑, 순서대로 나오는 메뉴, 특별한 요리. 이러한 것들은 19세기 산업화에 따른 유럽 부르주아 문화에서 기인한다. 1835년 미식 평론가 장 앙텔름 브리야사바랭은《미각의 생리학》이라는 책을 썼고, 이때쯤 근사하고 맛있게 음식을 즐기는 현대적 미식 문화가 본격화된다. 프랑스에서 고급 레스토랑의 수준을 결정짓는 기준은 와인이었다. 고급스럽고 다양한 와인을 얼마나 보유하는가가 중요했고, 당시 인기를 끌었던 〈식도락 연감〉에는 레스토랑마다 보유한 와인의 가격과 정보가 상세하게 실려 있었다. '프로방스의 세 형제'라는 유명한 레스토랑에는 샤토 마고 677병, 생테밀리옹과 메도크 898병, 포르투와 헤레스 와인 332병, 말라가 와인 148병을 보유하고 있었다.

특별한 저녁 식사는 산업 성장으로 나날이 의미를 더했다. 전기의 등장으로 밤거리가 화려해졌고, 교통의 발달로 사람의 이동은 물론 지역 특산물도 신선도를 유지한 채 빠르게 배송될 수 있었다. 늦은 저녁 식사에 포르투갈산 굴로 입맛을 돋운 후, 아르헨티나나 우루과이에서 냉동으로 배송된 소고기를 먹고, 후식으로 바나나를 먹는 식사가 가능했던 것이다. 한 번에 100여 가지의 음식을 함께 차려놓고 식사하는 뷔페도 이때 등장한다. 유명한 요리사는 자신의 이름을 건 레스토랑을 열었는데, 알렉시 발렌 같은 인물들이 유명했다. 파이, 과자 같은 디저트류가 이때 대거 등장했다.

한편 화학의 발전도 이 시기 음식사에서 큰 역할을 했다. 영양소를 분류하고, 영양 섭취를 위한 여러 식습관을 제안하는 것은 물론 아예 영양에 도움이 되는 화학 요소를 추출한 새로운 음식이 등장하기도 했다. 마가린, 면실유, 옥수수 술, 사카린 같은 것이 대표적인 발명품이었다. 버터, 올리브유, 코냑 같은 비싼 재료의 영양소만 섭취하겠다는 발상이었다. 화학 제품의 등장은 사고를 일으키기도 했다. 초콜릿에 산화철을 넣거나 밀가루에 석회를 섞어 색을 돋보이게 했는데, 1856년에 소금에 섞은 요오드와 비소로 인해 400여 명이 집단 사망하는 사건이 프랑스 마른에서 벌어지기도 했다.

흥미로운 것은 '병조림'이 상류층 사이에서 큰 인기를 끌었다는 점이다. 통조림은 니콜라 아페르가 음식을 오래 보관하기 위해 개발했는데, 신선 식품에 비해 훨씬 비쌌고 상류층의 모임에서 병조림류가 주를 이룰 정도였다.

329

피사

피사의 두오모 광장

10세기 이후 이탈리아반도에는 아말피, 피사, 제노바, 베네치아 등의 도시 국가가 성장하고 있었다. 이들은 아드리아해, 티레니아해, 이오니아해 등 이탈리아반도 일대의 바다를 이용해 적극적으로 지중해 무역을 했다. 코무네 중심으로 도시 국가를 운영했는데, 함선을 만들어 이슬람 해적과 싸우면서 영향력을 확대해나갔다. 비잔틴 제국에서 이탈리아반도, 서유럽, 북유럽으로 이어지는 동방 무역에 더해 십자군 운동까지 일어나자 지중해 무역은 한층 활발해졌고, 이탈리아의 도시 국가도 크게 성장한다.

이 시기 눈에 띄게 발전한 도시 국가는 아말피 공국과 피사 공화국이었다. 아말피 공국은 유럽 최초로 나침반을 사용했다. 《아말피 법전》도 편찬했는데, 이는 오늘날 해상법의 기원이 됐다. 아말피 공국은 오스티아 전투에서 이슬람 해적들을 무찔렀고, 타리(tari)라는 화폐를 발행해 지중해 화폐 경제에서 중요한 역할을 했다. 하지만 노르만 세력에게 공격당하면서 자치권을 잃었고, 여타 도시 국가들과의 경쟁에서 밀린다. 결국 1135년과 1137년에 피사 공화국 함대에 공격받아 무너진다.

피사 공화국은 이탈리아 서북부 토스카나 일대에서 흥기했다. 1016년 제노바 공화국과 연합해 이슬람 해적을 무찔렀고, 사르데냐섬과 티레니아해의 제해권을 장악한다. 피사의 사탑으로 유명한 두오모 광장은 이때 만들어졌다. 피사 공화국은 십자군 원정에 함대를 지원했고, 1099년 예루살렘 공성전에서도 공을 세웠다. 비잔틴 제국과 긴밀한 관계였으나, 1290년 제노바 공화국의 함대가 피사를 점령하면서 역사 속으로 사라진다.

330

굽타 왕조

아잔타 석굴 사원. 〈파드마 파니 보살〉

320년부터 550년까지 북인도를 통일했던 왕조. 굽타 왕조는 찬드라굽타 1세가 갠지스강에 세웠고, 찬드라굽타 2세 때 전성기를 맞이한다. 굽타 왕조 때 힌두교가 발전한다. 기존의 브라만교와 각양의 민간 신앙이 결합되면서 독특한 다신교 신앙이 등장한 것이다.

힌두교를 어떻게 설명할지를 두고는 논란이 많다. 체계적인 교리와 예식 혹은 유일신 신앙 같은 통상의 종교학적 기준으로 설명할 수 없기 때문이다. 시바 신을 숭배하고, 갠지스강을 신성하게 여기는 등 여러 특징이 존재하지만, 그러한 설명을 뛰어넘는 다양한 신들과 신앙 행위가 존재한다. 체계적인 교리는 없지만, 현재까지도 인도인들의 생활을 지배하고 있으며, 카스트 제도도 중요하게 여겨진다. 이 시기 불교는 쇠퇴기에 들어서지만, 날란다 사원을 중심으로 학문적 성취를 이뤄내기도 했다. 날란다 사원은 일종의 불교 대학으로, 중국의 고승 현장과 의정도 이곳에서 배움을 구했다.

아잔타 석굴 사원, 엘로라 석굴 사원의 불상과 벽화는 예술사적 가치가 지극히 높다. 굽타 왕조 때 인도의 자연 과학은 중요한 전기를 맞이한다. 지구 구형설, 지구 자전설, 10진법, 0이라는 개념의 발견, 원주율 계산법 등 과학사에서 중요한 성과가 이 시기에 집중적으로 일어난다.

산스크리트어가 발전했고, 《샤쿤탈라》 같은 고전 문학도 완성됐다. 《마하바라타》, 《라마야나》, 특히 《마누 법전》 같은 인도의 전설과 여러 가르침을 담은 중요 문헌도 이때 만들어졌다.

331

프로이트

지그문트 프로이트(1856~1939)는 정신 분석학의 창시자이자, 20세기 현대사에 가장 큰 영향력을 행사한 지성인으로 평가받는다. 프로이트는 '이성과 의식에 기초한 자아'라는 관념을 박살 낸다. 인간의 의식은 무의식의 수면 위에 떠오른 부분에 불과하다. 우리는 의식하는 것보다 의식하지 못하는 것이 많으며, 의식 대부분은 무의식에 의지한다.

이성 역시 이드(id), 자아, 초자아 같은 좀 더 복합적인 산물의 결과이거나 부분이다. 프로이트는 이드란 "유전돼 출생 때부터 가지고 있고, 구조적으로 확정된 것 모두"라고 설명한다. 사람의 정신은 신체와 경험에 의지해 언제나 불완전한 상태에 머물러 있다. 프로이트가 보기에 '자아'란 이러한 '이드'와 외부로부터 밀려오는 '자극'의 상호 작용 가운데 형성된 '정신적 영역'이다. 종래의 서양 철학이 이성과 감각을 강조했다면 프로이트에게 감각은 신체의 부산물이며, 이성도 정신적 영역의 일부, 즉 자아의 일부에 불과하다고 봤다. 그런데 이것들도 신체라는 전체, 즉 이드, 자아, 초자아를 포함한 정신이라는 전체의 일부에 불과하다. 초자아는 '다른 사람으로부터 넘겨받은 과거의 영향'인데 다시 말해 부모, 가족, 인종, 민족 전통, 국가 교육, 공공의 모범, 사회의 도덕률 같은 것으로 이 또한 인간에게 강한 영향력을 행사한다.

사람의 정신은 신체와 경험에 의지해 언제나 불완전한 상태에 머물러 있다. 내부적으로 이드, 자아 같은 주체적 요소를 부정할 수 없지만, 태어날 때부터 부모의 영향을 비롯한 각양의 외적인 것들에 종속된다. '나는 나다. 나는 주체적이고 나는 그 자체로 완전하다.' 이런 식의 생각은 프로이트가 보기에 완벽하게 틀렸다. 사람들은 고정 관념에 붙들려 살고, 어린 시절 받은 상처에서 헤어나지 못하며, 그럼에도 불구하고 주체적으로 사고하고 행동해야 하는 복잡한 상황에 놓여 있는 것이다.

프로이트의 연구는 심리 치료라는 신기원을 열었다. 이전까지 인간은 종교적, 도덕적, 이성적 노력을 통해 자신을 완성해가는 존재였다. 하지만 프로이트의 관점에 따르면 인간은 무의식의 영향을 받으며, 어릴 적 부모로부터 받은 억압 기제에 짓눌려 있는 존재다. 따라서 인식하지 못하는 것들을 인식하고, 억압하는 요소로부터 자유로워지는 가운데 온전한 자아를 찾아가는 과정이 중요하다.

332

수도원 운동

중세 유럽에서 가톨릭교회는 종교적이면서 정치적인 조직이었다. 황제나 왕은 성직 임명권, 즉 자신의 영지에 있는 주교들의 임명권을 장악하고자 했고, 영주들은 장자를 제외한 일가친척을 영지 교회의 주교로 임명했다. 이러한 교회의 세속화에 문제의식을 지니는 이들이 많았다. 이들은 로마 시대부터 발전한 수도원 운동에서 해답을 구했다. 수도원은 말 그대로 세속과 거리를 두고 신앙생활에 집중하는 선별된 수도자들의 공동체였다. 서유럽의 수도원은 성 베네딕토가 설립한 몬테카시노 수도원에 기원을 둔다. 청빈과 정결을 중요하게 여겼으며, 수도사가 된 이상 귀족, 노예 같은 신분제적 생각도 버려야 했다. 동시에 수도원의 계율과 수도원장에 대한 복종을 강조했고, 학문과 노동을 중요하게 여겼다. 문화를 보존하고 가난한 자를 구제하며, 건강한 노동 문화를 통해 농업 생산력을 유지하는 등 중세 혼란기에 여러 중요한 역할을 담당했다.

10세기에 수도원은 교회 개혁의 중심지로 부상하는데, 클뤼니 수도원이 대표적이었다. 클뤼니 수도원은 910년 부르고뉴 지방에서 시작돼, 1049년에는 교세를 확장해 전 유럽에 67개의 산하 수도원을 설립한다. 높은 영적 수준과 깊은 기도 생활로 유명했는데, 영주의 성직 임명권을 거부하고 교황과 수도원장에게 복종했다. 수도원장은 수도사들이 뽑았고, 베네딕트 서약에 따라 엄격한 생활을 했으며, 성직 매매와 성직자의 결혼을 철저히 반대했다. 이들의 개혁적 태도는 전 유럽에서 크게 환영받았으며, 급기야 클뤼니 수도원 출신 교황을 배출하기도 했다. 그레고리우스 7세가 대표적이다. 그는 교회에 대한 세속 권력의 영향력을 완전히 배제하려 했고, 결국 황제 하인리히 4세와 충돌한다. 그레고리우스 7세는 하인리히 4세를 파문했고, 결국 1077년 하인리히 4세는 이탈리아의 카노사까지 직접 찾아와 공개적으로 회개했다. 이를 '카노사의 굴욕'이라 한다.

수도원 운동의 발전은 예상치 못한 결과를 몰고 왔다. 교황권이 강력해졌고, 교황이 세속 권력을 압도하는 현상이 벌어졌기 때문이다. 프란체스코 수도회 등 수도원 운동은 본연의 가치를 유지하면서 번성했지만, 강력해진 교황권은 십자군 운동, 종교 개혁 등 여러 사건의 원인이 되었다.

333

두공

중국을 중심으로 한 동아시아의 건축은 기단(건축물의 터를 반듯하게 다듬은 후 터보다 한 층 높게 쌓은 단), 몸체, 지붕의 3층 구조를 띤다. 기둥으로 몸체를 세우고 가로로 들보, 창방 등을 연결하는데, 복잡한 건축 방식에 따라 지붕까지 피라미드 형태로 목조의 골격이 올라간다. 두껍고 단단한 목재의 수준이 건물의 수준을 결정한다. 지붕은 기와로 만드는데, 기와는 흙을 불에 구워 만든다. 동아시아 건축에서 지붕의 의미는 각별하다. 웅장함 같은 건물 전체의 위상이 지붕에 집중돼 있기 때문이다. 황색이나 청색 같은 특별한 색의 기와를 만들기도 하는데 대부분은 검은색이다.

벽돌도 흙을 구워 만드는데, 14세기 이후부터 중국 건축에서 벽돌의 역할이 극대화된다. 일본의 경우 기와를 간소화하고 목조의 장점을 강화해서 2층 건물을 올리는 등 지역별로 건축 형태는 다양해진다. 처마가 짧아지고 짙은 회색 느낌이 물씬 나는 벽돌 중심으로 중국의 건축이 발전해나갔다면, 조선에서는 여전히 목재와 흙, 처마가 건축의 핵심으로 기능했다.

목재 위주의 건축은 '장부 맞춤'이라는 독특한 방식으로 발전했다. 이는 쇠못을 박거나 접착제를 사용하지 않고 나무끼리 결합 부위를 만들어서 맞춰 끼는 방식이다. 못이나 접착제가 없기 때문에 목재 사이에 유연성이 유지된다. 특정한 부분이 망가지면 그 부분만 교체할 수 있고, 사용할수록 견고해지고 지진의 파장을 상쇄하는 등 여러 장점이 있다.

목재 중심의 건축술은 '두공'이라는 동아시아 건축 특유의 미학을 만들었다. 나무 받침을 만들고, 그 위에 나무 장식을 얹고, 다시 그 위에 나무 장식을 얹는 방식을 두공이라고 한다. 나무에 푸른 잎과 다종의 열매가 달리듯, 나무로 만든 두공에는 화려한 채색이 입혀진다.

334 오스만 제국

몽골이 셀주크 튀르크를 멸망시킨 이래, 수많은 튀르크인이 아나톨리아반도로 몰려든다. 이곳에는 여러 왕국이 들어서는데, 1280년경 오스만 제국에 의해 통합된다. 오스만 제국은 매우 호전적이었고, 어마어마한 군사적 성공을 거둔다. 1345년 발칸반도에 진출해 마케도니아, 불가리아 등을 정복했으나, 1402년 티무르 제국과의 전투에서 패배해 속국이 되는 수모를 겪기도 했다. 하지만 재기에 성공해 세르비아 일대를 정복했고, 1453년 결국 비잔틴 제국까지 점령하면서 아나톨리아반도, 그리스반도, 발칸반도를 잇는 대제국이 된다.

동부 지중해에서 거점을 확고하게 만든 오스만 제국은 지중해, 흑해, 서아시아 전역으로 세력을 확장한다. 오스만 제국의 가장 유명한 정복자는 메메트 2세였다. 그는 비잔틴 제국을 점령했고, 북아프리카와 서아시아, 아라비아의 중심 도시인 카이로, 다마스쿠스, 메카, 메디나를 모두 점령했다. 메메트 2세 사후에도 정복 전쟁은 멈추지 않았다. 1517년 동아프리카의 아덴, 아라비아반도의 최남단 예멘 등에 무역 기지를 설치했고, 16세기 중반에는 바그다드, 바레인, 페르시아만 일대를 지배한다. 당시 포르투갈이 인도 항로를 장악하고 있었기 때문에 대립 관계가 지속됐으나, 포르투갈은 무역에, 오스만 제국은 점령지의 세금에 관심이 컸기 때문에 큰 충돌은 발생하지 않았다.

같은 시기 오스만 제국은 동유럽에서 오스트리아 제국과 격전을 벌인다. 루마니아 공국을 합병했고, 17세기 초반 헝가리, 트란실바니아 등을 병합한다. 하지만 오스트리아는 무너지지 않았고, 1683년 오스트리아의 수도 빈을 마지막으로 포위 공격했지만 실패한다. 흑해와 크림반도, 캅카스 초원, 우크라이나 일대를 두고 폴란드, 러시아와 경쟁을 벌였고, 1676년 오스만 제국은 이 지역을 일부 장악하는 데 성공한다.

이집트부터 모로코까지 북아프리카 일대를 장악한 오스만 제국은 끝내 지중해를 지배하지 못했다. 레판토 해전에서 패배하는 등 베네치아와 교황령 국가, 스페인 등의 저항이 만만치 않았기 때문이다. 1580년 이래 현재까지 지중해의 이슬람 문명과 크리스트교 문명의 구분선이 유지되고 있다.

335

옥수수

19세기 말부터 유전학은 의미 있는 진전을 거듭했다. 네덜란드 생물학자 휘호 더 프리스는 '돌연변이'를 발견했고, 오스트리아의 가톨릭 신부이자 식물학자였던 그 레고어 요한 멘델은 완두콩 육종 과정을 통해 유전의 원리를 체계화했다. 미국 학 자 토머스 헌트 모건은 노랑초파리 연구를 통해 멘델의 연구에 힘을 보탰다. 20세 기 초반이 되면 근친 교배를 통해 인위적으로 특정한 유전형을 분리, 생성하는 데 성공한다. 이러한 과학적 성과는 농업 생산력을 극대화하려는 농부들의 의지와 결 합하면서 잡종 옥수수라는 새로운 품종을 만들게 된다.

옥수수 술을 제거하거나 수염과 술에 종이봉투를 씌우는 등 여러 과정을 통해 꽃가루의 이동을 제어해 종자를 확보하는 회사들이 생겼고, 유전학 발달과 결합하 면서 병충해에 강하고 생산성이 뛰어난 옥수수 품종이 개발된 것이다. 1926년 하 이브레드(Hi-Bred)사는 새롭게 개발한 품종을 광고, 판매해 큰 성공을 거둔다. 이후 인위적으로 만들어진 품종은 기존의 품종을 밀어내고 농업 생산의 주류로 부상한 다. 알곡이 많이 붙어 있거나 더 달콤하거나 모양이 보기 좋은 품종 등 여러 실험 을 통해 소비자 기호에 맞는 탐스러운 잡종 옥수수가 등장했다. 이러한 품종은 종 자 회사에서 개발된 제품으로, 일반 농가에서는 개발할 수 없었기 때문에 농촌은 종자 회사의 기술에 의존하게 된다. 농업의 상업화가 확립된 것이다.

종자 회사가 품종을 생산하고, 그러한 품종이 농업의 주류가 되면서 여러 문제 가 발생했다. 바나나는 20세기 초반 파나마병을 일으키는 곰팡이가 등장하면서 멸종 위기에 놓였다. 결국 기존에 생산되던 그로미셸 품종이 사라졌고 캐번디시 품종이 일반화됐는데, 새로운 변종 파나마병이 문제가 되고 있다. 최근에는 유전 자 변형 품종(GMO)을 두고 격렬한 논쟁이 벌어지고 있다.

336

대포

대포의 발전은 전통적인 방어 시설에 대한 화약 무기의 승리를 의미했다. 중국에서 수입된 화약 기술은 14~15세기 지중해 세계에 큰 영향을 미쳤다. 폭약은 화살 모양에서 돌로 만든 구형 포환으로, 또다시 철 포환으로 거듭 개량됐고, 화약 폭발을 극대화하는 방식의 대포 주물 제작은 포탄의 속도를 점점 빠르게 했다. 철 포환은 돌 포환보다 싼 값에 제작됐고, 화약을 작은 입자로 만들면서 추진력이 한층 강화됐다. 15세기 중반 $2.4m$의 포신에 $11~23kg$의 철 포환이 발사되는 공성포가 개발됐는데, 무게도 가벼워서 힘센 말로 운반할 수 있었다. 이동을 원활히 하기 위해 운반용 수레인 포차의 개발도 이뤄진다. 공성포의 위력은 대단했다. 1494년 프랑스의 샤를 8세는 공성포를 이용해 이탈리아를 침공했고, 대포를 막을 수단은 존재하지 않았다. 대포의 등장은 성채의 몰락을 의미했다. 돌로 성을 쌓고 수성전을 펼치는 방식이 대포로 인해 무의미해졌기 때문이다. 화약을 이용해 탄환을 멀리서 쏘는 방식은 극도로 다양하게 발전한다. 소총부터 탱크, 장거리 미사일과 핵무기까지 같은 원리를 반복하기 때문이다. 물론 화살의 원리도 이와 같다. 하지만 화약을 활용하고, 파괴력을 극대화한다는 점에서 대포의 등장은 큰 의의를 지닌다.

대포가 증기선에 놓이면서 해군도 크게 변화한다. 프랑스의 앙리 조제프 펙상 장군은 대구경 대포를 탑재한 군함이 적의 목선을 파괴하는 데 유리하다는 것을 실험으로 입증했다. 또 유탄포가 등장해 나무로 만든 전함은 종언을 고한다. 크림 전쟁 이후 영국과 프랑스는 대포에 대응하기 위해 장갑으로 무장한 군함을 만든다. 더욱 단단하고 무거운 배가 강력한 증기 기관의 힘으로 세계의 바다를 휘저으며 전쟁하는 시대가 도래한 것이다.

소총은 탄환의 개발과 맞물려 발전했다. 라이플총은 조준이 정확하고 사거리가 길지만 발사 시간이 길었다. 총열과 탄환을 밀착시키기 위해 자잘한 작업이 필요했기 때문이다. 1849년 프랑스 육군 장교 클로드 에티엔 미니에 대위는 머스킷총을 개발한다. 기존의 구형을 탈피해 앞이 뾰족하고 뒤가 평평한 새로운 탄환을 개발하면서 장전이 한결 편리하고 빨라졌다. 한편 '미국식 제조 시스템'으로 널리 알려진 생산 방식도 일반화된다. 공작 기계로 호환 가능한 부품을 대량으로 자동 생산하는 방식으로, 이를 통해 총기가 대량 생산된다.

337

명나라

원나라 말기 중국 남부에서는 홍건적의 난이 일어난다. 백련교를 비롯한 민중 종교가 강력한 힘을 발휘했는데, 결국 여러 세력을 제치고 주원장이 지도자로 등장한다. 그는 민중 불교 분파였던 백련교의 힘으로 난을 일으켰지만, 세력을 확대하면서 전통적인 유교 문화를 받아들인다. 양쯔강 이남 지대의 전통적 지배층을 포섭하려던 의도로, 결국 양쯔강을 병풍 삼아 남부를 장악하고 북진해 원나라를 몽골 초원 지대로 몰아내는 데 성공한다.

홍무제 주원장은 명나라를 건국하면서 과거 송나라처럼 국수적이고 서민적이며 내향적인 농업 국가를 지향한다. 주원장은 나라를 세운 후 개국 공신들을 의심했고, 10만 명 넘게 숙청했으며, 재상제를 폐지할 정도였다. 하지만 갈등은 엉뚱한 데서 벌어진다. 주원장의 손자가 즉위해 혜제가 되는데, 숙부들을 숙청하는 가운데 베이징 일대에서 웅거하던 주원장의 넷째 아들 주체와 무력 충돌을 하게 된 것이다. 결국 숙부인 주체가 승리하니, 그가 영락제다. 그는 황제가 된 후 수도를 난징에서 베이징으로 옮겼고, 몽골, 베트남, 티베트 등 주변 지역에 과감한 해외 원정을 시도했다. 하지만 이런 시도는 대부분 실패로 끝났다. 영락제의 가장 큰 업적은 환관 정화를 중심으로 해상 실크 로드를 개척해 동남아시아, 인도, 아라비아, 아프리카 북부까지 엄청난 대원정을 한 것이다. 이를 통해 중국인들의 지리적 세계관이 확장됐고, 화교들이 동남아시아에 진출하는 데 기반이 됐다.

명나라 이후 중국의 지배층을 '신사'라고 부르는데, 과거에 합격한 관료 외에 과거 준비생부터 퇴직 관료까지를 통칭한다. 송나라 때와는 달리 과거 시험을 보려면 정규 학교를 다녀야 했는데, 그만큼의 경제력을 지닌 계층이 정치·경제적 지배력을 강화했다. 이들은 지역 토착 지주가 돼 현대 중국이 도래할 때까지 농민들을 지배했으며, 파견된 관리도 신사의 도움을 받아 지역을 통제했다.

명나라에 들어 상업이 한층 발전해 공장제 수공업 단계까지 나아간다. 수공업 제품을 생산하는 전문 공장이 들어섰고, 산시 상인, 신안 상인 등 대상인의 활발한 활동이 이어졌다. 이 시기에 고구마, 옥수수 등 아메리카의 작물이 소개됐다.

338

조조

굳건한 기상은 끝이 없구나
인생사의 모든 성패의 때가
오로지 하늘에만 달려 있지 않으니
마음과 몸의 기운을 잘 다스리면
역시 오래 살 수 있다
다행스럽기 그지없어라
노래로 나의 뜻 읊을 수 있음에!

후한 말 위나라를 세운《삼국지》의 영웅 조조(155~220)의 시다. 조조는 당대의 효웅(梟雄)이었고 문학을 주도한 최고의 시인이기도 했다. 오늘날 안후이성 보저우에서 태어났다. 황건적의 난을 토벌했고 동탁, 원술, 원소 등과 자웅을 겨루며 화북 일대의 패자가 된다. 특히 원소와의 관도 대전은 주유와 제갈량이 조조를 물리친 적벽 대전, 육손이 유비를 무너뜨린 이릉 대전과 더불어 삼국 시대의 가장 중요한 전투였다.

조조와 관련된 일화는 무수히 많다. 인재를 탐했고, 주변에는 출중한 용장과 책사가 많았다. '버리자니 아깝고 먹고자 하니 살이 없다'라는 뜻의 '계륵(鷄肋)'이라는 고사도 조조와 관련 있다. 한중 땅을 두고 유비와 다툴 때 어려움을 겪으며 무심코 했던 말을, 양수라는 인물이 알아듣고 철군을 준비했기에 깜짝 놀란 조조가 양수를 제거했다는 고사다. 그렇다고 무작정 재능 있는 인물들을 처형했던 것은 아니다. 숙적 원소의 밑에서 일하며 조조를 비방한 진림을 받아들였는데, 진림의 과거 행적을 농담으로 삼자 진림이 "화살이 활시위에 걸려 있으면 쏠 수밖에 없듯이, 이미 손을 댄 이상 거기까지 쓸 수밖에 없었습니다"라고 대답했고 조조는 호탕하게 웃었다. 숙적이던 여러 인물이 조조의 사람이 되는 경우는 흔했다.

조조가 간사한 인물로 보인 것은 후대에 만들어진 역사 소설《삼국지연의》때문이다.《삼국지》를 편찬한 진수는 조조를 영웅으로 평가했다. 하지만 끝내 적벽 대전에서 오나라에 패하고, 파촉과 한중 등에서 유비에게 패하면서 천하 통일의 꿈을 이루지 못한다.

339

영국의 세계 지배

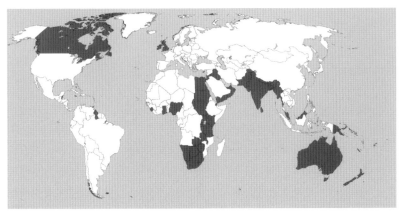

20세기 초반의 대영 제국

"해가 지지 않는 나라." 영국 제국주의의 영광스러운 추억과 관련된 유명한 문구다. 영국은 19세기부터 20세기 중반까지 경쟁자들을 물리치고 세계 최고의 제국주의 국가로 군림했다. 포르투갈과 스페인이 주도한 세계 무역과 해외 식민지 개척의 최종 승리자는 영국이었다. 엘리자베스 1세 치세에 드레이크가 이끄는 영국 해적은 스페인과의 해전에서 승리를 거뒀다. 네덜란드가 포르투갈이 개척한 항로를 점령하자, 영국은 네덜란드와의 전쟁에서 승리를 거두면서 세계 무역의 중심 국가로 떠오른다. 청교도 혁명을 통해 집권한 공화국의 수장 올리버 크롬웰은 엘리자베스 1세보다 탁월한 능력으로 영국의 해군력과 해외 무역에서의 역량을 끌어올렸다.

비록 미국은 독립했지만 퀘벡을 비롯한 캐나다 일대에서 영국의 식민지는 번성했고, 라틴아메리카의 독립을 후원하면서 아메리카 일대를 영국의 동맹 국가로 만들었다. 죄수 이민 등을 통해 오스트레일리아, 뉴질랜드를 영국령에 편입시키기도 한다.

영국은 17세기에 의회 민주주의를 정착시켰고, 18세기 후반에는 산업 혁명을 주도하면서 성공적인 상업·무역 국가에서 독보적인 공업 국가이자 제국주의의 선두 주자로 거듭난다.

영국은 프랑스의 거센 도전을 물리쳤다. 인도 지배권을 두고 플라시 전투에서 승리를 거뒀고, 인도-미얀마-말레이시아-홍콩-상하이에 이르는 광범위한 영역에서의 우월권을 확보했다. 프랑스는 베트남-라오스-캄보디아 등의 인도차이나 반도에 만족할 수밖에 없었다. 아프리카에서의 경쟁도 치열했다. 프랑스는 알제리-모로코-튀니지 등 북아프리카의 핵심 지역을 장악했고, 마다가스카르섬을 잇는 횡단 정책을 추진했다. 영국은 카이로를 거점으로 이집트 수단 일대를 장악했고, 보어 전쟁을 통해 가혹한 수법으로 네덜란드인을 몰아낸 후 남아프리카를 점령한다. 영국은 이집트 카이로에서 남아프리카 공화국 케이프타운을 잇는 종단 정책을 펼쳤다. 영국과 프랑스는 파쇼다에서 충돌했고, 프랑스의 양보로 마무리된다.

영국 세계 지배의 핵심은 인도양 지배였다. 인도를 중심으로 동쪽으로는 동남아시아와 중국 남부까지, 서쪽으로는 아프리카와 중동을 영향 아래 뒀다. 일부 지역은 식민화했고, 일부 지역은 경제적 이권을 확보하는 형태로 간접 지배했다.

340
주신구라

1748년에 초연하자마자 엄청난 인기를 누린 일본의 대표적 전통극. 47인의 사무라이들이 온갖 고난과 시련을 극복하며 끝내 자신들의 충의를 입증하는 이야기로, 일본의 사무라이 문화를 엿볼 수 있는 작품이다.

〈주신구라〉는 실화를 바탕으로 한다. 1701년 아코성의 성주 아사노 나가노리는 기라 요시나카를 보좌하던 중 갈등이 생겼고, 기라 요시나카를 다치게 한다. 성안에서는 칼을 뽑으면 안 된다는 법규를 어기고 상급자를 다치게 한 아사노 나가노리는 할복할 수밖에 없었다. 이 사건으로 아사노 나가노리의 수하들은 주군을 잃고 낭인이 된다. 이들은 주군에 대한 복수를 다짐했고, 이를 실천하기 위해 불굴의 의지로 수년간 때를 기다린다. 의심의 눈초리를 피하기 위해 주색에 빠진 듯 행동하는 이도 있었다. 그들은 경제적 어려움과 온갖 굴욕을 감내한 끝에 결국 기라 요시나카 일족을 척살하고 그의 목을 가져다 주군의 무덤 앞에 바친다. 이 사건은 당시에 엄청난 파장을 일으켰는데, 주군에 대한 충성과 의리, 과감한 결단에 대한 찬양과 감동 일색이었고 구명 운동까지 벌어질 정도였다. 이후 작품화에 성공했고, 현대에 이르러서도 새로운 연구 결과가 축적되고 있으며, 끊임없는 각색으로 여전히 인기를 누리고 있다.

많은 연구자가 〈주신구라〉에 주목하는 이유는 사건과 작품에 드러난 일본인들의 세계관 때문이다. 중국이나 조선, 베트남의 여러 왕조는 대부분 유학 사상의 영향을 받았다. 따라서 부모에 대한 효도와 가족을 돌보는 것을 최우선의 가치로 삼는다. 부모에 대한 효도가 군주에 대한 충성보다 앞선다는 말이다. 또 나라를 위한 행동에서는 단순히 군주에 대한 충성보다는 천명사상, 민본주의, 왕도 정치 등 보편적 가치가 우선한다. 따라서 군주의 의사를 거스르며 충언하고, 간신과 역적을 비판하기도 한다. 하지만 〈주신구라〉를 통해 볼 수 있는 사무라이들의 세계관은 큰 차이를 보인다. 보편적 가치인 가족에 대한 헌신보다는 주군에 대한 충성, 무사 집단의 의리 같은 것이 우선시되기 때문이다. 또 사무라이로서의 인내, 책임감, 복수심 같은 것이 중요시되고, 그것이 지향하는 공적 가치에 대한 이해는 상당히 결여돼 있다. 〈주신구라〉에서 드러난 집단 심성은 현대 일본인들의 생활 윤리에도 상당한 영향을 미치고 있다.

341

도교

춘추 전국 시대 제자백가 중 하나인 도가는 위진 남북조 시대를 거쳐 당나라 때 민중 종교인 도교로 크게 발전한다. 여러 분파가 생겨나는데 그중 대표적인 집단은 모산파와 영보파다. 모산파는 삼국 시대에 등장한 오두미도를 계승한 측면이 크다. 신선술을 강조했고 질병 치료에 적극적이었는데, 무엇보다 민중들이 이해하기 쉬운 영적 세계를 설파했다. 이승에서 죄를 지은 영혼은 저승 법정에서 심판을 받고, 이승에서 피해를 봤다면 저승 법정에서 이를 문제 삼을 수 있고, 상황에 따라 친척들이 대신 고통받기도 한다는 것이다. 신도들 간의 비밀스러운 결속을 강조했고, 비싼 보수를 지불하고 교육받는 등 결속력 있게 발전해갔다.

영보파는 불교의 영향을 많이 받았다. 승려같이 체계적으로 교육받고 계율을 지키는 도관들이 존재했고, 부처 같은 존재를 섬기며 불로불사를 추구했다. 불사는 영적으로 영원한 삶을 산다는 의미인데, 모산파처럼 영적 세계의 다양한 서사가 존재했다.《도덕경》이나《장자》같은 도가의 경전들은 관심의 대상이 아니었다.

당나라 때 도교는 한층 번성한다. 도가의 비조 노자가 이씨였고, 당나라 황실이 노자의 후예라는 점을 강조하며 도교를 비호하고 나섰기 때문이다. 당나라 때는 왕중양이라는 인물이 창시한 전진파가 발전한다. 유교, 불교, 도교의 교리를 통합하고자 했는데,《도덕경》은 기본이고 유교 경전인《효경》과 불교의 가르침을 담은 《반야심경》을 강조했다. 정기적인 단식, 채식과 금주, 독신 등 좀 더 체계적인 방식으로 도관을 양성했다. 불로불사 같은 종래의 교리에서 벗어나 영적 수행, 내적 각성을 강조하는 새로운 경향의 도교가 등장한 것이다.

도교는 중국 민중들에게 가장 가까운 종교로, 혼란기에는 민중 봉기의 주체가 되기도 했다. 현재까지도 각종 도교 사원이 중국과 동남아시아 전역에서 크게 번성하고 있다.

342

제너럴 모터스

자동차 회사 포드의 등장이 대량 생산의 시대를 열었다면, 제너럴 모터스(GM)의 등장은 기업 합병, 마케팅 강화, 소비자의 요구 반영 등을 의미한다고 정리할 수 있다. 제너럴 모터스는 탄탄한 자본을 바탕으로, 자동차 제조와 부품 공급을 통합하는 기업 모델을 추구했다. 핵심 부품을 생산하던 뷰익과 쉐보레, 점화 시스템을 만들던 델코, 롤러 베어링을 발명한 회사와 차체 제조사인 피셔까지 사들였다. 여러 기업을 거느리게 된 제너럴 모터스는 기업의 위계와 서열을 분명히 하는 동시에 부문별 자율성을 완벽하게 보장하는 새로운 경영 기법을 도입한다. 분야별 중역이나 계열사 사장단이 함께 모여 생산과 판매 과정에 대해 면밀히 소통하면서 계열사를 통제했고, 연구 기획, 판매 영업, 광고 홍보 등 새로운 부서를 만들어 회사의 능력을 다양하게 강화했다.

그뿐 아니었다. 포드가 단일한 모델에 하나의 색상만을 고집한 데 반해 제너럴 모터스는 저가형 모델인 쉐보레부터 고급형 캐딜락까지 수요에 따라 다양한 제품을 생산했다. 또 주기적으로 모델의 디자인을 바꿨고, 소비자에게 색상 선택의 기회를 주고 판매상에게 할인 마진폭을 보장해주는 등 마케팅 분야에서 획기적인 방식을 동원했다. 이러한 노력에 따라 1927년 제너럴 모터스의 계열사 중 하나인 쉐보레가 포드의 전체 매출을 제칠 정도로 새로운 경영 방식은 성공적이었다. 대량 생산에 기초한 기업 합병, 경영자의 기업 운영 능력, 마케팅을 비롯한 새로운 형태의 판매 수법 등 다양한 부문에서 혁신이 일어난 것이다. 1950년이 되면 제너럴 모터스, 포드, 크라이슬러, 일명 '빅 3'가 미국 자동차 산업을 선도한다.

자동차의 발전은 고속 도로의 발전을 부추겼다. 정부는 고속 도로를 개발해 고속 여행을 촉진했고, 주택, 학교, 병원, 쇼핑 등 일상생활의 모든 공간이 자동차 소유를 전제로 발전한다. 자동차 중심의 새로운 생활 세계가 열린 것이다.

343

활

말을 전투에 활용하는 행위는 전쟁사에 지대한 영향을 미쳤다. 고대 사회에서 말이 끄는 전차의 등장, 유목 민족의 탁월한 기마술, 활로 무장한 기병은 가장 두려운 공격 수단이었다. 전차의 출현은 혁명적이었다. 군대의 이동 속도가 비약적으로 빨라졌고, 전차에 대적할 보병은 존재하지 않았기 때문이다. 전차에서 중요한 것은 좋은 말과 바퀴였다. 바큇살을 발명해 바퀴를 가볍게 만들면 전차 속도가 빨라지고, 더 많은 사람이 타서 다양한 공격을 구사할 수 있었기 때문이다. 고대 이집트, 히타이트, 아시리아 등은 이러한 전차 발달에 힘입어 영토를 확장하고 자웅을 겨뤘다. 비단 그들뿐 아니라 중국을 비롯한 고대 문명에서 초기의 전투 방식은 전차였다.

하지만 유목 민족이 안장과 등자를 활용해 좀 더 빠르고, 편하며, 전술적으로 유연하게 기병을 활용하면서 전차의 시대는 급속도로 막을 내린다. 안장이 개발되지 못한 초기에는 최소의 기마 도구를 장착한 채 말 엉덩이에 타고 전투를 치렀다. 스키타이, 아시리아 등에서 기마 전사가 등장했으며, 기병과 보병의 효과적인 활용은 전차를 압도하기에 이른다. 말을 달리며 활을 쏘는 전법은 총이 개발되기 전까지 가장 강력하면서 보편적인 공격 수단이었다. 돌궐, 몽골 등 북방 유목 민족의 활약도 기병을 운용하는 데 압도적이었기 때문에 가능했다. 몽골인들은 어릴 때부터 말과 함께 자랐기 때문에 농경 민족에 비할 바가 아니었다. 만주 일대의 수렵민족이던 여진족이 중국을 점령하는 데도 팔기군이라 불린 기병은 절대적이었다. 한 손으로 말고삐와 활을 동시에 쥐고 사냥하는 독보적인 실력을 구비했다.

전차와 기병이 무시무시했던 이유에는 활의 역할도 있다. 한 종류 이상의 나무와 압축성이 강한 동물의 힘줄, 뿔 등을 활용해 만들어진 활은 약 4,000년 전부터 인류사에 등장했다. 소의 힘줄이나 가죽, 물고기 껍질이나 뼈에서 추출한 접착제를 활용해 오랜 기간 정교한 과정을 거쳐 활을 만들었는데, 지역과 문명에 따라 모양과 방식에 일부 차이가 있지만 기능 면에서 동일했다. 활, 화살과 활 통, 골무 등 부수적인 도구와 함께 전차나 말을 탄 궁수들의 활약은 전장에서 가장 핵심적인 요소였다.

344

무굴 제국

타지마할

인도 최후의 전통 왕조. 10세기 이후, 인도 북부에는 이슬람 왕조가 들어선다. 가즈니 왕조, 고르 왕조, 노예 왕조 등이 대표적이다. 노예 왕조는 고르 왕조의 술탄이 파견한 노예가 독립해 세웠다는 독특한 이력이 있다.

16세기 무굴 제국이 들어섰고, 아크바르, 아우랑제브 같은 군주들에 의한 전성기 때는 인도 남부의 일부를 제외하고는 대부분을 통일할 정도였다. 아크바르 대제는 관용적인 통치로 유명했다. 이슬람교 외의 모든 종교에 부과되던 지즈야라는 세금을 폐지하는 등 온정 통치를 펼치면서, 데칸고원 이북의 모든 지역을 통일했다. 아우랑제브는 훨씬 호전적이었다. 그는 강력한 통치를 기반으로 대부분의 인도를 통일했고, 지즈야를 부활시켜 이슬람 중심의 통치를 강화했다. 강경 일변도의 통치는 큰 반감을 불러일으켰다. 힌두교도들은 마라타 동맹을 결성했고, 펀자브 일대에서는 시크교도가 반란을 일으켰다.

무굴 제국을 통해 인도 대륙에서 이슬람 문화와 기존의 힌두 문화가 융합하는 등 여러 변화가 일어난다. 시크교라는 신흥 종교는 이슬람교와 힌두교가 결합한 산물이다. 우상 숭배를 거부하고 초월적 신앙을 강조하면서도 윤회와 고행을 중요시했다.

무굴 제국의 대표적 문화유산은 타지마할로, 무굴 제국의 5대 황제 샤자한이 아이를 낳다 죽은 아내 뭄타즈 마할을 추모하기 위해 만들었다. 거대한 규모에도 불구하고 압박감이 적고 부양하는 듯한 느낌 때문에 보는 이의 황홀감을 자아낸다. 건물은 물론 수로, 정원까지 모든 건축물이 좌우 대칭이고, 하얀색 대리석으로 만들어져 날씨에 따라 다양하게 비쳐 보인다. 공사 기간은 22년으로, 대리석과 사암은 인도 전역에서, 그 밖에 건물을 꾸미기 위한 보석과 자재들은 티베트, 중국, 동남아시아, 오스만 제국에서 구해 왔다. 궁전 같은 모양이지만 무덤으로, 샤자한은 타지마할의 맞은편에 검은 대리석으로 똑같이 지은 건물에 묻히려 했지만 아들 아우랑제브에 의해 쫓겨나 유폐 생활을 하다 최후를 맞는다.

345

농민

항저우의 팔괘전

3년 된 꾸지뽕나무로는 지팡이를 만들고, 10년 된 큰 꾸지뽕나무 줄기로는 지팡이 네 개, 말채찍, 의자를 만든다. 15년 된 꾸지뽕나무로는 활과 신발을 만들고, 부러진 자투리 가지로는 송곳 자루와 칼자루를 만든다. 20년 된 꾸지뽕나무는 소달구지를 만드는 자재가 된다. 처음 작은 지팡이일 때는 3문짜리에 불과했지만, 소달구지 자재가 되면 한 대에 1만 문이 되는 것이다.

중국에서 가장 오래된 농서 중 하나인《제민요술》의 내용이다. 이 내용을 통해 농민들에게 나무가 얼마나 중요한 재산인지를 알 수 있다.

중국 송나라 때는 농업에서 큰 변화가 일어난다. 우전, 수리전 같은 저습지 개간이 굉범위하게 이뤄졌고, 농서 보급에도 적극적이었다. 남송의 수도 항저우에는 황제가 농업을 장려하기 위해 직접 농사를 지었던 팔괘전이 있다. 중앙에 태극 문양이 있고 팔각형으로 만들어진 농토에 여덟 가지 작물을 길렀다. 같은 시기 베트남에서 참파벼가 도입됐고, 퇴비를 활용하는 시비법도 발달했다. 양쯔강 이남 지역에서는 벼의 이기작, 벼와 보리의 이모작, 2년 삼모작 같은 농법도 성행했다.

346 보스니아 헤르체고비나 내전

1992년부터 3년간 일어난 내전으로, 10만 명의 사상자가 발생했다. 이미 1년 전에 발칸반도의 또 다른 국가 크로아티아에서도 내전이 일어났는데, 20만 명이 죽고 다쳤다. 1990년대 초반부터 시작된 발칸반도의 위기는 1998년 코소보 사태에서 절정을 이룬다. 세르비아 계열에서 군대를 조직해 주민 다수였던 알바니아계를 대상으로 '인종 청소'에 나섰기 때문이다. 이 사건으로 1만 명이 죽고 85만 명의 난민이 발생하는 등 국제적으로 엄청난 충격을 불러일으켰다. 사건의 배경에는 세르비아의 극우파 대통령 슬로보단 밀로셰비치가 있었다. 1989년 세르비아 대통령이 된 그는 세르비아 민족주의를 강조하며 크로아티아, 보스니아 헤르체고비나, 알바니아 일대에 살던 세르비아계 주민들을 자극하며 세르비아인이 통치하는 발칸반도를 주창했다.

두 차례 발칸 전쟁을 통해 오스만 제국의 지배에서 벗어난 발칸반도에는, 제1차 세계 대전 이후 세르비아·크로아티아·슬로베니아 왕국이 세워진다. 이 나라는 이후 유고슬라비아 연방이 됐다. 유고슬라비아 연방은 냉전 시기 동안 티토가 이끌던 연방 국가로, 티토는 소련의 지도자 스탈린에 대항하며 독자 노선을 추구했고, 권위주의적 통치를 자행했다. 특별한 종교적, 인종적 갈등은 없었다.

하지만 오랜 역사에 걸쳐 발칸반도에는 복잡한 갈등 요소가 존재했다. 슬로베니아, 크로아티아는 인종적으로 슬라브 계통이지만 가톨릭을 받아들였고, 오스트리아·헝가리 제국에 편입되는 등 서유럽과 유대감이 강한 지역이다. 하지만 세르비아는 비잔틴 제국에서 탄생한 정교회 신앙을 받아들였고, 러시아와 긴밀한 관계를 유지한 채 발칸반도에서 범슬라브주의의 구심점 역할을 했다. 그러나 알바니아나 코소보 지방에서 이슬람교가 흥기하면서 또 다른 종교 문제가 대두된다. 더구나 러시아가 루마니아와 불가리아를 지배하고, 오스트리아가 세르비아를 점령하는 등 오스만 제국의 쇠퇴 이후에도 발칸반도는 열강의 영향에 휘둘렸다. 따라서 빼앗긴 영토를 회복하겠다는 열망, 신비잔틴 제국-신유고 연방 건설에 대한 기대 등 일대에서는 오랜 기간 매우 호전적인 사상이 유행했다.

결국 극단주의자들에 의해 1990년대 최악의 참상이 터졌다. 밀로셰비치는 2000년 민중 봉기로 대통령직에서 쫓겨났고, 국제 형사 재판소에 기소, 체포돼 감옥에서 죽는다.

347

차

> 산에서 따서 만든 소룡단
> 색이 향과 녹아들어 맛도 담백하네
> 맷돌 소리도 멈추고 밤은 깊어가니
> 차를 끓일 때 학은 연기를 피하고
> 가슴의 답답함을 없애며
> 세상 번뇌 떠나보내니
> 금구에 하얀 거품 가득하네
> 시름을 차에 마셔서 쉬게 하고
> 물이 허공으로 흐르는 것처럼
> 마신 후의 맑음이 밤을 뒤척이네

황정견이 쓴 〈완랑귀〉라는 '사(詞)'다. 사는 시(詩)의 일종으로, 음을 붙여 노래로 부를 수 있었다. 황정견은 평생 차에 관한 시를 지었다.

중국의 차 문화는 당나라 때 본격적으로 시작됐고, 송나라 때 크게 흥성했다. 송나라 때가 되면 차 생산이 급증했고, 상류 사회는 물론 일반 민중까지 차를 즐겼으며, 차 마시는 모임은 차회, 간담회라는 이름으로 황제와 귀족들 사이에서 크게 번성했다. 북송의 마지막 황제 휘종이 《대관다론》이라는 책을 저술할 정도였다.

송나라 당시에는 용봉차가 유명했다. 건안 일대에서 생산된 황실용 찻잎으로, 차 표면에 용과 봉황이 새겨져서 붙여진 이름이다. 용봉차 생산만 1년에 3만kg에 달했다. 용봉차는 찌고, 짜고, 잘게 부수고, 누르고, 말려서 만든다. 당나라 때는 차 가루를 솥에 끓여서 마셨고, 송나라 때는 차 가루를 다완에 넣어 우려 마셨다. 송나라 때는 '투다'가 유행했다. 여러 차를 내와서 차의 색깔, 우려냈을 때 나오는 거품의 색, 향과 맛을 겨루는 것인데, 그만큼 차의 인기가 높았다.

오늘날 찻잎을 우리는 방식은 명나라 이후에 등장했다. 어린잎을 찌지 않고 열을 가한 솥에 덖은 후 건조하는 '초청'이라는 기술이 등장했기 때문이다. 명나라 때는 화차(꽃잎을 섞어 향기를 더한 차)도 유행했다. 홍차도 이때 등장했다. 명나라 때는 다도가 발전한다.

348

현대 무용

19세기 중반 이후 서양 무용은 기존의 형식화된 발레와 전혀 다른 방향으로 발전한다. 춤 자체에 집중해서 안무가의 주관적 관념을 춤으로 표현하고 기존의 형식적 굴레에서 벗어나고자 했다. 토슈즈를 벗어 던졌고 안무를 먼저 구상한 후에 음악을 춤에 맞추거나 아예 음악 없이 무용수가 직접 소리를 내며 춤추기도 했다.

이 시기 여러 무용수가 등장했는데, 로이 풀러, 이사도라 덩컨, 마사 그레이엄 등이 대표적이다. 로이 풀러는 기교를 배격하고 주관적 충동을 안무의 기초로 삼았고, 막대, 철사, 색, 조명 등을 활용해 현대 무용을 개척했다. 이사도라 덩컨은 발레에 매우 적대적이었으며 그리스 로마 문화에서 각종 모티브를 취했다. 황홀경에 빠진 춤을 주창했고, 자유연애, 페미니즘, 사회주의 같은 급진적 사조를 옹호하기도 했다. 로마인의 복장인 튜닉을 입고 걷기, 뛰기, 상체의 활용, 특히 머리와 팔 동작 등을 강조하는 혁신적 안무로 명성을 누렸다.

20세기 중반 들어 무용계 역시 포스트모던의 흐름에 영향을 받는다. 기존의 현대 무용이 지나치게 서사에 집중했음을 지적하며, 얼윈 니콜라이, 머스 커닝햄 등은 좀 더 주관적이고 추상적인 형태의 안무를 만들어냈다. 연관된 동작을 배격하거나 동작을 위한 동작을 개발하고, 무대와 조명, 그 밖의 여러 장치를 활용해 형태의 고정적 측면을 파괴하기도 했다. 따라 하기 매우 까다로운 자세, 심지어 무용수가 공중에 매달린 상태에서 동작을 표현하는 등 극도의 내면세계를 추구하는 것이 이 시기의 경향이다.

1980년대가 되면 춤은 좀 더 철저하게 대중적 영역으로 파고든다. 케이블 방송국의 등장, 뮤직비디오의 보급, 마이클 잭슨, 마돈나 등 전설적인 팝스타의 등장 등이 이어지면서 예술적이고 철학적인 견지에서 벗어나 대중문화의 중심이 된 것이다.

19세기에는 노예 출신의 흑인들, 가난한 이민자 집단인 아일랜드인들 사이에서 작업용 나막신을 신고 추는 춤이 유행했는데, 이는 훗날 탭댄스로 발전한다. 1950년대 레코드의 보급과 디제잉 기술의 등장도 전자 음악의 발전과 어우러져 춤의 역사에 중요한 역할을 했다.

349

자유주의

'다수의 횡포'는 온 사회가 경계하지 않으면 안 될 큰 해악 가운데 하나로 분명히 인식되고 있다. (…) 사회에서 널리 통용되는 의견이나 감정을 부리는 횡포나 사회가 통설과 다른 생각과 습관을 가진 사람들에게 법률적 제제 이외의 방법으로 옥박지르면서 통설을 행동 지침으로 받아들이도록 강요하는 경향에도 대비해야 한다. (…) 그러므로 행동의 규칙은 우선 법에 따라 정해져야 한다. 그리고 법이 관여하기 어려운 그 외의 일들은 다수의 생각에 따라 결정돼야 한다.

- 존 스튜어트 밀, 《자유론》

존 스튜어트 밀은 적극적 사회 개혁을 주창한 질적 공리주의자로 분류되지만, 그의 글에서는 영미권의 자유주의적 전통이 고스란히 드러난다. 애초에 자유주의는 권력자의 부당한 압제에 대한 저항에서 시작했다. 내란이나 혁명은 일시적이지만 권력자의 부당한 압제는 영구적이다. 그렇다면 이 부당함을 어떻게 완전히 해소할 수 있을까? 신분제의 해체, 삼권 분립을 통한 권력의 분할, 투표를 비롯한 여러 민주주의 제도의 도입 등이 정치적 자유주의를 구현한 사례라고 할 수 있다. 영국, 미국, 프랑스에서 벌어진 혁명의 역사가 제도화됐다고 봐도 무방하다.

이후 자유주의의 역사는 두 방향으로 발전한다. 우선 경제 부문에서 보수주의로 귀착된다. 자유주의자들은 '사유 재산'을 신성불가침한 개인적 권리로 규정했고, 따라서 사유 재산을 보존, 확장할 수 있는 사회적 자유를 중요하게 여겼다. 시장의 자유, 자본가와 기업가의 창의적 활동에 대한 자유를 보장하는 것이 그것이다. 정부는 치안 유지 같은 최소 수준의 공권력을 행사하며, 경제적 자유를 결단코 침해해서는 안 된다. 이러한 사고방식은 19세기 산업 혁명에서 중요한 역할을 했다. 하지만 부의 분배 문제, 노동자와 농민의 힘겨운 처지, 무엇보다 대공황이라는 초유의 경제 위기를 경험하면서 일정 정도 수정을 거친다. 그럼에도 사유 재산, 시장, 경제적 자유의 원칙은 조금도 수정되지 않았다.

한편에서는 개인의 '사적 권리'라는 개념이 발전한다. 문화생활의 자유, 사적 생활의 자유, 성적 취향의 자유 등에 대한 주장이 그것이다. 종래의 자유주의는 주로 개신교 종교 전통과 부합하며 발전해왔다. 공동체를 존중하고, 사회 윤리를 강조하는 엄숙주의 문화가 강했는데, 20세기 들어 이러한 문화가 해체되기 시작한 것이다.

350

태평양 전쟁

일본은 1937년 노구교 사건을 계기로 중일 전쟁을 일으키면서 중국과 전면전을 벌인다. 파죽지세로 중국군을 무너뜨렸고, 당시 중화민국의 수도 난징에서 무고한 시민 30여만 명을 학살했다. 중국과의 전쟁이 마무리되지 않았는데 유럽에서 제2차 세계 대전이 발발하자, 일본은 미국의 경고에도 불구하고 동남아시아에 쳐들어간다. 프랑스 식민지였던 인도차이나반도를 점령했고, 영국군 10만여 명의 항복을 받아내며 싱가포르와 말레이시아 일대를 점령한 후 다시 인도네시아를 점령했다. 그리고 1941년 진주만을 폭격하면서 태평양에서 미국과 결전을 벌인다. 태평양 전쟁의 서막이 오른 것이다. 승패를 다투었던 대표적인 전투는 미드웨이 해전과 과달카날 전투였다. 하와이에서 오스트레일리아로 이어지는 미국의 수송로를 차단하기 위해 일본은 항공 모함 네 척을 동원하는 등 해군력에 집중했으나, 항공기 300대가 바다로 사라지는 등 참패를 당한다. 호주 북부 과달카날섬에서는 5개월간 격전이 벌어졌는데, 일본 해군의 함정 24척, 전투기 893대가 격추됐고, 육군 8,200명이 전사하고 영양실조나 질병으로 1만여 명이 죽었다. 미국도 큰 피해를 입었지만 승리한다.

태평양 전쟁에서는 수많은 섬과 항공 모함을 징검다리 삼아 해군과 육군이 반복적으로 격돌했다. 섬과 항공 모함이 핵심 전투력인 항공기의 이동 수단이었기 때문이다. 전선은 필리핀과 오키나와로 확대되는데, 이때부터 일본은 '가미카제'를 동원한다. 자살 공격 비행기, 자살 공격 어뢰 등 끔찍한 방법의 싸움이 시작된 것이다. 루손섬 전투를 비롯한 필리핀에서의 싸움은 두 나라의 운명을 결정지었다. 미제6군단 8,000여 명이 죽고, 3만여 명이 부상당했지만, 일본은 19만 명의 사상자를 내면서 동남아시아 전선이 붕괴된다. 일본 최남단의 오키나와에 미국은 무려 1,400여 척의 함선을 동원했고, 일본은 가미카제를 1,900회 출격시키는 등 극렬한 전투 끝에 미국이 승리한다.

미국에 의해 궁지에 몰린 일본은 끊임없이 소련의 도움을 구하거나 최소한 중립을 요구할 정도로 위태로운 지경에 이른다. 하지만 얄타 회담, 포츠담 회담을 통해 소련도 군대를 이끌고 만주 일대로 진격한다. 전투가 끝나가는 과정에서도 일본은 결사 항전을 주장했고, 민중에게 집단 자살을 강요했다. 오키나와에서는 그 수가 10만 명이 넘었다. 결국 히로시마와 나가사키에 핵폭탄이 투하된 후 일본이 항복하면서 전쟁이 끝난다.

351

송나라

10세기 후반 송나라의 등장은 중국 역사는 물론 동아시아 역사에 큰 의의를 지닌다. 과거 제도, 성리학 등이 이때 등장하는데 한반도, 일본, 베트남의 여러 왕조에 심대한 영향을 미쳤다. 특히 조선은 송나라를 모델로 성장한 고도의 유교 국가였다.

당나라가 무너지고 5대 10국의 혼란상을 극복한 후, 조광윤이 송나라를 세운다. 송나라는 과거 제도를 통해 관료를 선발해 국가를 운영했다. 이렇게 선발된 관료를 '사대부'라고 불렀는데, 이들은 유교적 소양을 갖춘 엘리트들이었다. 대를 이어 사대부가 되는 경우는 드물었고, 신분이나 재산과 상관없이 과거 시험을 통해 출세할 수 있었다. 문벌 귀족이 지배했던 이전 시대와는 근본적으로 다른 모습이었다.

송나라 때는 농업과 상업 부문에서 당나라와는 비교할 수 없을 정도의 엄청난 경제 성장이 일어난다. 양쯔강 하류가 개발되면서 벼농사 기술이 극적으로 성장했고, 쌀, 차, 채소의 상품화는 물론 각종 물산이 운하를 타고 전국에서 유통됐다. 수많은 대상인을 배출했고, 중소 상업 도시가 등장하면서 송나라는 그 어떤 왕조보다 상업 국가의 성격을 강하게 갖는다. 동전 발행량이 너무 많아져 유통이 편리하도록 '교자', '회자'라는 최초의 지폐를 발행하기도 했다. 징더전에서는 새로운 스타일의 청자가 개발됐고, 항저우, 취안저우, 양저우 등을 통해 전 세계로 팔려 나갔다. 이를 남해 무역이라고 한다.

송나라 때는 성리학도 등장한다. 북송 때 주돈이를 비롯한 여러 선구적 학자가 등장했으며, 남송 때 주희에 의해 확립됐다. 중화와 오랑캐를 구분하는 화이관, 의리 명분론 같은 유교적 사회관이 좀 더 구체화됐으며, 동아시아의 지배 이념으로 발전했다. 한반도의 고려, 조선, 베트남의 리 왕조, 응우옌 왕조, 일본의 에도 막부 등에 큰 영향력을 미쳤다.

송나라는 당나라에 비해 국수적이고 서민적인 성향이 강했고, 수많은 문화적 성과를 달성했다. 우선 사마광이 등장해 《자치통감》이라는 역사책을 편찬했는데, 연도순으로 기록된 편년체 양식의 역사책으로, 사마천의 《사기》에 필적하는 최고의 역사서로 평가받는다. 또 인쇄술, 나침반, 화약이 모두 이때 발명됐고, 이것들은 원나라 이후 이슬람과 유럽에 전파되면서 인류 역사를 뒤바꿔놓는다.

352

나폴레옹의 시대

나폴레옹(1769~1821)은 프랑스의 군사 영웅으로, 쿠데타를 통해 집권해 스스로 황제가 됐다. 군사적 업적을 통해 온갖 불법적인 과정을 합리화하는 동시에 혁명의 성과와 기존의 전통을 통합해 새로운 프랑스를 설계하고자 했다. 그는 거의 모든 전투에서 유럽의 모든 나라를 상대로 승리했다. 네덜란드부터 스페인까지 직접 지배했고, 신성 로마 제국을 해체해 중부 유럽에 새로운 역사상을 만들었다.

24세의 포병 대위이던 나폴레옹은 남부 프랑스 툴롱에서 영국군을 몰아내며 화려하게 데뷔했다. 이 성공을 계기로 소장으로 진급해 이탈리아 국경군의 포병 장군이 됐고, 얼마 후 프랑스에서 반혁명이 일어나자 이를 진압하고 국민 공회를 지켜내면서 다시 한번 유명세를 얻는다. 그는 27세에 이탈리아 원정 사령관이 됐고, 어려운 여건에도 불구하고 1797년 리볼리 전투에서 큰 승리를 거둔다. 북부 이탈리아 일대에서 오스트리아 군대와 싸웠는데, 16만 명의 포로와 2,000대 이상의 대포를 획득하는 것은 물론 수도 빈까지 위협하는 큰 승리를 거둔 것이다.

혁명의 수호자 나폴레옹은 1799년 쿠데타를 일으킨다. "공화국이 위험에서 자유로워지는 순간, 권력에서 물러나겠다"라고 선언하며, 임기 10년의 제1통령이 된 것이다. 혁명을 수호하겠다는 명분, 전쟁 영웅이라는 대중적 인기 그리고 군사력을 이용해 권력을 획득했다. 그리고 5년 후 그는 스스로 황제의 자리에 오른다. 일명 브뤼메르 쿠데타에 성공해 나폴레옹 1세가 된 것이다.

나폴레옹은 철저하게 중앙 집권화된 근대화를 주도했고, 봉건적 특권을 일소해 공정한 조세 제도를 창출했다. 나폴레옹 법전은 서구 법제사에 획을 그은 중요한 사건이다. 귀족과 성직자, 길드와 자치 도시의 특권 등 중세 시대의 온갖 복잡한 전통을 몰아냈으며, 근대적 계약 관계를 확립했기 때문이다.

근대적 교육 제도도 나폴레옹에 의해 중요한 전기를 맞았다. 그는 사회 과학과 물리학 같은 근대 학문을 신봉했고, 군사 학교, 기술 학교 등 고등 교육 기관을 건설해 특권이 아닌 능력에 의한 출세의 제반을 마련했다.

하지만 그의 통치는 군사적 성공과 밀접하게 관련됐고, 군사적 패배는 곧 통치의 종식을 의미했다. 대륙 봉쇄령을 통해 영국을 고립시키려는 나폴레옹의 전략은 완벽하게 실패했다. 오히려 영국과 교역 비중이 큰 러시아 등이 이탈하기 시작했고, 결국 러시아 원정에서 대패하면서 나폴레옹 체제는 몰락한다.

353

브라질

아르헨티나와 더불어 남아메리카의 대표적인 나라다. 거대한 아마존강과 밀림을 품고 있으며, 세계에서 손에 꼽히는 영토와 인구를 자랑한다. 포르투갈의 식민지였던 브라질은 인근 국가들에 비해 독립 과정이 수월했다. 1807년 나폴레옹이 포르투갈을 침략했고, 영국 해군의 지원으로 포르투갈 왕가가 브라질로 옮겨 온다. 본국을 잃은 채 식민지에서 왕조를 유지한 것이다. 약 7년 후 프랑스 군대가 포르투갈에서 물러나고, 왕실은 본국으로 돌아간다. 다만 주앙 6세의 아들 페드루가 '포르투갈 브라질 연합 왕국'의 섭정 황태자로 현지에 남는다. 하지만 1822년 페드루는 포르투갈과의 관계를 단절하고, 독자적 왕국을 세운다. 브라질의 신흥 세력이 그를 후원했고, 영국의 지원 가운데 독립에 성공한 것이다.

현대 브라질은 군사 쿠데타, 포퓰리즘 등 남아메리카의 고질적 문제들을 온몸으로 경험했다. 브라질은 로마 가톨릭과 개신교의 경쟁이 치열한 나라다. 대부분의 남아메리카 국가들이 스페인, 포르투갈의 식민지였기 때문에 로마 가톨릭의 영향력이 강하고, 브라질 역시 마찬가지다. 하지만 1960년대 이후 개신교 선교사들의 영향력이 확대됐으며, 1990년대 이후 개신교가 크게 부흥했다. 개신교 선교사들은 미디어를 적극적으로 활용했는데, 이에 대응해 로마 바티칸의 후원을 배경으로 마르셀로 로시 신부 중심의 적극적인 가톨릭 부흥 운동이 일어나기도 했다.

브라질은 인종 문제가 심각하다. 미국의 4배 이상의 흑인 노예가 아프리카에서 건너왔고, 여전히 피부색이 사회적 지위에 영향을 미치고 있다. 1970년대 이후 이에 대한 문제의식이 커졌고, 리우데자네이루 주지사 레오넬 브리졸라는 아프리카계 브라질인들을 적극적으로 주정부의 요직에 등용했다. 2003년 대통령 룰라 다 시우바는 조아킹 바르보자 고메스를 대법관에 임명했는데, 오랜 기간 백인들이 독점하던 영역에 비로소 아프리카계가 진입한 것이다. 북아메리카와 달리 남아메리카에는 인종 문제가 없다는 통념과 다르게 브라질은 이 문제를 심각하게 인지하고, 사회적 차원에서 다양한 노력을 하고 있다.

브라질의 삼바 카니발은 세계적으로 유명하다. 리우데자네이루에서 펼쳐지는 화려한 퍼레이드는 수십만 명이 참여하는 국제적 행사로, 아프리카계의 삼바 학교가 주도한다. 사실 19세기 후반만 해도 삼바 카니발은 탄압의 대상이었다. 그러나 20세기 들어 삼바 음악이 인기를 얻었고, 1935년 국가 차원에서 삼바 학교를 지원하기 시작했다. 관광 사업으로 발전한 것이다.

354

그랜드 투어

〈메디치의 비너스〉

18세기 중반, 유럽의 귀족과 부르주아 사이에서는 이탈리아 그랜드 투어가 유행했다. 문화적 소양을 높이는 방편으로 유럽의 여러 나라를 방문하며 견문을 넓히고자 했는데, 고대 로마와 그리스의 유산을 간직하고 있는 이탈리아가 특히 인기였다. 통상 피렌체, 로마, 나폴리를 여행했다.

피렌체는 예술적 영감이 풍성한 곳이었다. 1770년 토스카나 공작이 피렌체 우피치 미술관에 자신이 소유했던 고대 조각상을 옮기면서 유명해졌다. 〈메디치의 비너스〉라는 작품이 고대 여성미를 상징한다며 큰 인기를 누렸는데, 시인 바이런은 이 조각상에 바치는 시를 썼고, 작은 모사품이 전 유럽에 팔려 나갔다.

로마는 단연코 최고의 관광지로, 1년 이상 머물면서 충분하고 느긋하게 둘러보고 싶어 했다. 경제적 형편에 따라 고고학자나 가이드가 이들을 안내했고, 하루 3시간씩 6주의 정규 교육 과정도 있었다. 로마의 역사가 응축된 포로 로마노는 물론 성 베드로 대성당, 시스티나 성당, 그 밖에 고대 조각상과 프레스코 벽화로 유명한 곳이 수없이 많았다. 바티칸 박물관에서는 〈벨베데레의 아폴론〉과 〈라오콘〉 석상이 가장 큰 인기를 누렸다.

나폴리에는 베수비오 화산, 헤르쿨라네움(베수비오산 기슭에 있었던 고대 도시), 폼페이가 있었다. 1940년대까지만 해도 화산 활동이 활발했는데, 이는 매우 경이로운 구경거리였다. 베수비오 화산으로 멸망한 헤르쿨라네움과 폼페이의 발굴도 18세기 중반에 활발히 이뤄져 이 또한 볼거리였다. 무엇보다 나폴리에는 과거 그리스의 식민 도시 파에스툼이 있었기 때문에, 고대 로마뿐 아니라 그리스의 건축까지 함께 접할 수 있었다. 당시만 해도 시칠리아나 그리스반도까지 가는 여행길이 매우 고됐다.

그랜드 투어는 이후 다양한 분야로 발전한다. 교통망이 확충돼 먼 거리까지 여행이 가능해지고 대중들이 관광 대열에 합류하면서, 부유층은 해외여행에 관심을 돌린다. 유럽 지성인들이 학문 수련의 과정으로 미국과 라틴아메리카나 아시아와 아프리카를 돌아보는 여행을 하는 것도 그랜드 투어의 산물이라 할 수 있다.

355

역사학

역사학은 인류의 가장 오래된 학문으로, 역사를 연구하는 학문이다. 서양의 헤로 도토스, 동양의 사마천이 최초의 역사가로 추앙받는다.

시간, 주체, 사료는 역사를 이해하는 세 가지 기본 조건이다. 역사는 '시간'을 전 제로 한다. 세상에 존재하는 모든 존재는 시간 속에 살고 있다. 시간 가운데 의미 가 있거나 기억해야 할 어떤 이야기가 만들어지는데, 이를 역사라고 한다. 개인에 게는 인생이 역사이고, 국가를 비롯한 특정 공동체 역시 자신들만의 역사를 만들 어간다. 시간이 있고, 시간을 살아가는 사람들이 있기 때문이다.

그렇다면 시간은 어떻게 흐를까. 이를 설명하는 견해로 '순환 사관'과 '완성 사 관'이 있다. 순환 사관은 동서양을 막론하고 전통 사회에서 가장 흔한 사고방식이 었다. 봄, 여름, 가을, 겨울에 이어 봄이 다시 오듯 역사도 돌고 돈다는 것이다. 모 든 왕조는 흥망성쇠를 거듭하고, 한 왕조가 몰락하면 다시 새로운 왕조가 등장한 다는 중국식 역사관이 대표적 순환 사관이다. 더 종교적이며 영적 세계를 고려한 인도인들의 윤회적 세계관 역시 순환 사관의 한 형태라고 할 수 있다. 완성 사관은 크리스트교적 세계관과 긴밀하게 관련 있다. 신이 세상을 창조했고, 인간이 타락 했고, 다시 신이 구원자를 보내 인류를 구원한다는 발상은 시간을 원에서 직선으 로 바꿔놓았다. 시간에 시작과 끝이 생겼기 때문이다.

순환 사관과 완성 사관은 현대에도 막강한 영향력을 행사하고 있다. 역사는 진 보하며 인류는 종국에 완성 단계에 도달할 수 있다는 진보적 역사관은 완성 사관 에 의존한다. 겉으로 보면 여러 차이가 있지만 본질적으로 역사는 반복된다는 세 계관 역시 순환 사관과 멀지 않다. 시간에 대한 이해, 역사의 흐름을 해석하는 방 식에 따라 사관과 역사관이 바뀔 수 있다는 말이다.

그렇다면 주체, 역사의 '주인공'은 누구일까? 가장 흔히 사용되는 방식이 왕조 사관이다. 왕조 사관은 인물 중심의 역사관이다. 왕이나 귀족 같은 지배층이 역사 서술의 주체이고, 이들의 활동, 주로 정치사가 서술의 핵심을 이룬다. 사실 역사에 대한 인식은 람세스 2세 같은 권력자가 자신의 업적을 칭송하는 데서 시작했다고 해도 과언이 아니다. 근대 이후의 역사학은 계급, 경제, 여성 등 다양한 주체를 설 정해 역사를 서술하면서 다방면의 성과를 이루고 있다.

356

실크 로드

같은 구대륙이지만 중국, 인도, 서아시아, 유럽은 자연환경이라는 거대한 장벽으로 나뉘어 있었다. 구대륙이 워낙 넓어서 현대적 교통수단이 없는 상황에서는 왕래가 어려웠다. 더구나 히말라야산맥, 타클라마칸 사막 등 험준한 자연환경이 왕래를 더욱 어렵게 했다. 중국 북부에는 광범위한 초원 지대가 분포하기 때문에 만리장성 이남에는 농경 문화가, 이북에는 유목 문화가 번성했다.

이러한 자연조건의 한계를 극복하며 여러 문명과 문화의 교류가 가능했던 것은 실크 로드가 있었기 때문이다. 실크 로드는 통상 중국 장안에서 둔황을 거쳐 타클라마칸 사막과 톈산산맥을 통과해 시리아까지 이르는 길을 말한다. 타클라마칸 사막을 둘러싸고 실크 로드는 북로와 남로로 나뉘는데, 이곳에는 쿠차 같은 오아시스 국가들이 번성했다. 쿠차에서 출발해 둔황, 장안으로 이어지는 중앙아시아, 중국 루트에서는 소그드인들이 중요한 역할을 했다. 한편 중앙아시아에서 인도, 서아시아를 잇는 루트에서는 인도와 페르시아 상인들의 역할이 중요했다. 이 상인들의 활발한 활약으로 중국에서 시리아까지 이어졌다면, 지중해와 유럽 무역은 유대인 상인들이 담당했다.

실크 로드를 통한 교류는 인류 문명과 함께 출발했다. 청금석은 오늘날 타지키스탄 일대인 파미르산맥에서 구할 수 있는데, 이미 기원전 3100년 이집트에서 발견됐고, 오늘날 신장 위구르의 허텐 지역에서 나는 옥은 기원전 770년 중국에서 사용됐다. 활발한 실크 로드 교역이 가능해진 결정적 계기는 중국 한나라 당시 장건의 실크 로드 발견이었다. 흉노의 포로가 되는 등 온갖 고역을 겪으며 십수 년간 진행된 그의 실크 로드 개척은 경제적 목적 때문이 아니었다. 한무제가 중국 북방의 흉노를 토벌하고자 흉노 후방의 대월지와 동맹을 맺기 위해 장건을 파견한 것이다. 결국 군사 동맹은 실패하지만 한나라, 당나라 등 이후 중국 황제들은 자신의 위엄을 드높이고자 빈번히 중앙아시아에 군대를 파견했다. 덕분에 종이, 화약, 인쇄술 등 다양한 중국의 발명품과 비단을 비롯한 고급 직물이 중앙아시아를 거쳐 인도, 이슬람, 유럽에 전파됐다. 물론 인도와 이슬람, 이슬람과 유럽의 교류 역시 실크 로드와 깊이 관련 있다.

357

덩케르크

영국 해군은 수많은 상선 선원의 자발적 도움을 얻으며 영국군과 연합군을 배에 태우려고 전력을 다했습니다. 총 220대의 소형 전함과 650대의 배가 동참해 펼친 작전은 지형이 험난한 해안에서 악천후를 견디고, 빗발치듯 쏟아지는 폭탄과 집중포화를 퍼붓는 대포 공격을 헤쳐나가며 불리한 형세를 견뎌야 했습니다. (…) 우리 병사들은 바로 이런 상황에서 며칠 밤낮을, 휴식을 취할 틈도 없이 작전을 수행하며 위험천만한 바다를 몇 번씩 오가면서 병사들을 구조해냈습니다.

1940년 6월 일명 '덩케르크의 기적' 이후에 행해진 영국 수상 처칠의 연설이다. 독일의 기갑 부대가 벨기에를 단숨에 점령한 후, 전격적으로 프랑스 북부에 쳐들어오자 영국군과 프랑스군은 극도로 곤혹스러운 상황에 처한다. 30만이 넘는 대군이 덩케르크 일대에서 포위됐고, 장비를 포기한 채 영국 해군과 일반 상선의 헌신적인 도움으로 대부분 탈출에 성공한다. 위 내용은 전쟁 초기에 어려움을 겪었음에도 전의를 다지게 한 유명한 연설이다.

하지만 제2차 세계 대전 당시 영국의 행보는 실망스럽기 그지없다. 독일과의 싸움에서는 버티는 데 급급했고, 자국 식민지를 유지하기 위한 외교 전략에만 골몰했다. 소련은 격렬한 전투를 벌이며 나치 독일을 무너뜨리는 데 중요한 역할을 했고, 태평양 전쟁에서 일본을 상대하며 대서양과 태평양 두 전선을 아우르던 미국도 노르망디 상륙 작전을 비롯해 중요한 활약을 했다. 그에 비해 영국은 딱히 의미 있는 역할을 하지 못했다. 태평양 전쟁에서도 싱가포르에서 10만이 넘는 영국군이 일본군에 항복하고 간신히 미얀마 전선을 지키는 수준이었다. 제2차 세계 대전 이후 영국은 그리스, 이란 등에서 소련과 대립하며 제국의 회복을 노렸으나 미국의 동맹국 정도로 지위가 전락한다.

358

동남아시아

아시아의 동남쪽 지역으로, 인도차이나반도와 말레이 제도에 걸쳐 여러 나라가 포함된다. 북쪽에는 중국, 서쪽에는 인도가 있기에 오랜 기간 두 문명의 영향을 많이 받았다. 또 해상 실크 로드를 통해 이슬람과 서양 문명이 소개되면서 독특한 문화 융합이 일어났다. 수많은 소수 민족과 각양의 토착 문화가 존재하는 곳이다.

미얀마, 태국, 캄보디아, 라오스, 베트남, 말레이시아, 싱가포르, 브루나이, 필리핀, 인도네시아 등의 나라가 있는데, 이들은 현재 아세안 회원국이다. 지역·문화적 공통성을 바탕으로 공통의 이익을 도모하는데, 최근에는 아세안경제공동체로 발돋움하고 있다.

동남아시아는 불교의 영향력이 가장 강하다. 소승 불교가 발달했는데 미얀마, 태국, 베트남 등은 청소년기에 일정 기간 공식적으로 불교 수행도 한다. 이슬람의 영향력도 강하다. 말레이시아, 인도네시아 등 주로 반도와 섬 쪽에 많이 분포하는데 이슬람 상인들이 해상 실크 로드를 통해 활발한 활동을 벌였기 때문이다. 인도네시아는 단일 국가로 세계에서 이슬람 신도가 가장 많은 나라이며, 브루나이는 여전히 술탄이 지배하고 있다. 베트남은 중국 문화의 영향력이 강했으며, 유교 문화가 정착했다. 동남아시아에서 유일하게 젓가락을 사용한다. 필리핀에서는 대부분 가톨릭과 민간 신앙을 믿는다. 스페인의 오랜 지배로 생긴 영향이다. 힌두교의 영향도 일부 남았는데, 발리섬 같은 일부 지역에서 확인할 수 있다.

동남아시아에서는 오랫동안 여성의 사회 활동이 활발했다. 넓은 대지에 비해 인구가 부족했고, 정교한 국가 체제가 등장하지 못하면서 전쟁이 잦고 사회 구조가 불안정했기 때문인 듯하다. 여성들은 군인으로도 활약했는데, 1세기경 베트남에서는 쯩짝, 쯩니 자매가 중국 한나라에 대항해 반란을 이끌었고, 3세기에는 바찌에우라는 여성이 뒤이었다. 미얀마나 인도네시아에서는 여성으로 이뤄진 왕실 호위병이 존재했고, 13세기 앙코르 제국에도 창과 방패로 무장한 여성 부대가 있었다. 또 17세기 수마트라섬 북부에는 장총으로 무장한 여성 군인들도 있었다. 현대 베트남전에서도 '긴 머리 군대' 같은 여성 부대가 있었으며 응우옌티빈은 남베트남 민족해방전선의 군대 부사령관이었다. 여왕도 존재했다.

359

호찌민

베트남의 독립운동가이자 사회주의자. 베트남의 민족주의 운동이 이른 시점에 실패하면서 호찌민(1890~1969)을 비롯한 사회주의자들이 독립운동을 주도하게 된다.

베트남에서도 처음에는 민족주의의 영향력이 강했다. 판보이쩌우는 근왕 운동, 동유 운동을 벌이면서 베트남 왕조를 지키고자 했고, 일본에 유학생을 파견해 인재를 기르고자 했다. 1927년 민족주의자 응우옌타이혹이 이끄는 베트남 국민당이 만들어졌고, 홍강 삼각주 지역을 기반으로 빠르게 성장한다. 하지만 하노이와 옌바이, 푸토, 흥호아, 럼타오, 삼각주에서의 연이은 봉기가 진압되면서, 응우옌타이혹을 비롯한 주요 지도자가 모두 처형을 당하며 몰락한다.

이 시점에 호찌민이 등장했다. 그는 일찍 어머니가 돌아가시고 빈곤한 어린 시절을 보냈고, 1911년경에는 프랑스 증기선 요리사로 일하면서 세계를 돌아다녔다. 1917년 러시아 혁명을 목도하고 프랑스 사회당에 입당했다. 그는 파리강화회의 당시 공개적으로 베트남의 독립을 요구했고, 여타의 프랑스 식민지의 지도자들과 합세해 국제식민지연맹을 조직했으며, 중국 광둥으로 이동해 베트남청년혁명동지회를 만들었다.

호찌민은 베트남의 독립과 동시에 토지 개혁을 비롯한 각종 사회 개혁을 주창했다. 1940년 일본의 베트남 침략으로 프랑스의 지배 체제가 흔들리자 호찌민은 베트남독립동맹(VietMinh, 베트민)을 만든다.

1945년 일본이 패망하자 호찌민이 이끄는 베트민은 '8월 혁명'을 일으킨다. 북부 하노이부터 남부 사이공까지 봉기의 물결이 전국을 뒤흔들었고, 그때까지 명목상 남아 있던 베트남의 전통 왕조 응우옌의 바오다이 황제는 자신의 황금 보도(寶刀)를 베트민 대표에 넘긴다. 9월에 비로소 베트남 민주 공화국이 선포된다.

하지만 상황은 녹록하지 않았다. 중국과 소련이 내정에 간섭했고, 무엇보다 프랑스가 돌아와 식민지 재건을 시도했다. 프랑스와의 싸움이 끝나자 미국이 들어온다. 오랜 기간 베트남에서는 호찌민이 이끄는 북베트남과 서양 열강의 괴뢰 정권이었던 남베트남 간의 전쟁이 지속된다. 호찌민은 1969년에 사망했고, 1970년대 중반이 돼서야 북베트남은 통일에 성공한다.

360

대중문화

1960년대 전후 미국 대중문화의 발전은 세계 역사에 큰 영향을 미쳤다. 영화, 드라마, 음악 등 다양한 장르에서 세계적인 배우, 가수, 감독이 등장했고, 그만큼 할리우드 문화는 세계 대중문화의 표준이 된다.

특히 대중음악의 영향력이 대단했다. 엘비스 프레슬리는 열광적인 인기를 누렸던 대표적 로큰롤 가수이자 반항적이며 관능적인 문화의 아이콘이었다. 척 베리, 비비 킹 등 흑인 가수나 밴드가 백인들에게 인기를 끌면서 대중음악에서 중요한 지위를 차지하기 시작한 것도 이때다. 레코드, 오디오, 디스크자키 등 신생 문화가 젊은이들 사이에서 큰 인기를 끌었다. 이 시기 영국의 록 밴드 비틀스의 영향도 절대적이었다. 다양한 장르가 인기를 거듭했고, 1980년대 마이클 잭슨의 화려한 퍼포먼스와 뮤직비디오 전문 채널 MTV의 등장은 이러한 경향을 더욱 강화했다.

로큰롤은 저항 문화의 상징이기도 했다. 1969년 뉴욕주의 우드스톡에 있는 한 농장에서 대규모 콘서트가 열렸는데, 무려 40만이 넘는 젊은이들이 몰려들었다. 마리화나나 LSD 같은 마약을 탐닉하고, 노골적이고 자유로운 성 해방을 추구하는 등 히피 문화를 비롯해 기존의 엄격한 청교도 문화에 대항한 새로운 문화 혁명이 수반됐다. 제임스 딘이 출연한 〈이유 없는 반항〉의 성공도 이러한 시대적 흐름과 관련 있다.

이 시기는 '68 혁명'의 시기이기도 했다. 프랑스, 독일 등을 중심으로 기존의 사회적 권위에 대항하며 새로운 변혁을 부르짖는 신좌파 운동이 일어난 것이다. 미국에서는 아메리카 원주민들의 권리 투쟁이 본격화됐고, 라틴계 미국인들도 자신의 권익을 주장하기 시작했다. 동성애자 해방 운동, 여성 해방 운동도 같은 시기에 본격화됐다. 권리의 영역이 개인의 사적 취향이나 도덕, 문화의 영역까지 확대된 것이다.

사실 1960년대 이후 미국과 유럽은 경제적으로 크게 번성하고 있었다. 미국의 중산층은 고속 도로를 타고 멀리 있는 국립 공원에서 하이킹을 하며 여유를 누렸고, 세계 여행도 보편화됐다. 동시에 자연환경에 대한 관심이 높아지면서 환경 운동도 등장했다. 미국에서는 유타주와 콜로라도주 경계에 위치한 에코파크 댐 건설 반대 운동이 시초였다.

361

신사복

> 어느 누구도 남녀 시민 누구에게 특정한 방식으로 옷을 입으라고 강요할 수
> 없고, 이를 위반하면 혐의자로 간주해 다루고 공공의 안녕을 방해한 자로 기
> 소할 것이다. 모든 사람은 자유롭게 자신의 성별에 맞는 의복을 입거나 몸단
> 장을 할 수 있다.

1793년 프랑스 국민공회에서 결의한 '복장의 자유' 관련 내용이다. 동서양을 막론하고 전근대 사회는 신분에 따른 복장이 정해져 있었다. 프랑스는 루이 14세 이래 귀족 문화가 크게 발전하면서, 평민과는 전혀 다른 의복 문화가 발전했다. 예를 들어 오를레앙 공작은, 가발은 기본에 얼굴에 분칠을 하고 연지를 발랐으며, 15㎝의 하이힐을 신고, 각종 보석과 장신구로 몸을 치장했다. 민중의 생활은 속옷도 거의 안 입을 정도로 어려웠고, 투박하기 짝이 없었다. 하지만 프랑스 혁명이 일어나면서 귀족의 사치스러움은 배격됐고, 민중의 평범한 의복이 훌륭하다는 인식이 퍼졌다.

영국의 의복은 프랑스보다 빨리 변했다. 종교 개혁과 청교도 혁명의 영향이 결정적이었다. 종교 개혁을 거치며 검소하고 금욕적인 생활 태도가 강조됐고, 검은색 계통의 단순한 의복이 선호됐다. 또 청교도 혁명 이후 영국의 정치 엘리트들에게 의복 생활은 '공공의 덕'으로 인식됐다.

도덕적 엄숙주의, 검소한 의복, 반귀족주의, 평등주의, 청교도주의 등의 영향으로 어두운 계통의 신사복이 일반화됐다. 19세기 들어 이에 대한 반발도 일어났다. 독신주의, 방랑, 우아하고 자유로운 옷차림 등 과거의 귀족 문화를 재창조하려는 시도까지 등장했는데, 영국의 '댄디즘'이 대표적 사례다. 조지 브라이언 브럼멜은 '보(Beau, 멋쟁이)'라고 불렸는데, 그는 옷차림을 꾸미는 데 몇 시간씩 걸렸다고 한다. 하루에 셔츠 3벌, 바지 2벌, 넥타이 4벌, 조끼 3벌을 입고 심지어 양말과 손수건까지 바꿨다. 사실 댄디즘은 주류 사회의 비판을 받았다. 그럼에도 밝은 색깔의 조끼, 화려한 넥타이 등이 살아남아 남성 의복에 영향을 미치고 있다.

19세기까지만 해도 남성과 여성의 복장은 엄격하게 구분됐다. 프랑스의 저명한 고고학자 제인 들라포아는 페르시아의 유적을 발굴할 때 편의상 남성복을 입었는데, 위대한 업적 때문에 국가에서 남성복 입는 것을 특별히 허락했다.

362

터키

터키 공화국은 오스만 제국에 뿌리를 둔 나라다. 아나톨리아반도에 있고, 수도 앙카라보다 이스탄불이 더 유명하다. 이스탄불은 과거 비잔틴 제국의 수도 콘스탄티노폴이다.

18세기 후반 영국, 프랑스, 러시아 등 서구 열강의 침략 앞에서 오스만 제국은 무력하기 짝이 없었다. 탄지마트를 비롯한 각종 개혁안이 추진됐지만 그다지 효과적이지 않았으며, 서양 열강에 의해 광대한 제국의 영토가 분할되기 시작했다.

이 시기 튀르크인들 사이에서는 '와탄(조국)'이라는 개념이 널리 퍼지기 시작한다. 오스만 제국은 튀르크인들의 나라이며, 튀르크인들의 땅은 아나톨리아반도라는 민족주의적 개념이 만들어진 것이다. 이러한 주장은 오스만 제국 내에 사는 수많은 아랍인의 존재를 부정하는 태도이지만 현대 터키 공화국 성립에는 지대한 영향을 미쳤다. 북아프리카와 서아시아 지역은 서양 열강의 수중에 넘어간 데다 튀르크 민족주의에 반대하는 아랍 민족주의가 대두한다. 또 그리스와 발칸반도에서도 격렬한 저항이 일어난다. 애초에 터키는 이슬람교에 동화되지 않고 크리스트교의 영향력이 강력했는데, 그리스, 알바니아 등이 독립하면서 오스만 제국의 지배권이 붕괴된다. 무엇보다 제1차 세계 대전이 결정적이었다. 독일, 오스트리아, 이탈리아의 삼국 동맹 편이었으나 패전했고, 그로 인해 아나톨리아반도를 제외한 모든 영토를 잃는다. 아나톨리아반도에는 소수의 쿠르드인, 그리스인, 아르메니아인이 있었을 뿐 대부분은 튀르크인들이었다.

이 시기 무스타파 케말이 이끄는 청년터키당이 등장한다. 이들은 튀르크 민족주의를 더욱 강고하게 주창했고, 1920년 국민 의회를 결성하고, 1921년 헌법을 공포하면서 터키 공화국을 만든다. 2년 후 무스타파 케말은 터키 공화국의 종신 대통령이 됐고, 그는 권위주의적 통치를 통해 터키 공화국을 이끈다. 소련식 경제 개발 계획을 수용해 대공황을 이겨내고자 했고, 철저한 세속주의를 지향했으며, 서구식 근대화를 통해 이슬람교를 통제했다.

제2차 세계 대전 이후부터는 미국이 터키를 지원한다. 장거리 미사일을 설치해 소련을 견제하기에 좋은 지리적 위치를 가졌기 때문이다. 터키도 미국과 결탁한다. 소련이 동유럽과 발칸반도를 공산화했고, 그리스, 터키, 이란에 대한 영향력을 강화했기 때문이다. 미국은 자유 민주주의를 권고했지만 터키 현대사는 군부 쿠데타로 점철됐고, 쿠르드인과의 갈등도 중요한 문제다.

363

커피

6~7세기경 에티오피아에서 처음 발견돼 아라비아로 퍼져 나갔다. '천사 가브리엘이 무함마드에게 준 쓴맛의 비약'으로 여겨졌고 '카베', '카와'라고도 불렸다. 이슬람의 수피교 수도승들이 졸지 않고 밤새워 기도하기 위한 용도로 사용됐으니, 처음에는 종교적인 각성제였던 셈이다. 치료제로도 사용됐다. 크리스트교인들이 와인을 즐겼다면, 이슬람교도들은 커피 문화권을 만들어갔다.

커피의 세계화는 16세기 이후 본격화된다. 1536년 터키인들이 세운 오스만 제국이 예멘을 점령한 후 커피콩의 수요는 오스만 제국 전역으로 확대되는데, 당시 수출항이 예멘의 '모카'항이었다.

17세기가 되면 유럽인들이 가세한다. 기록에 따르면 1616년 네덜란드인들이 예멘의 아덴에서 커피나무 한 그루를 가져갔다고 한다. 이후 유럽 전역에 커피가 보급됐고, 다시 수십 년 후 네덜란드인들은 유럽뿐 아니라 인도 근처의 실론섬, 인도네시아의 자바섬에도 커피나무를 가져간다. 네덜란드의 동인도 회사가 커피 생산을 확대했는데, 일본까지 전파돼 1888년에는 도쿄에 '깃사텐'이라는 커피 하우스가 등장한다.

커피가 광범위하게 퍼지면서 다양한 문화가 만들어졌다. 19세기 초 유럽의 레이스 제조공들의 주식은 커피와 빵이었다. 낮은 임금으로 힘겨운 생활을 이어갔는데, 커피에 영양분이 많다고 생각했기 때문이다. 독일에서는 여성들이 많이 마시던 '여자의 음료'였다. 여성 전용 커피 하우스가 많았고, 이러한 모습을 보고 남자들이 커피와 여성을 함께 비웃었다.

오스트리아 빈에도 많은 커피 하우스가 만들어졌다. 빈의 커피 하우스에서는 포켓볼 당구대는 물론 독일, 영국, 프랑스, 이탈리아에서 출간되는 각양의 일간지와 주간지 그리고 커피를 구비했다. 커피를 마시면서 여흥을 즐기고 교양을 쌓은 것이다.

커피의 영향력은 미국에서도 대단했다. 영국인들은 홍차를 즐겨 마셨는데, 이에 대한 반대급부로 홍차보다 커피를 선호하는 문화가 생겼다. '필라델피아 커피점'에서 독립 선언서를 작성하고 헌법을 통과시켰고, 라테, 마키아토 등이 시애틀을 비롯한 미국 커피 시장에서 발전한 문화다.

364

하얼빈

하얼빈은 북만주의 대표 도시다. 만주는 오늘날 중국의 동북 삼성(지린성, 랴오닝성, 헤이룽장성) 일대와 러시아의 연해주 지역을 아우르는 곳이다.

청나라의 등장과 러시아의 연해주 진출은 만주 일대에서 새로운 구도를 형성했다. 만주족은 중국을 점령하고 자신들의 발원지인 만주 일대를 신성화했다. 청나라는 중국과 몽골, 만주를 아우르는 대제국이 됐다. 한편 제정 러시아는 우랄산맥을 넘어 노보시비르스크, 치타 등 중앙아시아와 몽골 북부를 지나 계속 동진했고, 만주 일대까지 영향력을 확대했다. 강희제, 옹정제 등 청나라가 강성할 때는 네르친스크 조약, 캬흐타 조약 등을 체결하면서 러시아의 만주 침략에 제동을 걸었다. 하지만 1840년 아편 전쟁에서 청나라가 영국에 패하면서 상황이 급변한다. 제2차 아편 전쟁을 제정 러시아가 중재했고, 그 대가로 연해주를 확보하면서 비로소 만주에 러시아의 영토가 생긴 것이다.

당시 러시아는 아시아에서 영향력을 확대하고자 시베리아 횡단 철도 건설에 열을 올렸고, 동청 철도 사업에 깊이 개입했다. 시베리아 횡단 철도가 모스크바에서 블라디보스토크까지 러시아 전 영토를 횡단하는 열차라면, 동청 철도는 하얼빈에서 다롄을 잇는 철도다. 북만주에서 남만주, 랴오둥반도로 이어지는 만주의 핵심 지대를 통과하는 철도로, 시베리아 횡단 철도와 동청 철도를 이어서 만주 일대의 지배권을 확보하고자 한 것이다. 하얼빈은 러시아의 이러한 동방 정책에 의해 개척된 도시다. 하얼빈에서 다롄으로 남하하면 요동 지역은 물론 서해에서도 지배권을 행사할 수 있다.

한편 일본은 러일 전쟁에서 승리를 거둔 후 조선을 식민화했고, 1931년 만주 사변을 통해 일대에 만주국이라는 괴뢰 국가를 세운다. 대륙으로 진출하려던 일본도 러시아처럼 만주에 거점 도시와 영토를 확보하려 한 것이다. 일본은 하얼빈에 이시이 시로가 이끄는 731부대의 본부를 두고 광범위한 생체 실험을 하는 등 반인륜적 범행을 자행했다. 패전 당시 일본군은 731부대 본부를 폭파해 만행을 숨기려 했지만 731부대의 핵심 자료는 미국으로 넘어갔고, 미국은 그 대가로 731부대의 주요 지휘관을 기소하지 않았다.

365 　중화 인민 공화국

1949년 국공 내전에서 장제스의 국민당 정권을 타이완으로 몰아내는 데 성공한 중국 공산당은 중화 인민 공화국을 선포했고, 오늘날에 이른다.

중국 공산당은 1945년 일제의 패망 이후 4년간 이어진 내전에서 군사적 열세에도 만주에서 승기를 잡았고, 화북 지방을 점령하고 다시 양쯔강 이남까지 밀고 내려가 타이완을 비롯한 일부 지역을 제외하고 중국 전역을 통일하는 데 성공한다.

이후 친일 부역자, 부정 축재자, 국민당 정권 당시 혜택을 누린 산업가 등에 대한 조직적 숙청을 동반한 사회 개혁을 통해 공산 사회의 기초를 확고히 했다. 이 와중에 한국 전쟁이 발발하자 '항미 원조 전쟁'이라는 이름으로 타이완 점령을 포기하고, 북한을 도우며 한반도에 공산 정권을 존속시켰다.

마오쩌둥이 이끄는 중국 공산당은 1950년대 후반부터 "영국을 따라잡는 나라가 되겠다"라고 호기를 부리며 대약진 운동을 펼쳤다. 하지만 농업 생산력을 늘리기 위해 모를 촘촘히 심고, 참새 박멸 운동을 벌이고, 철강 생산력을 높이기 위해 청나라 때 사용하던 수공업 수준의 용광로를 증설하는 등 '인민의 의지'에만 의존한 무리한 정책을 펼치다 1,000만 명이 넘는 아사자가 발생하는 등 큰 어려움에 직면한다. 결국 류사오치, 덩샤오핑 등이 실권을 장악하고 잠시 개혁 정책을 펼쳤지만, 다시금 정치의 전면에 나선 마오쩌둥이 문화 대혁명을 일으키면서 1960년대부터 1970년대 중반까지 중국은 말할 수 없는 혼란에 빠진다. 전통문화를 파괴하거나 서양 문화를 배격하고, 이와 연루된 사람이라고 여겨지면 홍위병들이 집단 테러를 가하는 등 광기 어린 집단 폭력과 마오쩌둥에 대한 열광적인 숭배가 큰 문제를 일으킨 것이다. 같은 시기 '중소 분쟁'이 시작되는데, 무력 충돌이 있을 정도로 소련과의 갈등이 심각해졌다. 따라서 중국은 같은 공산주의 국가인 소련을 견제하기 위해 자본주의 국가인 미국과의 관계 개선을 도모했다. 동시에 인도가 주도하는 비동맹 세력, 제3세계 국가와도 관계를 맺으며 국제 외교에서 독자적 행보를 펼쳐나갔다.

결국 마오쩌둥 사후 1970년대 후반 덩샤오핑이 집권해 "흰 고양이든 검은 고양이든 쥐만 잘 잡으면 된다"라는 흑묘백묘론을 펼치면서 개혁 개방에 나선다. 단, 정치 영역에서는 중국 공산당의 유일 통치가 유지됐고, 경제 부문에서만 개방했기 때문에 '사회주의 시장 경제 체제'라는 독특한 시스템이 만들어져 오늘에 이른다.

긴 여정을 마치며

"굳이 말하자면 한국사보다 세계사가 더 중요합니다!"

시민들을 만나며 참으로 많이 했던 이야기다. 사실 이 말은 어불성설이다. 세계사 속에 한국사가 있고, 한국사만큼 세계사의 격랑과 조우하고 휩쓸리며 발전하고 생존한 이야기도 없을 테니 말이다. 그럼에도 불구하고 우리는 여전히 우리만의 이야기에 관심이 많고, 그것을 객관적이고 냉정하게 따져 묻고 의미를 찾는 데에는 어색하기만 하다.

지금까지 세계사는 유럽인들에 의해 쓰여 왔고, 여전히 쓰이고 있다. 그러나 이제는 그들이 세계를 탐험하고 정복하는 가운데 그들 중심의 세계 역사를 덧붙여 가는 과정에서 벗어나되, 세계사적 안목 또한 놓쳐서는 안 된다. 우리를 중심에 놓고, 우리의 필요와 관심을 기준으로 세계사를 바라보는 안목을 길러야 한다.

나는 이 책에서 크게 세 가지 원을 그렸다. 첫째는 중국과 일본 그리고 아시아라는 이웃나라다. 둘째는 서양사와 지성사라는 현대 교양의 기초에 관한 것들이다. 그리고 철도, 자동차, 옥수수, 벌갈이 이제 막 역사라고 부르기 시작된 깃들이 그 마지막이다. 즉, '세계사'라는 틀 안에서 인류의 역사와 관련된 거의 모든 것에 관한 이야기를 담기 위해 노력했다. 부디 많은 독자가 유용하게 사용하고, 쓸모 있게 활용하는 단단한 디딤돌 같은 책이 되기를 바란다.

어렸을 때 읽었던 이원복 선생님의 《먼나라 이웃나라》는 인생의 교양으로 가슴에 박혔고, 윌 듀런트의 《문명 이야기》, 아놀드 토인비의 《역사의 연구》는 나의 대학 시절, 역사 서술의 모본이 되었다. 나만의 '빅히스토리'에 대한 열망이 그때부터 있어왔고, 이 책은 세계사를 향한 그 첫 번째 발걸음이다. 부디 이 갈대 상자가 꼭 도달해야 할 곳에 도달하기를 바란다.

사랑하는 아내와 아이들은 공부와 글쓰기의 고통을 감내하는 진정한 사랑의 원천이다. 그리고 결국 하나님. 참된 신앙이 세상에 선한 것으로 활용되기를 기도하며.

참고 자료

1. 참고 도서

- C. W. 세람 저, 안경숙 역, 《낭만적인 고고학 산책》, 대원사, 2002
- 가와카쓰 요시오 저, 임대희 역, 《중국의 역사– 위진남북조》, 혜안, 2004
- 강희정 편, 《해상 실크로드와 문명의 교류 : 동남아시아와 동북아시아》, 사회평론아카데미, 2019
- 강희정, 구하원, 조인수 공저, 《클릭, 아시아미술사: 선사토기에서 현대미술까지》, 예경, 2015
- 공자 저, 이기석, 한백우 역해, 《논어》, 홍신문화사, 2007
- 김인희 저, 《치우, 오래된 역사병》, 푸른역사, 2017
- 김종법, 임동현 저, 《이탈리아역사 다이제스트 100》, 가람기획, 2018
- 김호동 저, 《몽골제국과 세계사의 탄생》, 돌베개, 2010
- 김호동 저, 《아틀라스 중앙유라시아사》, 사계절, 2016
- 나성인 저, 《베토벤 아홉 개의 교향곡》, 한길사, 2018
- 나이즐 스피비 저, 양정무 역, 《그리스 미술》, 한길아트, 2001
- 낸시 톰스 저, 이춘입 역, 《세균의 복음: 1870~1930년 미국 공중보건의 역사》, 푸른역사, 2019
- 노아 윌슨 리치 저, 김승윤 역, 《벌: 그 생태와 문화의 역사》, 연암서가, 2018
- 노자 저, 노태준 편역, 《도덕경》, 홍신문화사, 1997
- 누노메 조후, 구리하라 마쓰오 등 저, 임대희 역, 《중국의 역사–수당오대》, 혜안, 2001
- 니시지마 사다오 저, 최덕경 역, 《중국의 역사 – 진한사》, 혜안, 2004
- 다나하시 고오호오 저, 석도윤, 이다현 공역, 《중국 차 문화》, 하늘북, 2006
- 다치바나노 도시쓰나, 다카이 지로, 마크 킨 공저, 김승윤 역, 《사쿠테이키 작정기》, 연암서가, 2012
- 데이비드 블레이니 브라운 저, 강주헌 역, 《낭만주의》, 한길아트, 2004
- 데이비드 코팅턴 저, 전경희 역, 《큐비즘》, 열화당, 2003
- 도미니크 파케 저, 지현 역, 《화장술의 역사: 거울아, 거울아》, 시공사, 1998
- 둥젠홍 저, 이유진 역, 《고대 도시로 떠나는 여행》, 글항아리, 2016
- 드니 이요 저, 김주경 역, 《홍콩》, 시공사, 1998
- 디터 쿤 저, 육정임 역, 《하버드 중국사 송: 유교 원칙의 시대》, 너머북스, 2015
- 디트리히 본회퍼 저, 고범서 역, 《옥중서간》, 대한기독교서회, 2000
- 레오나르도 보프 저, 《해방하는 은총》, 한국신학연구소, 1991
- 로맹 롤랑 저, 이휘영 역, 《베토벤의 생애》, 문예출판사, 2005
- 로버트 S. 위스트리치 저, 송충기 역, 《히틀러와 홀로코스트》, 을유문화사, 2011
- 로자 룩셈부르크 저, 김경미 역, 《사회 개혁이냐 혁명이냐》, 책세상, 2002
- 루스 슈워츠 코완 저, 김명진 역, 《미국 기술의 사회사: 초기 아메리카에서 20세기 미국까지, 세상을 바꾼 기술들》, 궁리출판, 2012
- 리처드 루트위치 저, 윤철희 역, 《돼지: 그 생태와 문화의 역사》, 연암서가, 2020
- 마르틴 하이데거 저, 이기상 역, 《존재와 시간》, 까치, 1998
- 마츠오 바쇼 저, 류시화 역, 《바쇼 하이쿠 선집》, 열림원, 2015
- 마크 마조워 저, 이순호 역, 《발칸의 역사》, 을유문화사, 2014
- 마크 해리슨 저, 이영석 역, 《전염병, 역사를 흔들다》, 푸른역사, 2020

- 막스 베버 저, 박성수 역,《프로테스탄티즘 윤리와 자본주의 정신》, 문예출판사, 2021
- 막스 호르크하이머,테오도르 W. 아도르노 공저, 김유동 역,《계몽의 변증법》, 문학과 지성사, 2001
- 맹자 저, 이기석, 한용우 편,《맹자》, 홍신문화사, 2008
- 멍만 저, 이준식 역,《여황제 무측천》, 글항아리, 2016
- 모리스 메를로 퐁티 저, 류의근 역,《지각의 현상학》, 문학과지성사, 2002
- 묵자 저, 권오석 편역,《묵자》, 홍신문화사, 1994
- 미셸 파스투로 저, 고봉만, 김연실 역,《파랑의 역사》, 민음사, 2017
- 박한제, 이근명, 김형종 등 저,《아틀라스 중국사》, 사계절, 2015
- 발레리 한센 저, 신성곤 역,《열린 제국: 중국 고대-1600》, 까치, 2005
- 버나드 루이스 저, 이희수 역,《중동의 역사》, 까치, 1998
- 버트런드 러셀 저, 이명숙, 곽강제 역,《서양의 지혜》, 서광사, 1997
- 베티 프리단 저, 김현우 역,《여성의 신비》, 이매진, 2005
- 볼프하르트 판넨베르크 저, 이병섭 역,《신학과 하나님 나라》, 대한기독교서회, 2014
- 브라이언 M. 페이건 저, 성춘택 역,《고고학의 역사》, 소소의책, 2019
- 브루스 커밍스 저, 박진빈 외 공역,《미국 패권의 역사》, 서해문집, 2011
- 빈센트 반 고흐 저, 신성림 편,《반 고흐, 영혼의 편지》, 위즈덤하우스, 2017
- 사타케 야스히코 저, 권인용 역,《유방》, 이산, 2007
- 설혜심 저,《소비의 역사》, 휴머니스트, 2017
- 송철규 저,《중국 고전 이야기: 첫째권-선진 시대부터 당대까지》, 소나무, 2000
- 송철규 저,《중국 고전 이야기: 둘째권-송대부터 청대까지》, 소나무, 2000
- 순자 저, 최대림 역해,《순자》, 홍신문화사, 2009
- 스튜어트 아이자코프 저, 임선근 역,《피아노의 역사》, 포노PHONO, 2015
- 스티븐 F. 코언 저, 김윤경 역,《돌아온 희생자들》, 글항아리, 2014
- 스티븐 존슨 저, 김지량 역,《클래식, 고전시대와의 만남》, 포노PHONO, 2012
- 신경란 저,《풍운의 도시, 난징》, 보고사, 2019
- 심용환 저,《단박에 한국사: 근대편》, 위즈덤하우스, 2016
- 심용환 저,《단박에 한국사: 현대편》, 위즈덤하우스, 2017
- 심용환 저,《우리는 누구도 처벌하지 않았다》, 위즈덤하우스, 2019
- 심용환 저,《헌법의 상상력》, 사계절, 2017
- 아담 미클로시 저, 윤철희 역,《개: 그 생태와 문화의 역사》, 연암서가, 2019
- 아라이 신이치 저, 윤현명, 이승혁 역,《폭격의 역사: 끝나지 않는 대량 학살》, 어문학사, 2015
- 아모스 오즈 저, 최창모 역,《사랑과 어둠의 이야기 1》, 문학동네, 2015
- 아모스 오즈 저, 최창모 역,《사랑과 어둠의 이야기 2》, 문학동네, 2015
- 아이라 M. 라피두스 저, 신연성 역,《이슬람의 세계사 1》, 이산, 2008
- 아이라 M. 라피두스 저, 신연성 역,《이슬람의 세계사 2》, 이산, 2008
- 알베르 까뮈 저, 김화영 역,《시지프 신화》, 책세상, 1998
- 알베르 까뮈 저, 김화영 역,《이방인》, 책세상, 2012
- 앙드레 보나르 저, 김희균 역,《그리스인 이야기 1》, 책과함께, 2011
- 앙드레 보나르 저, 양영란 역,《그리스인 이야기 2》, 책과함께, 2011
- 앙드레 보나르 저, 양영란 역,《그리스인 이야기 3》, 책과함께, 2011
- 애덤 호크실드 저, 이순호 역,《스페인 내전, 우리가 그곳에 있었다》, 갈라파고스, 2017
- 앤드루 버넷 저, 정미나 역,《스피치 세계사》, 휴머니스트, 2017
- 앤터니 비버 저, 김원중 역,《스페인 내전》, 교양인, 2009

- 앨런 브링클리 저, 손세호 등역,《있는 그대로의 미국사 3: 미국의 세기-제1차 세계대전에서 오바마 행정부까지》, 휴머니스트, 2011
- 앨리스테어 혼 저, 한은경 역,《나폴레옹의 시대》, 을유문화사, 2014
- 양정무 저,《난생 처음 한번 공부하는 미술 이야기 1》, 사회평론, 2016
- 에두아르트 베른슈타인 저, 강신준 역,《사회주의의 전제와 사민당의 과제》, 한길사, 1999
- 에두아르트 베른슈타인 저, 송병헌 역,《사회주의란 무엇인가 외》, 책세상, 2002
- 에드가 스노우 저, 홍수원, 안양노, 신홍범 공역,《중국의 붉은 별》, 두레, 2013
- 에드워드 쇼터 저, 최보문 역,《정신의학의 역사》, 바다출판사, 2020
- 에른스트 H. 곰브리치 저, 백승길, 이종승 공역,《서양미술사》, 예경, 2003
- 오타기 마쓰오 저, 유은숙, 임대희 공역,《중국의 역사 대원제국》, 혜안, 2013
- 왕양명 저, 김학주 편저,《전습록》, 명문당, 2005
- 위르겐 몰트만 저, 이신건 역,《희망의 신학》, 대한기독교서회, 2017
- 윌리엄 거스리 저, 박종현 역,《희랍 철학 입문》, 서광사, 2000
- 윌리엄 맥닐 저, 김우영 역,《전염병의 세계사》, 이산, 2005
- 윌리엄 맥닐 저, 신미원 역,《전쟁의 세계사》, 이산, 2005
- 이강혁 저,《라틴아메리카역사 다이제스트 100》, 가람기획, 2008
- 이고르 스트라빈스키 저, 이세진 역,《음악의 시학》, 민음사, 2015
- 이광수 저,《현대 인도 저항운동사》, 그린비, 2013
- 이마가와 에이치 저, 이홍배 역,《동남아시아 현대사와 세계열강의 자본주의 팽창 (상)》, 이채, 2011
- 이마가와 에이치 저, 이홍배 역,《동남아시아 현대사와 세계열강의 자본주의 팽창 (하)》, 이채, 2011
- 이매뉴얼 C. Y. 쉬 저, 조윤수, 서정희 공역,《근-현대중국사: 상권》, 까치, 2013
- 이매뉴얼 C. Y. 쉬 저, 조윤수, 서정희 공역,《근-현대중국사: 하권》, 까치, 2013
- 이시이 코타 저,《절대빈곤》, 동아일보사, 2010
- 이연식 저,《유혹하는 그림, 우키요에》, 아트북스, 2009
- 이영석 저,《영국사 깊이 읽기》, 푸른역사, 2016
- 이영석 저,《잠시 멈춘 세계 앞에서》, 푸른역사, 2020
- 이유진 저,《중국을 빚어낸 여섯 도읍지 이야기》, 메디치미디어, 2018
- 이지수 저,《인도에 대하여》, 통나무, 2002
- 이지은 저,《귀족의 시대 탐미의 발견》, 모요사, 2019
- 이지은 저,《부르주아의 시대 근대의 발명》, 모요사, 2019
- 일본사학회 저,《아틀라스 일본사》, 사계절, 2011
- 자오광차오, 마젠충 공저, 이명화 역,《세상에서 가장 친절한 중국 건축 이야기》, 다빈치, 2014
- 장자 저, 김창환 역,《장자》, 을유문화사, 2010
- 정혜선 저,《일본사 다이제스트 100》, 가람기획, 2011
- 제임스 H 루빈 저, 김석희 역,《인상주의》, 한길아트, 2001
- 조길태 저,《인도사》, 민음사, 2000
- 조너선 D. 스펜스 저, 김희교 역,《현대중국을 찾아서 1》, 이산, 1998
- 조너선 D. 스펜스 저, 김희교 역,《현대중국을 찾아서 2》, 이산, 1998
- 조너선 블룸 등 저, 강주헌 역,《이슬람 미술》, 한길아트, 2003
- 조지무쇼 편, 최미숙 역,《30개 도시로 읽는 세계사》, 다산초당, 2020
- 존 K. 페어뱅크 외 저,《동양문화사 (상)》, 을유문화사, 1989
- 존 K. 페어뱅크 외 저,《동양문화사 (하)》, 을유문화사, 2000
- 존 로덴 저, 임산 역,《초기 그리스도교와 비잔틴 미술》, 한길아트, 2003

- 존 미클스웨이트, 에이드리언 올드리지 공저, 유경찬 역, 《기업의 역사》, 을유문화사, 2004
- 존 서머슨 저, 박정현 역, 《건축의 고전적 언어》, 마티, 2016
- 존 스튜어트 밀 저, 서병훈 역, 《자유론》, 책세상, 2018
- 존 키건 저, 유병진 역, 《세계전쟁사》, 까치, 2018
- 주디스 코핀, 로버트 스테이시 공저, 박상익 역, 《새로운 서양 문명의 역사 (상)》, 소나무, 2014
- 주디스 코핀, 로버트 스테이시 공저, 손세호 역, 《새로운 서양 문명의 역사 (하)》, 소나무, 2014
- 주희 저, 여조겸 편, 《근사록》, 홍익출판사, 1998
- 질 베갱 등 저, 김주경 역, 《자금성: 금지된 도시》, 시공사, 1999
- 최병욱 저, 《동남아시아사: 전통 시대》, 산인, 2015
- 최부득 저, 《건축가가 찾아간 중국정원: 강남 원림건축 26곳》, 미술문화, 2008
- 최은규 저, 《교향곡》, 마티, 2017
- 카를로스 푸엔테스 저, 서성철 역, 《라틴 아메리카의 역사》, 까치, 1997
- 카린 자그너 저, 심희섭 역, 《어떻게 이해할까? 아르누보》, 미술문화, 2007
- 칼 구스타프 융 저, 한국융연구원 융저작번역위원회 역, 《원형과 무의식》, 솔, 2002
- 칼 맑스 등 저, 최인호 역, 《칼 맑스 프리드리히 엥겔스 저작선집 1》, 박종철출판사, 2000
- 칼 바르트 저, 바르트학회 역, 《말씀과 신학》, 대한기독교서회, 1995
- 토머스 E. 스키드모어 등 저, 우석균,김동환 등 역, 《현대 라틴아메리카》, 그린비, 2014
- 펠리페 페르난데스-아르메스토 저, 유나영 역, 《음식의 세계사 여덟 번의 혁명》, 소와당, 2018
- 프랜시스 로빈슨 등저, 손주영 공역, 《사진과 그림으로 보는 케임브리지 이슬람사》, 시공사, 2002
- 프리드리히 니체 저, 한기찬 역, 《인간적인 너무나 인간적인》, 청하출판사, 1997
- 하요 뒤히팅 저, 윤희수 역, 《어떻게 이해할까? 바우하우스》, 미술문화, 2007
- 한규진 저, 《조약으로 보는 세계사 강의》, 제3의공간, 2017
- 한비 저, 김원중 역, 《한비자》, 홍익출판사, 1996
- 황윤 저, 《도자기로 본 세계사》, 살림, 2020

2. 본문에 사용된 이미지 출처

- 르네상스 ©birasuegi
- 고딕 양식 ©Thomas Wolf
- 성 바실리 대성당 ©Glenn Guy
- 아르 누보 ©Henry Townsend
- 평화 헌법과 샌프란시스코 강화 조약 ©US Army photograph
- 보로부두르 ©Gunawan Kartapranata
- 오사카 ©Midori
- 파르테논 신전 ©Steve Swayne
- 우마이야 왕조 ©Andrew Shiva
- 크락 자기 ©Dr. Meierhofer
- 산치대탑 ©Anjali Singh Deswal
- 마틴 루서 킹 ©Rowland Scherman
- 셀주크 튀르크 ©David Wong
- 체 게바라 ©Alberto Korda
- 아방궁과 병마용 ©Robin Chen
- 간디 ©Elliott & Fry

세상의 모든 지식이 내 것이 되는
1페이지 세계사 365

초판 1쇄 발행 2021년 6월 30일
초판 13쇄 발행 2023년 10월 26일

지은이 심용환
펴낸이 이경희

펴낸곳 빅피시
출판등록 2021년 4월 6일 제2021-000115호
주소 서울시 마포구 월드컵북로 402, KGIT 16층 1601-1호
이메일 bigfish@thebigfish.kr